사회복지실천기술론

이영실 · 오동록 · 김 병 · 송운용 · 고은주 · 조명희 · 이찬영

창지사

머리말

대표 저자는 대학과 대학원에서 30년 이상 학생들에게 사회복지실천론, 사회복지실천기술론, 가족복지론, 정신건강론, 정신보건사회복지론, 가족치료, 사회복지실습 등을 가르쳐 오면서 전문사회복지사가 되기 위해 사회복지실천에서의 구체적 기술과 기법을 적용할 수 있는 능력을 강화해야 한다는 것을 깨달았다. 그리고 학부나 대학원에서 학생들이 사회복지실천의 구체적 기법과 기술에 대한 체계적인 교육과 훈련에 의해서만이 전문사회복지사로서 능력과 자질을 향상시킬 수 있음을 절실히 깨닫게 되었다. 이러한 점들을 감안하여 지금까지 사회복지실천에서의 경험과 이론을 바탕으로 사회복지실천 현장의 경험이 풍부한 공동 저자를 구성하여 『사회복지실천기술론』을 집필하게 되었다.

이 책은 최근 한국사회복지교육협의회 사회복지학 교과목 지침서를 근거로 하여 총 13장으로 구성되었고 사회복지실천기술론을 가르치는 대학이나 대학원의 수업계획에 충분히 반영되도록 만들어졌으며 사회복지실천기술론 교재로 주로 활용하고자 한다. 뿐만 아니라 이 책은 사회복지사 1급 시험을 준비하는 예비사회복지사들과 사회복지 현장에서 근무하는 사회복지사들이 개별 및 집단대상으로 사회복지실천과정에서 실천기술과 기법들을 대상에 따라 유용하게 적용할 수 있는 내용들로 구성되었다. 이 책의 주된 구성 내용은 다음과 같다.

제1부는 사회복지실천의 기초로 제1장에서 사회복지실천의 전문적 기반을 다루었다. 여기에서는 사회복지사의 전문지식, 사회복지실천기술의 이해, 사회복지사의 윤리 그리고 사회복지전문직의 정체성으로 구성되었다.

제2부는 사회복지실천 모델과 개입기술로 제2장에서 제8장까지 사회복지실천에서의 각 모델에 대해 다루었다. 여기에서는 제2장 정신역동 모델, 제3장 인지행동 모델, 제4장 심리사회 모델, 제5장 과업중심 모델, 제6장 역량강화 모델, 제7장 해결중심 모델, 제8장 위기개입 모델로, 각 모델의 등장배경, 이론적 배경, 기본개념, 개입목표 및 과정, 개입기법 등의 내용으로 구성되었다.

제3부는 체계수준별 사회복지실천기술로 제9장에서 제13장까지 사회복지실천현장에서 적용할 수 있도록 개별 및 가족, 집단대상에 대한 사회복지실천기술을 다루었다. 여기에서는 제9장 개인대상 사회복지실천기술, 제10장 가족사회복지실천의 이해, 제11장 가족대상 사회복지실천과정기술, 제12장 집단사회복지실천의 이해, 제13장 집단대상 사회복지실천과정기술을 다루며, 개인대상 사회복지실천의 이해 및 개입과정·기술, 개인대상 문제이해와 변화를 위한 기술, 가족의 이해·변화·문제, 가족생활주기, 가족사정, 초기과정·중간과정·종결과정 가족대상 사회복지실천기술, 집단 및 집단사회복지실천의 개념, 집단사회복지실천의 집단목적 및 구성요소, 집단사회복지실천의 집단유형 및 치료효과, 집단사회복지실천 모델 및 원칙, 집단역동성, 집단발달단계의 이해, 집단사회복지실천의 개입과정단계 및 기술 등의 주요 내용으로 구성되었다.

이 책은 앞으로 사회복지실천에서 새롭게 대두되는 기술 및 기법 등을 효과적으로 적용하고 개발할 뿐만 아니라 전문사회복지사로서의 자질을 함양하는 데 필요한 과제들을 계속 보완해 나갈 것이다.

이 책의 집필을 위해 함께 힘든 작업을 하면서 소중한 시간을 할애해 준 공동 저자인 오동록 교수, 김 병 교수, 송운용 교수, 고은주 박사, 조명희 박사, 이찬영 박사에게 진심으로 고마움을 전하면서 사회복지를 공부하는 학생들이 전문사회복지사가 되도록 끊임없는 사회복지 학문과 실천 비전에 도전하는 저자들이 되기를 간절히 바란다.

끝으로 이 책을 집필하도록 기회를 주신 창지사 김기섭 사장님과 편집부에 진심으로 감사의 뜻을 표하며, 공동 저자를 아끼고 협력해 주는 제자들, 사회복지 관련 모든 분들에게 감사드리며 사회복지의 비전이 무엇인지 알게 해 주시고 복지적 삶의 길로 인도해 주시는 하나님께 모든 영광을 돌린다.

2020년 8월

대표 저자 이영실

차 례

제1부

사회복지실천의 기초

제1장 사회복지실천의 전문적 기반

제1장

사회복지실천의 전문적 기반

1. 사회복지실천의 전문적 지식

1) 사회복지사에게 요구되는 전문적 지식

사회복지실천에서 사용되는 지식은 인간 및 사회에 대한 체계적 이해와 문제해결의 과학성을 위해 매우 필요한 요소이다. 사회복지실천의 지식은 클라이언트 개인과 사회환경 간 관련된 지식, 사회문제, 사회복지실천모델 등 사회복지전문직에 관련된 다양한 지식뿐만 아니라 철학, 사회학, 심리학, 정신의학, 경제학 등 다른 학문분야의 지식도 포함하고 있다.[1)]

Siporin(1975)은 사회복지실천에서 사용되는 지식을 사정에 필요한 지식(assessment knowledge)과 개입에 필요한 지식(intervention knowledge)으로 나누었다. 먼저 사정에 필요한 지식은 개인의 욕구와 문제, 상황 등을 이해하기 위한 지식으로 사회복지사가 개입 이전에 클라이언트의 심리적·사회적·문화적 특징을 이해하고 클라이언트의 문제가 발생하는 상황적 맥락을 분석하는 데 필요하다. 그다음 개입에 필요한 지식은 사회복지사가 개인이나 집단, 지역사회를 돕기 위한 실천과정에서 활용하는 실천이론과 개입방법에 관한 지식을 포함한다. 또한 Hepworth, Rooney와 Larson(2009)은 사회복지사의 전문지식에 대해서 다음의 몇 가지 범주를 제시하였으며, 미국사회사업교육협의회(CSWE, 1994)에서도 사회복지사의 전문지식을 핵심교과과정의 일부로 채택하였다.[2)]

(1) 인간행동과 사회환경에 관한 지식

개인이 생활하는 사회체계(가족, 집단, 조직, 지역사회)영역에 있어서 인간의 생태·심리·사회적 발달 이해를 위한 인간행동과 사회환경에 대한 지식은 사회복지사로서 효과적 업무를 수행하기 위해서 필요하다. 사회복지사는 각각의 발달시기에 관련된 욕구와 자원에 대해 알아야 하며, 이러한 욕구는 어떻게 정의되고 다양한 문화와 어떻게 만나는지 알아야 한다.

(2) 사회복지정책과 서비스에 관한 지식

사회경제적 정의의 원칙 내에서 정책, 정책형성과정, 사회정책분석에 영향을 미치는 정치적·조직적 과정 등에 대한 지식이 필요하다. 사회복지사는 전문가로서의 신념과 윤리, 가치뿐만 아니라 전체적 조화 속에서 실천을 위해 개인, 가족, 집단, 지역사회의 사회적 기능을 향상시키는 사회복지정책 및 서비스 개발과 활성화에 참여할 책임이 있다.

(3) 사회복지실천방법에 관한 지식

클라이언트의 사회기능을 향상시키도록 지식과 실천기술이 필요하며 이로써 전문적 신념과 목표를 성취할 수 있다. 사회복지실천방법의 지식과 기술은 사회복지사가 관여하는 클라이언트체계의 미시(micro), 중범위(mezzo), 거시(macro) 수준에 모두 적용된다.

(4) 조사 및 연구에 관한 지식

사회복지실천의 서비스 전달을 객관적으로 평가하기 위해 과학적·분석적인 접근이 필요하며, 여기에는 조사 및 연구에 관한 다양한 지식의 활용이 요구된다. 사회복지사는 조사 및 연구에서 얻은 정보를 사회복지실천에 적용할 수 있어야 하는데, 이를 위해서는 조사설계 지식과 경험적 자료에서 나온 결과를 이해하고 해석할 수 있는 능력이 필요하다.

2) 사회복지실천을 위한 전문적 지식

전미사회복지사협회(NASW, 1981)에서 제시한 사회복지실천을 위한 전문적 지식에 적용되는 다양한 지식들이 있다. 예를 들면 사회복지실천이론 및 기법, 지역사회자원과 서비스, 사회서비스 프로그램과 그 목적, 기본적 사회경제이론과 정치이론, 인종, 민족 등 한 사회의 문화집단에 대한 지식과 그 집단의 가치와 생활, 현대사회에서의 이슈, 사회복지실천에 적합한 전문적·과학적 조사, 사회계획의 개념과 기법, 사회복지실천의 슈퍼비전 및 슈퍼비전의 이론과 개념, 인력관리의 개념과 이론, 일반적 사회통계와 심리학적 통계방법론 및 기법, 다양한 연구방법 및 기법, 사회복지행정의 개념과 이론 등이 있다(〈표 1-1〉 참조).[3)]

〈표 1-1〉 전미사회복지사협회의 사회복지실천을 위한 전문적 지식

영역	지식
사회복지 기초영역	• 인간의 성장과 발달이론 • 다양한 연구방법 및 기법 지식 • 실천에 적합한 전문적 · 과학적 조사 지식 • 사회통계, 심리학적 통계방법론 및 기법
사회복지 실천영역	• 소집단이론과 행동역학 지식 • 지역사회자원과 서비스 지식 • 사회복지실천이론 및 기법 지식 • 가족과 사회의 상호작용이론 지식 • 사회계획의 개념과 기법에 대한 지식 • 집단 상호작용과 치료적 개입이론 지식 • 지역사회조직이론 및 기법에 관한 지식 • 심리적 사정과 개입의 이론과 방법, 진단에 대한 지식 • 사회복지실천의 슈퍼비전 및 슈퍼비전의 이론과 개념 지식
사회복지 행정영역	• 사회복지행정의 개념과 이론 지식 • 인력관리의 개념과 이론에 관한 지식
사회복지 관련영역	• 사회서비스 프로그램과 그 목적 지식 • 기본적 사회경제이론과 정치이론 지식 • 사회의 문화집단 지식과 그 집단의 가치와 생활, 현대사회의 이슈

3) 사회복지실천의 전문적 기반

사회복지실천은 과학(science)과 예술(art)의 조화라고 한다. 과학적 지식에만 의존하는 실천은 기계적 수행에 그치며 과학성이 결여된 예술성만으로는 효과적 실천이 이루어질 수 없다. 과학성과 예술성은 서로 대립되는 개념이 아니라 상호 보완적이며 의존적인 관계이다. 사회복지실천의 전문적 기반은 크게 과학적 기반(과학성)과 예술적 기반(예술성)으로 나누어 설명할 수 있는데, 그 주된 내용은 다음과 같다.[4)]

(1) 과학적 기반(과학성)

사회복지사는 개인과 가족, 집단, 지역사회, 조직체를 대상으로 하므로 기초과학, 심리학, 사회학, 경제학, 인류학, 정치학 등에 대한 지식뿐만 아니라 의학, 정신의학, 가족치료 등과 같은 전문지식과 관련된 지식도 갖추어야 한다.

사회복지는 다른 분야의 과학적 지식을 활용하여 사회복지의 이론적 준거틀을 개발하고 그 효과성을 평가하는 데 과학적 방법의 활용이 증가하고 있다.

사회복지는 다음과 같은 방법을 활용할 때 과학적이라고 말할 수 있다.

- 개입이 사람의 사회적 기능수행에 미치는 영향을 객관적으로 검토한다.
- 사람들의 사회적 기능을 나타내는 자료를 수집하고, 조직화하고 분석한다.
- 사회복지개입을 안내하는 계획과 개념적 준거틀을 세우기 위해 기초가 되는 자료를 활용한다.
- 전문직에서 다른 사람들이 설명하는 아이디어, 연구 그리고 실천을 교환하고 비평적으로 평가한다.
- 새로운 기법을 만들고, 새로운 실천지침을 형성하고, 새로운 프로그램과 정책을 개발하기 위해 관찰, 경험, 그리고 공식적 연구를 활용한다.

(2) 예술적 기반(예술성)

예술은 능숙한 수행을 하는 데 필요한 특수기술로 학습만으로는 배울 수 없는 직관적 능력을 발휘해야 하는 것이다. 사회복지실천에서의 예술적 기반 혹은 예술성은 사회복지사의 개인적 특성이나 예술적 혹은 직관적 능력 등을 과학적 기반과 더불어 적절히 활용하는 것을 말한다.

사회복지사의 다양한 활동이나 개입 등이 효과적이기 위해서는 상황이나 클라이언트 특성에 맞게 이론, 기술 등을 적절히 선택하여 적용할 수 있어야 한다. 이 과정에서 사회복지사는 클라이언트를 충분히 이해하고 공감하며 원조관계를 형성하고 유지하며, 그의 저항이나 양가감정을 다루고 클라이언트가 문제해결에 적극적으로 참여하여 변화를 일으킬 수 있도록 원조해야 한다. 사회복지실천의 예술적 기반(예술성)에 해당하는 다양한 구성요소는 다음과 같다.

① 동정과 용기

동정이란 타인의 고통에 동참해서 그 괴로움에 의지하는 것을 의미하며, 동정이 결여된 경우 클라이언트의 관심사에 거리를 둘 수 있다. 또한 사회복지는 용기를 필요로 한다. 용기는 일상적으로 고통과 혼란, 인간의 부정적이고 파괴적인 행동에 대해서도 직면할 수 있는 능력을 의미한다.

② 전문적 관계

원조의 가장 기본은 전문적 관계를 활용하여 사람들이 변화 가능성에 관해 개방적이 되도록 하고, 적극적으로 변화과정에 참여하도록 돕는 것이다. 전문적 관계는 개인, 가족, 혹은 클라이언트 집단을 효과적으로 원조하기 위한 전제조건이 될 뿐만 아니라 조직이나 지역사회를 구성하는 사람들과의 활동관계에도 중요하다. 전문적 관계를 형성하기 위해서는 감정이입, 온화함, 진실함 등의 대인관계기술이 필요하다.

③ 창의성

창의성은 각 클라이언트의 상황이 모두 독특하고 항상 변화하기 때문에 중요하다. 창의성 요소를 살펴보면, 문제에 대한 다양한 접근방법을 확인하고 문제를 해결할 수 있도록 해 주는 상상력, 문제와 관련하여 모든 사람의 관점에서 상황을 이해할 수 있는 융통성, 그리고 어려움이나 좌절 속에서도 지속적으로 행동할 수 있는 인내심 등이 있다.

④ 희망과 에너지

희망이란 사람들의 기본적인 선함, 긍정적 방식으로 변화하는 능력, 그리고 공동선을 위해 다른 사람과 협조적으로 활동하는 의지에 대한 확고한 믿음과 신념을 말한다. 에너지는 어떤 일이 진행되도록 하고 결과를 얻는 것이며 실수와 실패를 통해 회복할 수 있는 능력을 의미한다.

⑤ 판단

사회복지사의 전문적 판단은 명확하고 날카로운 사고력에 달려 있으며 이는 사회복지실천영역에서 지속적 분석과 반성을 통한 개방적 학습을 통하여 얻어질 수 있다. 원조과정의 특성과 클라이언트 상황의 독특성으로 인해 사회복지사는 판단을 하기가 어렵다. 클라이언트 상황을 사정하고, 대안적 해결책을 제시하고, 원조과정을 계획하고, 변화활동을 수행하며, 서비스를 종료할 때를 결정하는 것을 포함해서 사회복지사는 판단을 내리기가 어렵다.

⑥ 전문적 가치

전문적 가치는 기본권리에 대한 존중, 사회적 책임감, 개인적 자유에 관한 헌신성, 자기결정에 대한 지지로 구분한다.

첫째, 기본권리에 대한 존중으로서, 모든 인간은 삶의 목표를 달성하고 문제를 예방하며 인간으로서의 잠재력을 실현하는 데 도움이 될 자원과 서비스에 관해 동등한 접근성을 가지는 것이다.

둘째, 사회적 책임감으로서, 가족, 교육, 정보와 같은 사회제도는 인간의 욕구에 관해 반응을 보여야 한다.

셋째, 개인적 자유에 관한 헌신성으로, 개인과 개인 사이에는 다양한 차이가 있음을 인정하고 사회는 그 구성원에 대한 통제를 최소화해야 한다.

넷째, 자기결정에 대한 지지로, 인간은 자신의 삶을 선택할 권리를 가져야 한다.

2. 사회복지실천기술의 이해

1) 사회복지실천기술의 개념

일반적으로 기술(skill)이란 사전적 용어로 정의하면, "학습을 통해서 발달되는 신체적·언어적 행동의 복합적 조직이며, 특별한 목표를 지향하거나 특별한 활동에 집중하는 것"이다. 즉 기술은 선천적인 것이라기보다는 후천적인 것으로써, 일정한 학습과정을 통해 연마되는 전문적 지식, 기술, 능력이나 솜씨 등을 총칭한다.

사회복지실천기술의 개념은 여러 학자들에 의해 다르게 정의할 수 있는데, 특히 Barker(1995), Smally(1967), Morales와 Sheafor(1988), Johnson(2001) 등이 주장하는 개념을 살펴보면 다음과 같다.[5)]

Barker(1995)는 사회복지사의 기술을 "대화나 클라이언트의 문제, 욕구, 능력에 대한 사정, 자원개발과 사회구조를 변화시키는 데 있어서의 숙련성"이라고 정의하고 있다. Smally(1967)는 "사회복지사가 특정 프로그램이나 서비스의 목적을 달성하기 위해서 과정(process)을 진척시키는 데 필요한 방법을 사용할 수 있는 능력"이라고 하였고 Morales와 Sheafor(1988)는 사회복지실천기술을 "지식과 개입기법을 효과적으로 사용할 수 있는 능력"이라고 설명하고 있다. 그리고

Johnson(2001)은 "사회복지사가 실천활동을 수행함에 있어 지식을 효과적으로 이용하고 적용할 수 있게 해 주는 능력이나 방법"이라고 강조하였다.

따라서 사회복지실천기술은 사회복지실천의 가치와 지식에 기초하여 클라이언트와 관련된 특별한 상황의 변화를 위해 사용하는 방법 및 사회복지사의 능력을 의미한다. 이와 같이 사회복지실천기술은 사회복지사가 클라이언트에게 심리적·사회적 서비스를 제공하기 위해 사용하는 전문적 실천능력으로서, 클라이언트가 처한 여러 상황에서 활용할 수 있는 폭넓은 다양한 기술로 구성되어 있다.

2) 사회복지실천기술의 특징

사회복지실천은 상황에 따라 다른 기술을 적용하기 때문에 특정 상황에 맞는 실천기술을 선택하고 활용하는 능력이 필요하다. 사회복지실천기술은 특정 이론에만 제한되어서는 안 되며 다양한 이론이나 방법적 요소를 특정 상황이나 문제에 맞게 적절하게 선택해서 사용할 수 있어야 하며 사회복지사가 가지고 있는 기본적 자질에 따라 달라질 수 있지만 지식을 기반으로 하기 때문에 개발될 수 있고 학습이 가능하다.[6)]

3) 사회복지실천기술의 유형

사회복지사는 다양한 상황에 있는 각계각층의 클라이언트를 대상으로 원조한다. 원조과정이 진행됨에 따라 각 단계마다 필요한 개입목표를 달성하기 위해서 다양한 이론적 이해를 바탕으로 활용해야 할 실천기술의 범위도 넓고 그 종류도 다양하다.

미국사회사업교육협의회의 『교육과정정책설명서』에서는 사회복지실천기술을 크게 두 유형으로 나누었는데, 첫째는 인지적 기술로, 상황 속의 사람을 생각하고, 사람과 상황에 관한 이해 및 활용해야 할 지식을 명백히 하고 중재를 위한 계획을 수립하며 평가를 수행하는 데 사용되는 기술이다. 둘째는 상호작용기술 또는 관계적 기술로, 개인, 가족, 집단 및 지역사회와 함께 일하는 데, 이해를 전달하고 개발하는 데, 함께 계획을 수립하고, 행동계획을 평가하기 위해서 사용되는 기술이다.[7]

4) 사회복지실천기술의 내용

사회복지실천기술의 주된 내용은 공통기술 및 미시적·중범위·거시적 개입 차원에 따른 실천기술 등으로 나누어 설명할 수 있다.[8]

(1) 공통기술

공통기술로 정보획득과 계획수립기술, 의사소통기술, 문제상황분석기술, 계약기술, 과정점검 및 평가기술, 다양한 역할수행기술 등의 기술이 필요하다.

(2) 개입 차원에 따른 실천기술

사회복지실천기술은 사회복지사가 관여하는 클라이언트 체계수준에 따라 다양하다. 그 수준은 미시(micro), 중범위(mezzo), 거시(macro) 등으로 구분되는데 효과적 실천을 위해서는 세 가지 영역을 포괄하는 총체적 지식과 기술이 필요하다.

① 미시적 차원의 기술

미시 수준의 실천은 개인, 부부, 가족을 포함하는 다양한 클라이언트 체계를 대상으로 하며 사회복지사는 클라이언트와 일대일로 접촉하면서 직접 서비스를 전달한다. 미시적 차원의 기술에는 대인관계기술, 면접기술 등이 해당된다.

② 중범위 차원의 기술

중범위 수준의 실천은 미시 수준과 거시 수준의 중간 수준에서의 활동으로 개인이나 가족생활보다는 덜 밀접하게 관련된 대인관계, 조직과 기관의 대표 사이보다는 더 의미 있는 관계, 자조집단이나 치료집단의 구성원 간 관계를 포함한 학교나 직장, 이웃에서의 동료 간의 관계에 개입한다. 중범위 수준에서의 개입은 클라이언트에게 직접적 영향을 미치는 가족, 또래집단, 학급과 같은 체계를 변화시키는 것이다. 중범위 차원의 기술은 집단역동성을 활용하는 기술, 미시 수준의 관계형성기술 및 의사소통기술을 집단에 적용하는 기술 등이 해당된다.

③ 거시적 차원의 기술

거시 수준의 실천은 서비스를 직접 전달하는 것과 거리가 먼 것으로, 거시적 실천은 사회계획과 지역사회의 조직과정을 포함하며, 사회복지사는 사회문제를 다루기 위해 개인, 집단, 조직으로 구성된 지역사회 행동체계를 원조하는 전문적 변화매개자로서 역할을 한다. 거시적 차원의 기술에는 주민조직기술, 지역사회지도자 및 정책결정자에게 접근하는 기술, 자금동원기술, 행동주도기술, 해결협상기술, 클라이언트 옹호기술, 대변기술 등이 해당된다.

(3) 사회복지사의 역할에 따른 기술

사회복지실천 현장에서 사회복지사의 역할과 활동에서 필요한 기술은 현장활동가, 중개자, 옹호자, 평가자, 교사, 자문가, 지역사회계획가, 보호제공자, 자료관리자, 행정가, 행동가, 행동변화가 등이 있다(〈표 1-2〉 참조).

〈표 1-2〉 사회복지사의 역할에 따른 기술

기술	내용
현장활동가	지역사회로 나가서 욕구를 확인하고 서비스 의뢰를 수행한다.
중개자	욕구가 있는 사람에게 적절한 서비스를 연결시켜 준다.
옹호자	특정 서비스에 클라이언트가 거부 당할 때 서비스를 확보하고 서비스를 확대할 수 있도록 원조한다.
평가자	욕구와 자원을 평가하고, 욕구를 충족시킬 수 있는 대안을 결정한다.
교사	사실과 기술 등을 가르친다.

(계속) 〈표 1-2〉 사회복지사의 역할에 따른 기술

기술	내용
자문가	다른 전문가와 일하면서 그들이 더욱 효과적인 서비스를 제공할 수 있도록 원조한다.
지역사회계획가	지역사회집단이 그 지역의 사회복지욕구를 위하여 효과적으로 계획하도록 돕는다.
보호제공자	자신의 문제를 해결할 수 없거나 욕구를 충족시킬 수 없는 사람에게 지지서비스를 제공한다.
자료관리자	의사결정을 위한 자료를 수집하고 분석한다.
항정가	서비스 프로그램을 계획하고 수행하는 데 필요한 행동을 실행한다.
행동가	클라이언트의 이익이나 권리가 침해 당하는 사회적 조건 등을 인식하고 클라이언트의 인권을 보호하기 위한 활동에 참여한다.
행동변화가	클라이언트 행동을 변화시킨다.

3. 사회복지실천과 윤리

1) 가치와 윤리

가치는 믿음 또는 신념과 같은 것으로, '좋다, 싫다', '바람직하다, 바람직하지 않다' 등과 같이 선호하는 것에 대한 암묵적 견해이고, 선호와 관련되어 있으며, 결정에 영향을 미친다. 전문적 가치는 사회적 가치로부터 나온다. 두 가치는 대부분 일치하지만 강조점이나 우선순위, 해석에 있어서는 차이가 있을 수 있다.

윤리는 인간의 행위와 도덕적 의사결정에 관련되는 철학의 한 분야이다. 윤리는 사람들에게 무엇이 옳고 그른지를 결정함에 있어 어떤 지침이 되는 원칙을 발견해 내는 데 초점을 둔다. 이를 가치와 비교해 보면, 가치란 무엇이 좋고, 바람직한지에 관심을 두는데, 윤리는 무엇이 옳고, 바른지에 관심을 둔다는 차이점이 있다. 가치가 어떤 신념이 적절한지를 결정하는 것이라면, 윤리는 그러한 신념에 따라 무엇을 해야 하고, 그러한 신념을 어떻게 적용할 것인지의 문제를 다룬다. 윤리는 가치에서 나오기 때문에 가치와 조화를 이루어야 한다(〈표 1-3〉 참조).[9]

〈표 1-3〉 지식, 가치, 윤리의 관계

지식	증명할 수 있는 세계와 인간을 관찰한 결과를 객관화시킨 사실
가치	객관적으로 증명할 수 없고 주관적으로 선호하는 것으로 인간의 적절한 행동을 선택하는 데 있어서 지침이나 기준
윤리	가치에서 비롯되나 무엇이 옳고 그른가를 판단하여 주는 도덕적 지침

2) 사회복지의 기본가치

가치는 지식 및 기술과 함께 사회복지실천의 3대 중심축의 하나이다. 가치는 믿음과 같은 것으로 좋고 바람직한 것에 대한 지침이며 적합한 행동의 선택에 대한 지침이다. 이는 윤리와 구분되는 것으로, 가치가 믿음이라면 윤리는 판단이다. 또한 사회복지의 기본가치는 Friedlander(1961)의 인간의 존엄성, 인간의 자율성, 기회의 균등성, 그리고 사회적 책임성으로 주로 전제되고 있으며, 사회복지실천에 있어 전문직의 가치는 다양한 형태로 설명되고 있다.[10)]

사회복지실천에서 가장 많이 거론되는 가치로는 개인의 가치와 존엄성, 개인에 대한 존경, 개인의 변화 가능성에 대한 가치, 클라이언트의 자기결정권, 비밀보장과 사생활보장, 적절한 자원과 서비스 제공, 클라이언트에게 권한부여, 동등한 기회보장, 비차별성 그리고 다양성의 존중 등이다.

사회복지실천 현장에서는 개인적 가치와 사회적 가치가 공존하며 각 형태의 가치기준에 따라 사회복지사는 가치갈등을 경험한다. 전문직 가치가 사회적 가치에 근원을 두고는 있으나 항상 동일하지 않고 개인적 가치도 전문직 가치에 늘 동의하지 않기 때문이다. 이에 사회복지사는 실천가치의 지침과 실천윤리의 강령을 준비하여 각 형태의 가치기준에 최소한의 갈등을 경험하도록 조치해 놓고 있다.

3) 전문직 가치와 윤리강령의 핵심가치

전문직 가치는 어떠한 직업이 전문직으로 인정되는 과정에서 그 전문직의 실천활동과 관련된 가치이다. 이러한 전문적 가치를 바탕으로 하여 사회복지실천에서는 인간의 존엄성, 인간의 자율성, 기회의 균등성, 사회적 책임성 등을 주요 가치로 둘 수 있다. 사회복지사는 사회복지실천에서 개인적 가치와 사회적 가치, 그리고 전문직으로서의 가치를 통해 사회복지실천의 목적을 달성한다. 전미사회복지사협회(NASW) 윤리강령은 전문직을 외부의 규정으로부터 보호해 주고 전문직의 사명이나 방법론에 관련된 규범 수립의 기준을 다음의 〈표 1-4〉와 같이 제시한다.[11]

〈표 1-4〉 NASW 윤리강령(1996)에서 제시하는 핵심가치와 윤리적 원칙

핵심가치	윤리적 원칙
서비스	사회복지사의 궁극적 목표는 도움을 필요로 하는 사람을 돕고 사회적 문제에 대응하는 것이다.
사회정의 증진	사회복지사는 사회적 불의와 대결해야 한다.
인간에 대한 존엄과 가치	사회복지사는 타고난 인간의 존엄과 가치를 존중해야 한다.
인간관계의 중요성	사회복지사는 인간관계가 가진 중요성을 인식해야 한다.
신뢰성	사회복지사는 신뢰받을 수 있게 행동해야 한다.
능력 증진	사회복지사는 자신의 능력범위 내에서 활동해야 하며, 자신의 전문적 기술을 개발하고 향상시켜야 한다.

이와 같이 NASW 윤리강령은 사회복지전문직의 핵심가치로 사회복지사라는 전문직의 추상적 가치를 행동강령으로 구체화한 것으로 사회복지사가 실천현장에서 수행하는 모든 일에 대해서 전문가의 윤리와 책임이라는 관점에서 원칙과 지침, 평가와 책임소재의 근거가 되고 있다.

4) 사회복지사의 의사결정에 있어서 가치의 원천

사회복지사의 의사결정에 있어서 가치의 원천은 기관이나 프로그램의 목적, 전문가 훈련기관의 규범 및 전문가의 역할, 제한된 자원의 사용, 개인적 가치선호도 등으로 나눌 수 있는데, 그 주된 내용은 다음과 같다.[12]

(1) 기관이나 프로그램의 목적

사회복지사가 진행하는 프로그램 등은 기관의 목적을 달성하기 위하여 만들어진 것이다. 기관의 성격에 따라 사회복지사의 의사결정이나 행동이 달라진다. 예를 들면 기관의 목표가 '청소년 범죄 예방' 혹은 '가족생활의 향상' 등 어느 것이냐에 따라 사회복지사의 선택에 영향을 미친다.

(2) 전문가 훈련기관의 규범, 전문가의 역할

서비스의 목적과 우선순위에 관한 사회복지사의 결정은 가치선택을 반영하는데 가치선택은 전문가 훈련기관의 규범, 전문가 역할, 사회복지사 개인의 선호도 등에 의해 형성된다. 예를 들면 알코올중독 증세가 있는 미혼모가 만취상태에서 아이들의 생계를 돌보지 않은 채 3일 동안 직장에 결근했다는 것을 알게 된 담당 사회복지사는 서비스에 대한 우선순위를 결정할 경우 가치의 영향을 받는다.

(3) 제한된 자원의 사용

서비스기관은 항상 시간과 자원이 부족하기 때문에 사회복지사는 여러 클라이언트의 다양한 서비스에 쏟을 시간과 자원을 적절히 배분해야 한다. 예를 들면 아이들의 여름캠프, 정신과 의사의 상담 등과 같은 보조혜택을 어떤 클라이언트에게 줄 것인가를 선택해야 할 경우, 혹은 출장이 있는 경우, 어떤 사례를 취소해야 할지 결정해야 할 경우, 가치의 영향을 받는다.

(4) 개인적 가치선호도

사회복지실천에서 사회복지사는 사회복지실천의 경험에 적용할 사회복지의 전문적 지식이 부족하기 때문에 특수한 사례의 경우, 어떤 이론적 접근방법이나 모델을 적용할 때 사회복지사의 개인적 가치에 의존하는 경우가 있다. 예를 들면 아내학대 사례에서 페미니스트 관점, 가족체계 관점, 행동주의 중에서 어떤 접근방법을 선택해야 할지에 관한 명확한 근거가 없으므로 사회복지사는 자신의 가치가 반영된 접근방법을 선택하게 된다.

5) 사회복지사의 윤리강령

사회복지사의 윤리강령은 기능, 사회복지사의 기본적 윤리기준, 한국의 윤리강령 등으로 나눌 수 있는데, 그 주된 내용은 다음과 같다.[13)]

(1) 윤리강령의 기능

사회복지실천의 윤리강령은 전문직의 추상적 가치를 행동강령으로 구체화한 것으로 사회복지사가 수행하는 모든 일을 전문가의 윤리와 책임이라는 관점에서 우선적으로 검토하도록 돕는다. Lowenberg와 Dolgoff(1992)의 윤리강령의 기능을 살펴보면, 먼저 사회복지사가 윤리적 문제를 포함한 딜레마에 직면했을 때 안내하며, 그다음 무능력한 실무자로부터 대중을 보호하며, 정부의 통제로부터 전문직을 방어하며, 동료 간의 관계를 건전하게 유지한다. 그리고 소송으로부터 전문가를 보호한다.

(2) 사회복지사의 기본적 윤리기준

사회복지사는 사회복지실천 현장에서 다양한 수준에서의 윤리성을 요구받고 있으며, 또한 실천 순간마다 윤리적 갈등을 겪으면서 전문직을 수행하고 있다. 윤리적 갈등의 양상은 실천현장마다 매우 다르게 나타나므로 일일이 열거하기는 쉽지 않다. 사회복지사의 윤리강령 전문 및 사회복지사의 기본적 윤리기준의 내용은 다음과 같다.

① 전문

사회복지사는 인본주의·평등주의 사상에 기초하여, 모든 인간의 존엄성과 가치를 존중하고 천부의 자유권과 생존권의 보장활동에 헌신한다. 특히 사회적·경제적 약자들의 편에 서서 사회정의와 평등·자유와 민주주의 가치를 실현하는 데 앞장선다. 또한 도움을 필요로 하는 사람들의 사회적 지위와 기능을 향상시키기 위해 저들과 함께 일하며, 사회제도 개선과 관련된 제반활동에 주도적으로 참여한다.

사회복지사는 개인의 주체성과 자기결정권을 보장하는 데 최선을 다하고, 어떠한 여건에서도 개인이 부당하게 희생되는 일이 없도록 한다. 이러한 사명을 실천하기 위하여 전문적 지식과 기술을 개발하고, 사회적 가치를 실현하는 전문가로서의 능력과 품위를 유지하기 위해 노력한다.

이에 우리는 클라이언트·동료·기관 그리고 지역사회 및 전체 사회와 관련된 사회복지사의 행위와 활동을 판단·평가하며 인도하는 윤리기준을 다음과 같이 선언하고 이를 준수할 것을 다짐한다.

② 사회복지사의 기본적 윤리기준

사회복지사의 기본적 윤리기준은 전문가로서의 자세, 전문성 개발을 위한 노력, 경제적 이득에 대한 태도 등이 있다.

가. 전문가로서의 자세

- 사회복지사는 전문가로서의 품위와 자질을 유지하고, 자신이 맡고 있는 업무에 대해 책임을 진다.
- 사회복지사는 자신의 이익을 위해 사회복지전문직의 가치와 권위를 훼손해서는 안 된다.
- 사회복지사는 전문가로서 성실하고 공정하게 업무를 수행하며, 이 과정에서 어떠한 부당한 압력에도 타협하지 않는다.
- 사회복지사는 사회정의 실현과 클라이언트의 복지증진에 헌신하며, 이를 위한 환경조성을 국가와 사회에 요구해야 한다.
- 사회복지사는 전문적 가치와 판단에 따라 업무를 수행함에 있어, 기관 내외로부터 부당한 간섭이나 압력을 받지 않는다.

- 사회복지사는 한국사회복지사협회 등 전문가단체활동에 적극 참여하여, 사회정의 실현과 사회복지사의 권익옹호를 위해 노력해야 한다.
- 사회복지사는 클라이언트의 종교, 인종, 성, 연령, 국적, 결혼상태, 성 취향, 경제적 지위, 정치적 신념, 정신·신체적 장애, 기타 개인적 선호·특징·조건·지위를 이유로 차별대우를 하지 않는다.

나. 전문성 개발을 위한 노력

- 클라이언트를 대상으로 연구하는 사회복지사는 저들의 권리를 보장하기 위해, 자발적이고 고지된 동의를 얻어야 한다.
- 사회복지사는 클라이언트에게 최상의 서비스를 제공하기 위해 지식과 기술을 개발하는 데 최선을 다하며 이를 활용하고 전파할 책임이 있다.
- 연구과정에서 얻은 정보는 비밀보장의 원칙에서 다루어져야 하고, 이 과정에서 클라이언트는 신체적·정신적 불편이나 위험·위해 등으로부터 보호되어야 한다.
- 사회복지사는 전문성을 개발하기 위해 노력하되, 이를 이유로 서비스의 제공을 소홀히 해서는 안 된다.
- 사회복지사는 한국사회복지사협회 등이 실시하는 제반 교육에 적극 참여하여야 한다.

다. 경제적 이득에 대한 태도

- 사회복지사는 업무와 관련하여 정당하지 않은 방법으로 경제적 이득을 취하여서는 안 된다.
- 사회복지사는 필요한 경우에 제공된 서비스에 대해 공정하고 합리적으로 이용료를 책정해야 한다.
- 사회복지사는 클라이언트의 지불능력에 상관없이 서비스를 제공해야 하며, 이를 이유로 차별대우를 해서는 안 된다.

③ 사회복지사의 클라이언트에 대한 윤리기준

사회복지사의 클라이언트에 대한 윤리기준은 클라이언트와의 관계 및 동료의 클라이언트와의 관계로 나눌 수 있다.

가. 클라이언트와의 관계

- 사회복지사는 클라이언트의 권익옹호를 최우선의 가치로 삼고 행동한다.
- 사회복지사는 개인적 이익을 위해 클라이언트와의 전문적 관계를 이용하여서는 안 된다.
- 사회복지사는 어떠한 상황에서도 클라이언트와 부적절한 성적 관계를 가져서는 안 된다.
- 사회복지사는 사회복지증진을 위한 환경조성에 클라이언트를 동반자로 인정하고 함께 일해야 한다.
- 사회복지사는 클라이언트에 대하여 인간으로서의 존엄성을 존중해야 하며, 전문적 기술과 능력을 최대한 발휘한다.
- 사회복지사는 클라이언트가 자기결정권을 최대한 행사할 수 있도록 도와야 하며, 저들의 이익을 최대한 대변해야 한다.
- 사회복지사는 클라이언트의 사생활을 존중하고 보호하며, 직무수행과정에서 얻은 정보에 대해 철저하게 비밀을 유지해야 한다.
- 사회복지사는 클라이언트가 받는 서비스의 범위와 내용에 대해, 정확하고 충분한 정보를 제공함으로써 알 권리를 인정하고 존중해야 한다.
- 사회복지사는 문서, 사진, 컴퓨터 파일 등의 형태로 된 클라이언트의 정보에 대해 비밀보장의 한계, 정보를 얻어야 하는 목적 및 활용에 대해 구체적으로 알려야 하며, 정보공개 시에는 동의를 얻어야 한다.

나. 동료의 클라이언트와의 관계

- 사회복지사는 적법하고도 적절한 논의 없이 동료 혹은 다른 기관의 클라이언트와 전문적 관계를 맺어서는 안 된다.
- 사회복지사는 긴급한 사정으로 인해 동료의 클라이언트를 맡게 된 경우, 자신의 의뢰인처럼 관심을 갖고 서비스를 제공한다.

④ 사회복지사의 동료에 대한 윤리기준

가. 동료

- 사회복지사는 사회복지전문직의 이익과 권익을 증진시키기 위해 동료와 협력해야 한다.
- 사회복지사는 존중과 신뢰로써 동료를 대하며, 전문가로서의 지위와 인격을 훼손하는 언행을 하지 않는다.
- 사회복지사는 전문직 내 다른 구성원이 행한 비윤리적 행위에 대해, 제반 법률규정이나 윤리기준에 따라 조치를 취해야 한다.
- 사회복지사가 전문적 판단과 실천이 미흡하여 문제를 야기했을 때에는 적절한 조치를 취하여 클라이언트의 이익을 보호해야 한다.
- 사회복지사는 동료 및 다른 전문직 동료의 직무가치와 내용을 인정·이해하며, 상호 간에 민주적 직무관계를 이루도록 노력해야 한다.
- 사회복지사는 동료의 윤리적이고 전문적인 행위를 촉진시켜야 하며, 이에 반하는 경우에는 제반 법률규정이나 윤리기준에 따라 대처해야 한다.

나. 슈퍼바이저

- 슈퍼바이저는 개인적 이익의 추구를 위해 자신의 지위를 이용해서는 안 된다.
- 슈퍼바이저는 사회복지사·수련생 및 실습생에 대해 인격적·성적으로 수치심을 주는 행위를 해서는 안 된다.

- 사회복지사는 슈퍼바이저의 전문적 지도와 조언을 존중해야 하며, 슈퍼바이저는 사회복지사의 전문적 업무수행을 도와야 한다.
- 슈퍼바이저는 전문적 기준에 의해 공정하게 책임을 수행하며, 사회복지사·수련생 및 실습생에 대한 평가는 이들과 공유해야 한다.

⑤ 사회복지사의 사회에 대한 윤리기준

- 사회복지사는 자신이 일하는 지역사회의 문제를 이해하고, 그것을 해결하는 일에 적극적으로 참여해야 한다.
- 사회복지사는 인권존중과 인간평등을 위해 헌신해야 하며, 사회적 약자를 옹호하고 대변하는 일을 주도해야 한다.
- 사회복지사는 필요한 사회서비스를 개발하기 위한 사회정책의 수립·발전·입법·집행에 적극적으로 참여하고 지원해야 한다.
- 사회복지사는 사회환경을 개선하고 사회정의를 증진시키기 위한 사회정책을 수립하고 발전시키며 입법 및 집행을 요구하고 옹호해야 한다.

⑥ 사회복지사의 기관에 대한 윤리기준

- 사회복지사는 소속기관 활동에 적극 참여함으로써, 기관의 성장·발전을 위해 노력해야 한다.
- 사회복지사는 기관의 정책과 사업목표의 달성, 서비스의 효율성과 효과성의 증진을 위해 노력함으로써, 클라이언트에게 이익이 되도록 해야 한다.
- 사회복지사는 기관의 부당한 정책이나 요구에 대하여, 전문직의 가치와 지식을 근거로 이에 대응하고 즉시 사회복지윤리위원회에 보고해야 한다.

⑦ 사회복지윤리위원회의 구성과 운영

- 한국사회복지사협회는 사회복지윤리위원회를 구성하여, 사회복지윤리실천의 질적 향상을 도모하여야 한다.

- 사회복지윤리위원회는 윤리강령을 위배하거나 침해하는 행위를 접수받아, 공식적 절차를 통해 대처하여야 한다.
- 사회복지사는 한국사회복지사협회의 윤리적 권고와 결정을 존중하여야 한다.

⑧ 사회복지사 선서

사회복지사 선서는 다음과 같다.

- 나는 모든 사람들이 인간다운 삶을 누릴 수 있도록, 인간존엄성과 사회정의의 신념을 바탕으로, 개인·가족·집단·조직·지역사회·전체 사회와 함께한다.
- 나는 언제나 소외되고 고통받는 사람들의 편에 서서, 저들의 인권과 권익을 지키며, 사회의 불의와 부정을 거부하고, 개인이익보다 공공이익을 앞세운다.
- 나는 사회복지사 윤리강령을 준수함으로써, 도덕성과 책임성을 갖춘 사회복지사로 헌신한다.
- 나는 나의 자유의지에 따라 명예를 걸고 이를 엄숙하게 선서한다.

(3) 한국의 윤리강령

한국에서는 1988년 3월 윤리강령을 제정·공포하고, 1992년 10월 22일 두 차례의 개정을 통하여 한국사회복지사 윤리강령을 채택하였고, 2001년 재개정하였다. 그 내용은 인간의 존엄성과 사회적 정의 및 공평 등의 가치를 추구하면서 균등하고 차별 없는 서비스를 받을 클라이언트의 권리와 사회복지사 개인의 이익을 배제하고 전문적 지식과 기술개발을 위해 계속해서 노력할 것과 팀워크, 전문인으로서의 책임성 등을 강조하고 있다.

일반적으로 전문직이 채택하고 있는 한국의 윤리강령은 다음과 같다.

- 사회복지사는 전문가로서의 품위와 자질을 유지하고, 관장하는 업무에 대하여 책임을 진다.
- 사회복지사는 전문직의 가치를 견지하면서 관련 지식과 기술을 습득, 개발,

전달하는 데 최선의 노력을 기울인다.

- 사회복지사는 업무수행과정에서 어떠한 압력에도 타협하지 않으며, 전문적 관계를 이용하여 부당한 영리를 취하지 않는다.
- 사회복지사는 복지대상자의 권익을 보호한다.
- 사회복지사는 복지대상자가 자기결정권을 최대한 행사할 수 있도록 돕는다.
- 사회복지사는 복지대상자의 사상, 종교, 인종, 성별, 연령, 지위, 계층에 따른 차별을 하지 않는다.
- 사회복지사는 복지대상자의 사생활을 존중하고, 직무상 취득한 정보를 전문적 업무 이외에는 공개하지 않는다.
- 사회복지사는 동료 간에 존중과 신뢰로써 대하며, 동료 간의 전문적 지위와 인격을 훼손하는 언행을 하지 않는다.
- 사회복지사는 동료나 사회복지기관 또는 단체의 비윤리적 행위에 대하여 공식적 절차를 통하여 대처한다.
- 사회복지사는 소속기관과 전문단체활동에 적극 참여하여 성장·발전과 권익옹호에 힘쓰며, 기타 유관기관과는 협조적 관계를 유지한다.

6) 사회복지의 윤리적 갈등

사회복지실천에서의 윤리적 갈등은 윤리 자체가 문제가 아니라 문제의 윤리적 측면에서 발생한다. 즉 사회복지의 윤리적 갈등은 사회복지사와 클라이언트 혹은 기관과의 관계에서 발생할 뿐 아니라 클라이언트의 문제 자체가 윤리적 측면을 내포하고 있는 경우도 많기 때문이다. 사회복지실천에서 경험하는 윤리적 갈등은 주로 윤리적 원칙이 위배되는 상황에서 발생한다.

사회복지실천에서 자주 발생하는 윤리적 갈등 상황은 다음과 같다.[14)]

- 직접적 개입활동과 관련된 윤리적 갈등으로, 사회복지사는 개인, 가족, 혹은 집단을 대상으로 직접적 개입실천을 수행하여 나가는 과정에서 다양한 윤리

적 갈등에 직면한다. 사회복지사가 지켜야 하는 윤리적 의무나 원칙 가운데 이와 같은 범주에 속하는 것으로 대표적인 것은 비밀보장, 클라이언트의 자기결정, 온정주의, 진실의 의무 등이 있다.

- 사회복지정책 및 프로그램 차원의 갈등으로, 사회복지정책 및 프로그램을 기획하고 실행해 나가는 과정에서 발생하는데 간접적 사회복지실천활동으로 분류되는 영역에서 제기된다. 대표적으로 '분배문제'를 들 수 있는데 제한된 자원을 누구에게, 어떻게, 얼마만큼 배분하는 것이 정당한가를 결정하는 윤리적 기준의 문제가 쟁점이 된다.
- 사회복지조직체 및 동료 사회복지사 사이의 관계와 관련된 윤리적 갈등으로, 사회복지조직체의 일원, 즉 고용된 사람으로서의 사회복지사가 겪을 수 있는 갈등이다.

7) 윤리적 갈등의 해결

윤리적 갈등의 해결에 있어서는 Reamer(1989)의 윤리적 결정지침과 Lowenberg와 Dolgoff(1996)의 윤리적 원칙의 내용과 우선순위(윤리원칙 준거틀)를 대표적으로 들 수 있는데, 그 주된 내용은 다음과 같다.[15)]

(1) Reamer의 윤리적 결정지침

Reamer(1989)는 윤리적 결정지침을 다음과 같이 제시하였다.

- 삶, 건강, 복지, 생활필수품에 대한 권리는 부, 교육, 여가와 같은 추가적 재화에 대한 기회와 비밀에 대한 권리에 우선한다.
- 개인의 복지에 대한 기본권리는 다른 사람의 사생활, 자유, 자기결정에 대한 권리에 우선한다. 따라서 자녀가 의료적 치료를 받을 권리와 욕구인 '개인의 복지권'은 부모가 종교적 신념으로 치료를 중지할 권리인 '타인의 자기결정권'에 우선한다.

- 자기결정에 대한 권리는 그들의 기본적 복지에 대한 권리에 우선한다. 이 원칙은 관련 지식을 참고하여 자발적으로 결정했다는 것이 인정되고, 그들이 내린 결정의 결과 다른 사람의 복지를 위협하지 않는다는 조건하에 받아들여질 수 있다.
- 복지에 대한 사람들의 권리는 법, 정책, 조직의 질서를 번복할 수도 있다. 어떤 정책이 클라이언트나 사회복지사의 복지에 해를 주거나 부당할 때 법, 정책 혹은 절차를 어기는 것은 정당화될 수도 있다(〈표 1-5〉 참조).

〈표 1-5〉 Reamer(1989)의 윤리적 결정지침

삶, 건강, 복지, 생활필수품에 대한 권리	>	추가적 재화에 대한 기회, 비밀에 대한 권리
개인의 복지권	>	타인의 사생활, 자유, 자기결정권
개인의 자기결정권	>	기본적 복지에 대한 권리
복지에 대한 사람들의 권리	>	법 · 정책 · 조직의 질서

(2) Lowenberg와 Dolgoff의 윤리적 원칙과 우선순위(윤리원칙 준거틀)

윤리적 의사결정은 너무나 복잡하기 때문에 단순히 '어떻게'라는 방법론적 문제해결의 방향을 제시하기는 어렵지만 일반적으로 가치의 우선순위에 대한 윤리적 의사결정의 기준을 서열화하는 모델을 따를 수 있다. 비록 윤리적 원칙을 서열화하는 것이 쉬운 일이 아니지만 이를 통해 지침을 제공할 수 있다는 점에서 필수 작업이다.

Lowenberg와 Dolgoff(1996)는 윤리적 의무들이 서로 갈등을 빚는 상황에서 어떤 원칙이나 법적 의무를 우선시해야 하는지를 결정하는 것을 돕기 위해 '윤리원칙 준거틀'과 '윤리적 의사결정모델'을 활용할 것을 권고하였다(〈표 1-6〉, 〈표 1-7〉 참조).

〈표 1-6〉 Lowenberg와 Dolgoff(1996)의 윤리원칙 준거틀

윤리원칙 1	생명보호의 원칙	인간의 생명보호가 다른 모든 것보다 우선한다.
윤리원칙 2	평등 및 불평등의 원칙	동등한 사람은 평등하게 처우되어야 하는 권리를 가진다.
윤리원칙 3	자율과 자유의 원칙	자율성과 독립성, 자유를 신장시키는 실천적 결정을 해야 한다.
윤리원칙 4	최소한 불이익의 원칙	선택 가능한 대안이 유해할 때 가장 최소한으로 유해한 것을 선택해야 한다.
윤리원칙 5	삶의 질 원칙	지역사회는 물론이고 개인과 모든 사람의 삶의 질을 좀 더 증진시킬 수 있는 것을 선택해야 한다.
윤리원칙 6	사생활보호와 비밀보장의 원칙	사회복지사가 클라이언트에 대해서 알게 된 사실을 다른 사람에게 공개해서는 안 된다.
윤리원칙 7	성실과 개방의 원칙	클라이언트와 여타의 관련된 당사자에게 오직 진실만을 이야기하며 모든 관련 정보를 완전히 공개해야 한다.

〈표 1-7〉 Lowenberg와 Dolgoff(1996)의 윤리적 의사결정모델

1단계	문제가 무엇인지 그리고 문제를 야기하는 요인은 무엇인지를 확인한다.
2단계	클라이언트, 피해자, 지지체계, 다른 전문가 등 해당 문제와 관련된 사람과 단체는 누구누구인지 확인한다.
3단계	2단계에서 확인된 다양한 주체들이 주어진 문제와 관련해서 어떤 가치가 있는지 확인한다.
4단계	문제해결 또는 완화 등과 같은 개입목표를 명확히 한다.
5단계	개입수단과 개입대상을 확인한다.
6단계	확정된 목표에 따라 설정된 각각의 개입방안의 효과성과 효율성을 평가한다.
7단계	누가 의사결정에 참여할 것인지 결정한다.
8단계	개입방법을 선택한다.
9단계	선택된 개입방법을 수행한다.
10단계	실행 중인 개입방법을 검토하며, 의외의 결과가 나타나는지 주의를 기울인다.
11단계	결과를 평가하고 추가적 문제가 무엇인지 확인한다.

윤리원칙 준거틀은 윤리원칙을 서열화하여 한 가지 이상의 윤리원칙이 상충되었을 때에는 상위의 원칙이 우선적으로 고려되어야 한다는 것이다. 예를 들면 법원이 클라이언트와 비밀리에 공유하고 있는 정보를 공개해 달라는 요청을 할 경우 법원소환요구에 불응하거나 무시할 수 있다. 왜냐하면 성실의 원칙(윤리원칙 7)은 비밀보장의 원칙(윤리원칙 6)보다 윤리적 중요성이 더 낮은 것으로 판단되기 때문이다. 즉 '윤리원칙 6'과 '윤리원칙 7'은 사회복지사가 준수해야 할 의무가 있지만 사회복지사가 최종적으로 따라야 하는 의무는 '윤리원칙 6'과 관련된다.

윤리적 의사결정모델은 단지 윤리적 의사결정에만 한정되어 사용하는 것이 아니라 일반적 의사결정단계의 한 모델로서 사회복지실천에서 윤리적 의사결정을 내리는 데 훌륭한 지침이 된다.

4. 사회복지전문직의 정체성

'사회복지사는 전문직인가?'라는 논의는 오래전부터 있어 왔다. 전문직에 대한 명확한 정의를 어떻게 하느냐에 따라 달리 설명할 수 있겠지만 사회복지전문직의 정체성을 가장 잘 설명한 대표적 학자는 Flexner(1915)와 Greenwood(1957)를 들 수 있다.[16)]

Flexner(1915)는 1915년 미국의 전국자선단체 및 교정대회(National Conference of Charities and Correction)에서 「사회복지는 전문직인가?(Is Social Work a Profession?)」라는 논문을 통해 사회사업분야는 과학적 지식을 기반으로 하고 있지 않기 때문에 전문직으로서 자격이 없다고 결론지었는데 그가 주장하는 사회복지의 전문직으로서 결여점을 보면, 첫째, 사회복지는 사회과학적 기초가 결여되어 있고, 둘째, 독자적이고 명확한 지식체계 및 전수할 만한 전문기술이 결여되어 있고, 셋째, 정부의 책임 아래 실시되는 교육 및 전문적 자격제도가 없고, 넷째, 전문적 조직체가 없고, 다섯째, 전문적 실천에 대한 강령이 없다는 것 등이다.

Flexner의 비판 이후에 미국 사회복지계 내부에서 지속적 논쟁이 있어 왔고, 전문직으로 인정받기 위해 Flexner가 비판한 내용을 중심으로 보완해 나갔으며, Hall(1968)은 사회사업이 전문적 조직의 활용, 공공서비스에 대한 신념, 자기규범, 직업의식, 전문적 자율성, 독자적 이론체계 등 정체성이 있는 전문직의 특성을 갖추었다고 인정하였다.

Greenwood(1957)는 직업의 전문직 여부를 판단할 수 있는 전문직의 속성을 다섯 가지로 제시하였으며, 사회복지직은 이미 전문직이라 규정하고, 계속 전문직화를 추구해 나가는 과정 속에 있다고 평가하였다(〈표 1-8〉 참조).

사회복지직의 전문화를 위한 다양한 노력과 사회적 인증에도 불구하고 전문직 사회복지사의 정체성에 대한 의문은 다른 전문직뿐만 아니라 사회복지사 내부에서도 끊이지 않고 계속되고 있다. 특히 한국의 사회복지사는 서구의 복지선진국에 비해서 전문직 교육과정과 자격증 제도의 미비와 느슨함, 한국전쟁 이후의 외국원조기관에 의한 구호활동과 초창기의 열악한 사회복지환경에 대한 부정적 시각 등의 이유로 사회적 인식이나 처우가 다른 전문직과는 다르다.

따라서 사회복지사가 전문직으로서의 정체성을 확보하기 위해서는 무엇보다도 사회복지의 전문적 지식과 기술을 체계적으로 교육하고 훈련할 필요가 있다. 다행히 한국사회복지사협회에서는 사회복지사의 전문성을 강화하기 위한 사회복지사 1, 2급에 대한 교육과 훈련을 실시하고 있고 한국정신보건사회사업학회 등에서도 정신보건사회복지사 자격을 위한 수련과정을 체계적으로 실시하고 있으며 엄격한 자격증 관리를 하고 있다. 최근 사회복지사업법 일부 개정으로 2020년부터 사회복지사 2급 자격은 필수과목 17과목, 실습 160시간, 세미나 30시간으로 강화되었다. 앞으로 전문직으로서 사회복지사가 되기 위해서는 다른 전문직과 차별화된 사회복지사의 전문적 지식과 기술을 강화하여 전문직 사회복지서비스를 활성화해야 한다.

〈표 1-8〉 Greenwood(1957)가 제시한 전문직의 속성

속성	내용
체계적 이론 (체계화된 지식 기반과 기술)	우월성을 갖춘 기술의 사용 여부가 전문직과 비전문직을 구별하는 하나의 기준이 된다. 효과적 기술사용 그 자체가 아니라 기술의 근원이 되는 체계적 이론이 존재하는 것은 전문직이 되기 위해 중요한 요소이기 때문이다.
전문적 권위	클라이언트와의 관계에서 사회복지사 혹은 사회복지직에 부여된 전문적 권위와 신뢰가 있어야 한다.
사회적 승인	공동체나 일반사회의 인가 혹은 승인 여부에 따라 전문직에 부여되는 권한과 특권이 다르다. 보통 전문가를 배출하는 자격이 있는 학교를 결정하여 권한을 주거나 자격시험을 관장하는 등 독립적 권한을 부여한다.
윤리강령	사회적 인가 혹은 승인으로부터 얻어지는 전문직의 특권이 잘못 사용되는 것을 방지하고 규제하기 위해 체계화된 윤리강령이 있어야 한다.
전문직 문화 (전문적 가치와 규범의 공유)	전문직은 자체의 고유한 가치나 규범, 상징을 만들어서 공유하고 이를 보존한다. 전문직은 다른 목적을 위한 수단이 되어서는 안 되며, 사명감과 직업의식을 가지고 전문직활동을 수행해야 한다.

제2부

사회복지실천 모델과 개입기술

제2장

정신역동 모델

1. 등장배경

정신역동(psychodnamics)은 정신역학, 정신분석학이라고도 하며, Freud(1902)와 그의 동료, 제자들의 학문적 업적에 기반을 두고 있어 Freud 심리학이라고도 한다. 심리치료에 새로운 지평을 제공한 Freud의 정신분석이론은 성격발달에 대한 모델인 동시에 인간본성에 대한 철학이며, 정신치료의 한 방법이다.

정신역동모델은 정신의학, 심리학 등 다양한 인문, 사회과학 분야에 영향력을 미쳐 왔지만 Freud가 주장한 인간을 기계론적, 본능적으로 취급하는 것에 대하여 인본주의 학파나 행동주의 학파에 의해서 논쟁이 되어 왔었다. 오늘날 정신역동모델은 가족을 대상으로 정신분석적 치료를 하는 것이며, 체계적 가족치료에 정신분석적 통찰과 개입을 선택적으로 도입하여 치료하는 것으로써, 정신의학분야에 많이 적용되고 있다.[1)]

초기 사회복지실천, 특히 개별사회사업의 이론적 기초를 형성하는 데 있어서도 Freud의 이론은 막대한 영향을 미쳤으며, 사회복지사가 전문직으로 발돋움하는 데 큰 역할을 하였다. 그러나 인간과 환경이라는 사회복지의 고유한 이중초점에서 벗어나, 인간의 정신 내적 현상에 집중하게 하였고, 기계론적이며 결과론적인 인간관을 가지고 있어 사회복지사의 정체성에 대한 의문이 계속 제기되었다.

2. 이론적 배경

정신역동모델은 의식과 구성요소로 사고, 소원, 혹은 행위와 같은 현재의 정신활동과 과거의 경험 사이에 원인적 관계가 있다는 이론적 기초 위에 형성된 심리과학이다.

인간에 대한 정신역동모델의 관점은 인간이 행동하거나 생각하거나 느끼는 모든 것에는 의미와 목적이 있고, 결정되어 있다는 정신결정론(psychic determinism)이다. 즉 실언이나 실수, 몸짓조차도 개인의 경험에 근거를 둔 의미와 특별한 기원이 있다는 것이다. 또한 Freud는 인간의 행동이 비합리적이고 무의식적 힘, 생물학적 욕구나 충동, 생후 초기 6년 동안의 생활경험에 의해 결정된다고 하였다.

Freud는 자유연상법으로 무의식세계를 연구하여 성격이론을 수립하였고 행동을 유발하는 과정을 설명하였는데, 인간의 두 가지 근본적 충동, 즉 성과 공격성을 강조하였다.

Freud 이론은 인간본성에 관한 다음과 같은 기본가정에 기초하고 있다.[2)]

첫째, 결정론으로, 인간의 모든 면은 법칙의 지배를 받고 있으며 강력한 본능적인 힘, 특히 성과 공격본능에 의해 결정된다.

둘째, 비합리성으로, 인간은 근본적으로 비합리적이다.

셋째, 전체주의로, 성격을 이루고 있는 세 가지 기본구조(id, ego, superego)의 역동적 상호작용으로 인간행동을 이해할 수 있다.

넷째, 유전론으로, 인간존재는 내적인 생물학적 유전요인의 결과이다.

다섯째, 불변성으로, 각 개인의 기본성격구조는 어린 시절에 형성되어 성인이 되어서도 변하지 않고 계속된다.

여섯째, 주관성으로, 인간은 주관적 느낌, 감정, 지각, 의미와 같은 세계에 살고 있는 존재이다.

일곱째, 발생성으로, 인간행동의 원인 소재는 이드(id)와 본능으로부터 나오는 에너지에 있다.

여덟째, 형평성으로, 모든 인간행동은 불유쾌한 육체적 긴장에 의해 발생되는 흥분을 감소시키는 방향으로 조정된다.

아홉째, 가치성으로, 인간본성은 과학적 노력으로는 이해할 수 없다.

3. 기본개념

1) 지형학적 관점

Freud는 인간의 마음을 사고, 감정, 본능, 충동, 갈등, 동기로 채워져 있다고 주장하였으며, 대부분은 무의식 혹은 전의식에 위치한다고 하였다. 전의식은 의식의 영역으로 쉽게 바뀔 수 있지만 무의식은 의식의 영역으로 쉽게 바뀌지 않는다고 하였다. Freud가 주장한 의식, 전의식, 무의식 수준인 지형학적 관점의 주요 내용은 다음과 같다.[3)]

(1) 의식

의식(consciousness)이란 자신에게 주의를 기울이는 그 순간에 알아차릴 수 있는 경험과 감각을 뜻한다. 보고, 듣고, 만지고, 냄새 맡고, 맛보는 것과 같은 여러 가지 감각을 인식하고, 슬픔과 고통 같은 것을 쉽게 알아차릴 수 있는 정신생활의 영역, 깨어 있을 때 작용하는 영역이다.

(2) 전의식

전의식(preconsciousness)이란 의식의 부분은 아니지만 조금만 노력하면 의식될 수 있는 이용 가능한 기억의 정신체계이다. 즉 과거의 사실을 기억하려고 회상하면 의식 속으로 떠올릴 수 있는 생각이나 감정을 포함한다. 의식과 무의식의 중간 지점에 있으면서 두 가지 교량 역할을 하며 흔히 이용 가능한 기억이라고 말한다.

(3) 무의식

무의식(unconsciousness)이란 정신 내용의 대부분에 해당하며 인간행동의 동기가 된다. 무의식은 정신의 가장 깊은 곳에 위치해 있으며, 우리가 자각하지 못하는 경험과 기억으로 구성된다. Freud는 무의식을 정신분석의 초점이 되는 부분이며 인간행동을 결정하는 원인이지만 우리가 인식하거나 직접 확인할 수는 없다고 강조하였다. 주로 원초아(id)와 초자아(superego)로 구성되어 있으며, 인간이해 및 심리치료의 관건이 되는 중요한 정신세계이다.

2) 구조적 관점

Freud는 인간의 성격을 원초아, 자아, 초자아의 세 가지 체계로 구성하였다. 이것은 서로 관련되어 상호 영향을 미치는데, 그 주된 내용은 다음과 같다.[4)]

(1) 원초아

원초아(id)는 무의식 안에 감추어진 일차적 정신의 힘으로 성격의 기초가 되는 기본욕구와 충동을 대표한다. 인간이 생존하는 데 필요한 모든 본능이며, 쾌락의 원리에 따르는 생득적·생물학적 반사 및 충동과 본능을 포함한다. 즉 원초아는 본능적 욕구를 충족시키는 데 있어서 비논리적이고, 맹목적으로 작용하며 현실세계의 상황은 고려하지 않는다. '쾌락의 원칙' 또는 '쾌락–고통의 원칙'에 따르며, 일차 과정적 사고를 한다.

(2) 자아

자아(ego)는 성격의 실행자이자 경영자이다. 원초아의 욕구를 현실적 방법으로 충족시키기 위해 기능한다. 자아는 마음의 이성적 요소이며, 출생하면서부터 경험을 통해 발달한다. 자아는 현실원리에 따라 사회적으로 수용될 수 있는 방법을 발견할 때까지 쾌락을 추구하는 긴장해소를 지연시킬 수 있다.

(3) 초자아

초자아(superego)는 성격의 도덕적 무기이며 현실보다는 이상을, 쾌락보다는 완성을 위해 작용한다. 3~5세에 발달하며, 부모가 아이에게 전달하는 사회의 가치와 관습을 말한다. 초자아는 자아로부터 발달하는데, 주요 기능은 옳고 그른 것을 결정하는 일이다. 정신구조의 최고단계로서 흔히 양심이라고 한다. 초자아는 자아이상과 양심이라는 두 개의 하위체계로 구성되는데, 자아이상은 부모가 도덕적으로 바람직한 것이라고 간주하는 것으로서 부모의 칭찬에 의해 형성되는 부분이며, 이에 반해 양심은 부모가 도덕적으로 나쁘다고 간주하는 것으로서 부모의 처벌에 의해 형성된다.

[그림 2-1]은 지형학적 관점과 구조적 관점을 한 그림에 나타낸 것이며, 전제조건은 정신기능이 정상의 범위에 있는 성인이 깨어 있으면서, 정서적으로 평온한 상태이다.

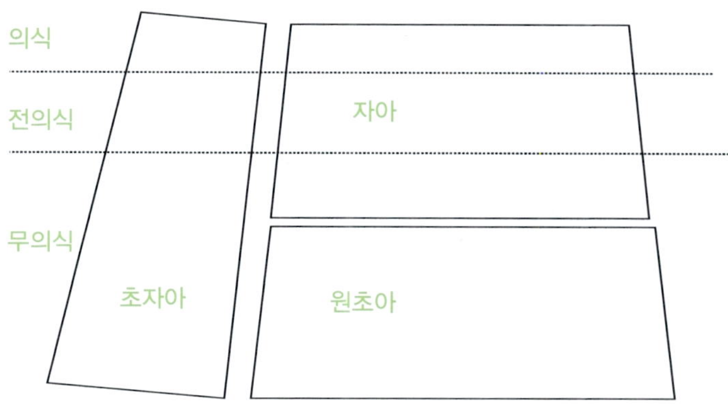

출처 : 이영실 외(2015). 재인용.

[그림 2-1] 성격구조와 의식수준의 관계

3) 심리성적 발달단계

Freud는 인간은 유아기부터 청소년까지 5단계에 걸쳐 성격이 발달한다고 보았으며, 청소년기 이후의 단계에 대해서는 그다지 중요하게 생각하지 않았다. 각 발달단계는 성적 에너지인 리비도가 발달해 나감으로써 인간의 정신세계는 그 관심영역을 점차 확대시켜 나간다고 보았으며 그 순서는 구강기, 항문기, 남근기, 잠재기, 생식기로 보았다. 5단계 중에서 특히 구강기, 항문기, 남근기가 성격형성에 가장 중요한 역할을 한다고 보았다. 따라서 정신분석학에서는 인간의 성격이 욕구와 관련하여 발달한다고 믿기 때문에 이를 심리성적 발달(psychosexual development)단계라고 부르고 있다. 다음은 심리성적 발달단계인 구강기, 항문기, 남근기, 잠재기, 생식기의 주요 특징이다(〈표 2-2〉 참조).[5)]

(1) 구강기

구강기(oral stage, 출생~18개월)는 구순기 또는 구강성욕기라고도 불리며 성적 에너지인 리비도가 구강구조를 중심으로 집중되어 있어서 모든 생물학적 충동과 쾌락을 구강을 통해서만 충족시킨다. 생후 6개월까지는 주로 빠는 행위에서 쾌감을 느끼고, 이후에는 깨무는 것으로 쾌감을 느낀다. 구강기 동안 신체적, 정서적으로 무시당하거나 박탈당한 아이가 성인이 된 후 충족되지 못한 보살핌에 대한 강한 갈망을 경험하기 쉬우며, 타인에 대한 불신으로 대인관계가 어려울 수 있다.

구강수동적 성격은 아이에게 먹는 것이 너무 과도하거나 불충분한 경우 발달하는 성격으로 낙천적이고 타인에게 의존적이며, 희생을 감수하면서도 인정받고 싶어 한다. 구강공격적 혹은 구강가학적 성격은 이가 나면서 깨물고 물어뜯음으로써 불쾌 또는 불만족을 표현한다. 논쟁적이고 비판적이며 비꼬기를 잘하며 타인을 이용하거나 지배하려 한다.

(2) 항문기

항문기(anal stage, 18개월~3세)는 구강기가 지나 리비도가 항문 주위로 퍼져 나가며 따라서 아이도 대소변의 배출과 보유에서 상당한 쾌감을 얻는 시기이다. 이 시기에는 부모로부터 배변훈련을 받는다. 배변훈련은 자아통제훈련의 원형이며 예의범절의 기본이 된다. 배변훈련이 너무 엄격하면 유아는 일부러 지저분한 행동을 하기도 하고 성인이 되면 권위에 대한 불만을 불결, 무책임, 무질서, 고집, 인색함, 난폭, 분노, 적개심을 보이는 행동으로 표출하기도 한다. 항문기 경험으로 아동은 구강기의 전적인 의존에서 벗어나 자기조절, 자립, 자부, 자존 등을 경험하고 배운다. 또한 적절한 배변훈련은 창조성과 생산성의 기초가 된다.

(3) 남근기

남근기(phallic stage, 3~6세)는 전(前) 성기기로도 불리며 리비도가 성기로 집중되는 시기이다. 이 시기의 아동은 이성에 대한 구별의식이 생기고 자기존재규정, 모방, 자아도취의 시기로 동일시와 모방이 생기고 부성섭취, 모성섭취가 이루어진다. 이때 남아는 오이디푸스 콤플렉스(oedipus complex)를 여아는 엘렉트라 콤플렉스(electra complex)를 경험한다. 오이디푸스 콤플렉스의 특징은 거세불안을 느끼며, 엘렉트라 콤플렉스의 특징은 남근선망을 느끼는 것이다.

〈표 2-1〉 오이디푸스 콤플렉스와 엘렉트라 콤플렉스

오이디푸스 콤플렉스 (oedipus complex)	엘렉트라 콤플렉스 (electra complex)
남아가 어머니를 놓고 아빠와 경쟁심리를 느낌	여아가 아버지를 놓고 엄마와 경쟁심리를 느낌
※ 시간이 흐르면서 남아는 아버지를, 여아는 어머니를 모델로 삼고 모방하면서 해소된다.	

이 시기의 중요한 과업은 동일시를 통해서 남성이나 여성으로서의 역할을 학습하고, 사회적 규범과 가치기준을 내면화하는 초자아를 형성, 발달시키는 것이다. 이 시기에 고착되거나 욕구가 좌절되면 건강한 성을 즐기고, 이성애적 관계를 발전시키는 성인으로 성장하는 데 장애가 발생할 수 있다.

(4) 잠재기

잠재기(latency stage, 6세~사춘기)는 잠복기라고도 하며, 이성과는 성적 관계를 회피하거나 정서적 감정 없이 공격적 방식으로 성적 행동을 한다. 성적 관심은 수면상태로 들어가 활동하지 않고, 리비도는 승화되어 지적 관심, 운동, 동성 간의 우정, 공부 등으로 표출된다. 지금까지 발달한 초자아가 더욱 강화되면서 오이디푸스적 욕망을 억제한다. 부모와의 삼각관계나 동성부모에 대한 동일시가 중단되는 시기로 볼 수 있으며, 동성의 또래와 어울림으로써 동성 간의 동일화와 자기성 확립 등 지속적 사회화 시기로 볼 수 있다.

(5) 생식기

생식기(genital stage, 사춘기~성인기 이전)는 성기기라고도 하며, 잠복되었던 성적 에너지가 무의식에서 의식의 세계로 나오는 시기이다. 즉 성적 추동이 다시 발현되지만, 이전의 단계들을 성공적으로 거쳐 온 사람은 잘 사회화된 성인으로 성장한다. 건전한 이성관계로부터 결혼에 이르지만 그렇지 않으면, 해결되지 못한 갈등이 성인기 전반에 걸쳐 드러난다. 자기애착적 시기에서 이성애착적 시기로 이동하는 시기이며 성적 긴장의 급격한 증가가 일어나지만 도덕적 가치와 사회규범에 의해 제한된다. 이는 원초아의 충동이 초자아와 충돌함을 의미하는 것으로 갈등과 혼란, 심리적 불균형을 낳는다.

〈표 2-2〉 심리성적 발달단계의 특징

단계	성감대	주요 활동	갈등의 장	방어기제	성격특성	주요 과업
구강기	입, 혀, 입술	받기, 먹기	음식섭취	투사, 거부, 내면화	낙천/비관 어수룩함/의심 능동적/수동적 감탄/시기	분리 · 개별화, 대상관계의 형성
항문기	항문	주기, 보유	배변훈련	지성화, 반동형성, 격리, 무위	인색/관대 고집/순종 청결/지저분 정확/애매	책임성과 통제의 수용, 권위적 인물과의 협상
남근기	성기	이성 교제	오이디푸스 (남아) 엘렉트라 (여아)	억압	허영/자학 자신/소심 저돌/우유부단 모양 냄/수수함 순결/음란 남성적/여성적	가족 내에서 자신의 지위와 일치하는 성적 오리엔테이션 설정, 한 사회의 가치와 윤리적 지향을 다룰 수 있는 능력의 표현
잠재기	성 본능 잠재, 성 본능과 관련 없는 기술습득					보다 높은 수준의 자아방어기제 활용
생식기	전신	성교	오르가즘	승화	성숙/미숙 적응/부적응	일과 성공적 사랑

4) 방어기제

사회적, 도덕적으로 용납되지 못하는 성적 충동, 공격적 욕구, 미움, 원한 등은 어떤 위험으로 간주되어 갈등이나 불안을 느끼게 하는데, 이러한 갈등이나 불안을 처리하려는 자아의 무의식적 노력을 방어기제(defense mechanism)라 한다. 주로 갈등이나 불안, 좌절, 죄책감 등으로 인한 심리적 불균형이 초래될 때 심리내부의 평형상태를 유지하기 위해 일어난다. 불안은 인간에게 닥친 위험을 알리는 신호인데, 인간은 불안을 원치 않으며 불안으로부터 벗어나고 자신을 보호하기 위해 방어기제를 사용한다.

불안을 해결하기 위하여 사용되는 자아방어기제는 정신병리적 기능도 내포되어 있어 과다하게 사용하면 심각한 정신병리를 야기하는데, 그 이유는 자아방어기제의 과다한 사용으로 인하여 다른 자아기능의 발달에 투입되어야 할 정신에너지를 고갈시키기 때문이다.

따라서 방어기제는 갈등이나 불안을 처리하려는 자아의 노력이며, 병리적이라기보다는 정상적 반응이다. 또한 현실을 왜곡하는 측면도 있지만, 현실을 회피하는 삶의 양식이 되지 않는다면 적응상의 가치가 있는 것으로 볼 수 있다. 모든 과정은 자아(ego)가 주관하고, 무의식의 영역에서 이루어지므로 본인은 의식하지 못한다. 또한 자동적으로 작동되며 한 번에 여러 가지의 방어기제가 동원되는 것이 대부분이다. 대표적 방어기제의 유형과 특성은 다음과 같다.[6]

(1) 억압

억압(repression)이란 현실세계에서 충족되기가 어렵거나 힘든 내용의 무의식 본능이 의식화되는 것을 막기 위해서 더 깊은 무의식 속으로 눌러 버리는 것을 말한다. 억압을 통해서 자아는 위협적 충동, 감정, 소원, 환상, 기억 등 위험적 요소들이 의식화되는 것을 막아 준다. 특히 죄책감, 수치심 또는 자존심을 상하게 하는 경험일수록 억압의 대상이 된다. 예를 들면 어려운 과업이 있을 때, 그 과업을 아예 잊어버리는 경우, 자신을 학대하는 부모에 대한 뿌리 깊은 적대감을 알아차리지 못하는 경우이다.

(2) 부정

부정(denial)이란 현실에서 일어났던 위협적이거나 외상적인 사건을 받아들이지 않고 거절하는 것이다. 의식화하기에는 불쾌한 생각, 욕구, 충동, 현실 등을 무의식적으로 부정함으로써 불안으로부터 자신을 방어한다. 예를 들면 평소에 건강하였는데 갑자기 배가 아파 병원에 갔더니 말기 암으로 판정받으면 모두가 아니라고 부정하는 경우, 어머니가 사망했음에도 불구하고 돌아가신 것이 아니라 며칠 딴 곳으로 여행을 간 것이라 하는 경우를 들 수 있다.

(3) 반동형성

반동형성(reaction formation)이란 무의식 속의 받아들여질 수 없는 생각, 소원, 충동 등을 정반대의 것으로 표현하는 경우인데 원래의 생각, 소원, 충동 등을 의식화하지 못하게 하는 기제이다. 예를 들면 자기가 좋아하는 여학생을 애먹이거나 괴롭히는 경우, 자기를 학대하는 남편 앞에서 그를 매우 사랑하는 것처럼 행동하는 경우, 어떤 사람에 대한 증오심이 있음에도 걱정해 주고 관심을 보이는 경우를 들 수 있다.

(4) 동일시

동일시(identification)는 동일화라고도 하며 용납할 수 없는 충동 그 자체는 부정하고 그 충동을 갖고 있는 사람 또는 그 사람의 일면과 동일화하여 받아들이는 것으로, 주로 부모, 형, 윗사람, 주위의 중요한 인물의 태도와 행동을 닮는 것으로, 불안을 없애기 위해서 오히려 불안의 원인이 되는 그 사람과 똑같이 되려는 것을 말한다. 예를 들면 아버지를 무서워하는 아들이 그 아버지를 닮아 가는 경우이다.

(5) 투사

투사(projection)는 자신이 가졌다고 인정하기에는 너무나 불안하기 때문에 상대방이 가졌다고 생각해 버리는 것이다. 다시 말하면 사람들이 스스로 받아들일 수 없는 충동, 태도, 행동을 무의식적으로 타인이나 환경 탓으로 돌리는 과정으로, 투사는 관계망상이나 피해망상 등을 불러일으키는 등 환각이나 착각, 망상형성의 중요한 기제이다. 예를 들면 시험을 잘 치지 못하는 학생이 "시험공부를 할 여유가 없었다.", "다른 학생들이 커닝을 했다."라고 자기실패의 원인을 다른 대상에게 전가하는 경우를 들 수 있다.

(6) 합리화

합리화(rationalization)는 아주 빈번히 사용되는 방어기제로서 우리가 인식·의식하지 못하는 동기에서 나온 용납할 수 없는 충동이나 행동에 대해 그럴듯한 설명이나 이유를 대는 것, 현실을 왜곡하여 자존심을 보호하는 행동기제로서 일종의 '불합리한 추리'라 할 수 있다. 합리화를 위한 설명이나 이유는 합리적이고 이성적이며 자아가 받아들일 수 있는 내용으로 꾸민다. 자신의 못난 점을 인정하려니 불안하기 때문에 그 불안을 회피하기 위해서 자신도 모르게 변명 또는 거짓말을 하게 되는 경우를 말한다. 『이솝우화』의 '여우와 신 포도' 이야기를 예로 들 수 있고, 다른 예로는 친구의 잘못을 선생님께 보고한 것은 내가 그렇게 해야 할 의무 때문이었다고 이유를 대지만 친구와의 경쟁에서 이기려고 하는 욕망이 실제적인 경우다.

(7) 퇴행

퇴행(regression)은 심한 스트레스나 좌절을 당했을 때, 또한 실패 가능성이 있거나 불안한 상황에 대한 해결책으로 현재의 발달단계보다 초기나 더 이전의 발달단계나 행동양식으로 후퇴하는 것을 말한다. 좌절을 경험하면 발달초기의 보다 만족스러웠던 시절의 행동양식을 나타내는 행동기제이다. 예를 들면 사랑을 독차지하던 아이가 동생이 태어나 부모의 관심이 동생에게 집중되자 갑자기 말을 하지 못하고 대소변을 못 가리며, 더욱 심한 어리광을 부리게 되는 것을 들 수 있다.

(8) 전치

전치(displacement)는 전체가 부분에 의해 표현되거나 부분이 전체로 표현되는 경우, 또는 어떤 생각이나 감정 등을 표현해도 덜 위험한 대상에게 옮기는 것이다. 또한 본능적 충동의 표현을 재조정해서 그것이 위협을 많이 주는 사람이나 대상에서 덜 위협을 주는 것으로 방향을 전환하게 만드는 것이다. 예를 들면 교사에게 꾸지람을 들은 어린이가 동생을 때리거나 장난감을 부수는 행동을 하는 경우, 아버지에게 혼이 난 아이가 마당의 개를 발로 차서 화를 푸는 경우를 들 수 있다.

(9) 승화

승화(sublimation)는 전치의 한 형태로 볼 수 있으며, 억압되어 있던 본능이 고도의 사회성, 예술성을 지니고 표출되어 충족된다면 승화라고 한다. 그리고 승화는 수용될 수 없는 충동이 사회적으로 받아들여질 수 있는 충동으로 대체되는 것이다. 예를 들면 심한 열등감을 가진 사람이 열심히 공부해서 학자로 성공하는 경우, 강한 공격적 욕구를 가진 사람이 격투기 선수가 되는 경우를 들 수 있다.

(10) 취소

취소(undoing)는 자신의 언행을 무의식적으로 취소하려는 것을 말한다. 자신의 언행이 자신에게 불안감을 불러일으키기 때문이다. 예를 들면 동생을 때린 후 "아이, 착해."라면서 동생을 쓰다듬어 주는 경우를 들 수 있다.

(11) 보상

보상(compensation)은 자신이 가지고 있는 결함을 다른 것으로 보상받기 위해 자신의 감정을 지나치게 강조하거나 심리적으로 어떤 약점이나 제한점이 있는 사람이 이를 보상받기 위하여 다른 어떤 것에 몰두하는 경우를 의미한다. 예를 들면 자신의 친부모에게 효도를 하지 못한 사람이 이웃의 홀로된 노인을 극진히 부양하는 경우, 작은 고추가 맵다거나 나폴레옹 콤플렉스 등을 들 수 있다.

(12) 주지화

주지화(지성화, intellectualization)는 인지적 과정을 통하여 자기의 불안이나 스트레스를 해소시키려는 노력으로 이를 통해 인간은 너무 위협적이거나 고통스러운 정서적 문제를 피하거나 둔화시키기 위하여 사고와 추론, 분석 등과 같은 지적 능력을 사용한다. 즉 느낌보다는 사고로 정서적 불편을 제거하려는 것이다. 예를 들면 어떤 사람이 자기자신을 괴롭힐 때, 그로 인한 속상함을 인정하지 않으려고 그 상대가 자신을 괴롭히는 원인이 무엇인가를 분석하여 불편한 감정을 제거하려고 노력한다.

정신역동모델에서 인간의 모든 행동이나 생각은 우연히 나타나는 것이 아니라, 본능적 욕구인 성욕과 공격욕을 충족하기 위한 무의식적 충동에 의해서 나타난다고 본다. 그러나 모든 인간은 자신의 본능이나 욕구를 추구하는 과정에서 이를 억제하려는 사회적 환경이나 정신적 역동과정에 의해서 갈등을 경험하며, 이러한 갈등이 원만히 해결되지 못했을 때 신경장애와 같은 비정상적 행동을 보이게 된다는 것이다. 그러므로 정신역동모델은 문제를 일으키는 정신세계의 역동성을 이해하여 이들 간의 갈등을 해소하고 문제의 증상을 감소시키는 심리치료가 필요하다는 것이다.

이를 구체화하여 네 가지로 정리하면 다음과 같다.

첫째, 정신장애는 개인의 내적 갈등의 산물이다.

둘째, 개인이 사용하는 과다한 방어(defense)는 병리로 나타난다.

셋째, 신체 내의 과도한 긴장은 유기체 내의 정신신체적 장애(psychosomatic disorder)를 유발한다.

넷째, 자아가 더 이상 현실에 대응할 수 있는 능력을 상실하였을 때 개인은 정신병적(psychotic) 반응을 보인다.

이 모델에 따라 치료자들은 정신장애인이 가진 내적 갈등을 제거하기 위하여 억압되어 있는 갈등의 해소에 주력하고, 갈등을 통찰시키기 위하여 꿈의 분석, 자유연상, 저항의 처리, 전이 등의 방법을 동원한다.

4. 개입목표 및 과정

1) 개입목표

정신역동모델의 개입목표는 과거의 무의식적 이미지에 대한 통찰을 통한 인성 변화와 가족구성원의 무의식적 구속으로부터의 자유, 그리고 현실에서 보다 건강하고 온전한 개인과 가족의 성장에 있다. 정신역동모델의 구체적 개입목표는 다음과 같다.[7]

첫째, '무의식의 의식화'를 통한 자기통찰 즉 클라이언트에게 행동의 패턴, 행동의 의미, 행동의 원인에 대하여 해석해 줌으로써 과거의 경험에서 갖게 된 불안한 감정이나 무의식적 갈등을 의식화하여 이러한 것들이 어떻게 자신의 행동에 영향을 주고 있는지에 대한 통찰력을 갖도록 돕는다.

둘째, 증상완화와 더불어 클라이언트가 지닌 기본적 성격양상과 방어의 재건 내지는 수정에 기초를 두고 있는데, 이를 위해 우선 치료자가 할 일은 과거사를 이해하여 그것이 오늘날 클라이언트의 감정생활에 어떤 영향을 주었는지 분석과 함께 아는 것이 필요하다.

셋째, 개인의 내적인 심리적 조직을 재구조화하여, 보다 융통성 있고 성숙하게 만드는 것으로 이런 목적을 성취하기 위하여 정신역동적 치료에서는 무의식적 정신과정에 대한 의식적 통제력을 증진시키기 위하여 자아를 강화한다.

넷째, 클라이언트가 과거의 경험에서 갖게 된 불안한 감정이나 무의식적 갈등을 의식화하여 이런 것이 어떻게 현재 자신의 행동에 영향을 주고 있는지를 통찰하도록 돕는다.

따라서 개입목표는 클라이언트나 가족구성원에게 성장의 촉진, 자기체계 및 인간관계 성숙, 현실수용, 성숙한 대처방안, 체험의 충만감과 생동성, 통합적 수용력, 자기분석능력을 키워 주어야 한다.

2) 개입과정

사회복지실천에 있어서 정신역동모델의 개입과정은 다음의 4단계를 거쳐서 이루어지는데, 그 주된 내용은 다음과 같다.[8)]

(1) 관계형성단계

관계형성단계는 본격적 원조과정으로 들어가기 위해서 치료자인 사회복지사와 클라이언트가 신뢰관계(rapport)를 형성하는 단계이다. 원조과정의 초기에 발생하는 불안에 직면한 클라이언트에게 명확한 해석이나 통찰기법을 적용하는 것이 어려우므로 신뢰관계를 우선 형성하여 클라이언트가 덜 방어적인 태도를 갖게 하는 것이 중요하다.

(2) 동일시를 통한 자아구축단계

동일시를 통한 자아구축단계는 클라이언트와 사회복지사 사이에 친밀관계가 형성되는 단계이다. 클라이언트는 자신을 사회복지사와 동일시하기 시작하여 사회복지사의 생각과 태도 중 많은 부분을 받아들이기도 하고, 자신의 갈등과 관련있는 과거의 어떤 중요한 인물에 대한 정서적 반응을 사회복지사에게 옮기게 되는 전이현상을 보이기도 한다. 이러한 동일시와 전이 등과 같은 방어기제를 분석, 이해하여 클라이언트가 겪고 있는 갈등의 본질을 잘 파악하여야 한다. 또한 사회복지사는 클라이언트에게 좀 더 큰 현실감을 부여함으로써 세상을 현실적으로 볼 수 있게 한다.

(3) 클라이언트가 독립된 정체감을 형성하도록 원조하는 단계

사회복지사의 전문적 원조를 받은 후에는 클라이언트가 독립된 하나의 인격체로서 세상을 향해 나아가야 하기 때문에 독립된 정체감을 확립하는 것이 필요하나 이는 어려운 과정이며, 그렇기 때문에 퇴행을 보일 수도 있다. 사회복지사는 클라이언트가 성인으로의 성장을 위한 투쟁을 이해해 주는 강하고 공정하며 일관성 있는 부모의 모습을 보여 주어야 한다.

(4) 클라이언트의 자기이해를 원조하는 단계

클라이언트의 자기이해를 원조하는 단계는 클라이언트가 자신의 행동과 그 행동의 과거의 뿌리를 이해할 수 있도록 원조하는 단계로서 클라이언트의 무의식적 갈등과 미해결된 문제를 해결하는 단계이다. 사회복지사는 클라이언트가 자신의 방어기제에 대해 의식하며, 유치한 정서적 행동에 빠지지 않으면서 좌절과 실패에 대응하는 방법을 생각할 수 있게 원조한다.

5. 개입기법

정신역동모델의 개입기법은 자유연상과 저항의 분석, 꿈의 분석 등과 함께, 사회복지사와 클라이언트 간의 상호작용적 관계에서 발생하는 전이의 분석, 해석, 훈습, 감정이입, 경청, 버텨 주기와 간직하기 등과 같은 기법이 있는데, 그 주된 내용은 다음과 같다.[9)]

1) 자유연상

자유연상(free association)이란 클라이언트의 마음속에 떠오르는 것을 무엇이든지 이야기하도록 하는 개입기술이다. 클라이언트는 일상생활의 상념과 선입견을 제거하고 어떤 감정이나 생각도 억압하지 않은 채 마음에 떠오르는 것이면 무엇이든 즉시 말하도록 하는 기법으로, 자유연상의 과정 동안 표현의 자발성이 매우 중요하기 때문에 클라이언트가 최대한 자발적으로 참여하도록 해야 한다. 이 기법은 무의식적 사건을 표면으로 끌어내는 데 효과적인 방법이다.

치료자는 때때로 문제를 표면으로 끌어내기 위한 명료화 질문을 하면서 관심을 갖고 듣는다. 그리고 마지막에 가서는 무의식적 내용에 대한 저항과 전이를 해석한다. 자유연상은 가족구성원 간 상호작용에서 나온 결과를 가지고 분석에만 집중하면서 지나친 개입은 하지 않는 경향이 있다. 이와 같은 자유연상기법을 통하여 클라이언트는 자기 꿈의 밑에 깔려 있는 의미에 도달하며, 무의식 혹은 무의식적 갈등에 접근할 수 있다.

2) 저항의 분석

저항(resistance)이란 불안으로부터 자신을 방어하는 경향을 말한다. 정신분석 초기에 클라이언트는 억압된 감정이나 생각을 회상할 수 없거나 혹은 그 표현을 주저하는 경향을 보인다. 사회복지사는 클라이언트의 주의를 집중하게 하고 저항 가운데서도 가장 분명한 저항현상을 해석한다. 저항분석의 목적은 클라이언트가 저항의 이유를 각성하고 저항을 처리하여 치료과정에 협조할 수 있도록 도우려는 것이다.

3) 꿈의 분석

꿈의 분석(dream analysis)이란 꿈속의 상징들을 탐구하여 숨겨져 있는 의미를 파악하는 것이다. 꿈은 무의식적 원망을 표현하는 것이며 의식의 수준에 있는 꿈은 가장되었거나 상징적인 것으로 명시적인 꿈이 주로 무의식적인 성욕과 관계가 있는 상징들로 채워진다고 하였다. 꿈의 분석(dream analysis)에는 두 가지 수준의 내용을 가지고 있다. 그중 '잠재적 내용'은 너무나 고통스럽고, 무의식적인 동기로 구성되어 있다. '현시적 내용'은 바로 꿈속에 나타나는 꿈의 내용을 말한다.

4) 전이의 분석

전이의 분석(transference analysis)이란 클라이언트로 하여금 과거 자신의 미결사항이 현재 자신에게 어떻게 영향을 미치는지 통찰할 수 있는 기회를 부여하며, 통찰된 미결사항을 적절히 해석하고 훈습함으로써 클라이언트가 자신을 변화시킬 수 있는 기회를 갖게 한다. 정신역동모델의 개입과정에서 전이와 역전이 현상에 대한 해석이나 활용이 매우 중요하다. 전이는 클라이언트가 어릴 때 어떤 중요한 인물에 대하여 가졌던 사랑이나 증오의 감정을 사회복지사에게 전치시킬 때 나타나는 현상이다.

전이는 클라이언트가 치료상황 밖의 세상에서 인간관계를 어떻게 수립하며 어떻게 해석하고 있는가에 관해 매우 중요한 실마리를 제공한다. 사회복지사를 비롯한 치료자는 중립적 태도와 반영적 태도로 클라이언트의 전이를 유발시키고 전이를 다루어 주어야 한다.

5) 해석

해석(interpretation)이란 자아로 하여금 무의식적 내용을 의식화함으로써 클라이언트로 하여금 자신의 문제에 대해 통찰을 갖도록 하는 것이다. 이러한 통찰을 통하여 클라이언트와 가족구성원의 문제는 치료된다. 해석은 클라이언트가 깨닫지 못했던 것이 문제를 일으키고 있었다는 것을 인정하도록 하는, 즉 통찰력을 갖게 하는 효과가 있다. 치료관계에서 나타나는 클라이언트의 행동의 의미를 설명하고 때로는 가르치기도 하는 것으로, 행동에 대한 단순한 설명이 아닌 자아가 더 깊은 무의식의 자료를 탐색할 수 있도록 도와준다.

전통적 정신분석에서 치료적 변화는 직면, 명료화, 해석, 작업 등에 의해 실현되고, 해석은 정신분석의 과정에서 자유연상, 꿈, 저항, 그리고 전이를 분석할 때 사용된다.

6) 훈습

훈습(work through)이란 클라이언트가 인지한 저항을 좀 더 숙지시키고 반복 강박의 지배로부터 해방시켜 주는 심리적 작업이다. 이 작업을 하지 않으면 통찰은 지적 단계에 머물고, 경험적 확신으로까지 도달하지 못한다. 사회복지사는 아직 충분히 통합되지 않았지만 점점 의식화되어 가는 자료를 클라이언트가 계속 탐색하고 이해할 수 있도록 반복적으로 상황을 설명하고 이해시킨다. 클라이언트가 가장 잘 이해하도록 문제에 대해 조리 있는 설명을 반복적으로 전달하여 통찰이 발달하고 자아통합이 확대되도록 도와주어야 한다.

7) 감정이입

감정이입(empathy)이란 정신분석학적 치료자가 개입할 때 가족구성원이 개방적이고 감정이입적 이해를 표현하며 그들의 경험에 대한 숨겨진 의미와 혼돈스러운 면을 명백히 하는 해석을 내리는 것이다. 감정이입적 경청은 치료자가 클라이언트의 생각과 느낌을 함께 공감할 수 있도록 주의를 기울여 들어주는 것이다. 감정이입적 경청을 할 때 클라이언트의 감정을 공유할 수 있으며 효과적인 치료적 상황을 가져올 수 있게 된다.

8) 경청

경청(listening)이란 이완된 경청의 자세에 더하여 이 모든 것을 관찰하고 상황을 정확하게 판단하는 것을 의미한다. 정신분석적 경청의 경우, 클라이언트가 주제를 꺼내면 사회복지사는 질문을 통하여 주제를 명확하게 표현할 수 있도록 돕고 클라이언트의 표현에 대해서는 공감적인 태도로 주의 깊게 들어준다.

9) 버텨 주기

버텨 주기(holding)란 클라이언트가 경험하고 있거나 혹은 뭔가 막연하게 느끼기는 하지만 감히 직면할 수 없는 깊은 불안과 두려움을 견딜 수 있는 힘을 의미한다.

버텨 주기의 기법을 통하여 클라이언트가 직면할 수 없는, 아주 심한 불안과 두려움을 사회복지사가 분석과정에서 해석해 줌으로써 클라이언트는 자신의 불안과 두려움에 대한 통찰을 가지게 된다. 이러한 통찰은 클라이언트의 불안과 두려움에서 오는 여러 가지 문제들을 스스로 극복할 수 있는 원동력이 된다.

10) 간직하기

간직하기(containing)란 클라이언트가 두려워하는 모든 충동과 경험 등을 간직하여 완화시켜 주는 역할을 의미한다. 사회복지사는 클라이언트에게 항상 좋고 믿을 만한 사람으로 여겨지고 그의 갈등을 해석해 주는 역할보다는 그와 함께 고통을 나누고 견뎌 내는 사람으로 인식되어야 한다. 이 기법을 잘 활용하기 위해서는 사회복지사 자신이 무엇보다도 심한 좌절을 견뎌 낼 수 있고 강한 감정을 통제할 수 있는 능력을 갖추어야 한다.

제3장 인지행동 모델

1. 등장배경

인지행동모델은 Pavlov(1904)의 고전적 조건화이론이 인지행동적 개입의 기초가 되었고, Wolpe(1958)의 체계적 둔감법이 인지행동모델의 주요 기법으로 활용되었다. 그 후 인지행동모델이 미국의 사회문헌에 소개되기 시작한 것은 1960년대 중반이었으나 1960년대 말부터 행동치료를 통한 행동변화에 문제점들이 제기되면서 그 문제점들을 보완할 수 있는 새로운 접근법으로 인지행동모델이 등장하게 되었다.

인지행동모델에 영향을 준 학자들은 Thorndike(1898)의 조작적 조건화이론, Skinner(1953)의 행동수정이론, Bowlby(1958)의 애착이론, Bandura(1977)의 사회학습이론 등이다. 특히 인지치료에 행동주의적 기법을 적용한 최초의 임상가는 Ellis와 Beck(1962)으로서 이들은 인지, 정서, 행동의 상호작용과정을 설명하였다.

Ellis(1957; 1962; 1971; 1973)의 주요 저서들은 인지행동치료의 역사적 발달에 주요한 기폭제가 되었다. 그의 합리정서행동치료는 클라이언트가 자신의 비합리적 신념과 이러한 신념들로 인한 부적절한 정서적 결과를 스스로 자각하고, 비합리적 신념을 수정할 수 있도록 고안되었다. Beck(1970)은 인지의 형성 및 정서, 행동과의 상호작용과정을 구체적으로 밝히고자 노력하였다.[1]

이와 같이 고전적 행동주의에서 인지적 행동주의로 넘어가는 시기는 Bandura (1977)의 사회학습이론이 소개되면서부터라고 볼 수 있다.

2. 이론적 배경

사회복지실천에 지대한 영향을 주고 있는 인지행동모델은 생각하고 정보를 처리하는 과정인 인지과정의 연구로부터 도출된 개념과 함께 행동주의와 사회학습이론으로부터 나온 개념을 통합하고 적용한 것이다. 인지행동이론에 영향을 준 주요 학자로는 행동주의자 Wolpe(1958), Ellis(1962), Beck(1970), Kanfer(1975), Eichenbaum(1977), Bandura(1977) 등이 있다.

특히 이들 학자들 중 Ellis는 인간이 각기 다른 행동을 하게 되는 것은 비논리적, 비이성적, 혹은 경직된 사고가 혼란스럽거나 뒤틀린 감정 및 행동유발 등으로 나온 것이므로, 클라이언트를 이성적이고 현실적으로 전환시켜 줌으로써 행동변화가 가능하다고 하였고, Beck은 부적절한 감정과 행동을 야기한 잘못된 믿음 또는 생각을 바꿔 주는 것이 임상치료자의 임무라고 하였다.

그 후 Thorndike(1898)의 조작적 조건화이론은 이후 인지행동모델 발달에 중요한 역할을 한 Skinner(1953)에 의해 계승되었고 Bandura(1977)는 관찰학습을 통해 인간의 행동에 대한 학습은 자극-반응의 단순한 관계라기보다는 자극-유기체의 내적 요인-반응모델로 설명하였다.

이와 같이 인지행동모델에 대한 이론적 배경을 역사적으로 살펴보았는데, 이러한 이론적 배경을 정리하면 다음과 같다.[2)]

첫째, 인간은 합리적이면서 비합리적일 수 있는 가능성을 가지고 태어났다.

둘째, 인간은 인지적 과정을 통해서 생각이나 느낌 없이 하는 행동도 있지만 대부분 생각이나 느낌을 가지고 행동한다.

셋째, 인간의 부정적이고 자기파괴적인 정서나 사고는 지각이나 인지의 논박과정을 통해서 논리적이고 합리적이 된다.

넷째, 인간은 비합리적으로 생각하고, 자기파괴적 습관과 비현실적 욕망을 지니고 있는데, 이러한 것은 문화와 가족, 사회 등 압력에 의하여 더욱 영향을 받고 있다.

다섯째, 인간은 정서 및 정서적 장애를 통해 사고를 동반한다. 특히 정서적 장애는 상황이나 사건에 대한 지각이나 태도에 달려 있으므로 이러한 장애가 지속되면 필연적으로 비합리적 사고가 존재하게 된다.

따라서 인지행동모델의 이론적 배경은 사회복지실천에서 클라이언트의 인지이론과 행동적 요소가 결합된 것으로써 그의 왜곡된 생각이나 정서를 다양한 논박 관련 기술들을 통해서 문제를 해결하는 데 유용하게 적용할 수 있다고 본다.

3. 기본개념

인지행동모델은 인지행동주의자들이 인간을 내적 갈등에 의해 전적으로 조정되는 정신분석 입장과 외적 강압에 의해 무기력하게 타격을 받는 존재로도 보지 않는다. 그 대신 그들은 인간의 개인적 기능과 행동을 통제하는 사회조건 간의 지속적 상호작용의 결과로 이해하고 있기 때문에 오늘날은 대부분의 행동을 변화시킴에 있어 자기규제와 자기방향성의 중요성을 강조한다.

인지행동모델의 주요개념은 인지이론과 행동주의이론으로 들 수 있으며, 그 주된 내용은 다음과 같다.[3)]

1) 인지이론

인지란 '사고능력'을 의미하며, 넓게는 사고 이외에 지각, 기억, 지능, 언어 등을 포함하는 정신과정 전체를 지칭하기도 한다. 인지이론은 인간의 경험과 사회적 상호작용의 결과로 인간의 인지능력이 발달한다는 이론으로, 클라이언트의 생각을 점검하고 정서와 행동에 대해 클라이언트가 가지고 있는 인지경향과 타당성을 인정·평가한 후, 클라이언트의 역기능적 태도, 신념, 가정을 수정할 수 있는 객관적 방법을 가르치는 이론이다. 인지이론에서는 사람의 감정이나 행동이 어떤 사건에 대한 그들의 지각에 의해 영향을 받는다고 가정하고 사람의 느낌을 결정하는 것은 그 상황 자체가 아니고 그들이 상황을 해석하는 방식에 달려 있다고 믿는다.

인지이론의 주된 내용은 첫째, 사고가 행위의 기본적 결정요인이라고 보며, 둘째, 과거는 그릇된 사고의 근원을 규명하기 위해서만 중요한 의미를 갖게 되며, 셋째, 개인의 오인이 문제를 만들어 내며, 이것을 바로잡을 책임 또한 개인에게 있다고 보며, 넷째, 인간의 본질을 선천적으로 악하다거나 선한 것으로 보지 않고 어떤 방향으로든 훈련될 수 있는 것으로 본다. 다섯째, 인간의 사고는 목적과 관련된다고 본다.

2) 행동주의이론

행동주의자들은 인간의 행동이 심리적 상태와는 아무런 관계가 없는 외적 자극 및 환경의 영향에 의해 변한다고 주장한다. 이를 맨 처음 주장한 사람은 Watson(1913)으로, 그의 행동주의에 영향을 준 것으로는 Thorndike의 조작적 동물실험과 Pavlov의 동물의 조건반사실험을 들 수 있다.

행동주의이론의 배경 및 인간관을 살펴보면 먼저, 정신분석이론의 한계를 지적하고 이를 반대하면서 제시되었고 인간은 과거의 경험이나 심리내적 역동보다는 외부환경이나 자극에 의해 학습된다고 보았다. 또한 인간의 행동이나 정서, 사고도 학습의 결과라고 보고 있고 내적 동기와 욕구 및 지각에 초점을 두기보다는 구체적이고 정확한 문제의 규정과 변화목표, 개입과정을 강조한다.

행동주의이론에서 강조하고 있는 주된 개념인 고전적 조건화, 즉 반응적 조건화는 행동을 유발시키는 힘이 없는 중성자극에 반응유발능력을 불어넣어 조건자극으로 변화시키는 과정으로, 두 개의 사건이나 대상이 시간적으로 잇달아 일어남을 학습하여, 새로운 자극과 예전에 이미 형성된 반응을 연결 짓는 것이다.

행동주의이론에서의 주된 개념인 조작적 조건화는 유기체가 원하는 결과를 얻기 위하여 실행하는 자발적이며 능동적인 반응이다. 또한 하나의 새로운 행동(R)을 한 결과로 어떤 사건(S)이 뒤따를 때, 이 둘 사이의 연결(S-R) 관계를 습득하는 경우를 말한다. 고전적 조건화는 무의식적 반응에 근거한 것이지만, 조작적 조건화의 행동은 개인의 의식적 통제하에 있다.

3) 인지행동이론

인지행동이론은 생각하고 정보를 처리하는 과정인 인지과정의 연구로부터 도출된 개념과 함께 행동주의와 사회학습이론으로부터 나온 개념을 통합하고 적용한 것이다. Bandura의 사회학습이론이 소개되면서 고전적 행동주의에서 인지행동주의로 넘어가게 되었다. Bandura는 인간이 행동을 학습하는 것은 자극-반응의 단순한 관계가 아니라 자극-유기체 내적 요인(인지적 요인)-반응의 과정이라고 주장하면서 관찰학습 개념을 설명하였다. 관찰학습은 타인의 행동을 관찰하고 모방함으로써 행동을 습득하는 학습유형이며, 행동은 개인적 변인과 환경적 변인이 계속 상호작용하는 것이며, 직접 경험과 관찰을 통해 학습된다. 따라서 사회학습이론은 행동의 환경적 또는 상황적 결정요인을 중시하며 인간의 인지적 기능을 강조한다.

인지행동이론은 행동이 보상과 처벌에 의해 자동적으로 형성된다고 가정하기보다 환경이 제공한 정보와 개인의 인지적 과정이 상호작용한 결과 형성된다고 본다. 인지행동이론의 특징을 살펴보면, 첫째, 문제중심적이고 목표지향적이며, 둘째, 협력적이고, 셋째, 치료자는 적극적이며 직접적으로 개입하며, 넷째, 과업중심적으로 현재에 초점을 맞춘다.

따라서 인지행동이론은 비교적 단기적이고 현재에 초점을 맞추며, 목표도 한정되고 특수하므로, 인지행동치료자들은 클라이언트의 표출된 현재 문제가 그의 왜곡된 지각이나 인지에서 생겨난 것으로 보고 있다.

4. 개입목표 및 과정

1) 개입목표

인지행동모델은 인지치료적 방법으로 교육을 통해 상황을 해석하는 왜곡된 방식을 변화시키거나 기능적 차원에서 해석하는 방식을 배우며, 관찰학습을 통해 새로운 기능적 행동기술을 학습하고 실제상황에 적용하도록 격려하면서 행동주의적 강화를 통해 행동의 변화를 유지시키는 것을 목적으로 한다. 또한 인지행동모델은 목표지향적이고 문제중심적인 치료이며, 클라이언트 자신이 스스로 치료자가 될 수 있도록 교육하는 것과 단기적이고 시간제한적인 치료를 목표로 한다. 사회복지실천에서 인지행동모델의 개입목표를 위해서는 다음과 같은 일반원칙이 있다.[4)]

- 클라이언트는 사회복지사에 의해서 '치료되는' 수동적 존재가 아니라 스스로가 능동적으로 문제해결에 참여해야 한다.
- 개입 초기에 인지행동치료에 대해 클라이언트가 이해하고 협조할 수 있도록 충분히 설명하고 교육하며 이에 대해 논의한다.
- 개입은 구조화된 절차를 거치면서 이루어지며, 일정한 방향성을 가지고 문제해결과정을 수행하는데, 개입에 있어 두 사람 간의 협력이 중요하지만 궁극적 책임은 사회복지사에게 있다.
- 인지행동모델 및 개입에 대하여 설명과 논의 등을 통해 클라이언트가 이해하면 개입기간은 단축되고 효과성은 커지며 목표지향적이고 구조화된 접근방식으로 인해 개입이 단기화될 수 있다.
- 클라이언트의 인지적 기능은 정서적·행동적 반응과 연관되므로 인지적 기능에 대해 경험적으로 탐색하며 클라이언트의 개념, 생각, 신념, 태도, 기대가 밝혀지면 표적이 되는 인지가 유용한지, 합리적이며 적용 가능한지 검증한다.

- 기본적으로 단기접근이기 때문에 클라이언트가 호소하는 문제중심으로 개입하며, 목표지향적으로 접근하며, 문제해결과 원인탐색을 위해 과거의 경험이나 무의식 등을 탐색하거나 강조하지 않으며 현재가 중심이 된다.
- 사고, 정서(기분), 행동을 변화시키기 위해 다양한 기법, 즉 문답식 대화, 논박 등 인지적 기법 및 합리적·정서적 심상법, 내담자 수용 등 정서적 기법, 그리고 역할연습, 역할 바꾸기, 과업수행 등 행동적 기법 등을 사용한다.
- 개입 이후에도 효과가 유지될 수 있기 위해서는 문제의 재발이 방지되어야 하며, 종결 이후에 클라이언트 자신이 치료자가 되어 재발을 방지하고 문제를 해결할 수 있는 능력을 형성하며 그러한 능력배양을 위해 다양한 방법을 시도한다.
- 클라이언트의 주관적 경험, 문제 및 관련 상황에 대해 느끼는 주관적 의미를 중요시하며 클라이언트의 경험이나 의미를 치료자의 관점에서 해석하고 이해하는 것이 아니라 클라이언트가 경험하고 느끼고 해석하는 방식, 신념체계 등을 존중하고 이해하여야 한다.
- 소크라테스식 문답법은 상대방에게 계속 질문을 해서 결국에는 진리를 깨달을 수 있도록 도와주는 방법으로, 클라이언트의 문제를 논박을 통해 인지적 왜곡이나 오류가 있음을 밝혀내 고, 질문을 통해 자기발견과 타당화의 과정을 거쳐 사건이나 행동의 의미를 재발견하는 것이다.
- 기본적으로 클라이언트와 사회복지사의 협조적 노력이 요구되는데, 클라이언트는 자기자신, 다른 사람, 세계를 보는 시각 등을 사회복지사에게 제공하고 사회복지사는 문제와 치료, 개입, 사정, 전략, 도구 등에 대한 정보를 클라이언트에게 제공함으로써 치료에 중요한 요소인 '신뢰'가 형성될 수 있다.

2) 개입과정

개입과정은 초기단계, 개입단계, 종결단계로 나누어 설명할 수 있다.[5)]

(1) 초기단계

초기단계에서는 접수 및 호소문제 듣기, 우선순위 결정, 부정적 인지의 사고체계 탐색, 정보수집 등이 이루어진다.

① 접수 및 호소문제 듣기

인지행동모델에 대한 오리엔테이션 및 개입을 구조화한다. 또한 신념 등과 감정·행동과의 관련성에 대해 설명한다. 그리고 클라이언트의 관점에서 문제를 이해하고 받아들이려고 노력한다.

② 우선순위 결정

개입에서 우선적으로 다루어져야 할 문제의 우선순위를 정한다. 또한 클라이언트가 호소한 가장 중요하고 시급한 문제를 중심으로 결정한다.

③ 부정적 인지의 사고체계 탐색

문제의 원인이 되는 역기능적이고 비합리적인 신념, 인지적 왜곡이나 오류 등을 찾아내도록 원조한다. 또한 클라이언트가 가지고 있는 인식 및 사고체계가 어떻게 작용하여 어떤 결과를 낳게 하였으며, 인식 및 사고체계를 변화시켜야 하는 이유가 무엇인지 충분히 토의한다. 클라이언트의 잘못된 신념체계를 확인하는 3단계가 있는데, 1단계에서는 어떻게 해서 자신의 믿음을 갖게 되었는지 질문하며, 2단계는 현재의 역기능적 관점이나 믿음에 대한 증거를 제시해 보게 한다. 그리고 3단계에서는 어떤 행위 뒤에 일어날 결과에 대해 지나친 걱정이나 두려움을 갖게 된 논리에 도전하게 한다.

④ 정보수집

개입이 효율적이고 효과적으로 결과에 작용하였는지 평가를 위해 문제의 발생빈도, 정도나 강도, 지속기간 등에 관해 정보를 수집한다.

(2) 개입단계

개입단계는 클라이언트의 대처능력을 증대시키고 긴장을 감소시키는 방향으로 이루어진다. 또한 개입초점은 문제상황에 대한 클라이언트의 인식과 평가, 클라이언트 개인의 속성과 기대, 문제해결기술, 사회적 자원과 대인적 지지의 접근성 등이다. 그리고 클라이언트의 역기능적 문제가 클라이언트 자신과 환경에 대한 왜곡된 인지체계에서 출발한다고 가정하고, 클라이언트의 왜곡된 인지를 재구성하기 위해 인지적 기법뿐만 아니라 행동주의적 기법도 병행한다. 개입단계에는 인지적 전략, 행동적 전략, 정서적 전략 등이 사용되는데, 그 주된 내용은 다음과 같다.

① 인지적 전략

인지적 전략에는 먼저 부정적 인지(사고)체계의 분석이 있는데, 이는 클라이언트로 하여금 부정확한 인식이나 잘못된 생각 등을 갖게 한 주변의 상황이나 사건을 스스로 분석하여 그 당시 자신의 생각이나 믿음의 합리성 정도를 평가하게 한다. 또한 순기능적 인지(사고)체계로의 전환에서는 역기능적이고 자기파괴적인 인식체계를 순기능적 자기진술로 바꾸어 보게 한다. 인지적 전략의 기법은 비합리적 신념 논박하기, 인지적 과업부여, 소크라테스식 대화법, 합리적 자기진술 연습하기, 독서 및 시청각 치료기법, 자신의 상담을 녹음한 내용 들어 보기 등이 있다.

② 행동적 전략

행동적 전략에서는 클라이언트의 학습목표를 성취 가능한 과업으로 조직하며, 클라이언트의 행동연습을 가르치고 격려하며 성공을 확신시켜 주고 실수를 교정하는 것에 대해 적절히 제안해 준다. 기법은 역할연기, 역할 바꾸기, 과업부여, 벌과 강화 사용, 기술훈련 등이 있다.

③ 정서적 전략

정서적 전략에서는 클라이언트가 자신의 감정을 객관적으로 인식하기 위해 그러한 상황을 떨어져서 관찰해 볼 필요가 있으며, 그것은 부인이나 회피가 아닌 분류와 방치의 의미임을 설명해 주어야 한다. 또한 정서적 장애를 제거하는 다른 방법으로, 클라이언트에게 숨을 깊이 들이쉬고 근육을 이완시키는 법을 가르치는 것이 있다. 먼저 불안과 관련된 신체적 단서를 인식하는 법을 배우고, 다음으로, 근육긴장과 불안을 줄이는 이완절차를 배운다. 정서적 전략의 기법은 정서적 상상(심상)법, 클라이언트를 무조건적으로 수용하기, 치료자의 자기개방, 유머러스한 기법의 활용, 수치감 공격연습 등이 있다.

(3) 종결단계

종결단계에서는 개입의 효과성 및 목표달성 정도를 평가한다. 또한 문제가 되었던 비합리적 신념, 자동적 사고, 인지적 왜곡 등의 역기능적 인지체계나 사고체계가 어느 정도 합리적 대안체계로 변화되었는지 확인하고 평가한다. 그리고 인지 및 사고체계의 변화가 일상생활 속에서 어떻게 적용되고 있는지 확인한다.

5. 개입기법

인지행동모델의 개입목표는 클라이언트가 당면한 문제를 해결하고, 역기능적 사고와 행동을 수정하는 것이다. 그러므로 사회복지사는 클라이언트의 문제를 사정할 때 클라이언트의 역기능적 인지왜곡이나 잘못된 사고, 감정, 행동 등을 파악하고 내적 의사소통 명료화, 설명, 과업, 역설적 개입, 역동적·실존적 반영, 인지 재구조화, 모델링, 행동시연, 자기지시훈련, 체계적 둔감화, 이완훈련, 문제해결기술훈련, 이미지 안내 기법, 역할연기 등의 기법을 활용하며 이를 구체적으로 살펴보면 다음과 같다.[6)]

1) 내적 의사소통 명료화

내적 의사소통 명료화(clarifying internal communication)는 클라이언트 스스로 자신에 대해 독백하고 생각하는 것으로 자신의 생각과 이야기 속에 숨겨진 인지적 오류와 비합리적 신념에 대해 사회복지사가 피드백을 제공하기 때문에 효과적이며, 인지적 사회복지실천에서 흔히 사용되고 있다. 이를 통해 클라이언트는 자기자신과 다른 사람에게 하는 말 속에 숨겨진 잘못된 생각과 비합리적 신념에 대해 더 잘 이해할 수 있게 된다. 클라이언트가 이러한 잘못된 생각을 깨닫게 될 때 인지적 검토를 통해 인지변화가 유발될 수 있다.

2) 설명

설명(explanation)은 클라이언트의 정서가 Ellis가 제시한 ABC모델에서 어떻게 작용하는가를 가르쳐 주는 기법이다. ABC모델의 A는 촉발사건(activation event), B는 신념(brief), C는 결과(consequences)를 설명하는 것이다.

3) 과업

과업(written homework) 혹은 숙제는 클라이언트의 적극적 협조와 참여를 기반으로 하고 있다. 과업은 클라이언트가 자신의 문제에 대한 인식을 향상시킬 뿐만 아니라 새로운 행동을 획득하거나 과거의 반응을 제거할 수 있도록 돕는다. 과업을 부여할 때에는 클라이언트로 하여금 정서에 대한 Ellis의 ABC모델을 활용하는 방법에 대해 읽고 기록할 수 있도록 양식을 제공할 수 있으며 과업은 [그림 3-1]의 방식에 따라 작성하게 할 수 있다.

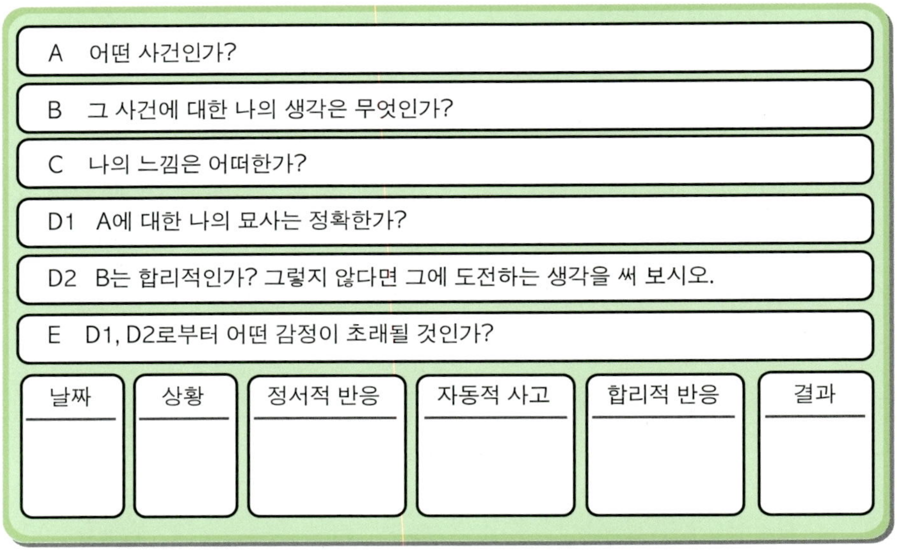

출처 : Comier & Cormier(1991). 재인용.

[그림 3-1] 인지행동 과업수행표

4) 역설적 개입

역설적 개입(paradoxical intention)은 특정행동에 대한 클라이언트의 불안이 그 행동을 유발할 때 클라이언트가 두려워하는 행동을 하도록 함으로써 클라이언트의 인지적 오류에 도전하고 불안을 감소시키는 기법이다. 자해의 위험이 있는 클라이언트나 문제의 원인이 신체적인 것에 기인하고 있는 증상에는 사용할 수 없다.

이러한 역설적 개입기법은 클라이언트의 불안에 대한 인지적 오류에 도전하고 두려워하는 행동을 하도록 지시하는 것으로 이중구속메시지를 전달하는 것이며, 클라이언트는 이중구속메시지에 관계없이 변화를 일으키게 된다.

5) 역동적 · 실존적 반영

역동적 반영(dynamic reflection)은 클라이언트가 현실에서 살아가는 데 필요한 경제적, 사회적 상황 등 실제적 문제의 해결에 초점을 맞추어 활용된다. 이는 증명할 수 있고, 객관적이며, 경험적이고, 이론적인 지식에 목적을 두는 문제해결의 반영을 의미한다.

그다음으로 실존적 반영(existential reflection)은 삶의 의미와 의미의 잠재성 발견에 초점을 두고 인지 재구조화를 촉진시키는 기법이다. 따라서 사회복지사는 클라이언트의 회복된 의미와 의미의 잠재성을 사용하고 인식하는 데 도움이 될 수 있는 문제해결전략을 개발·발전시키도록 돕는다.

6) 인지 재구조화

인지 재구조화(cognitive restructuring)는 클라이언트가 자신의 기능에 부정적 영향을 미치는 역기능적 사고와 관념을 인식할 수 있도록 돕고, 이를 현실에 맞는 신념과 행동으로 대치하여 기능을 향상시킬 수 있도록 하는 기법이다.

이러한 인지 재구조화 기법은 다음과 같은 단계를 통해 활용된다.

- 1단계: 클라이언트는 생활사건에 대한 자신의 정서적 반응을 매개할 가정이나 신념을 갖고 있다. 따라서 사회복지사는 클라이언트가 이 점을 수용할 수 있도록 돕는다.
- 2단계: 클라이언트가 문제에 내재해 있는 역기능적 신념과 사고과정의 유형을 파악할 수 있도록 돕는다.
- 3단계: 클라이언트가 자신의 역기능적 인지를 유발할 상황을 파악할 수 있도록 돕는다.
- 4단계: 클라이언트가 자학적 인식을 대치할 만한 긍정적이고 순기능적인 대안적 자기진술로 대체할 수 있도록 돕는다.

- 5단계: 클라이언트의 성공적 대처노력을 클라이언트 스스로 보상할 수 있도록 돕는다.

7) 모델링

모델링(modeling)은 관찰학습과정을 통해 클라이언트가 시행착오를 거치지 않고 원하는 행동을 학습할 수 있도록 하는 기법이다.

사회복지실천에서 클라이언트는 사회복지사가 제시한 방법에 따라 직접 해 볼 수 있도록 하는 기법으로서, 사회복지사는 클라이언트가 취할 행동을 시범적으로 보여 주고 클라이언트가 이를 똑같이 따라해 보도록 한다. 모델링기법은 즉석 모델링(live modeling), 상징적 모델링(symbolic modeling), 복합 모델링(multiple modeling), 참여자 모델링(participant modeling) 등이 있다.

모델링기법은 종종 역할극을 통해 활용되며, 클라이언트가 보인 행동에 대해 피드백을 제공한다. 이 기법의 구성요소는 다음과 같다.

먼저 변화를 필요로 하는 구체적 행동을 파악하고 모델을 제시한다. 그다음으로 클라이언트가 모델링에 주의와 관심을 갖도록 하며 모델행동을 따라하도록 한다. 그리고 따라한 행동을 강화한다.

8) 행동시연

행동시연(behavior rehearsal)은 클라이언트로 하여금 어떤 역할을 시험적으로 해 보도록 함으로써 인간관계의 형성과 유지에 필요한 태도나 행동 특징을 습득할 수 있도록 하는 행동수정기법이다. 이 기법은 발달시키고자 하는 행동을 반복적으로 연습함으로써 행동이 숙달되도록 하는 것이다. 사회복지사가 시범을 보이고 클라이언트가 이를 모방하는 역할놀이와 같은 뜻으로 쓰이기도 한다.

9) 자기지시훈련

자기지시훈련(self-directive training)은 과업이나 기술 혹은 문제해결과정의 수행을 안내할 자기언어화를 활용하는 것으로 단계별로 자기진술을 활용하여 자신감을 개발하는 것이다. 자기지시훈련은 다음의 5단계를 거친다.

- 1단계: 사회복지사는 스스로에게 말하면서 과업수행을 하는 모델이 된다(인지적 모델).
- 2단계: 클라이언트는 사회복지사가 했던 대로 따라 한다(명백한 외부적 안내).
- 3단계: 클라이언트는 스스로 큰 소리로 자신에게 지시하면서 수행한다(명백한 자기안내).
- 4단계: 클라이언트는 스스로에게 속삭이면서 과업을 수행한다(덜 명백한 자기안내).
- 5단계: 클라이언트는 개별적으로 자신에게 지시하면서 머릿속으로 과업을 수행한다(은밀한 자기지시).

이처럼 자기지시훈련은 사회복지사가 제시한 과업에 의해 클라이언트가 몇 가지의 역할연습을 통해 스스로 적응적 자기진술을 할 수 있도록 도울 수 있다. 자기지시훈련은 학업성취나 시험불안, 대중연설의 두려움 극복, 문제해결기술 향상에 효과가 있다고 임상적으로 입증되었다.

자기지시훈련의 예

- 과업수행을 위한 진술: "나는 그녀에게 데이트 신청을 할 거야."
- 자기진술에 의한 성취암시: "긴장 풀어. 그녀에게 편안히 다가가서 초대해 봐."
- 적응적 자기진술과 실수에 대한 대처: "내가 어느 정도 불안을 느끼더라도 난 데이트 신청을 할 거야. 난 괜찮아."
- 자기강화진술:" 그래 난 해낸 거야."

10) 체계적 둔감화

체계적 둔감화(systematic desensitization)는 스트레스, 불안, 공포증 및 기타 장애조건을 통제하도록 돕는 데 광범하게 사용, 적용되고 있다. 기본방법은 클라이언트에게 가장 덜 위협적인 상황에서 가장 위협적인 상황까지 순서대로 제시하면서, 불안자극과 불안반응 간의 연결이 없어질 때까지 불안을 일으키는 자극을 반복적으로 이완상태와 짝짓는 것이다.

클라이언트의 심신이 모두 이완된 후, 체계적 둔감화의 과정이 시작된다. 가장 약한 불안유발 상황부터 점차적으로 강한 불안유발 상황까지 장면이 제시되고 각 장면은 연습했던 조용하고 이완된 심상과 짝지어진다. 적용 전 클라이언트에 대한 철저한 탐색이 필요하다. 따라서 클라이언트는 위협적 상황이 높아질수록 더 많은 불안을 일으키지만 궁극적으로는 이에 상응하는 이완훈련을 통해 위협적 상황에 둔감해져서 실제 위협적 상황에 부딪힐 때 불안을 경험하지 않는다.

11) 이완훈련

이완훈련(relaxation training)은 클라이언트가 겪을 수 있는 스트레스의 상황에 적절히 대처할 수 있도록 돕는 기법이다. 이 기법은 만성적으로 긴장되어 있거나 불안한 클라이언트, 위기상황에 부딪힌 클라이언트, 앞으로 있을 사건이나 상황에 대해 미리 불안해하는 클라이언트, 두통이나 편두통, 답답함, 불면증, 분노 및 우울 등을 느끼는 클라이언트에게 효과적이다.

이러한 이완훈련 기법은 클라이언트에게 특정 근육을 수축, 이완하는 기술을 가르치고, 깊고 규칙적인 호흡방법, 즐거운 사고나 심상방법 등을 훈련함으로써 일상생활에서 유발되는 스트레스에 대처할 수 있도록 가르친다.

12) 문제해결기술훈련

인지행동 차원에서의 문제해결이란 매일의 삶 속에서 만나는 문제를 확인하고 발견하고 효과적으로 개입하거나 적응하는 인지적·정서적·행동적 과정이라고 할 수 있다. 문제해결의 목표는 부적응적 반응을 일으킨 선행사건이라는 생활문제를 고려해야 하는 것이다. 선행문제가 정의하기 어렵거나 변화하기 어려울 때만이 부적응적 반응이 나온다고 본다.

이러한 문제해결기술훈련 기법은 클라이언트에게 자신의 문제를 정확히 인식하도록 하고 구체적 대안의 모색, 결정, 해결에서의 적용기술을 훈련시킨다.

13) 이미지 안내기법

이미지 안내기법은 자신의 잠재의식과 긴밀하게 관계할 수 있도록 돕고 어떻게 새로운 신념과 기대 그리고 습관을 잘 형성해 나갈 수 있을 것인가를 가르쳐 준다. 이미지 안내기법은 이완된 상태에서 가장 흔히 사용된다. 여러 가지 방법이 있는데, 최면유도, 명상, 머리부터 발끝까지 하는 근육체계의 점진적 이완, 조용하고 유쾌하며 편안한 상황을 상상하는 것, 호흡에 집중하거나, 다른 생각을 떨쳐 버리고 "나는 편안하다."라는 말에 집중하는 것, 근사한 휴양지 혹은 지난 기억을 회상하는 것 등이다. 이런 상상은 몸을 편하게 해 주고 근육의 움직임, 생각을 자제시켜 줌으로써 정신적 이미지의 힘이 자신을 지배하도록 한다.

14) 역할연기

역할연기(role-playing)는 일반적으로 현실에 일어나는 장면을 설정하고 여러 명의 사람들 각자가 맡은 역을 연기하여 비슷한 체험을 통해 특정한 일이 실제로 일어났을 때 올바르게 대처할 수 있게 하는 학습방법들 가운데 하나이다. 사회복지실천에서 적용할 경우, 클라이언트가 자신의 말을 통해 혼란을 야기하는 것과 그들의 부적절한 감정으로 변화시킬 수 있다는 것을 보여 주기 위해 클라이언트가 어떤 행동을 바꾸거나 시연함으로써 클라이언트의 관심이 되는 특정 상황을 그가 있는 자리에서 재현되도록 요청하는 행동기법이다. 이것은 발생한 사건을 사회복지사가 더 잘 이해하는 데 도움이 된다.

제4장

심리사회 모델

1. 등장배경

심리사회모델은 특정 이론에만 근거해서 발달한 모델이 아니라 사회복지실천 발달과정에서 여러 요소들이 절충·선택되어 이루어진 모델이다. 이 모델은 인간 문제를 심리적·정서적이고 사회적인 문제로 이해하면서 '상황 속의 인간(person-in-situation)'을 강조하는 관점으로, 그 기원을 19세기 초 Mary Richmond(1917)에게서 찾을 수 있다. 1917년 Mary Richmond는 『사회진단(*Social Diagnosis*)』이라는 저서와 1922년 『개별사회사업(*What is social case worker*)』이라는 저서를 통해 'case work'의 개념화를 시도하는 정의를 제시함으로써 개별사회사업(case work)의 개념을 이론적으로 체계화하였다. 이러한 개념은 '수용', '개별화', '자기결정', '클라이언트가 있는 곳에서 출발'과 같은 실천원칙을 강조하였다.

1930년대 후반에는 심리사회모델이 Gordon Hamilton에 의해서 심리사회적 이론으로 처음 불리기 시작하였고 그 후 1960년대에 Florence Hollis에 의해서 사회복지의 실천이론과 접근방법으로 구체화되었다. 전통적으로 사회복지실천의 내용은 개인 내적 요소와 사회적 요소를 모두 중시하는 심리사회적인 것이었으며, 이 전통을 계승하고 집약한 것이 심리사회모델이다.

심리사회모델은 19세기 후반 이래 활동을 계속해 온 우애방문단 및 자선조직협회의 활동내용, 그리고 그러한 활동을 요약체계화한 Richmond의 실천모델을 전승하고 그 이후 사회복지실천의 고유한 이론으로 발전하였다. 이는 개인의 심리내적 상태, 개인을 둘러싼 환경, 그리고 개인과 환경과의 상호작용에 초점을 두고 사회복지실천이 이루어진다.[1)]

2. 이론적 배경

심리사회모델의 주요 이론적 배경은 정신역동이며, '상황 속의 인간'의 시각을 강조하고 있다. 초창기의 사회복지실천에 많은 영향을 준 정신분석이론은 문제의 원인을 인간의 본능적 충동과 과거의 경험으로 보는 단선론적 관점 때문에 상황 속의 인간을 중시하는 사회복지실천의 기본관점과 상반된다는 비판을 받기 시작했다. 또한 정신분석이론은 신경장애나 정신질환의 문제가 아닌 일상적인 삶에서 나타나는 문제로 고민하는 대다수의 클라이언트에게 적용하기에는 한계가 있었다. 이러한 문제점으로 인해 정신분석이론에 기초한 진단주의 사회복지사 중에서는 클라이언트의 문제를 사회환경과의 상호작용에서 파악하려는 심리사회적 관점에 관심을 갖기 시작하였다. 이러한 관점은 초창기의 전통적 사회복지의 실천방법을 유지하려는 사회복지사의 욕구와 자아심리학의 영향으로 점차 구체적 이론으로 등장하기 시작하였다.[2)]

심리사회모델의 개입초점 역시 클라이언트 개인의 심리적 상태, 개인을 둘러싼 사회환경, 그리고 개인과 환경과의 상호작용 양상이 동시에 맞춰진다. 즉 심리사회모델에서는 클라이언트가 자신의 행동과 감정을 이해하고 통찰함으로써 자신의 문제를 해결하기 위한 능력을 고취하도록 원조하는 것을 강조한다. 또한 심리사회모델은 정신분석이론과 대상관계이론의 영향을 받았지만 생태체계론, 자아심리이론, 역할이론, 의사소통이론 등도 심리사회모델의 이론적 기반에 영향을 미쳤다.

심리사회모델은 인간의 심리적 요소는 물론 그가 속한 사회환경과 이 둘 사이의 상호작용에 의한 결과까지도 고려하는, 세 측면에서 문제의 원인과 해결을 찾으려는 이론이다. 따라서 이 이론은 개인의 심리적 특성뿐만 아니라, 상황 속의 인간이란 관점을 제시하면서 사회복지실천의 고유한 이론으로 발전하였다. 상황 속의 인간에서 의미하는 인간은 변화하고 발전 가능성을 가진 존엄한 존재로 정의되며, 상황은 의식주와 같은 물질적 자원뿐만 아니라 대인관계를 통해 얻게 되는 개인의 사회적 관계도 포함한다. 또한 심리사회모델은 인간의 수용과 자기결정권의 가치를 존중하며, 사회적 자원의 결핍이 개인의 문제에 미치는 영향력을 중시한다.[3)]

3. 기본개념

심리사회모델의 기본개념은 수용, 개별화, 자기결정, 관계형성 등이며, 이 모델의 공통개념은 인간의 성격이나 문제가 생활상의 다양한 요인에 의해서 형성된다고 생각하는 다원성과 공통적 상황을 경험하더라도 개개인은 서로 다르게 반응한다는 인간의 개별성 중시이다. 또한 클라이언트의 다양한 생활사를 다각적으로 사정하는 것을 매우 중요하게 생각한다. 그리고 클라이언트의 개별성을 이해하기 위해서는 지금-여기(here and now)의 상황에서 클라이언트가 문제를 인지하는 방법과 이에 대처하는 행동을 파악하는 것이 중요하다. 심리사회모델의 주요개념을 살펴보면 다음과 같다.[4)]

1) 수용

수용(accommodate)이란 클라이언트의 일탈된 행동이나 태도에 대한 승인이 아니라 그의 현실을 있는 그대로 인식하는 것을 말한다. 즉 클라이언트의 존재성과 존엄성을 인정하고 존중해 주려는 것이 수용이라 할 수 있다. 또한 수용은 사회복지사가 클라이언트의 내적 감정이나 주관적 상태 속으로 들어가서 받아들이는 능력(감정이입)으로, 사회복지사의 개인적 선호도 여부에 상관없이 클라이언트에 대한 선의의 태도를 유지하는 것을 의미한다. 특히 사회복지사가 클라이언트의 고통스러운 상황과 딜레마 등을 느낄 수 있다면 긍정적 협력관계를 형성하는 데 도움을 주게 된다.

2) 개별화

개별화(individualization)란 각 클라이언트가 개별적인 특성을 가지고 있다는 것을 인정하여 개별클라이언트를 원조하는 내용과 방법, 과정에서 개별적으로 다루어져야 한다는 원칙이다. 동일한 유형의 문제상황이라도 상황이 발생한 배경이 다를 수 있기 때문에 클라이언트의 환경에 따라 차별적으로 다루어야 한다.

3) 자기결정

자기결정(self-determination)은 스스로 선택할 권리 등의 개념으로서 클라이언트 스스로 자신의 행동에 대한 결정을 내려야 하고, 사회복지사는 클라이언트의 자기결정을 최대한 존중해야 한다. 이는 사회복지사와 클라이언트가 지역사회와 자신의 성격을 고려하여 이용 가능한 적당한 자원을 발견·활용할 수 있도록 원조해 주고, 클라이언트 스스로 삶의 방향을 결정하는 것을 존중하고, 그 욕구를 결정하는 잠재적 힘을 자극하여 활동하게 도와준다.

4) 관계형성

사회복지기관을 찾아온 클라이언트에게 그가 원하는 욕구가 무엇인가를 파악하기 위해 무엇보다도 클라이언트와의 관계형성(relationships formation)이 우선이다. 즉 자유롭게 자기문제를 표현할 수 있는 관계를 조성해야 한다.

Barker(1995)는 라포를 사회사업면접에서 사회복지사와 클라이언트 사이에 상호이해와 일하는 관계를 허용하는 일관성 있고, 조화로운 공감적 상태로 정의하였다.

즉 클라이언트가 자신의 두려움을 감소시키고, 사회복지사를 신뢰하며, 사회복지사가 진정으로 도우려는 사람임을 스스로 느낄 때, 라포가 형성되는 것이다.

따라서 사회복지사가 클라이언트와의 관계형성에 있어서 갖추어야 할 사회복지실천기술요소는 감정이입, 긍정적 고려, 개인적 온화함, 진실성, 민감성, 의사소통 등이며 클라이언트와 긍정적 관계를 형성하기 위해서는 무엇보다도 사회복지사와 클라이언트 간의 인간관계가 중요하다.

4. 개입목표 및 과정

1) 개입목표

심리사회모델의 궁극적 개입목표는 클라이언트의 어려움을 경감시키는 것과 동시에 사람과 상황체계(person–situation)에서 역기능을 감소시키는 것이다. 클라이언트가 경험한 과거의 사건이나 현재의 경험과 관련된 심리 내적 갈등과 어려움을 클라이언트가 스스로 이해하고 통찰할 수 있도록 원조하는 것이다. 또한 사회복지사가 클라이언트의 변화를 직접 이끌어 가는 것이 아니라 클라이언트 스스로가 자신과 환경을 변화시키는 노력을 하는 과정에 최대한 도움을 제공하고, 현실적 자원을 제공하는 것을 목표로 한다.[5)]

2) 개입과정

사회복지실천에 있어서 심리사회모델의 개입과정은 다음의 네 가지 단계를 거쳐서 이루어진다.[6)]

(1) 초기단계

심리사회모델의 개입 초기단계에서는 '사실 수집'에 초점을 둔다. 문제와 관련된 클라이언트의 초기 발달과정 및 원가족에 대한 정보를 수집해야 하며, 클라이언트와 클라이언트의 상황에 대한 사실을 관찰하고 조사하여 논리적으로 정리한다. 클라이언트는 이 과정을 통해 자신의 문제를 인식하고 다시 생각해 보는 기회를 갖는다.

예를 들면 초기단계에서는 면접을 통해 주로 자료를 수집하게 되며, 면접 횟수는 보통 1회 내지 2회이지만 클라이언트의 상황에 따라 3회 내지 5회까지도 갈 수 있다.

초기단계에서의 기본과업은 첫째, 왜 접촉하는가를 클라이언트에게 이해시키는 일이며, 둘째, 클라이언트가 사회복지사의 원조를 활용할 수 있도록 사회복지사와 클라이언트 관계를 확립시키는 일이며, 셋째, 클라이언트를 원조에 참가시키는 일이며, 넷째, 치료를 시작하는 일이며, 다섯째, 심리사회적 진단과 치료에 필요한 정보를 수집하는 일 등을 들 수 있다.

(2) 사정단계

사정단계는 수집된 정보에 대해 비판적으로 검토하는 것으로서 수집된 사실로부터 추론을 전개하는 과정이다. 이 단계에서 사회복지사는 '클라이언트의 행동과 사회적 현실에 대해서 무엇을 알고 있는가?', '클라이언트는 어떠한 곤란을 느끼고 있는가?', '곤란한 요인은 무엇인가?', '어떤 영역의 변화가 그의 곤란을 경감시키고 해소시킬 수 있는가?' 등을 이해하고 어떤 개입을 하는 것이 적절한지를 결정하기 위해 문제의 배경을 알고 적절한 자료수집을 통해서 추론해야 한다. 이러한 사정과정을 통해 사회복지사는 개인과 개인을 둘러싼 환경을 통합한 전체 틀 속에서 여러 체계들이 어떻게 상호작용하여 문제를 발생시켰는지 알아 내야 한다.

Hollis(1970)는 초기의 심리사회모델을 진단주의라고 하는데 이는 개별사회사업의 수행을 위해 진단을 기본이라고 보았기 때문이다. 진단과정은 클라이언트와 상황의 복합체와 도움이 필요한 문제에 대한 비평적 재검토이다. 이것은 어려움의 본질을 세밀하고 엄밀하게 잘 이해할 목적으로 이루어진다.

진단에서 검토해야 할 사항은 다음과 같다.[7)]

첫째, 클라이언트 성격의 여러 다른 측면이 전체적으로 기능하기 위해서 어떻게 상호작용하는지와 클라이언트와 타인과의 상호작용, 그리고 체계와 체계 내의 상호작용이다. 즉 체계 내의 한 부분의 변화가 어떻게 다른 부분에 영향을 미치는지 또는 한 체계가 어떻게 다른 체계에 영향을 미치는지를 이해하기 위해서 가족의 상호작용 역동성이 특히 중요하고 이것이 가족진단의 대부분을 이루고 있다.

둘째, 진단에서는 그 요인이 현재와 상호작용 내에 있는지, 현재에까지 영향을 미치는 과거의 사건에 있는지, 또한 클라이언트 딜레마의 원인 속에 있는지를 찾아내야 한다.

셋째, 진단에서는 클라이언트의 여러 가지 기능의 측면을 '분류하는' 노력이 필요하다.

(3) 개입단계

개입단계에서는 개입의 목표와 방법을 수립한다. 그러나 개입의 목표와 방법은 상황에 의해 변화될 수 있으므로 고정시키거나 변화할 수 없다는 결정은 곤란하다. 목표와 방법은 클라이언트에게 유익하여야 하며 사회복지사는 클라이언트에게 우선적으로 이익을 제공하여야 한다. 개입과정에서는 사회복지사가 환경에 개입할 것인지, 개별적 개입을 할 것인지, 아니면 통합적으로 개입할 것인지에 따라 방법을 선택하여야 한다.

클라이언트의 정서적 문제나 가족관계, 대인관계에서의 문제 등 개입방법을 선택할 수 있고, 클라이언트의 사회환경에 개입해야 하는 간접적 개입이 필요한 경우에는 사회복지사가 자원동원자, 자원개발자, 조정자, 옹호자 등의 다양한 역할을 할 수 있다.

개별적 개입이 필요할 때에는 클라이언트에 대한 직접원조가 포함된다. 즉 클라이언트 자신이 계속 사용할 필요가 있는 자원체계와 자주 접촉할 수 있는 기술을 획득하게 원조하며 가족이나 기타 대인관계 문제는 직접적 접근방법을 사용하여야 한다. 왜냐하면 대인관계 문제의 대상이 되는 체계의 한 사람이란 어떤 의미에서는 사회복지사에게 또 다른 클라이언트이기 때문이다.

개입은 개별면접의 경우도 있고 두 사람이나 그 이상의 사람을 대상으로 할 경우에는 사회복지사와 합동면접을 하거나 개별면접을 할 수도 있다. 개입은 일련의 언어적·비언어적 의사소통(communication)으로 구성되어 있다고 간주한다면, 첫째 차원은 누가 의사소통을 하고 있는지이며, 둘째 차원은 관계의 역동성이다. 그러므로 개입과정을 통해서 사회복지사는 의사소통의 내용과 역동성을 잘 조절하여야 변화의 목표를 성취할 수 있다.[8)]

(4) 종결단계

클라이언트의 문제가 해결되거나 개선되어 개인 및 가족의 기능이 회복되었으면 마무리를 짓는다. 개입관계를 형성하고 라포를 수립하는 등 초기단계도 중요하지만, 종결단계에서도 클라이언트의 저항, 이별 등으로 인한 사회복지사의 민감성, 자기인식 등 사회복지실천기술이 매우 중요하다.

개입목표가 어느 정도 달성되었다고 클라이언트와 사회복지사가 동의하면 개입이 종결된다. 종결은 사회복지사와 클라이언트 모두에게 어려운 과정인데 '이별'에 대한 감정과 사회복지사와 형성된 관계 및 감정을 다루어 주고 정리하여 분리에 대한 충격을 최소화해야 한다. 또한 종결 이후 사후관리(follow-up)를 통해 클라이언트의 현재 적응상태를 점검하는 것도 좋은 방법이다.[9)]

5. 개입기법

심리사회모델에서 개입기법을 일곱 가지로 유형화하고 있으며 이 가운데 여섯 가지는 클라이언트의 심리 내적 변화를 추구하는 직접적 개입기법이고 나머지 한 가지는 클라이언트의 환경에 관련된 대인관계에 개입하거나 클라이언트와 사회환경의 변화를 추구하는 간접적 개입기법이다.

1) 직접적 개입기법

심리사회모델에서 직접적 개입기법은 지지하기, 직접적 영향 주기, 탐색·기술·환기, 개인–환경에 관한 고찰, 유형–역동에 관한 고찰, 발달적 고찰 등으로 나눌 수 있는데, 그 주된 내용은 다음과 같다.[10)]

(1) 지지하기

지지하기(sustainment)의 궁극적 목표는 클라이언트의 불안을 감소시키고 동기화를 촉진시켜 원조관계를 수립하는 것이다. 지지과정은 심리사회모델에 따른 사회복지사의 활동 가운데 가장 기본적이고 핵심적이다. 지지과정이란 사회복지사가 클라이언트를 수용하고 클라이언트를 원조하려는 의사와 클라이언트의 문제해결능력에 대한 확신감을 표현함으로써 클라이언트의 불안을 줄이고 자아존중감을 증진하기 위한 과정이다. 특히 클라이언트가 죄책감과 수치감을 느끼거나 두려워하거나 분노를 느끼는 경우에 사회복지사는 지지기법을 적극 사용함으로써 클라이언트를 이해하고 있음을 보여야 한다. 지지과정은 언어적 의사소통뿐만 아니라 따뜻한 표정, 어깨를 두드리는 등의 비언어적 방법도 포함한다. 또한 클라이언트가 당면한 문제에 대해 실질적 도움을 제공함으로써 사회복지사가 클라이언트를 수용하고 지지함을 나타낼 수 있다.

지지하기의 개입기법은 크게 재보증(reassurance), 격려, 선물 주기, 경청 등이 있다.

첫째, 재보증은 클라이언트가 가진 죄의식, 불안, 분노의 감정에 대해 이해를 표현하여 클라이언트를 안심시키는 것이다. 그러나 근거 없는 확신을 주어 클라이언트를 너무 안심시키면 문제의 본질을 탐색할 기회를 상실할 수 있다. 예를 들면 자녀에게 심하게 화를 내는 것에 대해 죄책감에 시달리는 어머니에게 분노와 화나는 감정을 이해한다는 표현을 함으로써 어머니를 안심시키는 것이다.

둘째, 격려는 클라이언트의 능력에 대해 신뢰를 표현하고 성과를 인정하고 성공에 대한 기쁨을 표현하는 것이다.

셋째, 선물 주기는 사회복지사가 클라이언트를 도와주려는 관심을 명백히 전달하는 지지의 한 형태로서 물질적 지지라기보다는 마음의 선물이라고 할 수 있다. 예를 들면 클라이언트가 아동인 경우 아동의 머리를 쓰다듬어 주거나 성인 클라이언트의 경우 클라이언트의 가정을 방문하는 것을 들 수 있다.

넷째, 경청은 클라이언트가 무엇을 말하는지, 사회복지사의 질문에 어떻게 반응하는지를 듣는 것이다. 이때 경청은 클라이언트의 어려움에 공감하고 그에게 필요한 반응을 해 가면서 적극적으로 잘 듣는 것이다. 이와 같이 경청은 그냥 클라이언트의 말을 듣는 것이 아니라 그가 지금 무엇을 표현하고 있는지, 그의 감정과 사고는 어떤 것인지 이해하고 파악해 가면서 듣는 것이다.

(2) 직접적 영향 주기

직접적 영향 주기(direct influence)의 궁극적 목표는 클라이언트의 사회생활기능에 있어 장애가 되는 요인을 제거하는 것이다. 직접적 영향이란 클라이언트의 행동을 향상하기 위한 조언이나 제안 등을 통해 사회복지사의 의사를 관철시키는 과정이다. 클라이언트가 스스로 자신의 문제를 해결하는 결정을 하는 것이지만 사회복지사가 그 결정에 직접적으로 영향을 미칠 수 있다. 사회복지사의 영향은 다양한 방법으로 이루어지는데 의견제시에서 클라이언트가 이미 내린 결정에 대한 지지, 강력한 주장, 직접적 개입 등의 방법을 포함한다.

직접적 영향이 효과적이기 위해서는 지지과정을 통해 신뢰관계를 형성하는 것이 무엇보다 중요하다. 사회복지사가 조언하고 싶은 욕구를 강요하는 것이 아니라 클라이언트가 가진 욕구를 명료화하여 조언해야 한다. 그러므로 조언하기 위해서는 충분히 경청하고 '클라이언트가 서 있는 곳'에서 출발해야 한다.

이러한 직접적 영향에 대한 기술은 다양한 수준의 조심스러운 제안이나 충고를 제시하는 것이다. 부모의 안내나 위기개입은 때로 사회복지사가 강한 의견을 표현하거나 클라이언트가 특정한 행동과정을 따르도록 촉구하기도 할 정도로 직접적 영향을 준다. 물론 클라이언트가 자신의 생각대로 결정에 이르기는 하지만 어느 정도 방향은 분명하게 제시하기도 한다. 예를 들면 "그것을 하는 것이 도움이 될까요?", "이렇게 하는 것이 더 좋을 것 같네요." 등을 들 수 있다. 직접적 영향 주기의 개입기법은 클라이언트 자신의 제안을 격려하고 강화하거나 장려하기, 현실적 제안을 설정하기, 직접적 조언하기, 대변적 행동하기 등이 있다.

(3) 탐색, 기술, 환기

탐색(exploration), 기술(description), 환기(ventilation)의 궁극적 목표는 클라이언트에게 사실 및 사실과 관련된 감정을 표출하게 하여 긴장을 완화시키는 것이다.

먼저 탐색은 자신의 주변에 어떤 일이 일어나고 있는지 상황을 둘러보는 것이고 기술은 단순히 자신이 보는 그대로의 사실을 말하는 것이다. 그리고 환기는 사실과 관련된 감정을 끄집어 냄으로써 카타르시스를 경험하도록 원조하는 것이다. 탐색–기술–환기는 연관되어 있는데, 이는 사실을 진술하거나 설명하는 과정에서 자연히 감정이 표현되기 때문이다.

심리사회모델에서는 특히 분노, 상실에 대한 애도반응, 죄책감, 불안 등의 감정에 주의를 기울인다. 이런 감정들은 표현할 수 있는 준비가 되었을 때 말로 표현되어야만 클라이언트가 환기를 경험할 수 있다. 때로는 환기를 경험하는 것 자체로 문제가 해결되는 경우가 종종 있다. 그러나 클라이언트가 개방할 준비가 되지 않았을 때에는 더욱 방어적인 태도를 취하거나 표면적으로만 그 사실을 다루게 되어 실제로 느끼는 그 감정은 그대로 남아 있는 경우도 생긴다.

그러므로 클라이언트가 자신의 상황과 감정을 사회복지사와 의사소통할 때 탐색, 기술, 환기를 통해 설명한다. 감정을 환기하면 클라이언트는 즉각적으로 감정적 편안함을 느낀다. 예를 들면 "지금의 문제를 조금 더 얘기해 주세요.", "당신이 가족과 함께 있을 때 무슨 일이 일어나나요?" 등을 들 수 있다. 탐색, 기술, 환기의 개입기법은 초점 잡아 주기, 부분화하기, 화제 전환하기 등이 있다.

(4) 개인–환경에 관한 고찰

개인–환경에 관한 고찰(person–situation reflection)의 궁극적 목표는 문제를 보다 더 잘 이해하기 위해 또는 행동에 변화를 초래하기 위해 클라이언트가 잘못 이해하고 있는 내용을 현실적으로 파악하는 것이다. 클라이언트 개인–환경에 관한 고찰기법은 클라이언트와 그를 둘러싸고 있는 환경 및 주변 인물과의 상호작용에 초점을 두고 있다.

개인–환경에 관한 고찰에 대한 사회복지사의 역할을 통해서 클라이언트에게 자신과 환경의 상호작용과 관련된 인식, 사고, 감정 및 반응 등을 잘 알 수 있도록 도움을 줄 수 있다(〈표 4–1〉 참조).

개입기법에는 논리적 토의 및 추론, 설명, 일반화, 변화, 역할극, 강화, 명확화, 교육 등이 있다.

〈표 4–1〉 개인–환경 고찰에 대한 사회복지사의 역할

- 클라이언트 자신이 생각이나 숨겨진 감정 등 내면에 대해 자각해 보게 한다.
- 클라이언트의 과거의 경험을 끌어내기보다 현재 생활에 대한 반응에 대해 이야기한다.
- 클라이언트가 자기 스스로 행동과 결과의 전후관계를 검토할 수 있게 이끌어 주어야 한다.
- 가치, 원칙, 도덕적 판단, 자아상, 옳고 그름의 양심 등에 관해 자기평가를 해 볼 수 있게 한다.
- 클라이언트 스스로 생각해 보도록 유도하고 질문하여 사회복지사에 대한 의존심을 줄이도록 한다.
- 클라이언트는 행동이 가져올 결과에 대해 미리 생각해 봄으로써 올바른 결정을 내릴 수 있게 된다.
- 클라이언트 행동은 외부자극과 그에 대한 내부의 생각 및 감정에 의해 유발되므로, 이 두 부분에 대해 살펴본다.
- 사회복지사와 원조과정에 대한 클라이언트의 반응과 인식이 어떠한지 탐색하여 신뢰관계의 형성에 도움을 주게 한다.
- 클라이언트가 자신 및 타인의 건강, 상황 등에 대해 왜곡되게 인지하고 있는 경우 정확히 이해하고 알 수 있게 한다.
- 클라이언트가 내린 결정이나 행동 등이 다른 사람이나 상황에 어떤 영향을 미치게 되는지에 대해 스스로 생각해 보고 고찰하게 한다.
- 클라이언트가 현재 사건에 대해 자신의 상황과 그 안에서 경험한 생각이나 느낌, 감정 등에 대해 좀 더 잘 이해할 수 있도록 질문, 설명, 조언 등을 해 준다.

(5) 유형-역동에 관한 고찰

유형-역동에 관한 고찰(pattern-dynamic reflection)의 궁극적 목표는 변화의 동기를 촉진시키면서 클라이언트 자신의 성격유형, 특징, 행동유형, 방어기제, 자아기능수행 정도 등 심리 내적 역동에 대해 이해하도록 원조하는 것이다. 인간은 정신 내면의 힘에 의해 영향을 받기 때문에 인간과 환경에 대한 고찰만으로는 클라이언트 문제를 적절히 처리하기가 불충분하다.

따라서 이러한 정신 내면의 힘이 어떻게 작용하는가 하는 역동성과 발달에 대해 고찰해 볼 수 있도록 원조한다. 클라이언트의 행동경향, 클라이언트로 하여금 어떤 특정 행위에 이르게 하는 생각이나 감정의 패턴, 또는 사건에 대한 생각을 클라이언트 스스로 찾아낼 수 있도록 도와준다. 예를 들면 "가까워지는 게 어려운 사람과 가까워지려는 경향이 있나요?", "다투기 어려운 사람과 싸우려고 하지 않나요?" 등을 들 수 있다. 유형-역동에 관한 고찰의 개입기법은 명확화, 해석, 통찰의 개발 등이 있다.

(6) 발달적 고찰

발달적 고찰(development reflection)의 궁극적 목표는 과거경험이 현재 기능에 미치는 영향을 고찰하는 것으로 변화를 위해 유년기의 문제와 현재 행동의 인과관계를 클라이언트가 자각하게 하는 것이다. 클라이언트의 현재 성격이나 기능에 영향을 미친다고 생각되는 원가족의 경험 또는 유아기 때의 경험에 대해 생각해 볼 수 있도록 원조하는 기법이다.

이러한 발달적 고찰기법은 현재의 인격과 기능에 영향을 주는 원가족이나 초기생활의 경험을 클라이언트가 고려해 보도록 한다. 이때 과거의 상황과 개인의 감정이 연결되도록 돕는다. 때로는 특정한 초기경험과 현재 행동이나 태도 간에 관계를 인식할 수 있도록 촉진시키는 질문을 던진다. 해석보다는 질문이 보통 더 바람직하다. 예를 들면 "이와 같은 감정을 이전에도 경험한 일이 있나요?", "당신의 청소년기가 따님의 청소년기와 비슷한 점은 무엇인가요?" 등을 들 수 있다. 발달적 고찰의 개입기법은 명확화, 해석, 통찰, 논리적 토의 및 추론, 설명, 일반화, 변호, 역할극, 강화, 교육 등이 있다.

2) 간접적 개입기법: 환경조정하기

간접적 개입기법의 궁극적 목표는 클라이언트를 둘러싼 인적·물적 환경에 관계된 문제를 해결하는 것이다. 클라이언트의 대인관계에 개입하거나 사회환경적 변화를 추구하는 활동이다. 클라이언트에게 필요한 자원을 발굴하고 제공하며, 클라이언트와 다른 체계 사이를 중재하기도 하며, 클라이언트를 옹호한다. 또한 클라이언트 스스로가 주변을 변화시킬 수 있도록 원조한다. 클라이언트의 문제해결 과정에서 주변 사회환경 자원을 최대한 활용하기 위해서 사회복지사는 기관의 정책, 기관이 갖고 있는 자원, 기관의 권력구조, 다른 전문직의 문화 또는 분위기 등을 이해하고 있어야 한다. 또한 기관의 직원과도 지속적 협력관계를 유지해야 한다.

간접적 개입에 있어 사회복지사의 역할과 관련하여 강조해야 할 두 가지 중요한 사항은 클라이언트의 신상에 대한 비밀보장과 클라이언트의 자기결정과 그에 따른 클라이언트의 책임성을 들 수 있다.[11]

제5장 과업중심 모델

1. 등장배경

과업중심모델(task-centered model)의 뿌리는 1960년대 초반에 뉴욕 지역사회 서비스 조직에서 개발된 정신역동단기모델에서 찾을 수 있다. 이 모델은 장기간의 심리치료분야에서 벗어나 현재의 문제상황에 초점을 둔 단기치료방식이다.

또한 과업중심모델은 1960년대에 실용성, 간략화, 유용성의 기본원리를 근거로 하고 있는 단기치료의 영향을 받아 생성된 모델로 1970년대 초 시카고 대학의 Reid와 Epstein(1992)이 발전시킨 사회복지실천의 한 모델이다. 그동안의 심리치료에서 장기간을 필요로 했던 정신분석이나 정신역동 치료방법에서 벗어나 현재 갈등에 초점을 맞추어 단기간 내에 클라이언트의 문제를 해결할 수 있게 됨으로써 이 모델에 대해 관심을 갖게 되었다.[1)]

과업중심모델은 초창기 단기 케이스워크의 시간제한적이고 구조적인 특성을 따르고 있으며, Perlman(1957)의 문제해결접근의 요소, Studt(1968)의 클라이언트 과업에 대한 개념 및 케이스워크 기법 등을 통합하여 형성되었다. 이와 같이 과업중심모델은 이전의 장기적 치료와는 달리 단기치료로써 클라이언트가 표현하고 도움을 요청한 욕구를 무엇보다 우선시하며 문제해결 개입과정을 통해 이를 조율해 나가는 방식을 취하고 있다.[2)]

2. 이론적 배경

과업중심모델은 어떤 특정한 이론이나 개입방법을 주장하지 않고, 일반체계이론, 의사소통이론, 인지이론, 학습이론의 기본원칙을 통합하는 절충주의적 접근을 시도한다. 또한 과업중심모델은 행동주의 기법, 인지이론과 방법, 가족치료접근법 등을 이론에 통합시켜 성장·발달하였다.

과업중심모델의 특징은 첫째, 시간제한적 단기치료이며, 둘째, 클라이언트와 사회복지사가 표면적으로 계약한 구체적 문제를 해결하는 데 개입의 초점을 두고, 셋째, 클라이언트의 문제해결활동은 그가 수행에 동의한 과업을 중심으로 하며, 넷째, 이론보다는 조사에 근거한 경험적 자료를 중심으로 진행된다는 것이다.[3)]

과업중심모델은 처음 개별사회사업 실천기술을 중심으로 시도되고 체계화되었지만, 점차 범위를 확대하여 모든 사회복지실천에 적용되었다. 특히 소외 및 저소득 계층의 클라이언트 문제에 대응할 수 있다는 점, 다른 실천모델에도 적용할 수 있다는 점, 개인뿐 아니라 가족·집단·조직의 운영관리 면에도 적용된다는 점 등에서 매우 유익한 이론으로 평가되고 있다.[4)]

따라서 과업중심모델은 명백하게 시간이 제한된 간결한 접근법으로 집중적이지 않은 장기간의 작업보다 더욱 효과적인 것으로 입증되고 있다. 뿐만 아니라 한정된 이론이 아닌 체계적 절차를 지닌 실천모델로서 문제 사정이나 해결과정에서 인간행동과 실천에 관한 다양한 여러 이론을 융통성 있게 사용할 수 있다. 그리고 다른 모델들과는 달리 사회복지실천에 기반을 둔 과업중심모델은 단기의 구조화된 개입을 원칙으로 하면서 이에 의해 구체적 문제를 표적으로 한 개입전략으로서 클라이언트의 과업을 활용하는 매우 유익한 이론으로 평가되고 있다.

3. 기본개념

과업중심모델이란 대인관계와 사회적 관계의 어려움, 역할수행의 어려움, 정서적 고통 등 생활상의 문제들을 다루며 클라이언트와 사회복지사 간의 동의에 의해 계획되는 특정 유형의 문제해결활동이며, 면접 안에서뿐만 아니라 면접 밖에서도 행해지는 활동이다. 클라이언트의 과업은 표적문제를 감소시키기 위해 클라이언트가 수행하는 활동을 말하며, 사회복지사의 과업은 같은 문제를 감소시키기 위해 면접진행 동안 클라이언트의 입장에서 사회복지사가 행하는 것을 말한다.

1) 표적문제

표적문제란 클라이언트가 직면하고 있는 문제 중 당장 해결해야 하는 문제, 즉 클라이언트가 자신의 문제를 인식하고 경감·해결하기를 원하며, 사회복지사도 전문적 판단에 의해 인정한 문제로써 클라이언트와 사회복지사가 변화시키기로 계약한 문제를 말한다. 즉 생활이나 직업에 관련되는 현실적 문제에서 부부나 부모–자녀 간의 갈등과 같은 대인관계의 문제, 심지어 정신적·정서적 문제까지도 표적문제(target problem)로 간주한다. 그러나 과업중심모델에서는 대체로 문제의 대상을 다음 일곱 가지로 분류하고 있다.[5)]

(1) 대인관계의 갈등

갈등은 개인의 정서나 동기가 다른 사람의 정서나 동기와 모순되어 그 표현이 정지되는 현상이다. 따라서 대인관계의 갈등은 개인이나 집단 간의 상호작용 중에 일어나는 문제로 이러한 갈등에는 부부, 부모–자녀, 형제 간 등 가족 내 갈등 외에도 교사와 학생, 의사와 환자, 고용자와 피고용자 등의 관계 간에 일치하지 않는 목표와 가치관, 사상, 감정 등이 존재하는 상황을 의미한다.

(2) 사회적 관계에 대한 불만

클라이언트는 때때로 가족, 친구, 의미 있는 사람과의 대인관계에서 자신이 부족하거나 지나치다고 생각하거나 자기의 상호작용방법에 불만이 있는 경우, 스스로 고립되어 외로움 등을 느낌으로써 사회적 관계에 대한 불만을 가지게 된다. 특히 클라이언트는 친한 친구, 가족구성원, 혹은 권위 있는 사람과의 관계에서 신뢰 등이 무너지면 상대방에게 불만을 노출하는 등 사회적 관계의 불만이 더욱더 증가하게 된다.

(3) 조직체와의 문제

클라이언트는 직장 등 조직구성원과의 업무나 대인관계에서 적응을 하지 못하여 조직체와의 문제를 일으킬 수 있다. 이러한 조직구성원과의 문제 등을 해결하고자 하는 클라이언트는 때때로 당연히 받을 권리가 있는 서비스나 자원을 제공받지 못할 수 있다. 그 이유는 클라이언트와 조직 간의 문제가 의뢰될 경우, 사회복지사가 클라이언트 개인보다는 조직에 초점을 둘 경우, 조직체와의 문제로 인하여 클라이언트가 정당한 서비스를 받지 못할 경우가 있다.

(4) 역할수행상의 어려움

클라이언트의 중요한 관심이 특별한 사회적 역할을 수행함에 어려움이나 곤란이 있는 경우가 이에 해당한다. 여기서 역할이란 나이나 성별 등과 같은 생물학적 특성으로 인해 자연적으로 부과된 것보다는 획득된 역할, 달성한 역할에 한정된다. 사회복지사는 주로 배우자의 역할이나 부모의 역할 등과 같은 가족구성원으로 역할수행상의 어려움을 주로 다룬다.

(5) 사회적 변천에 따르는 문제

클라이언트는 가족, 친구, 조직, 공동체 등 여러 상황과의 관계에서 부딪히는 여러 가지 사회적 위치, 역할, 혹은 생활상 문제가 그의 생애주기마다 다르게 위기로 일어날 수 있고 이는 사회적 변천에 주요한 영향을 줄 수 있다. 예를 들면 병원이나 시설에서의 퇴원, 다른 지방으로 전출, 부모가 되는 일, 이혼하는 일 등 클라이언트의 생애주기에 따라 그에게 급격한 변화가 다르게 일어날 수 있다.

(6) 정서적 고통

클라이언트의 대인관계 및 사회적 관계의 어려움, 역할수행상의 문제, 정서적 고통 등 생활상 여러 문제의 경우에 있어서도 불안, 우울, 그 밖의 혼란된 감정상태가 수반되기 쉽다. 하지만 이 범주에서는 그런 감정상태가 일어난 상황보다는 감정 자체가 주된 관심사가 되며 클라이언트가 처한 정서적 고통은 쉽게 확인될 수 있는 특수한 사건이나 상황에 대한 반응이다. 이 경우에는 갑작스럽게 남편을 잃은 데서 극도의 우울함에 빠진 아내의 예를 들 수 있다.

(7) 자원의 부족

클라이언트가 금전, 주택, 교통, 직업 등 유형의 자원이나 특수한 자원이 결여되거나 필요로 하는 경우에 사회복지사에게 표적문제로 찾아올 수 있다.

2) 과업

Bartlett(1970)는 과업을 다양한 생활상황에서 사람들에게 부과되는 요구를 기술하는 방식이라고 정의하였다. 이러한 과업의 개념을 근거로 하여 나온 과업중심 모델은 주로 어려움이나 곤경에 빠진 사람들이 자연스럽게 과업을 정하고 그것을 달성하도록 시도한다. 여기에서 사용되는 '과업(task)'의 개념은 문제를 개선하기 위한 시도에 클라이언트가 동의한 것이며 과업구성은 개입의 주된 목표이며 문제 개선을 위한 상위목표를 성취하기 위한 주된 수단으로 보고 있다.

과업은 이혼, 사별, 질병, 경제적 곤란 등 개인과 관련된 일상생활문제 및 가족, 친구, 지역사회주민 등과의 인간관계에서 오는 어려움이나 문제 등과 관련된다. 과업에 의해서 사회복지사는 특수목표에 개입초점을 두며 클라이언트는 문제를 해결하는 데 있어 정확한 실마리를 찾을 수 있게 된다. 과업의 기본유형에는 일반적 과업과 조작적 과업이 있다.[6)]

(1) 일반적 과업

일반적 과업은 행동의 방향을 대략적으로 기술하는 과업이기 때문에 각 단계마다 무엇을 해야 하는지에 대해 정확하게 언급하지는 않는다. 일반적 과업은 항상 클라이언트의 목표를 내포하기 때문에, 보통 클라이언트의 과업과 클라이언트의 목표는 같게 된다. 일반적 과업이 무엇이 행해져야 하는지를 말한다면, 목표는 과업이 행해졌을 때 달성되어야 하는 상태를 말한다. 예를 들면 적응훈련센터에 등록해야 한다거나 센터 근처에 생활 터전을 마련하고 그곳에서 생활해야 한다는 것과 같은 것이다.

(2) 조작적 과업(구체적 과업)

조작적 과업은 클라이언트가 수행해야 하는 구체적 활동을 말한다. 대부분 조작적 과업은 일반적 과업에서 나온다. 조작적 과업은 명확한 활동에 대한 정보를 포함하고 있기 때문에 일종의 하위과업 형태를 띤다. 예를 들면 '부모와 자녀 간의 의사소통을 향상시켜 대화를 원활하게 하는 것'이 개입의 목표라면 일반적 과업은 '부모와 자녀 간의 의사소통 증진'이 되고, 구체적 과업은 목표를 달성하기 위한 구체적 활동으로 '매일 식사 때 자녀에게 한 가지씩 칭찬하기, 식사 때 긍정적 대화 나누기' 등이 될 수 있다.

(3) 과업의 다른 유형

과업의 다른 유형은 한 번의 수행을 위해 계획된 유일과업, 반복적 활동을 위해 계획된 되풀이과업, 여러 단계가 필요한 하나의 활동인 단일과업, 매우 밀접하게 관련된 둘 또는 그 이상의 구분된 활동의 복잡한 과업, 한 사람이 수행하는 개인적 과업, 둘 또는 그 이상의 사람들이 수행해야 하는 과업 등으로 구분되며, 서로 연관되어 있는 상호과업, 둘 또는 그 이상의 사람이 같은 과업을 하는 공유과업, 정신적 활동을 검토하여 명확히 하는 인지적 과업 등도 있다.

4. 개입목표 및 과정

1) 개입목표

과업중심모델에 있어서 사회복지사는 경험적 연구, 통합적 이론, 클라이언트가 인식한 문제초점, 체계의 상황, 계획된 단기성, 협조적 관계, 구조화, 문제해결 행동과업 등의 요소를 근거로 하여 개입목표를 설정해야 한다. 그 주된 내용은 다음과 같다.[7)]

(1) 경험적 연구

과업중심모델은 경험적 연구에 의해 지지되고 검증된 방법과 이론을 선호한다. 클라이언트의 체계에 대한 가정과 개념은 사례자료에 기반을 둔다. 클라이언트의 문제와 행동에 대한 추리적 이론화는 피한다. 사정 및 과정, 성과에 대한 자료는 각 사례마다 체계적으로 수립된다. 조사연구에 관한 지속적 프로그램이 모델을 발전시키기 위해 사용된다.

(2) 통합적 이론

과업중심모델은 다양한 접근방법으로써 사회복지사의 통합적 이론을 클라이언트의 상황에 따라 접근한다. 즉 문제해결, 인지행동적·구조적 접근방법 등으로부터 경험적으로 이끌어진 사회복지실천의 이론과 방법 중에서 선택적으로 사용한다.

(3) 클라이언트가 인식한 문제에 대한 초점

클라이언트가 관심을 갖고 있는 것으로서 클라이언트가 명확하게 인식하고 있는 이혼, 자녀 폭력, 치매 등 특정 문제에 서비스의 초점을 두고 사회복지실천 개입을 한다.

(4) 체계 상황

클라이언트 문제는 가족, 집단, 공동체, 조직 등 다양한 체계(system)의 상황(context)에서 발생한다. 이러한 상황의 변화는 문제해결 또는 문제의 재발방지를 위해 필요하다. 역으로 클라이언트 문제의 해결은 이러한 상황에 유익한 영향을 미친다.

(5) 계획된 단기성

과업중심의 서비스는 일반적으로 단기로 설계된다. 이러한 단기성은 상당한 양의 조사연구를 바탕으로 결정된 것이다.

(6) 협조적 관계

클라이언트와 사회복지사의 관계는 보호가 아닌 협조적 관계로서 함께 클라이언트의 문제해결에 노력한다. 즉 사회복지사는 클라이언트의 정보를 공유하고, 함께 해결해야 할 문제를 구체적으로 논의하며 다양한 방법을 찾아본다. 이러한 협력관계를 통해서 클라이언트는 자신에게 주어진 과업을 스스로 해결할 수 있는 능력을 강화하도록 원조한다.

(7) 구조화

구조화된 접근은 시작하기, 표적문제의 규정, 계약하기, 실행, 종결단계를 포함한 연속적 활동이다. 시작하기와 문제규정, 계약까지 초기단계, 실행을 중심으로 중간단계, 마지막 종결단계로 구분할 수 있다.

(8) 문제해결 행동 과업

변화는 기본적으로 클라이언트가 회기 내, 외부에서 행한 문제해결을 하기 위한 행동, 즉 과업을 통해 달성된다. 특히 클라이언트 자신의 환경 내에서 그의 행동을 동기화하는 데 초점이 모아진다. 개입회기의 일차적 기능은 클라이언트가 그의 문제를 해결할 수 있도록 동기화시키는 데 있으며 사회복지사의 과업은 클라이언트의 환경적 변화에 영향을 미치는 수단을 제공하도록 한다.

2) 개입과정

과업중심모델 개입과정은 [그림 5-1]과 같이 구성된다. 이들 단계를 통해 클라이언트와 사회복지사가 제한된 시간 내에 가장 효율적이고, 만족할 만한 결과를 얻게 된다. 과업중심모델에서 제시하는 실천의 틀은 시작하기, 표적문제의 규명, 계약, 실행, 종결의 5단계로 이어진다. 이 단계들은 서로 겹치거나 필요에 따라 이전 단계로 돌아가는 등 유연하게 변형될 수 있으나, 좋은 결과를 가져오기 위해서는 개입과정이 체계적일 필요가 있으며, 따라서 단계에 따라 개입을 진행하는 것이 중요하다.

다음은 과업중심모델에서의 5단계에 대한 주요 내용이다.[8)]

시작단계	기관으로부터 클라이언트 의뢰 또는 클라이언트의 자발적인 지원
제 1 단계	클라이언트의 표적문제의 확인
제 2 단계	계약체결(계획, 표적 문제의 우선순위, 목표, 치료 과업, 치료 기간, 일정, 참가자 등)
제 3 단계	문제해결과정
제 4 단계	종결

출처 : Reid & Epstein(1992); 이영실 외(2015). 재구성.

[그림 5-1] 과업중심모델의 개입과정

(1) 시작

사회복지사가 클라이언트를 만나는 것은 클라이언트가 스스로 사회복지사를 찾아온 경우와 다른 기관에 의해 의뢰된 경우를 포함한다. 클라이언트가 스스로 찾아온 경우에, 과업중심모델에서는 바로 제1단계, 즉 문제 규명의 단계로 넘어간다. 그러나 비자발적으로 참여한 경우에는 의뢰기관에서 클라이언트를 의뢰하는 이유는 무엇인지, 의뢰기관이 제시하는 클라이언트의 문제와 목표는 무엇인지에 관해 탐색한다. 또한 이 문제와 목표가 클라이언트가 제시하는 문제와 목표에 일치하지 않는다면, 사회복지사는 이에 대해 협상하고 조정한다. 의뢰기관에서 제공할 수 있는 자원으로 정서적 지지와 관심뿐만 아니라 실제적·물질적 자원 등이 있는지 알아보고 이를 활용한다.

시작단계
• 클라이언트가 다른 기관으로부터 의뢰된 경우 확인사항 –의뢰기관의 의뢰 이유와 목표 교섭(협상)사항 –의뢰기관의 특수 목표 –목표달성을 위한 의뢰기관의 자원 • 클라이언트가 독자적이고 자발적으로 지원한 경우 확인사항 –클라이언트의 문제와 우선순위 확인 –확인 후 문제 규명단계로 넘어감

출처 : Epstein & Brown(2002); 이영실 외(2010). 재구성.

(2) 제1단계: 문제 규명

사회복지사는 클라이언트가 제시하는 문제를 탐색하는 것에서 출발하여 개입의 초점이 되는 표적문제를 설정한다. 과업중심모델에서 '표적문제(target problem)'란 클라이언트가 자신의 문제로 인식하고 이를 경감 혹은 해결하기를 원하며, 사회복지사도 전문적 판단에 의해 인정한 문제이다. 표적문제를 설정하는 과정에서 사회복지사는 클라이언트의 견해를 최대한 반영하여야 하며, 설정한 표적문제가 무엇인지 사회복지사와 클라이언트 모두가 분명하게 이해하고 있어야 한다.

과업중심모델을 효과적으로 적용하기 위해서는 무엇보다 표적문제를 구체적으로 설정하는 것이 중요하다. 표적문제를 구체적으로 규명해야 무엇이 변화하는지, 변화를 가져오기 위해 무엇을 해야 하는지 등이 명확해지기 때문이다. 표적문제는 우선순위에 따라 최대 3개까지로 제한하는데, 이는 2~3개월 사이에 현실적으로 다룰 수 있는 문제의 수에 한계가 있기 때문이다. 표적문제를 설정한 후, 사회복지사는 초기에 신속한 사정을 한다. 이는 클라이언트와 계약을 하기 위한 예비사정으로서 본격적 사정은 제3단계, 즉 실행단계에서 이루어진다.

제1단계: 클라이언트의 표적문제 규명 확인사항

- 클라이언트가 규정하는 문제
- 표적문제의 구체적 설정
- 클라이언트의 우선순위(3개까지) 설정
- 신속한 초기 예비사정

출처 : Epstein(1992); 이영실 외(2010). 재구성.

(3) 제2단계: 계약

계약(contracting)은 클라이언트와 사회복지사의 동의로 서면 혹은 구두로 이루어진다. 계약의 내용은 표적문제, 목표, 클라이언트의 과업, 사회복지사의 과업, 개입기간과 일정, 면접일정, 클라이언트와 사회복지사 외의 참여자 등이다. 일반적으로 하나의 표적문제에 대해 하나의 목표를 설정하며, 표적문제와 목표는 클라이언트의 입장에서 주어와 서술어의 형식으로 구체적으로 서술한다.

과업이란 목표를 달성하기 위하여 클라이언트와 사회복지사가 해야 하는 활동으로서, 클라이언트와 사회복지사가 함께 계획하고 동의한 후에 수행하는 문제해결활동을 말한다.

제2단계: 계약
• 표적문제의 우선순위(3개까지) • 클라이언트의 특정 목표(사회복지사가 동의한 것) • 클라이언트의 일반적 과업 • 사회복지사의 일반적 과업 • 개입과정의 지속기간(시간제한) • 인터뷰일정 • 개입일정 • 관련 당사자 • 장소

출처 : Epstein & Brown, 2002; 이영실 외, 2010. 재구성.

과업은 회기에 수행하는 과업(in-session tasks)과 회기 사이에 가정에서 수행하는 과업(home tasks) 혹은 환경에서 수행하는 과업(environmental tasks)이 있으며, 혼자서 수행하는 과업(individual tasks), 두 사람 이상이 함께 수행하는 과업(shared tasks)이 있다. 일반적 과업(general tasks)은 보다 상세한 세부과업(subtasks)으로 나누어질 수 있다. 표적문제, 목표와 마찬가지로 과업도 주어와 서술어의 형식으로 구체적으로 서술한다.

사회복지사는 주로 클라이언트의 과업수행을 지원하기 위한 활동을 하는데, 다른 기관 혹은 클라이언트의 가족, 친구, 이웃 등과 협의하고 협상하는 과업을 수행한다.

(4) 제3단계: 실행

실행(implementation)은 개입과정에서 가장 많은 시간을 할애하는 단계로서(8회기 개입이라면 2회기부터 7회기까지가 실행단계에 해당), 문제에 대해 집중적으로 사정하고, 대안을 모색, 결정하며, 문제를 해결하기 위한 과업을 수행하고 과업수행의 정도를 점검, 모니터하는 등의 중요한 과정이다. 문제를 해결하기 위한 대안을 실행하기 위해 클라이언트와 사회복지사는 과업을 개발하고 수행하며, 과업을 수행하는 과정에서 예견되는 어려움과 장애물을 검토해 보고 이를 제거, 감소, 변경하기 위한 활동을 계획한다.

제3단계: 문제해결, 과업달성, 문제경감의 필요에 따른 선택

- 점검
- 대안수립
- 과업개발
- 과업수행의 지원
- 실행단계(전략의 실행)
- 표적문제의 정의 및 확정(3개까지)
- 문제의 재규정 및 명명(변경해야 할 특수조건 및 행동)
- 다른 사람이나 기관의 지지적이고 협력적인 행동교섭
- 의사결정(목표 확인, 수행해야 할 활동유형 선택, 상세 개입전략의 설정 등)
- 다음의 경우에 계약(또는 그 일부) 수정
  - 지지나 자원이 비효율적인 경우
  - 만족스럽게 진행되지 않는 경우
  - 문제가 다른 양상을 띠는 경우
  - 진행상황이 기대치를 추월하는 경우
  - 새로운 문제가 등장한 경우
  - 과업을 이행할 수 없거나 제대로 이행되지 않는 경우
  - 사회복지사의 과업이 비효율적이거나 실현 가능하지 않은 경우

출처 : Epstein & Brown, 2002; 이영실 외, 2015. 재구성.

(5) 제4단계: 종결

과업중심모델에서 종결(termination)은 클라이언트와 사회복지사 모두가 예상하고 있는 가운데 이루어진다. 이는 이미 계약단계에서 개입일정에 대해 서로 동의하였고, 실행단계에서 과업수행을 통한 문제해결의 정도가 분명하게 드러났기 때문이다. 종결단계에서 사회복지사는 개입과정을 통해 성취한 것에 대해 점검하고 필요한 경우 연장하거나 사후지도를 한다. 또한 달성된 목표를 강조하고 목표 달성과정에서 클라이언트가 습득한 문제해결기술을 점검하며, 앞으로 클라이언트가 문제해결기술을 유지·활용하여 혼자 수행해 나갈 수 있도록 돕는다. 또한 종결 시 해결되지 않은 문제들이 남은 경우는 이를 어떻게 할 것인가에 대한 논의가 있어야 한다.

제4단계: 종결
• 종료 • 치료연장: 클라이언트가 승인하는 경우 • 성취점검: 관련 법규, 법원의 명령, 공식적 기관의 요청이 존재하는 경우 • 모니터: 법률, 법원 명령, 공식적 기관의 요구가 있을 때

출처 : Epstein & Brown(2002); 이영실 외(2015). 재구성.

5. 개입기법

1) 간접적 행동변화 기법

클라이언트의 개인적 문제는 그를 둘러싼 가족, 친구, 지역주민, 조직 등 상황이나 환경체계 간 상호작용에 문제가 있을 경우도 있고 영향을 받을 때도 있다. 이러한 여러 체계의 변화를 위해 사회복지실천에서는 간접적 행동변화 기법을 적용하게 된다.

간접적 행동변화 기법으로는 의사소통기술, 탐색, 구조화, 상황분석 등이 있다.[9)]

(1) 의사소통기술

과업중심 접근은 단기계약기간 동안에 클라이언트가 선택한 명확한 목표를 성취할 수 있도록 원조하는 서비스이다. 따라서 클라이언트가 무엇을 추구하고 바라고 있는가를 클라이언트와 함께 언어화하는 것이 이 모델에서 가장 중요하다. 즉 과업에 대한 클라이언트의 노력은 과업중심모델에서 결정적 증거로 "나는 그것을 성취하기를 원한다."라고 클라이언트가 말할 수 있어야 한다.

(2) 탐색

탐색은 모든 대인관계치료모델에서 사용하는 기본기법으로 클라이언트로부터 자료 및 정보를 이끌어 내려는 사회복지사의 노력을 말한다. 탐색은 두 가지 목적을 가지는데 클라이언트에 관한 정보를 얻어내는 것과 의사소통내용을 문제와 관련시켜 초점화하는 것이다. 과업중심모델에서는 탐색과정을 통해 클라이언트의 문제를 이끌어 내고 이를 명료화하며 과업의 방향과 가능성을 검토하게 된다. 클라이언트의 과업수행과 관련하여 수집된 정보는 이후 모든 범주에서 사회복지사의 작업에 대한 기초정보가 된다.

(3) 구조화

구조화는 클라이언트와의 상호작용구조와 방향에 대한 사회복지사의 의사소통으로 구성된다.

구조화의 첫째 단계는 개입과정의 목적, 개입의 조직화와 관련된 문제, 과업, 시간제한, 과업과 관련 있는 내용에 대한 명확한 의사소통반응에 대해 클라이언트에게 다시 들려주는 작업으로부터 시작된다. 사회복지사는 클라이언트가 받고 있는 과업중심모델의 성격 및 특성에 대해 알려 줌으로써 과업중심모델에 대해 이해시켜야 한다. 클라이언트의 협력은 과업중심모델에서 성공의 필수조건이기 때문에 충분한 설명이 필요하다.

둘째 단계는 클라이언트를 위한 특별 개입계획을 구체화하는 사회복지사의 노력으로 구성된다.

셋째 단계는 위 두 단계가 제대로 수행되었다면 훨씬 쉽게 수행할 수 있는 것으로 사회복지사가 클라이언트의 의사소통에 대한 명확한 지침을 제공하는 것 등과 같이 조직적 과업을 구조화하는 작업으로 구성된다.

(4) 상황분석

문제의 상황은 문제를 유지시키는 원인, 즉 문제해결의 장애물과 문제를 다룰 때 동원될 수 있는 자원으로 구성된다. 상황요인은 가족, 집단, 공동체, 조직 등이 포함된 다차원적 틀 속에서 이루어지며 표적문제와 관련하여 검토된다.

상황분석에서 사회복지사는 클라이언트로 하여금 자원을 찾아내고 활용할 뿐 아니라 장애물을 확인하여 해결하도록 돕는다. 과업과 문제를 검토하는 동안 사회복지사는 과업성취의 방해물을 확인하고 클라이언트의 생활상에서 나타나는 문제의 변화를 확인한다. 방해물은 향상을 차단하고 자원은 향상을 촉진시키기 때문이다.

보통 자원은 클라이언트 개인의 능력과 힘, 가족 내의 충성과 애정의 유대, 외부체계에서 제공하는 유형, 무형의 지지 등에서 찾아볼 수 있다. 사회복지사는 또한 클라이언트의 왜곡된 지각, 비현실적 기대를 수정하도록 돕고 역기능적 상호작용이나 행동유형을 지적한다. 외부체계와 관련된 아동과 학교직원 간의 상호작용 혹은 고집스러운 사회복지과 관료의 처사 등 방해물을 명확히 하거나 체계 내에서 자원을 찾을 수도 있다.

과업중심모델의 근본목적은 비교적 단순하고 직접적인 과업을 통해 표적문제를 완화하는 데 있고 상황변화는 우연히 부수적으로 얻어지는 것이다. 그러므로 사회복지사는 상황분석이 더 효과적인 대안으로 판명되는 경우 구조적 역기능과 정신병리 등이 클라이언트에게 장애가 된다고 판단될 때에만 상황변화나 구조수정을 위한 과업을 수행하게 한다.

2) 직접적 행동변화 기법

클라이언트의 문제가 그를 둘러싼 여러 상황이나 환경체계 간 상호작용에 문제가 있을 경우에는 탐색, 구조화, 상황분석 등 간접적 행동변화 기법이 적용되지만 그의 문제가 개인의 문제로 국한될 경우 인식증진, 격려, 지시 등 직접적 기법이 활용된다. 이러한 직접적 기법은 클라이언트의 인지, 태도, 감정, 행동수정에 상당한 영향을 주게 된다.[10]

(1) 인식증진

과업중심모델의 인식증진은 개입과정에서의 해석, 명료화, 직면, 반성 등과 같은 수준의 기법에 해당한다. 과업중심모델의 개입목적은 크게 다른 사람과 클라이언트의 상황에 대한 인식증진과 클라이언트 자신의 행동이나 다른 사람과의 상호작용의 성질 및 역동에 대한 인식증진이 있다.

(2) 격려

클라이언트가 세운 계획이나 실행하려는 계획, 수행한 행동에 대해 찬성을 표하거나 긍정적 반응을 표현하는 것을 말한다. 격려는 진솔하고 정성된 마음으로 표현해야 하며, 어떤 행동이 격려를 받아야 좋은가, 어떻게 격려하는 것이 좋은가 등에 유의하여 사용한다.

(3) 지시

지시는 클라이언트의 의존성을 조장할 우려가 있기 때문에 무차별적으로 이유없이 제공해서는 안 된다. 과업이 설정되면 지시는 클라이언트의 목표성취를 돕는 수단으로 제공되어야 한다. 지시는 장기치료보다 단기치료에서 더 많이 사용되며, 오직 클라이언트 과업의 진보를 촉진할 목적으로 사용된다.

제6장

역량강화 모델

1. 등장배경

역량강화(empowerment)는 1976년에 출판된 Solomon의 저서 『흑인의 임파워먼트(*Black Empowerment*)』에서 처음 등장하였다. 1970년대에는 일반체계이론과 생태학이론이 사회복지의 주요 이론틀로 활용되면서, 생태체계관점에 근거한 강점지향적 접근의 중요성이 대두되었고, 이는 Chestang, Solomon, Pinderhughes 등 여러 학자들에 의해 발전해 오면서 1980년대 후반부터 Weik, Rapp, Sullivan, Kisthard와 Saleebey 등의 학자들에 의해 활발하게 연구되었다.[1]

최근에 역량강화모델이 주목받는 이유는 사회복지 초창기부터의 구조와 기능이라는 사회복지의 이중적 초점을 통합해 주는 관점과 전략을 시사해 주고 클라이언트의 힘을 스스로 키워 자기 삶의 주체가 될 수 있다는 강점 때문이다. 또한 역량강화모델은 클라이언트의 내재된 잠재력과 능력을 실현하는 강점관점의 기본가치와 인간의 존엄성 그리고 자기결정 및 긍정적인 성장 가능성을 중시하는 사회복지의 가치와 일치된다고 볼 수 있다.[2]

이와 같이 역량강화모델은 클라이언트와 사회복지사를 동반자관계에서 문제해결과정에 함께 참여하는 협력자로 보았고 클라이언트를 문제중심이 아니라 강점중심으로 봄으로써 그의 잠재력 및 자원을 인정하고 그가 건강한 삶을 결정할 수 있도록 권한 혹은 힘을 부여하는 것이다.

2. 이론적 배경

1) 생태체계관점

Bronfenbrenner(1979)는 인간발달과정을 분석하는 가운데 체계론적 관점을 확대하여 '생태적 체계(eco-system perspectives)'라는 용어를 사용하였고, 사회체계에 대한 이해는 다양한 체계수준에서 이루어지는 개인들과의 관련성을 강조한다. 이런 다양한 체계수준을 생태학적 환경이라 하고 이러한 체계들 사이에는 위계질서가 존재한다고 보았다.[3)]

생태체계관점은 다음의 다섯 가지로 특징지어 설명할 수 있다.[4)]

첫째, 변화의 가능성으로, 이는 인간의 병리보다는 강점에 초점을 두고 개인과 환경 간의 상호작용에 개입함으로써 변화를 위한 가능성이 있다고 보고 있다.

둘째, 사회체계 이해로, 이는 미시체계, 중간체계, 외적체계, 거시체계의 4체계[각주1)] 내부 및 체계들 간 관계의 질을 고려하지 않고는 클라이언트를 완전히 이

---

1) 4체계(사회체계이론)

① 미시체계(micro system): 개인 혹은 인간이 속한 가장 직접적인 사회적·물리적 환경들을 의미하며, 가족과 같은 직접적인 환경 내의 활동, 역할, 대인관계의 유형을 말한다. 예를 들면, 가족, 또래친구, 학교, 지역사회, 교회 등에서 만나는 사람들 간의 관계에서 이루어지는 직접적인 상호작용을 의미한다.

② 중간체계(mezzo system): 두 가지 이상 미시체계들 간의 관계 혹은 특정한 시점에서 미시체계들 간의 상호작용으로, 학교 및 가족, 이웃, 종교단체와 같은 개인과 긴밀하게 직접 상호작용하는 두 가지 이상 환경과의 사이에서 일어나는 과정과 관련성을 의미한다. 예를 들면, 학교와 가정 간의 관계, 형제 간의 관계, 가정과 또래집단과의 관계, 종교생활 간의 관계 등을 들 수 있다.

③ 외부체계(exo system): 개인과 직접 상호작용하지는 않으나 생활의 주요한 요소가 되며, 개인의 행동발달에 영향을 주는 환경체계를 말한다. 즉 외부환경이 영향을 미치는 과정 및 관련성으로써 부모의 직장이나 사회정책과 같이 개인의 생활에 간접적 영향을 미치는 체계이다. 예를 들면 열악한 주거, 실직, 만성적 빈곤 등이다.

④ 거시체계(macro system): 사회제도, 문화, 환경과 같은 보다 광범위한 사회적 맥락을 의미한다. 즉 거시체계는 개인이 속한 사회의 이념이나 제도의 일반적인 형태 혹은 개인에게 영향을 미치는 환경요소를 의미하며, 미시체계, 중간체계, 외부체계에 포함된 모든 요소뿐만 아니라 개인이 살고 있는 문화적 환경까지도 포함한다.

해할 수 없다고 본다.

셋째, 인간관으로, 이는 인간에 대한 낙관론적 시각을 가지고 인간의 행동은 인간과 환경 모두의 상호 이익을 추구하는 과정에서 나타나는 것으로 '환경 속의 인간(person-in-environment)'이라는 측면을 강조하고 있다.

넷째, 행동 및 부적응으로, 이는 모든 인간행동은 내적 욕구와 환경적 욕구 사이의 조화를 찾기 위한 적응과정이므로 인간의 부적응이나 문제행동에 대한 낙인이나 비난을 하지 않고 환경 안에서의 체계와 자원 조정을 통하여 변화할 수 있는 낙관론적인 입장을 갖고 있다.

다섯째, 인간행동의 다양한 이론 통합으로, 이는 인간과 물리적·사회적 환경 사이의 상호 교환을 개념적 기반으로 하는 이론들의 공통된 관점으로 보고 있다. 특히 인간과 환경은 서로 분리되어 있는 것이 아니라 지속적으로 상호 교류하는 하나의 체계라는 것을 강조함으로써 생태학과 일반체계이론의 개념들을 통합하는 관점으로 보고 있다.

따라서 생태체계관점은 인간과 물리적·사회적 환경 사이의 상호 교환을 개념적 기반으로 하는 많은 이론들의 공통된 관점으로 볼 수 있다. 즉 인간과 환경은 서로 분리되어 있는 것이 아니라 지속적으로 상호 교류하는 하나의 체계로 보고 있다. 이를 사회복지실천 측면에서 적용해 보면 인간과 환경이 어떻게 서로 영향을 주고받는지를 보는 준거틀을 제공하고 상황적·환경적 맥락에서 클라이언트체계를 봄으로써 사정과 계획단계에 매우 유용하다고 볼 수 있다.

2) 강점관점

강점관점(strengths perspective)이라는 용어는 Weick, Rapp과 Sullivan(1989)이 클라이언트의 결핍요소에 초점을 두거나 역량 한계에 대한 판단을 내리는 대신에 클라이언트가 자신의 삶을 영위해 가는 과정에서 동원할 수 있는 개인적 자원 및 공유된 자원을 찾는 것에서부터 시작되었고, 이후 Saleebey(1996)는 강점관

점을 체계적인 사회복지실천의 패러다임 또는 실천의 틀로 발전시켰다.[5)]

강점관점은 사회복지실천에서는 문제를 정확하게 알고, 원인적인 요인을 발견해야 하며 전문가만이 이를 해석하고 치료할 수 있다는 진단주의 전제 안에서 클라이언트의 문제를 해결할 수 없다는 여러 가지 한계점에서 시작되었다.[6)]

이와 같이 사회복지실천에서의 강점관점은 클라이언트가 독특한 존재로서 그의 다양성을 인정하고 존중하며, 클라이언트의 약점이나 결점보다는 강점에 초점을 두고 가능한 모든 자원을 활용하여 클라이언트의 문제해결능력과 권한을 부여함으로써 그의 역량을 실현해 나가도록 돕는 것이라고 볼 수 있다.

강점관점은 다음의 네 가지로 특징지어 설명할 수 있다(〈표 6-1〉 참조).[7)]

(1) 병리가 아닌 개인의 강점에 초점 맞추기

병리(pathology)가 아닌 강점(strength)에 초점을 둔다는 것은 클라이언트의 어려움을 무시하는 것이 아니라 단지 병리적인 부분에 초점을 두다 보면 문제중심의 부정적인 준거틀을 갖게 되어 사회복지사와 클라이언트 모두의 강점을 발견하지 못할 것이라고 보는 것이다. 이처럼 강점관점은 클라이언트와 집단 및 지역사회가 아무리 어려운 상황에 놓여 있을지라도 사회복지사는 클라이언트의 재능, 자원, 능력에 초점을 두며, 클라이언트의 이야기에 귀 기울이고 존중함으로써 그들이 목표를 발견할 수 있도록 도와야 한다고 보는 것이다. 이처럼 문제에 집중을 하는 것이 아니라 문제를 최소화하여 다루거나 직접적으로 다루지 않고, 철저하게 개인과 환경의 강점을 발견하고 인식하여 이를 강화할 것을 강조하고 있다.

(2) 문제해결의 주체는 사회복지사가 아닌 클라이언트

강점관점에서는 문제해결을 하는 데 있어서 사회복지사가 아닌 클라이언트가 결정을 하도록 하고 있다. 즉 사회복지사는 클라이언트와 협력적인 활동을 전개하며 목표지향적인 활동과 클라이언트의 선택을 위해 보다 많은 정보를 주며, 그들을 위해 결정할 수 없고 대신 정보와 다른 자원들 간의 연계를 가져오도록 노력해야 하며, 그들이 지역사회 내에서 최대한의 건강과 행복한 삶의 질을 꾸려 갈 수 있도록 그들의 강점들을 의식적으로 사용한다. 또한 사회복지사는 클라이언트가 자신의 삶을 지속하도록 하고, 가치와 책임을 확인하고 개발하며, 지역사회의 구성원이 되거나 구성원인 것을 발견하는 것에 있다. 이처럼 사회복지사는 협력자로서의 역할을 하면서 클라이언트와의 협동작업이 이루어질 때 클라이언트에게 최선의 도움이 주어질 수 있다고 강조하고 있다.

(3) 과거가 아닌 미래

병리관점의 의료적 모델은 왜, 언제, 어떻게 클라이언트의 문제가 야기되었는지에 대한 것을 조사하기 위해서 과거에 대한 탐색이 필요하다. 하지만 강점중심의 개입과정은 사회복지사가 현재 시점에서 클라이언트가 가지고 있는 자원을 발견하여 성장을 위해 이용할 수 있는 현재를 탐색하고 사회복지사와 클라이언트가 갖고 있는 것, 다가올 도전을 맞는 데 이용 가능한 추가적 자원들을 통합할 기회를 가질 수 있는 것이기 때문에 과거로부터 미래지향으로의 변화라고 할 수 있다.

(4) 사회적 연결망 맥락의 강화로 인한 개입

클라이언트에 대한 서비스는 클라이언트를 둘러싼 사회적 연결망에 의해 영향을 받는다. 강점관점은 이러한 사회적 연결망인 가족, 친구, 이웃, 지역사회 및 문화적 맥락을 강화시켜 사회적 서비스를 실현하고자 한다. 이는 강점관점에선 개인뿐만 아니라 가족, 지역사회 등 사회적 연결망이 개입의 핵심이자 클라이언트 삶의 질을 강화하는 사회복지 전문가라고 보기 때문이다. 이러한 사회적 연결망으로 인해 클라이언트가 자신의 행복한 삶을 잘 영위하기 위하여 그의 강점을 최대한 활용할 수 있도록 한다.

〈표 6-1〉 사회복지실천에서의 병리관점과 강점관점의 비교

구분	병리관점	강점관점
클라이언트	클라이언트 개인을 '사례', 즉 진단에 따른 증상을 가진 자로 규정	클라이언트를 개인의 독특한 존재, 즉 강점을 가진 기질, 재능, 자원을 가진 자로 규정
치료(개입)의 초점	문제 중심 초점	성장 가능성 중심 초점
클라이언트의 진술	사회복지사에 의해 재해석되어 진단에 활용되며, 사회복지사는 클라이언트의 진술에 회의적임	클라이언트의 진술은 그 사람을 알아 가고 평가하는 중요한 방법
어린 시절 상처	클라이언트의 어린 시절 상처는 성인기의 병리를 예측할 수 있는 전조	클라이언트의 어린 시절 상처는 개인을 약하게 할 수도 있고 강하게 할 수도 있는 것
치료(개입)의 핵심	사회복지사에 의해 고안된 치료계획	클라이언트 개인, 가족, 지역사회의 참여
사회복지사	클라이언트 삶의 전문가	클라이언트 개인, 가족, 지역사회가 클라이언트 삶의 전문가
선택, 통제, 위임, 개인적 발전을 위한 가능성	병리에 의해 제한됨	항상 개방되어 있음
변화, 활동을 위한 자원	전문가의 지식과 기술	클라이언트 개인, 가족, 지역사회의 장점, 능력, 적응기술
서비스 목적	행동, 감정, 사고, 관계의 부정적인 클라이언트 개인적 · 사회적 결과와 증상의 영향을 감소하는 것	클라이언트의 삶에 함께하며 가치를 확고히 하는 것

출처 : Germain & Gitterman(1980); Germain(1983). 재구성.

3. 기본개념

역량(competence)이란 어떤 일을 해낼 수 있는 힘이나 기량을 의미하며, 사회복지실천에서는 인간체계의 구성원을 돌보는 기능을 수행하고, 다른 체계와 효율적으로 상호작용하고, 사회적·물리적 환경의 자원체계에 기여할 수 있는 능력을 말한다. 즉 역량은 개인 특성, 대인 상호관계, 사회적·물리적 환경에서 비롯되는

데, 이러한 세 차원이 잘 기능할수록 각 개인의 환경에 대처할 수 있는 역량은 향상된다.[8)]

역량강화라는 용어는 힘이나 권위를 주는 것, 능력을 주는 것, 가능하게 하는 것, 허용하게 하는 것 등으로 사전에서는 해석되고 있다. 역량강화의 개념을 주로 능력고취, 권한부여 등의 용어와 혼용하고 있지만 사회복지실천에서는 역량강화라는 용어로 사용되고 있다.[9)]

여러 학자들의 주된 정의를 살펴보면 첫째, Solomon(1925)은 역량강화란 문제해결을 방해하는 장애물을 다루는 것이며, 힘을 얻기 위한 기술을 증가시키고, 그의 삶을 조정하고, 그가 직면하는 문제에 관여하는 직·간접적인 힘의 장벽을 확인할 것을 강조하였다. 둘째, Staples(1990)는 역량강화를 개인이나 집단이 상대적으로 무기력한 상태에서 힘을 가진 상태로 이동해 가는 것으로 정의하였고 동시에 개인이나 하위집단이 심리학적, 사회문화적, 정치적 또는 경제적 영역에서 자원을 증가시키고 자아상을 강화시키며 자신을 위해 행동할 수 있는 능력을 세우기 위해 파워를 발달시키고 용이하게 하는 과정이라고도 하였다. 셋째, Gutierrez(1990)는 역량강화는 개인적, 대인적, 제도적 차원에서 일어나는 것으로, 클라이언트가 자신의 역량을 개발하고 타인 및 사회적 제도에 영향력을 미칠 수 있는 능력을 개발하는 과정이라고 주장하였다. 넷째, Bandura(1997)는 역량강화란 개인 자신의 능력개발, 능력성취, 능력촉진 등 능력을 얻는 과정이나 능력에 대한 신념을 촉진시키는 경험과 기회를 제공해 주는 과정으로 강조하였다.[10)]

이와 같이 역량강화의 개념은 학자나 학문분야에 따라 다르지만, 일반적으로 역량강화란 클라이언트에게 능력과 권력(power)을 할 수 있게 해 주다(enable), 허용해 주다(allow), 인정해 주다(permit)의 의미를 가지고 있다. 즉 역량강화는 변화할 수 있는 힘을 내재화해서 외부환경에 적극적으로 대처하게 하며, 개인적 수준에서 시작된 역량강화는 집단, 조직, 사회수준의 역량강화와 상호작용하여 발전하는 개념으로 이해할 수 있다. 또한 역량강화를 개인, 대인관계, 구조적 차원의 세 가지 차원으로 정의하고 있는데, 이는 모든 사회체계 수준에서 적용 가능하다. 첫째, 개인 차원의 역량강화는 개인의 역량, 지배감, 강점, 변화능력에 영향력을 주는 것이며, 둘째, 대인관계 차원의 역량강화는 다른 사람에 대해 영향력을 미칠 수 있도록 하는 것으로써 이는 어느 일방에 의해 주거나 혹은 받기만 하는 것이 아니라 상호 교환하는 관계를 형성하는 것이며, 셋째, 구조적 차원의 역량강화는 정치적·사회적 상황과 같은 사회구조를 바꿈으로써 좀 더 힘을 얻고, 새로운 기회를 창출할 수 있다. 사회적 수준에서의 자원창출은 그 사회의 모든 개인에게 힘을 부여한다.[11)]

사회복지실천에서의 역량강화란 클라이언트의 병리보다는 강점과 자기결정을 강조하며, 학습하고, 성장하고, 변화할 수 있다는 기본적 가정하에 사회복지사는 클라이언트의 내재된 힘을 지지함으로써 이들의 긍정적인 성장가능성을 소양시킬 수 있다는 개념으로 정의할 수 있다. 다시 말하면 사회복지사가 클라이언트에게 힘을 부여하는 다양한 서비스를 제공할 뿐만 아니라 클라이언트와 사회복지사 양자가 공통의 협력관계를 가지고 클라이언트 스스로가 힘을 부여받도록 그의 강점에 맞는 다양한 서비스를 소비자인 클라이언트에게 제공하는 것으로 정의하고 있다.[12)]

4. 개입목표 및 과정

1) 개입목표

사회복지실천에 있어서 클라이언트를 역량강화하기 위한 주된 개입목표는 무기력함을 경험하는 클라이언트가 자신의 잠재된 역량을 개발하고 힘을 발휘하여 필요한 자원을 획득하고 서비스를 수행하도록 한다. 이러한 클라이언트의 역량을 강화하기 위하여 사회복지사는 클라이언트가 자신의 삶과 관계된 사람들에게 올바른 영향력을 행사하고, 자신의 삶을 스스로 통제할 수 있도록 다각적으로 교육시키고, 다양한 자원 등을 지원하는 것을 목표로 하고 있다. 다시 말하면 사회복지사는 클라이언트가 스스로 문제를 극복할 수 있는 역량을 도모하기 위하여 그가 스스로 자신의 문제가 무엇인지 알도록 하며 서비스를 통하여 자신의 강점을 강화시키며, 그에게 필요한 자원들을 알려 주고, 나아가 스스로의 권익을 옹호할 수 있도록 필요하고 구체적인 기술 등을 교육하고 훈련시키는 등 역량강화에 관련된 다양한 서비스를 제공하는 것을 주된 개입목표로 하고 있다. 이와 같이 클라이언트의 역량강화를 위한 사회복지실천에서의 구체적 목표는 다음과 같다.[13]

- 클라이언트가 본래 가지고 있는 다양한 잠재능력을 인정하고 존중한다.
- 클라이언트와 사회복지사가가 협력적으로 개입과정에 참여함으로써 상호 간의 신뢰관계를 구축한다.
- 사회복지사의 창의력, 용기와 직관력, 현장경험 등을 통하여 클라이언트의 강점을 최대한 발휘하도록 안내한다.
- 사회복지사의 격려와 지지, 조언 등을 통하여 클라이언트가 억압, 불안, 낙인 등에서 스스로 탈피할 수 있도록 해 주고 그가 앞으로 사회생활에 잘 적응할 수 있도록 그의 강점과 자원을 탐색하고 개발한다.

이와 같이 사회복지사는 클라이언트의 문제보다는 가능성에 초점을 두고 클라이언트의 강점, 재능, 지식, 능력, 자원 등을 동원하여 그의 목표와 비전을 성취할 수 있도록 협력해야 한다.

2) 개입과정

사회복지실천에 있어서 클라이언트를 역량강화하기 위한 주된 개입과정은 크게 대화단계, 발견단계, 발달단계로 나누고 있다.

(1) 대화단계: 역량강화관계 발전시키기

대화단계(the dialogue phase)에서는 사회복지사와 클라이언트 간 관계의 목적을 명확히 하고, 함께 나갈 방향을 설정하기 위해 상호 간의 상호 협력적인 관계를 시작한다. 즉 클라이언트의 상황, 목적, 강점 등에 대해 클라이언트와 계속적인 대화를 통해 상호 간의 긍정적 관계를 형성하며 함께 극복하고 도전해야 할 과업 등을 설정한다.

이 단계에서 주요 내용을 보면 먼저 초기의 방향 및 관계가 지향해야 하는 목적을 정해 주는데, 특히 수용, 존중, 신뢰에 근거한 협력관계 형성하기, 각자의 역할 정하기, 클라이언트 상황에 대한 스스로의 인지 명확히 하기, 클라이언트 강점 구체화하기, 함께 작업하기 위한 개입목표의 구체적 설정 그리고 클라이언트의 변화 동기를 촉진한다. 그다음으로 클라이언트는 어떠한 일이 일어났으며, 클라이언트가 바라는 상황에 대한 상호 이해를 도모하기 위해 상호 간 지속적인 대화를 하도록 한다.[14)]

이와 같이 대화단계에 있어서 주요 내용들을 달성하기 위한 사회복지사의 주요 과업은 다음과 같다.[15)]

첫째, 사회복지사와 클라이언트의 관계형성을 위한 협력관계 구축으로, 이는 클라이언트가 호소하고 있는 문제들을 적극적으로 경청하고 그가 전하는 언어적·비언어적 메시지에 담겨 있는 내용과 감정에 잘 반응할 수 있도록 사회복지사는 인간관계 지식과 기술 등을 습득해야 한다.

둘째, 클라이언트의 현재 문제에 대한 자기인식으로, 이는 클라이언트는 그의 문제가 가족, 친구, 이웃, 지역주민 등으로부터 야기되었다는 것을 정확히 인식하지 못하는 경우, 사회복지사는 그의 문제를 상황 안에서 기인한 것에 대해 재명명해 주는 작업이 이루어지도록 한다.

셋째, 클라이언트의 역량강화를 위한 방향 설정으로, 이는 사회복지사가 개입목적을 위하여 클라이언트와 함께 나갈 방향을 정한다. 즉 문제해결책을 만드는 데 유용한 자원과 강점이 무엇인지 결정하게 해 주며, 여러 가지 방향을 설정함으로써 독적의식이 구체화되고 클라이언트의 참여를 동기화할 수 있다.

(2) 발견단계: 사정, 분석, 계획하기

발견단계(the discovery phase)에서의 사회복지사와 클라이언트는 해결점을 찾고자 자원이 있는 곳을 체계적으로 탐색한다. 이러한 자원들은 클라이언트의 생태체계 내에서 클라이언트 체계의 내부 혹은 외부에서 발견될 수 있다. 상호 협력적으로 일하기 때문에 사회복지사와 클라이언트는 함께 수집한 정보를 분석하고 변화를 위한 전략을 개발한다.

이 단계에서의 주요 내용은 먼저 클라이언트와 가능한 자원체계를 모색하며, 그의 궁극적 목적설정 및 하부목표를 구체화한다. 그다음 사회복지사와 클라이언트는 해결에 필요한 비공식적·공식적·사회적 자원체계를 탐색한다.

이와 같이 발견단계에 있어서 주요 내용들을 달성하기 위한 사회복지사의 주요 과업은 다음과 같다.[16]

첫째, 강점 확인으로, 클라이언트의 강점탐색 및 조사, 여러 예외사항들의 탐색, 도전적 상황과 문화적 정체성에 대처, 역경의 극복을 통한 강점 발견이나 확인 등에 주력한다.

둘째, 자원의 역량 사정으로, 자원체계 예측, 강점 지향의 사정, 클라이언트의 다양한 교류관계(환경, 가족과 사회집단, 조직, 지역사회제도)의 자원탐색 등 자원의 역량을 사정해야 한다.

셋째, 해결방안 수립으로, 클라이언트가 달성하려는 희망사항 진술, 궁극적 목적과 그에 따른 세부 목표성취의 전략 수립, 클라이언트와 환경자원을 활용하고 원하는 목적으로 이끌어 줄 달성 가능한 행동계획 수립 등의 다양한 해결방안을 수립해야 한다.

(3) 발달단계: 실행 및 변화 안정화하기

발달단계(the development phase)에서 사회복지사와 클라이언트는 자원개발을 통해 기회를 확대하고 다른 체계와 연계하도록 하며 대인적·제도적 자원을 활성화하도록 중재한다. 이 단계에서 사회복지사와 클라이언트는 함께 행동계획을 조직화하고 클라이언트체계 내에서 힘의 경험을 증대시키며, 목적달성을 위해 필요한 비공식적·공식적·사회적 자원들을 발굴하고 계획을 실행하기 위해 사회복지 관련 기관과 사람들 간의 결연을 하며 부가적인 자원을 만들어 냄으로써 선택과 기회를 증대하고, 성취정도와 결과물을 확인한다.[17)]

이 단계에서의 주요 내용으로는 먼저 행동계획을 시행하고 클라이언트체계 내의 역량경험을 증가시킨다. 그다음 목표달성에 필수적인 자원을 사정하고 계획 완수를 위해 개인과 조직의 동맹관계를 창출한다. 그리고 추가자원을 창출함으로써 기회와 선택권을 향상시킨다. 마지막으로 진행과정과 결과를 평가하고 전문적 관계를 종결한다.

이와 같이 발달단계에 있어서 주요 내용들을 달성하기 위한 사회복지사의 주요 과업은 다음과 같다.[18)]

첫째, 자원 활성화로, 이미 가지고 있거나 접근 가능한 여러 자원들을 활용할 수 있는 방향을 모색한다.

둘째, 기회의 확대로, 사회복지사와 클라이언트는 환경 내에서 현재는 없지만 꼭 필요한 새로운 자원들을 형성한다.

셋째, 역량강화의 확인으로, 궁극적 목적달성을 측정하고 개입과정의 효과성을 평가하며, 함께 일한 것 등에 대해 서로 협력자로써 인정하는 작업을 한다.

넷째, 성과의 집대성으로, 개입을 종결하며 클라이언트가 지속적으로 독립성을 유지할 수 있도록 하는 것이다. 즉 사회복지사와의 협력 안에서 클라이언트가 성장하고 발전하고 변화하고 있다는 것을 인식시켜 주도록 한다.

5. 개입기법

역량강화모델에서 사용하고 있는 개입기법에는 여러 가지 기법들이 있지만 사회복지실천에서의 주된 기법들은 클라이언트 개인과 상황 안에서의 체계이론에서 역량강화를 할 수 있는 개인적·상황적 관련 기법들이 다 포함될 수 있다. 그중 가장 많이 사용되는 주된 기법들은 다음과 같다.[19)]

1) 지지

지지(support)는 클라이언트의 문제해결능력을 향상시키려는 기법으로 클라이언트의 행동이나 태도를 인정하고 칭찬해 주는 것이며 클라이언트가 자신감이 거의 없거나 경험이 별로 없어서 두려워할 때 유용하다. 또한 사회복지사의 긍정적 강화를 통해 클라이언트가 지니고 있는 개인적 성질, 태도, 생각과 느낌, 가치 등을 확고히 한다. 특히 가족이나 친구 등 다른 사람에 대한 바른 이해에 대해 격려하는 것도 이에 해당된다. 때로는 클라이언트가 자신의 문제와 생활에 대해 말로 표현하도록 격려 및 지지하며 변화의 희망을 제공하기 위해 억압상황에 대처하는 적절한 자기폭로의 기능을 활용하기도 한다.

2) 격려

격려(encouragement)는 클라이언트의 문제해결능력을 향상시키려는 기법의 하나로, 클라이언트가 가지고 있는 능력, 감정, 욕구 등을 솔직하게 인정하고 평가하며 칭찬해 줌으로써 클라이언트를 지지해 주는 것을 말한다. 사회복지사는 클라이언트가 말하기 싫어하는 금기영역을 말하도록 격려하며 그가 말을 하도록 격려하기 위해서 그를 수용하는 자세를 보여 주고 비심판적 태도를 보여 줘야 한다.

3) 조언

조언(advice)은 클라이언트의 현재 문제를 해결해야 할 방향 등을 제안하거나 지적해 주는 것이다. 조언의 방법은 먼저 클라이언트의 성격에 대해 지적하지 않고 현재 문제시되고 있는 행동에 대해 구체적으로 설명하거나 지적한다. 특히 조언 시 메시지는 'I-Message'로 해 주어야 한다. 또한 사회복지사는 클라이언트와의 관계에서 신뢰관계가 구축된 다음 조언을 하면 더욱더 효과적이다.

4) 재명명

재명명(reframing)은 재규정(redefining), 재구성(reframing), 재구조화(restructuring)라고도 하며, 클라이언트의 문제를 새롭게 해석하거나 재규정하는 것으로, 새롭고 건설적으로 상호작용을 할 수 있는 방식을 찾도록 도와주는 것이다. 또한 재명명은 이미 벌어진 상황에 대하여 다른 언어를 사용하여 이에 대한 이해와 느낌, 생각이 바뀌도록 도와줌으로써 클라이언트의 문제를 다시 규정시키는 방법이다. 특히 문제나 증상의 긍정적 측면을 강조하는 것이 특징이다.

5) 초점화

클라이언트의 감정과 사고에 대한 개입에 초점을 맞추기 위해서 클라이언트의 잘못된 인지구조의 변화를 꾀하여야 하는데, 이때 사용되는 기법이 초점화(focus)이다.

초점화란, 클라이언트가 자기문제를 표현할 때 혼란되고 산만하게 느끼고 있는 것을 점검해 줌으로써 클라이언트의 말 속에 숨겨진 선입견, 편견, 혼란을 드러내어 자신의 사고과정을 명확히 볼 수 있도록 해 주는 기법이다. 초점화를 명료히 하기 위해서 사회복지사는 시기적절하게 질문을 함으로써 클라이언트가 자신의 정보, 감정, 경험을 분류하고 정리할 수 있도록 도와주어야 한다.

6) 직면

직면(confront)은 클라이언트의 자기이해를 돕기 위해 그의 사고나 행동 중에서 특히 변화에 장애가 되는 부분에 대한 인식력을 향상시키는 기법으로, 그가 인정하고 싶어하지 않는 반사회적이고 부정적인 감정이나 행동을 들추어 냄으로써 직시하도록 하는 것을 말한다. 또한 직면기법은 클라이언트로 하여금 새로운 시각이나 관점을 개발하고 내적·외적 행동양상을 변화시키도록 도전하는 것으로써 그가 역기능적 행동유형을 고집할 때의 결과나 새로운 행동들을 수용하지 않을 때의 결과를 이해하도록 확인시켜 주는 하나의 방법이라고 볼 수 있다. 그리고 직면은 클라이언트가 모르고 있거나 그대로 받아들이지 못하고 있는 생각과 느낌을 피하지 않고 바로 보도록 하는 것이며 클라이언트 스스로 아직 알지 못하고 있는 능력이나 역량을 깨닫게 함으로써 이에 도전하고 극복하여 자신의 능력이나 강점을 알도록 해 줄 수 있다.

7) 정보제공

정보제공(informing)은 클라이언트에게 지식, 정보 그리고 해석을 제공하려는 방법이다. 여기에서 사회복지사는 클라이언트가 정보를 활용할 용도나, 힘을 부여받을 수 있는 방법에 대한 기대를 이야기하도록 할 수 있다.

8) 교육 및 훈련

교육 및 훈련(education & training)은 사회복지사가 클라이언트의 지식과 정보 및 기술 향상을 목적으로 한다. 특히 사회복지사가 교육 및 훈련을 통하여 자문가나 촉진자로서 문제해결기능을 비롯해서 클라이언트의 양육, 구직, 자기방어 등의 생활기술, 자기주장, 사회적 역량, 자기옹호 등의 대인관계기술에 대해 교육시킨다.

9) 환기법

환기법(ventilation)은 클라이언트의 억압되어 있는 감정, 특히 부정적 감정인 분노, 증오, 슬픔, 죄의식, 불안 등이 문제해결을 방해하거나 감정자체가 문제되는 경우 이를 표출하도록 함으로써 감정의 강도를 약화시키거나 해소시키려고 하는 기법이다. 또한 환기법은 클라이언트의 슬픔이나 분노와 같이 고통스러워하는 감정을 발산할 수 있도록 돕는다. 이를 위하여 클라이언트 개인의 경험에서부터 시작하도록 하며, 그가 가고자 하는 방향과 속도에 보조를 맞춤으로써 욕구를 충족시키게 된다.

10) 재보증

재보증(reassurance)은 능력이나 자질에 대해 회의적인 클라이언트를 대상으로 사회복지사가 신뢰감을 줌으로써 자신감을 향상시키기 위해 활용되는 기법이다. 또한 클라이언트의 불안감이나 불확실한 감정을 줄이고 편안한 감정을 가질 수 있도록 돕기 위해 사용된다. 그리고 클라이언트가 자신의 삶에서 경험하는 사건이나 문제들로 인해 자신의 문제에 의구심을 갖고 있거나 객관적으로 문제를 바라보지 못하거나 판단이 바로 서지 못할 때 매우 유용하게 활용될 수 있다.

11) 촉매

촉매(catalyst)는 사회복지사가 클라이언트를 격려하여 변화추구행동에 참여하도록 이끈다. 다시 말하면 촉매는 클라이언트가 자기발견, 자기주도적 삶, 학습, 문제해결에 참여할 수 있도록 하는 것이다. 그 과정의 출발지점을 각 클라이언트의 과정과 방향에 부합되도록 해서 그의 역량을 극대화하고자 하는 것을 추구한다. 촉매기법을 적용할 경우, 사회복지사가 명심해야 할 것은 클라이언트가 스스로 할 수 있는 일을 사회복지사가 해 주어서는 안 된다는 점이다.

12) 옹호

옹호(advocate)는 사회복지사가 클라이언트를 옹호하는 사람으로서, 그를 위해 직접 대변, 지지, 주장하는 일련의 행위를 하는 기법이다. 사회복지사는 클라이언트가 주로 자신의 권리를 주장하고 자기의 의사를 표명하고 스스로의 능력에 맞게 의무를 다하도록 지원하거나, 권익을 보호하는 활동을 수행한다. 또한 사회복지사는 직접적 서비스와 간접적 서비스를 제공함으로써 사회적·정치적 변화가 클라이언트의 삶에 미치는 영향을 잘 알고 있으므로 쟁점이 되는 사안을 조사해서 의사결정자들에게 객관적 사실을 알리거나 직면, 협상 등의 전략을 활용할 수 있다. 궁극적으로 사회복지실천에서의 옹호는 클라이언트의 역량을 강화하는 데 있다고 볼 수 있다.

13) 자원활용

자원활용(resource utilization)은 사회복지사가 클라이언트에 관련된 특정한 개인적·상황적 문제해결에 참여하도록 요청하거나 그로 하여금 필요한 활동에 참여하도록 설득하는 것을 의미한다. 사회복지사는 인적·물적 자원(금품, 각종 복지시설, 의료·보건 위생시설, 사회복지기관, 단체 등), 비공식적인 자원(가족, 친구, 이웃, 직장의 동료, 자원봉사자, 자조그룹 회원, 후원자 등), 사회적 자원(사회복지에 관한 법률, 제도, 조례, 정관 및 교육시설, 문화체육시설, 오락시설, 교통기관, 병원, 경찰서, 병원 등) 등 자원을 클라이언트가 활용하도록 함으로써 역량을 강화할 수 있도록 한다.

제7장

해결중심 모델

1. 등장배경

해결중심모델(Solution-Focused Model)은 1970년 초 Insoo Kim Berg와 de Shazer가 개발한 단기 문제해결모델을 확장시킨 이론이다. 이 모델은 1970년대 가족치료의 새로운 접근방식이 도입되는 분위기 속에서 단기치료센터인 정신건강연구소(Mental Research Institute: MRI)에서 활동했던 de Shazer와 동료들이 MRI를 떠나 1978년 위스콘신 주의 밀워키(Wisconsin Milwaukee)에 단기가족치료센터(Brief Family Therapy Center: BFTC)를 설립하면서 발전하게 되었다.

de Shazer는 주로 조사연구, 이론형성, 저술활동에 치중하여 왔고, Insoo Berg는 전략과 접근기술을 발전시키며 저술활동과 사회복지사를 위한 교육사업에 헌신해 오고 있다. 해결중심모델의 원리는 병리적인 것 대신에 건강한 것에 초점을 두며 클라이언트의 강점과 자원, 건강한 특성을 발견하고 이를 치료에 활용한다. 과거에 대해 깊이 다루지 않으며 현재와 미래를 지향하고 문제의 내용이나 원인보다는 문제해결방안 모색과 새로운 행동유형의 시작에 초점을 맞춘다. 해결중심모델은 클라이언트가 자신의 문제에 관하여 가장 많이 알고 해결방안을 찾을 수 있는 능력이 있다고 보기 때문에 해결방안 모색에서 클라이언트의 자율적인 협력을 중요시한다.[1]

이들은 1978년 단기가족치료센터(BFTC)를 설립하였다. Palto Alto에 있는

MRI에서 훈련을 받은 후 가족구성원의 부적응이나 문제의 원인에 초점을 두지 않고 그들의 일상생활에서 생긴 욕구들을 충족시키는 것을 가족치료의 목표로 삼았다. 그리고 단기가족치료를 해결방안 구축모델로 발전시켜 나갔고 현재는 해결중심치료의 명칭을 사용하고 있다.

해결중심모델 접근법의 대상은 알코올중독, 행동장애, 관계문제, 가족문제, 개인문제, 집단문제 등이며, 이 치료법은 인간의 잠재적인 자원, 문제해결능력, 과거의 성공적인 경험, 변화욕구 등을 중요시하고 인간에 대한 긍정적인 가치를 모든 전략과 기법의 근거로 삼고 있다. 한국에는 1987년부터 소개되었으며 현재 단기가족치료센터 한국지부가 설립되어 활동하고 있다.[2)]

해결중심적 단기가족사회복지사로서 주목할 만한 다른 인물은 Lipchik과 Weiner-Davis(1992)이다. 이들은 현재 위스콘신 주 밀워키의 단기가족치료센터에서 독립하여 각각 독자적으로 활동하고 있는데, 특히 Lipchik은 Erickson에게서 직접 훈련을 받아서 사회복지사의 치료적 질문을 개발하는 데 기여하였다. O'Hanlon(1989)은 이러한 Erickson의 견해를 확장시켜 해결중심적 접근방법을 만들어 냈다. 또한 그는 de Shazer에 의해 다져진 해결중심적 개념을 확장시키는 데 중요한 역할을 하고 있다. 해결중심은 문제상황에 대한 고찰보다는 문제상황이 일어나지 않을 때에는 무엇이 일어나는지를 관찰하도록 제안한다. 이에 대한 설명으로 de Shazer는 문제상황이 일어나는 것은 그 나름의 연결된 과정이 있으며, 해결을 위한 방안으로는 결국 문제가 일어나고 있는 순환과정을 다르게 변화시키는 것이라고 지적한다. 그리고 해결중심모델을 직접 개발하고 본격적으로 시작한 위스콘신 주의 밀워키 가족치료센터에서의 평균 치료 횟수는 1.5회로 밝히고 있다.

해결중심모델은 초기에 단기치료센터인 정신건강연구소(MRI)의 영향을 받았으나, 사회구성주의(social constructionism)의 시각을 받아들이고 또 개인이 경험의 세계를 구성하는 것은 언어를 통해서라는 관념을 강하게 받아들이면서 해결중심모델을 발전시켰다. 해결중심모델은 문제를 찾는 것이 아니라 문제의 해결책을 찾아 문제를 해결하는 것이다. 해결중심모델은 이론이나 규범을 벗어나서 철저히 클라이언트 중심으로 이루어지며 문제보다도 문제해결에 초점을 둔다.

2. 이론적 배경

해결중심모델에서는 구체적인 이론을 제시하지는 않고 해결중심임상에서의 규칙들로 치료적 개입을 한다. 즉 개입이나 치료에서 해결책을 가지고 있는 전문가는 클라이언트이며, 그렇기 때문에 이론적인 틀을 가진 접근이라기보다는 클라이언트가 해결책을 스스로 발견하고 해결책이 스스로의 통제 안에 있다는 점을 깨닫게 되도록 사회복지사는 협조하고 있다는 기본가정 때문이다. 이러한 전제하에 해결중심모델에서 제시하는 것은 다만 임상 현장에서의 규칙들과 실제적인 해결책을 구축하는 데 도움이 되는 여러 가지 질문들을 다양하게 제시하고 있을 뿐이다. 현실적으로 어떠한 이론적 틀을 가지고 있든지 어느 정도는 사회복지사와 클라이언트는 구분되고, 개입이 문제를 중심으로 구성되며, 문제상황에 대한 진술이 상당한 부분을 차지한다는 점에서 해결중심과는 다른 관점이라고 볼 수 있는 것이다. 오히려 해결중심에서는 문제진술이 클라이언트와 사회복지사를 해결에 초점을 두기 어렵게 만들며, 해결에 도움이 되지 않는다고 본다. 결국 문제가 해결되었다는 결과로 본다면, 중요한 것은 문제에 대한 구체적 나열이 아니라 문제를 해결하는 데 도움이 되는 효과적인 해결책을 구축하는 것에 있다고 보기 때문이다. 따라서 이론적 배경을 대변해 주는 규칙들은 다음과 같다.[3)]

1) 긍정적인 측면에 초점을 둘 것

긍정적인 측면 및 문제해결 측면 그리고 미래에 초점을 맞출 때 바람직한 방향으로 변화를 유도할 수 있다. 그러므로 문제중심의 대화보다 해결중심의 대화가 이루어진다. 클라이언트와 관계가 형성되는 즉시 클라이언트가 이야기하는 문제에 초점을 맞추기보다는 문제가 없었던 예외상황과 문제가 해결되었다면 어떻게 행동할 것인가에 초점을 둔다. 이러한 과정은 결국 문제를 가진 대상자를 개입과정에 참여할 수 있도록 도울 수 있으며 해결책을 발견하는 데 있어서도 용이하다. 또한 긍정적인 측면에 초점을 두어 예외상황에 대한 질문의 가정은 문제가 항상 지속되는 것이 아니며, 그렇기 때문에 항상 문제가 일어나지 않는 상황이 있다는 점이다. 예외상황을 발견하고자 하는 시도는 예외상황에 초점을 둠으로써 문제가 일어나지 않는 상황을 지속시켜 문제를 해결하고자 하는 것이다.

2) 예외상황은 해결점 제시할 것

모든 문제의 예외상황을 사회복지사와 클라이언트는 발견할 수 있으며 이것은 해결점을 찾아가는 데 활용될 수 있다. 예외상황을 질문하는 것은 문제를 해결하려고 노력해 온 이들에게는 역설적인 질문이 될 수 있다. 그러나 문제가 발생하지 않았던 예외상황을 쉽게 놓쳐 버리고 인식하지 못하고 있음을 확인함으로써 문제상황에서도 장점을 발견하도록 돕는 것이다. 예외상황을 찾아내고 구축하는 작업은 사회복지사와 클라이언트의 협동작업과정이다. 문제상황에서 예외상황을 끄집어 내고 그런 예외상황이 더 자주 일어나도록 북돋아 줌으로써 사회복지사는 클라이언트에게 크게만 보이던 자신의 문제를 어느 정도 스스로 조정해 갈 수 있을 것 같은 자신감을 심어 줄 수 있다.

3) 아무 것도 항상 그대로 머물지 말 것

1970년대에는 항상성(homeostasis)이라는 개념이 사회복지의 가족치료분야에서 가족이라는 체계의 항상성 유지개념을 설명하는 데 많이 적용되었다. 그때 가족치료에서 변화를 목적으로 삼는 사회복지사들이 치료자로서 '변화의 개념보다 불변을 나타내는 항상성에 더 치중하는 경향이 적절한 것인가?'라는 의문을 제기하기 시작하였다. 사회복지사들이 가족의 체계, 항상성, 불변성, 문제보유 경향성 등에 대해 먼저 이야기한 후에 그런 상태를 어떻게 다른 상태로 바꿀 수 있는가 하는 설명을 하려고 노력하는 것은 별로 도움이 되지 않는다. 그런 것보다는 변화는 항상 일어나고 있다고 보면서 변하지 않는 상태에서 어떻게 변하는 상태로 갈 것인가 하는 설명단계를 생략하는 것이 훨씬 많은 도움이 된다고 보았다. 이렇게 되면 사회복지사의 역할은 클라이언트들로 하여금 그들이 원하는 방향으로 지속적으로 움직여 가는 데 의미 있고, 변화 가능한 것을 선정하고 찾아내도록 도와주는 것이다.

4) 작은 변화는 큰 변화로 이끌 것

작은 변화가 큰 변화를 유도해 낸다는 가정은 치료과정을 쉬운 쪽으로 나아가게 하고, 치료자에게 단순한 시각과 행동이 요구된다는 것을 의미한다. 작은 변화는 생성적(generative)이라고 할 수 있으며, 이 말은 클라이언트가 자신이 할 수 있는 한도 내에서 작은 문제를 해결한 성공경험을 상기한다면 다른 문제의 해결을 시도해 보려는 의지가 있을 것이라는 뜻을 내포하고 있다. 역설적인 의미로 심각한 문제라는 것은 그 문제를 큰 문제로 정의내리는 사람에게 큰 문제로 보인다는 것이다. 다른 시각이기는 하지만 유사한 접근으로 MRI 단기가족치료센터에서는 문제해결의 실패는 잘못된 해결책을 반복하기 때문이라고 지적하고 해결방법을 전략적으로 바꾸도록 한다. 이런 접근은 문제상황에서 벗어나 새로운 관점으로 문제상황을 보게 하고 복잡한 문제상황에서 벗어나도록 도울 수 있게 한다는 장점을 가지고 있다.

5) 효과가 있으면 수정하지 말 것

개입과정에서 만나게 되는 클라이언트의 대부분은 문제를 구체적이고 상세하게 제시하기에 익숙해져 있다고 가정할 수 있으며, 그들이 그동안 시도하였지만 실패한 해결책들에 대해 초점을 두고 문제를 제시하는 수준에 계속 머물러 있을 수 있다. 그러나 해결중심모델의 초점은 문제상황이 아니라고 지적하였듯이 예외를 발견하는 것이 해결책을 제시한다는 점과 클라이언트가 발견한 예외상황과 개입목표를 연결시키는 데 초점을 둔다. 그럼으로써 이미 클라이언트가 시도한 작은 해결책이라도 효과가 있다면, 해결책을 구축할 수 있는 능력을 스스로 가지고 있다는 것과 사회복지사와 협력관계를 형성할 수 있는 가능성으로 여기게 된다.

효과가 있다면 수정하지 말라는 것은 이미 좋은 영향을 미치고 있는 행동을 하고 있는 경우에는 방해하지 말아야 한다는 의미다. 도움을 주거나 숙련된 사람처럼 보이고 싶은 마음에서 어떤 다른 행동을 제안해서는 안 된다. 또는 문제의 원인에 대한 가설이나 이론적 분석을 환자에게 제시하게 된다면 환자의 예외상황에 대한 초점은 실패하게 될 것이고 더 이상 지속적으로 예외상황을 확대해 나가지 못하게 될 것이다. 그렇기 때문에 어떤 방법이 이미 효과가 있으면, 그것을 바꾸려 하지 말고 더 많이 활용하여야 한다. 예외상황을 발견하는 데 성공하지만 클라이언트가 제시한 예외상황이 자신의 통제 안에서 일어나고 있다고 깨닫지 못하는 경우에는 일반적으로 그러한 예외상황을 지속하는 동안 무슨 일이 일어나는지 주목하며, 무엇을 다르게 행동하고 있는지 관찰해 보라는 과업을 주게 된다.

6) 지금 하고 있는 것이 효과가 없다면 다른 방법을 시도할 것

만약 클라이언트가 시도하고자 하는 방법이 완전히 비논리적이고 이상하다고 생각되더라도 이미 해 왔던 해결책이 효과가 없을 경우에는 무언가 다른 것을 시도해 보도록 제안할 수 있다. 합리적으로 생각할 수 있는 것은 모두 해 보았는데 어느 것도 효과가 없었다면 이제 해 볼 수 있는 것은 오로지 비합리적이고 비논리적이라고 생각되는 것밖에 없을 것이다. 이와 유사한 접근 방안으로는 로고테라피에서 적용하는 역설적 기법을 예로 들 수 있을 것이다. 의미치료라 불리는 로고테라피에서는 강박관념이나 강박행동, 공포감과 불안증세를 지닌 클라이언트에게서 발견할 수 있는 예기불안이 오히려 문제를 반복적이게 하고, 지속시킨다는 가정하에 기존의 방법과 반대되는 과업을 지시해 주어 오히려 의식적으로 회피하여 왔던 해결책을 전략적으로 이용하는 것이다. 여기서 중요한 요소는 문제상황 속에서 대부분의 사람들은 어떤 다른 행동을 취해 보는 것이 논리적이라고 생각할 것이지만, 심각한 문제상황에 처하게 되면 논리적인 사고는 사라지고 만다는 것이다. 그 대신 처음에 성공하지 못하면 계속해서 지금까지의 노력을 더하라는 오래된 격언에 매달려 있는 경우를 발견한다는 점을 깨달아야 한다.

7) 단순하게 할 것

해결중심모델의 기본가정 중에 하나는 작은 변화는 큰 변화로 이어진다는 체계이론을 적용한 것이다. 이런 기본가정을 인식하고, 클라이언트와의 개입과정을 보게 되면, 작은 변화에 성공한 경험이 클라이언트에게 긍정적인 영향을 미치게 하고, 자신의 성공적 이미지를 발견할 수 있게 된다는 것이다. 또한 클라이언트의 문제행동은 문제와 관련된 사람들과 상호관계되어 있다고 볼 수 있기 때문에 결국 작은 변화라 할지라도 이러한 변화는 문제상황의 상호작용과는 이미 구분된 다른 차원으로 성공하였다고 볼 수 있게 된다. 단순하게 하라는 원칙은 또한 심각하고 복잡한 문제를 호소하는 클라이언트에게 자신의 문제상황에 대한 무기력함에서 클라이언트 자신이 스스로 해낼 수 있는 작은 해결책에 초점을 둠으로써 문제에 대하여 본인이 통제할 수 있다는 가능성을 인식할 수 있도록 해 주는 역할을 하는 것이다.

8) 각 면담을 클라이언트와의 마지막이며 유일한 시간으로 접근할 것

매 치료회기 시 유일한 시간이라는 원칙을 받아들이면 치료자인 사회복지사는 온 신경을 집중하여 치료에 초점을 맞추게 된다. 클라이언트가 면접을 마치고 떠날 때 그의 문제를 해결하는 방향으로 나아갈 수 있도록 도울 수 있는 그 어떤 작은 변화라도 있는지 자문하는 자신을 발견해야 할 것이다. 해결중심적 관점에서 문제를 해결해 나가는 과정을 보게 되면 결국은 해결을 구축해 나가는 과정이 클라이언트로 하여금 스스로 해결책을 만들어 나갈 수 있도록 돕는 과정이라고 볼 수 있다. 그러므로 각 면접이 유일할 수 있다는 것은 이러한 해결책 구축과정을 클라이언트가 스스로 인식하게 될 때 해결책을 발견할 수 있다는 것이다. 이는 해결중심적 접근의 또 하나의 강점으로써 사회복지사에게서 클라이언트에게 문제를 해결하는 권위를 넘겨 주는 것이다. 기존의 사회복지사가 해결책을 제시해 주는 관계에 있게 한다든가, 사정을 통한 개입의 성공여부가 클라이언트의 협조와 의지가 관련되어 있다는 관점과는 근본적으로 다르게 되는 것이다. 오히려 해결중심에서 일반적으로 생각하는 클라이언트의 저항이라는 것은 사회복지사에 대한 부정적 반응이라는 관점으로 이해하며, 이에 대한 책임은 사회복지사가 해결책을 구축하는 데 실패했다고 보게 되는 것이다.

3. 기본개념

해결중심단기가족치료의 기본개념은 정신건강에 대한 강조, 활용, 탈이론적, 비규범적, 클라이언트의 견해 중시, 간략화, 변화의 불가피성, 협력, 현재와 미래 지향성 등으로 설명할 수 있다. 그리고 기본개념의 중심철학을 종합해 보면 첫째, 클라이언트가 문제를 삼지 않는 것은 건드리지 않는 것이고, 둘째, 일단 무엇이 효과가 있는지를 안다면 그것을 더 많이 하는 것이며, 셋째, 그것이 효과가 없다면 다시는 그것을 하지 말고 그것과는 다른 어떤 것을 행하는 것 등으로 볼 수 있는데 주된 내용은 다음과 같다.[4)]

1) 정신건강에 대한 강조

정신건강에 대한 강조의 개념은 클라이언트가 어떤 증상이나 불평을 일으키는 양식에는 항상 예외가 있기 마련이다. 그 예외는 클라이언트의 긍정적인 측면 및 문제해결의 측면 그리고 자원, 능력, 미래에 초점을 맞추게 되면 클라이언트의 바람직한 변화를 유도할 수 있다. 즉 클라이언트의 긍정적인 면에 초점을 두고, 치료에 활용한다. 그러므로 문제중심의 대화보다 해결중심의 대화가 이루어지며, 사회복지사와의 관계형성에 도움이 된다.

2) 활용

이 개념은 클라이언트가 바라는 결과를 성취하기 위해 클라이언트가 이미 갖고 있는 자원, 지식, 믿음, 행동, 증상, 사회관계망, 환경, 개인적 특성 등을 개입과정에 활용하는 것이다.

3) 탈이론적, 비규범적, 클라이언트의 견해 중시

이 개념은 인간행동에 대한 가설적 이론의 틀에 맞추어 클라이언트를 사정하고 평가하지 않는다. 클라이언트가 호소하는 모든 불평과 해결책을 수용하고, 독특성을 최대로 존중하여 개별화된 해결책에 도움이 되는 모든 방법과 기술을 절충적으로 사용하려고 노력한다. 따라서 클라이언트의 견해는 액면 그대로 수용되어 진정한 클라이언트 중심의 치료접근이 가능하다.

4) 간략화

해결중심모델은 치료목적을 달성하기 위해 치료방법의 경제성을 추구한다. 경제성은 복잡한 것에서 단순한 것으로 접근하는 것이 아니고, 단순한 것에서부터 복잡한 것으로 치료함으로써 성취한다. 복잡한 것은 필요한 때에만 다룬다. 작은 변화는 큰 변화를 이끌기 때문에 치료목표는 클라이언트가 달성할 수 있는 작은 것으로 세우는 것이 중요하다. 치료는 파급효과를 가져온다고 믿는다. 그러므로 치료개입은 작은 변화에서 큰 변화를 이끌기 때문에 가장 단순한 것에서부터 시작한다.

5) 변화의 불가피성

해결중심모델에서는 이러한 예외적인 상황을 탐색하고 문제상황과의 차이점을 발견함으로써 문제가 발생하지 않는 상황을 증가시키는 것이다. 따라서 사회복지사의 역할은 긍정적인 변화가 일어나도록 돕고 이를 해결책의 구축으로 이어지게 하는 것이다.

6) 협력

이 개념은 해결방안을 발견하고 구축하는 치료과정 중 클라이언트의 협력을 중시한다. 클라이언트의 강점, 자원, 건강한 특성들을 도출해 냄으로써 제시된 문제를 해결하려는 것이다. 잘못이나 과거의 실패를 고치려고 노력하는 것보다는 과거의 성공이나 장점을 찾아내어 그것을 확대시키는 것이 치료목적이 된다. 즉 클라이언트가 바라는 결과를 성취하기 위해 클라이언트가 이미 갖고 있는 자원, 지식, 믿음, 행동, 증상, 사회관계망, 환경, 개인적 특성 등을 활용하는 것이다. 해결중심모델에서는 목표성취를 위해 추진하는 것에 협력하는 것을 중시하면서, 사회복지사와 클라이언트가 함께 해결방안을 구축하는 과정에서의 협력을 중요시한다. 이를 위해 클라이언트가 사회복지사에게 협력할 때뿐만 아니라 사회복지사가 클라이언트에게 협력할 때도 이루어진다고 믿기 때문에 사회복지사는 클라이언트가 치료에 협력하도록 의식적으로 노력해야 한다.

7) 현재와 미래지향성

해결중심모델에서는 과거에 관하여 깊이 연구하지 않으며, 현재와 미래에 적응하는 것을 돕는 데 관심을 둔다. 즉 클라이언트를 과거와 문제로부터 멀리하고, 미래와 해결방안을 구축하는 데 관심을 집중하도록 한다. 그러므로 치료과정은 클라이언트로 하여금 과거와 문제로부터 멀어지게 하고 미래와 해결책을 구축하는 데 집중하도록 한다.

4. 개입목표 및 과정

1) 개입목표

전통적 정신분석모델은 과거에 대한 탐색을 통해 현재의 변화에 관심을 기울이는 반면 해결중심모델은 미래에 대한 탐색을 통해 현재의 변화에 초점을 둔다. 희망찬 미래를 상상하게 하는 질문은 문제해결의 분명한 길을 보게끔 하고, 그들이 원하는 것을 좀 더 명확하게 해 준다. 해결중심모델에서는 클라이언트가 성취할 수 있는 목표설정과정을 돕는 것을 치료자의 중요한 역할로 간주하고, 개입목표 설정 시 다음과 같은 원칙을 제시한다.[5]

(1) 원칙

① 클라이언트에게 중요한 것을 목표로 하기

개입목표는 클라이언트에게 중요하며 유익한 것이어야만 한다. 또한 목표의 성취는 직접 관찰이 가능한 것이어야 한다. 클라이언트는 개입목표가 클라이언트에게 중요할 때 목표를 성취하기 위하여 보다 더 노력하게 된다. 클라이언트와 사회복지사가 함께 클라이언트에게 중요한 것을 개입목표로 설정하는 것은 개입과정 중에 서로 협력하여 만들어 가는 것이다. 따라서 이미 형성된 어떤 원칙에 근거하여 사회복지사의 목표나 프로그램의 목표를 주장하기보다는 클라이언트의 목표를 수용하면서 진행하는 것이 보다 많은 도움이 된다.

② 작은 것을 목표로 하기

클라이언트가 설정하는 목표는 작은 것이어서 클라이언트가 성취할 수 있는 것이어야 한다. 개입목표가 작을 때 클라이언트는 쉽게 성공한다. 목표를 성취하는 것은 클라이언트에게 성공하고 있다는 감정을 주고 희망을 가지게 해 주며, 변화하고자 하는 동기를 증가시킨다. 예를 들면 산책하고, 친구에게 전화하고, 방문하며, 기분 좋게 느끼게 하는 것과 같은 것이다.

③ 구체적이고 명확하고 행동적인 것을 목표로 하기

'정상적인 생활을 하는 것', '행복하게 되는 것'과 같은 목표는 잘 설정되었다고 말할 수 없다. 왜냐하면 이것은 너무 애매모호하기 때문이다. 이와 같이 애매모호하게 설정한 목표의 문제는 사회복지사와 클라이언트가 개입과정이 잘 이루어졌는지 파악하는 것이 불가능한 것이다. 도피적인 목표가 개입의 초점이 되었을 때, 개입은 필요보다 길어질 가능성이 많다. 목표를 정확하게 설명할 때의 이점은 사회복지사와 클라이언트가 진행하고 있는 것을 쉽게 평가할 수 있고, 나머지 목표도 알 수 있다는 것이다.

④ 없는 것보다는 있는 것에 관심 두기

사회복지사에게 서비스를 받아 무엇이 성취되기를 바라느냐고 질문하면 클라이언트들은 대부분 문제가 제거되거나 문제로부터 해방되기를 원한다고 대답한다. 경험에 의하면, 문제시되는 것을 없애는 것보다는 있는 것에 관심을 두고, 부정적인 단어를 사용하지 않는 목표들이 좀 더 효과적이고 효율적이라는 것이 증명되었다. 목표는 클라이언트가 하지 말아야 하는 것 대신에 해야 하는 것에 관하여 긍정적이고 보호적으로 설명되어야만 한다.

⑤ 목표를 중시하기보다는 시작으로 간주하기

목표는 클라이언트가 성취하고자 하는 처음의 작은 시작단계를 설명하여야 한다. 클라이언트들은 처음에 치료받으러 올 때 완전한 것, 절제, 행복한 것 등과 같은 목표를 설명한다. 다른 말로 하면 그들의 목표는 성취하기를 희망하는 최종의 결과에 관한 것을 말하는 것이다. 이러한 것은 클라이언트가 다른 생활을 인식할 수 있다는 신호로 볼 수 있는 반면에, 클라이언트가 한 단계씩 목표를 향해 나가도록 도움을 받지 않는 한 클라이언트의 목표는 희망일 뿐 아무것도 도움이 되지 않을 수 있다.

(2) 목표기준

해결중심모델에서는 목표와 해결책이라는 단어를 독특한 방법으로 활용한다. 목표와 해결책이라는 단어를 고정된 것이나 완성된 결과가 아닌 과정의 의미로 사용한다는 것을 이해하여야 한다. 이렇게 과정을 강조하기 위해 다르게 표현한다면 '목표를 추구하는' 또는 '해결해 나가는' 등과 같은 단어가 될 수 있을 것이다. 따라서 잘 정의된 목표의 기준들은 다음과 같다.[6)]

① 긍정적인 표현으로

클라이언트의 표현이 부정형으로 이루어질 경우에는 예외를 발견한다거나 해결책을 구축하는 데 있어서도 한계에 이르기가 쉽다. 긍정형의 표현이란 무엇을 하고 있고, 무엇을 할 것이라는 표현으로 개입목표를 확인하게 되는 일련의 과정이라고 볼 수 있다. 클라이언트가 부정적인 영상을 그릴 때 긍정적 영상을 이끌어 내기 위해서는 '그 대신 무엇을 할 것인가?'라고 질문하는 것이다.

② 과정형으로

클라이언트가 목표를 과정형으로 표현하고 있다는 것을 확인할 수 있는 좋은 방법은 그가 진행형의 동사를 사용하고 있을 때이다. 진행형의 동사를 사용한다는 것은 클라이언트가 자신의 행동, 사고 혹은 영상들을 차례로 배열하고 있다는 것을 나타내 준다. 클라이언트와 사회복지사의 협력에 의해 해결책 구축이 과정형으로 이루어지면 클라이언트의 목표가 미래형에서 현재형이나 진행형으로의 전환을 의미한다고 볼 수 있다. 과정형의 표현을 이끌어 내기 위해서는 '어떻게'라는 단어를 사용하여야 한다. 클라이언트는 아마 진행형으로 기술하든지 자신의 행동들이 어떤 순서로 이루어질 것인지를 설명하게 될 것이다.

③ 지금 바로 여기

잘 구축된 해결책은 개입하는 과정에서 해결책을 발견하고, 당장 실천할 수 있는 해결책을 구축해 나가는 것이다. 이는 클라이언트가 해결책을 즉시 시작하거나 해결을 위한 행동을 지속할 수 있다는 것을 의미한다.

④ 가능한 한 구체적으로

개입목표는 구체적일수록 클라이언트에게 보다 강력한 영향력을 발휘하게 된다. 예를 들면 어떤 희망사항이나 어떤 상태에 대한 진술이 있을 경우에 '그러한 상황이 이루어진다면 무엇을 다르게 하실 것 같나요?', '무슨 차이가 있을까요?', '변화가 이루어졌다는 것을 알 수 있는 신호로 여길 수 있는 것은 무엇이죠?' 등 질문들을 시도함으로써 구체적이고 명확한 목표들이 클라이언트를 통해서 나올 때 해결책 구축은 성공적이라고 말할 수 있다.

⑤ 클라이언트의 통제 안에

클라이언트의 통제 안에서 해결책이 이루어진다는 것은 해결중심에서 예외상황에 대한 질문이나 가상적 해결책, 해결책 구축과정의 모든 과정들은 결국 클라이언트의 통제하에 해결이 가능하다는 것을 깨닫는 것이다. 그리고 개입상황이 어려운 경우는 대부분 클라이언트가 문제에 대해 집착하고 있을 경우이거나, 사회복지사가 문제상황에서 벗어나지 못한 경우이기 때문이다. 사회복지사는 이런 순간을 스스로 인식할 수 있도록 훈련되어져야 하며 개입진행을 잠시 중단하는 경우가 있더라도 그 상황에서 벗어나도록 이끌어야 한다.

개입목표는 무엇이 또는 누군가가 변화하거나 먼저 변화되어야 한다는 것을 조건으로 할 수 없다. 클라이언트와 다른 사람 간의 관계에 어떤 변화가 일어나도록 돕는 것은 가능한 일이지만 다른 무엇이 변화해야만 한다는 것에 동의하게 되면 상황을 변화시키기가 어렵거나 통제할 수 없는 상황이 목표가 될 수 있다. 그러므로 클라이언트가 원하는 것을 달성하는 수단으로 자신의 통제 밖에 있는 목표를 제시할 때 그가 결과에 도달하기 위한 수단에 대해 갖고 있는 가정들을 전환시키도록 도와야 한다.

⑥ 클라이언트의 언어로

클라이언트의 언어로 치료에 임한다는 것은 결국 사회복지사 자신을 점검하게 만드는 기준이 되는 것이다. 사회복지사가 원하는 목표가 아니라 클라이언트가 분명히 원하고 있는 목표인지 확실히 점검함으로써 그렇지 못한 결과로 개입면접이 어렵게 되는 상황이 치료자가 개입상황을 이끌어 가려고 하는 것은 아닌지 스스로 알아차릴 수 있게 될 것이다.

(3) 개입목표 원칙

개입목표의 원칙은 클라이언트에게 중요한 것을 목표로 하기, 작은 것을 목표로 하기 등으로 나눌 수 있는데, 그 주된 내용은 다음과 같다.[7)]

① 클라이언트에게 중요한 것을 목표로 하기

개입목표는 누구보다도 클라이언트 입장에서 중요하다고 생각하는 것을 중심으로 목표를 설정하여야 한다. 목표는 구체적이고 행동적이어서 목표의 성취에 관하여 직접 관찰이 가능하고 누구나 인정할 수 있는 것이어야 한다. 예를 들면 본인이 문제로 제기하였고, 치료받기 원하는 문제들이다.

② 작은 것을 목표로 하기

클라이언트에게 중요한 것을 목표로 설정하면서 아주 작은 부분을 목표로 한다. 개입목표가 작을 때 클라이언트는 쉽게 성취하고 성공할 수 있다. 목표를 성취하고 성공할 때 새로운 희망을 갖게 되고, 변화하고자 하는 동기가 강화되게 된다. 예를 들면 음주량을 1회에 맥주 5병에서 3병으로 줄이고, 1주일에 음주하지 않는 날을 2일에서 3일로 늘린다.

③ 구체적이고 명확하고 행동적인 것을 목표로 하기

클라이언트가 실제생활 속에서 관찰 가능하며, 구체적이고, 명확하고, 행동적인 것을 목표로 설정하도록 돕는다. 예를 들면 귀가시간이 9시 이후가 될 때 전화하기, 아침에 일어나면 웃으며 인사하기, 아침 7시에 일어나 준비하고 출근하기, 7시에 일어나는 것이 불가능할 때 자명종 시계를 구입하여 사용하기 등이다.

④ 없는 것보다는 있는 것에 관심 두기

Insoo Berg는 오랜 경험을 통하여 문제시되는 것을 없애는 것보다는 있는 것에 관심을 두고, 긍정적인 단어로 개입목표를 규정하였을 때 좀 더 효과적이고 효율적이었다고 주장하였다. 목표는 클라이언트가 하지 말아야 하는 것 대신에 해야 하는 것에 관하여 긍정적이고, 목표지향적인 것을 설명해 주어야 한다. 예를 들면 술을 단숨에 마시는 대신에 천천히 마시고, 빈속에 마시는 대신에 식후에 마시고, 혼자 마시는 대신에 친구와 함께 마신다. 남편 출근 전에 잔소리하는 대신에 저녁 식사 후에 잔소리하고, 모든 일에 잔소리하는 대신에 한 가지씩 순서를 정하여 한다.

⑤ 목표를 종료보다 시작으로 간주하기

변화는 문제시되는 행동을 하지 않는 것이 아니고 아주 작고 긍정적인 것을 시작하는 것이다. 사회복지사가 완전히 교정하는 것을 요구하지 않고, 비합리적으로 높은 목표를 설정하지 않는 것을 클라이언트가 일단 인식하게 되면 더욱 열심히 참여하게 된다.

⑥ 클라이언트의 생활에서 현실적이고 성취 가능한 것을 목표로 하기

클라이언트와 사회복지사에게 중요한 것은 클라이언트의 생활환경에서 현실적이고 성취가 가능한 것을 파악하고 목표로 설정하는 것이다. 예를 들면 클라이언트가 6개월 전에 가출하여 연락이 불가능한 아내가 집에 돌아오도록 도와달라고 하는 것은 현실적으로 불가능한 것이다. 클라이언트의 고통을 덜어 주고, 경청하고, 동정해 주면서 많은 경우 사실을 인식하게 되고, 치료자에 대한 신뢰가 생기면 좀 더 현실적으로 목표를 협상하게 된다.

⑦ 목표수행은 힘든 일이라고 인식하기

목표수행이 '힘든 일'이 될 것이라고 말하는 것은 클라이언트를 이해하는 것이며, 쉽게 동의할 수 있는 일이다. 만일 목표에 도달하지 못하였다면 그것은 단순히 좀 더 노력해야 할 것이 남아 있다는 신호인 것이며, 목표를 성취하였다면 그것은 인정해 주고 칭찬해 주어야 하는 일이다.

(4) 목표의 기준에 관한 점검표

다음의 〈표 7-1〉은 목표의 기준에 관한 점검표에 관한 내용들이다.

〈표 7-1〉 목표의 기준에 관한 점검표 내용

기 준	주요 용어	질문의 실례
1. 긍정적인 표현으로	'그 대신'	'그 대신 무엇을 하고 있을 것입니까?'
2. 과정형으로	'어떻게' 진행형의 동사 '~ing'	'그것을 어떻게 하고 있을 것입니까?'
3. 지금 바로 여기	'궤도에 오르면'	'오늘 이곳을 떠나, 궤도에 오르게 되면 당신은 무엇을 다르게 하고 있을 것입니까, 혹은 무엇을 다르게 말하고 있을 것입니까?'
4. 가능한 한 구체적으로	'구체적으로'	'구체적으로 이것을 어떻게 하고 있을 것입니까?'
5. 클라이언트의 통제 안에	'당신'	'그런 일이 일어나면 당신은 무엇을 하고 있을 것입니까?'
6. 클라이언트의 언어로	클라이언트 언어를 사용하기	각 클라이언트가 사용하고 있는 언어로 질문할 것

(5) 사회복지사 역할

사회복지사의 역할은 크게 고객형, 불평형, 방문형 등으로 나눌 수 있다(Berge, 1994; Berge & Miller, 1992). de Shazer와 Insoo Berg는 오랫동안의 경험에서 사회복지사와 클라이언트 관계가 전체적으로 3개의 범주로 대별할 수 있음을 발견하였고, 고객형, 불평형, 방문형으로 분류하고 설명하였는데, 이를 사회복지사와 클라이언트 관계에서 사회복지사의 역할로 적용하면 다음과 같다.[8)]

① 불평형과의 관계

불평형과의 관계는 클라이언트가 자신을 위해서가 아니고 다른 사람을 변화시키기 위한 목표를 가지고 개입에 임했을 때 발생한다고 보았다. 이러한 관계의 유형은 개입 중에 사회복지사와 클라이언트가 함께 개입의 목표 또는 불평을 찾아내지만, 클라이언트가 해결책을 찾는 데 필요한 어떤 것도 구체적으로 발견해 내지 못한다. 불평형의 클라이언트는 보통 그들의 불평이나 치료목표를 아주 자세하게 기술하는 것이 상례이다. 이러한 클라이언트는 해결책을 다른 사람(부인, 자녀, 상관, 친구, 동료 등)의 변화를 통해 이루어질 수 있다고 본다. 불평형의 클라이언트에게 사회복지사는 칭찬과 함께 상대방을 관찰하도록 과업을 낸다. 그리고 다른 한편 클라이언트는 자신이 존재가치가 있으며 돌보는 역할을 하고 있다고 느끼고, 사람과의 관계 속에서 자신의 위치와 역할을 되돌아볼 수도 있고, 클라이언트는 좀 더 협조적이 될 수 있다.

클라이언트는 증상을 가지고 있는 가족구성원이나 중요한 사람의 희생자라고 생각하고, 자기자신의 위치와 역할을 변화해야 하는 단계에 있다는 것을 알지 못하며, 사회복지사로부터 힘든 입장과 역할에 관해 이해받기를 원한다. 이것은 오랫동안 클라이언트가 증상이 있는 가족이나 중요한 사람의 문제를 분석하고 관찰하는 데 많은 에너지를 사용하였기 때문이다. 사회복지사는 이러한 클라이언트의 성향에 관하여 깊이 생각할 필요가 있으며, 치료를 받아야 할 대상으로 생각하기보다는 개입을 위한 자원으로써 투자해야 할 대상으로 생각해야 한다.

이러한 불평형의 클라이언트를 다루는 데 있어 가장 유용한 접근법은 증상이 있는 가족구성원이나 중요한 사람에 관하여 생각과 관찰을 계속하지만 과거와는 다른 방법으로 할 것을 격려하는 것이다. 이것은 과거에 시도한 노력이 클라이언트가 원하는 성공적인 결과를 얻을 수 없었기 때문이다. 그리고 클라이언트는 사회복지사가 자신의 노력을 지원해 주고 있다고 느끼기 때문에 이 시점에서 사회복지사의 제안을 좀 더 받아들이게 된다.

② 방문형과의 관계

방문형은 일반적으로 자신의 의사와는 상관없이 법원, 직업훈련, 보호관찰관, 학교, 가족, 고용주 등의 명령, 즉 타의에 의해 상담자에게 온 상황에서 볼 수 있다. 이러한 클라이언트들은 개입목적, 목표, 해결방안 등이 자신이 원하는 것과 상반된다고 느끼기 때문에 문제에 대한 책임감이 없거나, 자신의 문제를 인정하지 않는 경향이 있다. 방문형의 클라이언트에게 사회복지사는 무조건적인 존중과 칭찬을 통하여 다음 면접에 다시 올 수 있도록 한다.

방문형의 클라이언트는 자신의 문제는 사회복지사와 관계가 없고, 사회복지사가 제시하는 해결방법과도 관계가 없다고 생각하고, 자신의 현실적 문제는 치료나 상담을 받으러 와야 하는 사실이라고 본다. 따라서 문제해결 동기가 약하고, 가능한 한 사회복지사와의 관계를 끝내려고 한다. 상담이나 치료를 강요받는다고 느끼는 클라이언트는 자의가 아니지만 상담이나 치료받으러 와야 하는 것을 불평하고, 다른 사람의 요구와 결정을 따르는 것과 관련된 고민을 해결하는 데 도움이 필요하다. 사회복지사가 이러한 측면을 이해하고 협조할 때 클라이언트는 자신을 이해해 준다고 느끼고, 클라이언트는 사회복지사를 신뢰하는 가운데 치료를 시작할 수 있고, 개입목표를 협상할 수 있는 관계가 형성될 수 있다.

③ 고객형과의 관계

고객형의 클라이언트는 문제를 해결하기 위하여 어떠한 것이든 시도하려는 동기가 있는 사람이다. 그는 문제를 시인하고, 문제해결을 위해 도움을 요청하며, 변화를 위해 무엇인가를 할 준비가 된 것을 언어적·비언어적으로 표현한다. 이러한 클라이언트는 상담이나 치료를 통해 무엇을 이루고자 하는지에 대해 생각해 보았고 그러한 것을 달성하기 위해서는 자신의 노력이 필수적이라는 것도 깨닫고 있다. 따라서 사회복지사는 고객형의 클라이언트와 매우 긍정적이고, 협력적인 관계를 쉽게 발전시킬 수 있다. 고객형 관계는 클라이언트가 자기자신과 관련되어 있는 개입목표를 표현하고, 자신의 행동을 변화하기 위한 많은 방법들을 제시하는 경우를 말한다. 자연적으로 이러한 것은 대부분의 사회복지사에게는 이상적인 유형이고 많은 상담이나 치료는 모든 클라이언트들이 상담 및 치료를 받으러 올 때 고객형인 것을 전제로 접근법을 설명하고 있다. 클라이언트들이 고객형이 아닐 때 사회복지사들은 실망하는 경향이 있다. 그러나 실제로 고객형의 클라이언트 비율은 상대적으로 적다.

고객형 클라이언트가 된다는 것은 단계적인 과정이 필요하며, 사회복지사가 클라이언트를 다루는 방법은 개입목표가 성공적으로 성취하기 위해 구체적이어야 한다. 고객형과의 관계는 개입의 중간이나 끝부분에서 클라이언트와 사회복지사가 함께 클라이언트의 불평이나 개입목표를 분명히 밝혔을 때 형성되기도 한다. 클라이언트는 자신이 해결책의 한 부분임을 보게 되고 문제해결을 위해 기꺼이 무엇인가 하려는 의지를 갖게 된다. 클라이언트는 명확한 불평이나 개입목표에 대해 사회복지사와 함께 일하기로 동의하고, 해결책을 찾거나 목표를 달성할 수 있는 능력이 자신에게 있는 것을 확인하게 된다.

이와 같이 사회복지사와 클라이언트 관계유형에서 기적·예외 및 과업·메시지 내용은 다음의 〈표 7-2〉와 같다.

〈표 7-2〉 클라이언트 유형에 따른 사회복지사와 클라이언트와의 협력적 관계

항목	고객형	불평형	방문형
개념	•문제해결 및 변화를 위한 동기를 가지고 있고 사회복지사와 함께 해결을 도모하고자 함 •자신의 문제를 어느 정도 알고 인정함	•모든 문제의 원인을 타인 및 주변에 돌리고 자신과 관련되지 않았다고 생각함 •문제해결에 대한 기대는 크지만 문제해결을 위해 본인이 무엇을 하겠다는 동기는 적음	•클라이언트는 마지못해 사회복지사를 만나게 되고 면담의 필요성을 느끼지 못함
사회복지사의 대처방법	•클라이언트가 걱정하는 부분, 문제라고 인식하는 점, 지금까지 시도한 노력, 향후 개선되기를 바라는 점 등을 이야기 함	•먼저 클라이언트가 지각하는 생각, 느낌, 감정을 존중함. 관심의 초점을 타인이 아닌 클라이언트의 역할변화로 인해 어떤 긍정적인 변화가 올 수 있을지에 둠	•클라이언트의 방어적 태도에 이유가 있을 것이라 생각하고 존중함 •문제해결을 위한 최선의 방법이 무엇이라고 생각하는지 질문함

2) 개입과정

개입과정에는 개입의 시작, 개입목표를 잘 형성하기 위한 일곱 개의 원칙, 잘 정의된 목표, 목표의 기준에 관한 점검표, 해결책 구축과정, 치료단계, 치료의 종결 등의 내용들이 있다.[9)]

(1) 개입의 시작

클라이언트를 처음 만나면 개입을 위한 준비를 시키고 무엇을 할 것인지, 어떤 절차를 밟을 것인지 설명한다. 개입 중에 갖는 휴식시간에는 서로 자신들이 받은 인상이나 생각들을 이야기하고 클라이언트를 위해 피드백을 수집하게 된다. 피드백을 종이에 적는데, 사회복지사는 필기된 피드백을 클라이언트에게 보고한다.

이 과정을 거치게 되면 개입과정에서 클라이언트가 원하는 것이 중요하다는 것을 암시하고 있는 것이고, 이미 목표지향적이고 고객중심적인 개입을 위한 준비를 하게 되는 것이다.

① 공감적 관계의 형성과 유지

클라이언트와의 접촉을 시작하는 순간부터 공감적인 관계가 형성된다고 가정하는 것은 해결중심의 장점이라고 할 수 있다. 그러나 분명히 사회복지사와의 관계를 유지하게 하고 촉진시키기 위해 할 수 있는 말이나 행동이 있다는 전제를 인식하여야 할 것이다. 이를 위한 방안으로는 반영적 경청, 감정이입적 경청, 클라이언트가 한 말을 동일한 감정과 음조로 재진술해 주는 것에 대해서 이미 알고 있을 것이고, 이를 적절히 사용하면 되는 것이다. 이러한 공감적 관계의 형성과 유지를 위한 클라이언트중심의 접근방법은 클라이언트가 이해받고 있다고 느끼는 그 자체가 변화를 촉진시키기에 충분하다고 보는 것이다.

클라이언트와 사회복지사 사이의 상호작용은 순환적이기 때문에 어느 개인의 행동이나 말도 전적으로 주관이 될 수 없다고 보아야 한다. 공감적 관계를 형성하는 것은 해결중심의 중요한 특성 중의 하나이며, 다른 사회복지실천모델과는 달리 클라이언트를 전문가로 모시고 사회복지사가 협력한다는 가정이기 때문에 치료자의 역할에 대한 정체성을 수립하는 데 기준이 되는 것이라고 볼 수 있다.

② 긍정적 방향

해결중심모델은 긍정적인 면을 강조하는 것이 일관된 관점이라고 할 수 있다. 개입의 시작부터 긍정적인 질문으로 접근하는 것은 그 이후에도 지속된다. 방문형이나 불평형의 클라이언트는 문제를 해결하려는 데 관심을 보이지 않거나 불평이나 소원들을 장황하게 진술하는 것을 많이 볼 수 있다. 이때에는 클라이언트가 하고 싶어 하는 이야기를 먼저 하게 한 후에 진행해 나가면서 점차 보다 긍정적이고 미래지향적인 질문들을 묻는 것이 좋을 것이다.

(2) 개입과정 단계

해결중심모델의 개입단계는 다음 1. → 2. → 3a. → 3b. → 4a. → 4b. → 4c. → 4d. 와 같다.

① 4a. 같은 것을 더하기

클라이언트에게 예외적인 상황이 일어날 수 있는 행동을 더 많이 하게 하는 과업을 준다.

② 4b. 어떻게 그렇게 되었는지 발견하기

가. 클라이언트에게 예외적인 상황이 언제, 어떻게 전개되는지를 관찰하게 한다.

나. 지금부터 다음 면접 때까지 예외가 얼마나 있을 것인가를 예상하도록 한다.

③ 4c. 아주 작은 부분을 실행하기

기적이 일어난 것처럼 행동하게 하고 무엇이 달라지는가를 관찰하게 한다.

④ 4d. 대처방식에 대해 관찰하기

가. 다음 면접 때까지 왜 상황이 더 나빠지지 않는가를 관찰하게 한다.

나. 다음 면접 때까지 클라이언트의 생활에서 더 일어나기를 원하는 것이 무엇인가를 관찰하고 그것을 보고하게 한다.

(3) 개입의 종결

개입은 클라이언트들이 해결책의 테두리 안에 들어섰다는 자신감을 지니게 되면 종결된다. 경우에 따라서는 클라이언트 스스로가 종결을 원하기도 하며, 문제상황에 대하여 클라이언트의 목표가 자신의 통제하에 있음을 확인하게 되면 자연스럽게 종결에 이르게 된다.

5. 개입기법

해결중심모델의 기본적 개입기법들은 경청, 치료자의 비언어적 행동, 클라이언트가 사용하는 핵심용어의 모방, 요약 등이 있고, 성공적인 질문기법들은 면담 전 변화에 관한 질문, 예외질문, 기적질문, 척도질문, 대처질문, 칭찬질문, 관계성질문 등이 있다.[10]

1) 기본적 치료기법

(1) 경청

경청이란 치료자가 클라이언트의 이야기를 주의 깊게 들음으로써 클라이언트가 중요하게 여기는 사람은 누구이며 자신이 원하는 것이 무엇인지를 알아 내는 기술이다.

(2) 치료자인 사회복지사의 비언어적 행동

클라이언트는 사회복지사가 자신의 말에 주의 깊게 귀를 기울이고 존중하는 태도를 취하는지 여부에 대해 매우 민감하다. 클라이언트는 치료자가 자신의 말을 진지하게 듣고 있는지를 치료자의 언어적 반응뿐 아니라 비언어적 행동을 통해 판단한다.

(3) 클라이언트가 사용하는 핵심용어의 모방

클라이언트의 용어에 대한 탐색은 클라이언트에 대한 존중을 표현하기 위한 가장 중요한 방법 중의 하나이다. 그런 의미에서 클라이언트가 사용하는 핵심용어를 전문적인 용어로 재명명하는 것은 클라이언트에 대한 실례이고 자신감을 약화시키는 행동이라고 생각한다.

(4) 요약

요약은 사회복지사가 클라이언트의 이야기를 주의 깊게 경청하고 있었다는 것을 재확인시켜 주고, 치료자 또한 요약을 통해 자신이 클라이언트의 말을 정확하게 듣고 있었다는 것을 확인하게 된다.

(5) 개방형 질문

개방형의 질문은 클라이언트의 인지영역을 확대시켜 주게 된다. 또한 사실에 근거한 답만을 요구하는 것이 아니라 클라이언트의 태도나 사고, 느낌을 이야기하게 한다. 무엇보다 클라이언트의 준거틀이 많이 반영된다는 이점을 가지고 있다.

(6) 쉽고 간략한 설명

쉽고 간략한 설명이란 클라이언트가 말한 것의 핵심을 짧고 명확하게 하여 클라이언트에게 피드백하는 기술이다. 쉽고 간략한 설명의 경우에도 요약할 때와 마찬가지로 클라이언트의 핵심용어를 사용하는 것이 바람직하다. 이 기법은 클라이언트에게 자신들의 이야기를 명료화하거나 확장할 수 있는 기회를 제공한다.

(7) 침묵의 사용

침묵은 클라이언트뿐 아니라 초보치료자를 대단히 불편하게 한다. 클라이언트가 침묵할 때 그 의미는 다양하다. 때로는 클라이언트가 자신의 생각을 정리하고 있을 수도 있고, 자신이 설명한 상황에 대해 혼란스럽거나, 화가 나 있을 수도 있고, 현재 하고 있는 작업에서 짧은 '휴식'을 취하고 있을 수도 있다. 따라서 치료자는 클라이언트의 침묵을 존중하는 것이 중요하다.

(8) 클라이언트의 비언어적 행동에 대한 주목

클라이언트도 치료자와 마찬가지로 비언어적 행동을 통해 의사소통을 하기 때문에 치료자는 클라이언트의 행동과 그 변화에 주의를 기울여야 한다.

(9) 자기노출

치료자의 자기노출이란 클라이언트에게 자신의 개인적인 관찰, 경험이나 생각들을 이야기하는 것이다. 해결중심적 접근에서는 치료자가 클라이언트에게 자신의 경험을 이야기하는 것을 권장하지 않는다. 해결의 가능성은 가능한 한 클라이언트의 준거틀과 과거경험 속에서 제일 먼저 찾아져야 한다. 그러나 치료자의 생각을 클라이언트에게 밝히는 것이 중요할 때가 있는데 이는 클라이언트가 상담을 어떻게 경험하고 있고 그들이 삶에 대해 어떤 인식을 하고 있는지를 명료화하기 위해서 사용한다.

(10) 칭찬

칭찬은 진술된 목적을 달성하기 위해 클라이언트의 강점과 과거의 성공을 중심으로 치료자가 클라이언트에게 제공하는 찬사와 지지의 기술이다. 칭찬은 클라이언트에게 친절하거나 잘해 주기 위해 하는 것이 아니라 클라이언트가 말이나 '과정'을 통해 전달한 것을 근거로 '현실에 기초한' 것이어야 한다.

(11) 클라이언트의 지각에 대한 확인

치료자는 클라이언트가 갖고 있는 문제의 성질, 문제를 해결하기 위해 시도한 노력, 자신들의 삶 속에서 달라지기를 원하는 것, 문제해결을 위해 효과가 있었던 것과 없었던 것 등을 포함하는 많은 것들에 관해 그들이 갖고 있는 '지각'에 대해 물어볼 필요가 있다. 클라이언트가 지각하고 있는 것에 대한 표현은 클라이언트의 준거틀과 경험 사이의 상호작용을 나타낸다.

(12) 감정이입

감정이입 즉 '통제된 감정적 관여'는 클라이언트의 이야기를 듣고 감동하고 마음이 움직여지는 상태를 요구한다. 치료자는 클라이언트가 의사소통하는 것을 인지적으로 이해하는 것에 그치는 것이 아니라 클라이언트의 이야기를 감정과 사고, 즉 치료자의 온 존재 또는 가슴으로 '이해'하는 것을 의미한다.

(13) 초점을 클라이언트에게 되돌리기

클라이언트들은 종종 자신의 문제에 대해 무기력하고 문제해결 가능성의 여부는 다른 사람에 의하여 좌우된다고 이야기한다. 치료자는 클라이언트의 무기력을 가능성으로 전환하기 위해 클라이언트가 자신의 상황이나 다른 사람에 대해 갖고 있는 불평으로부터 '이 상황에서 무엇이 달라지기를 원하는지', 그리고 '자신은 그 해결책에 어떻게 참여할 것인지'로 바꾸어야 한다. 이러한 과정을 '문제중심적 대화'로부터 '해결중심적 대화'로의 전환이라고 부른다.

(14) 해결중심적 대화의 확대

해결중심적 대화란 치료자와 클라이언트가 자신의 생활에서 달라지기 원하는 것과 그러한 일이 일어나게 할 가능성에 역점을 두는 것이다. 해결중심적 대화를 확대하기 위해서는 상담초기에 클라이언트의 문제가 무엇인가? 클라이언트가 원하는 것, 즉 달라지기 바라는 것이 무엇인가? 그러한 일이 일어난 때가 있었나?(예외 탐색) 그리고 그러한 일이 일어날 가능성에 대해 자세하게 이야기하게 될 때 클라이언트들은 더욱더 희망을 가지게 되고 문제해결 가능성에 대한 자신감을 가지게 된다.

2) 성공적인 질문기법

(1) 면담 전 변화에 관한 질문

해결중심모델의 기본가정은 변화란 불가피한 것이므로 계속적으로 일어나고 있다고 본다. 따라서 면담 전 변화에 관한 질문(초기 질문, pre-session question)은 클라이언트가 지난번 면담을 약속한 후 지금까지 일어났던 변화에 대한 질문으로, 때로 아주 중요한 단서를 제공한다. 보통 클라이언트가 면담을 약속한 후 사회복지사에게 오기까지 클라이언트는 해결책을 나름대로 모색하는 등 변화가 있을 것을 가정한다. 따라서 사회복지사는 이러한 변화에 대해 점검함으로써 긍정적 변화를 발견하고 확대해 나갈 수 있는 질문을 한다. 그리고 면담 전의 변화가 있는 경우 클라이언트가 이미 지니고 있는 해결능력을 인정하고 칭찬하고 강화하고 확대할 수 있도록 격려한다.

(2) 예외질문

예외질문(exception question)이란 클라이언트가 문제로 생각하고 있는 행동이 일어나지 않는 상황이나 행동을 의미한다. 어떠한 문제에도 예외는 있기 마련이라는 것이 해결중심치료의 기본전제이다. 해결중심단기가족치료에서는 한두 번의 중요한 예외를 찾아내서 계속 그것을 강조하면서 클라이언트의 성공을 확대하고 강화시켜 준다. 클라이언트가 행한 우연적인 성공을 찾아내어 의도적으로 계속 실시하도록 격려한다. 이것은 예외적인 상황을 찾아내어 그것을 밝히고, 클라이언트가 가지고 있는 자원을 활용하여 클라이언트의 자아존중감을 강화하는 것이다. 예외질문은 첫 면접에서 대체로 목표 설정 후에 사용되고 2회 면담부터는 '무엇이 더 좋아졌는가?'라는 식으로 물을 수 있다.

(3) 기적질문

기적질문(miracle question)은 문제자체를 제거시키거나 감소시키지 않고 문제와 떨어져서 해결책을 상상하게 하는 것이다. 이 질문을 통해 치료자는 클라이언트가 바꾸고 싶어 하는 것을 스스로 설명하게 하여 문제에 대한 집착으로부터 벗어난 해결중심영역으로 들어가게 한다.

(4) 척도질문

척도질문(scaling question)은 숫자의 마력을 이용하여 클라이언트에게 자신의 문제, 문제의 우선순위, 성공에 대한 태도, 정서적 친밀도, 자기존중감, 치료에 대한 확신, 변화를 위해 투자할 수 있는 노력, 진행에 관한 평가 등의 수준을 수치로 표현하도록 하는 방법이다. 이러한 척도질문을 통해서 치료자는 클라이언트의 변화과정을 격려하고 강화해 주는 구체적인 정보를 얻을 수도 있다. 첫 면담에서는 면담 전 변화상태나 동기에 대한 파악을 한다.

(5) 대처(극복)질문

대처(극복)질문(conquer question)은 자신의 미래를 매우 절망적으로 보아 아무런 희망이 없다고 하는 클라이언트에게 주로 사용한다. 이런 절망적인 상황에 빠져 있는 클라이언트에게 희망을 심어 주기란 결코 쉬운 일이 아니다. 대처방안에 관한 질문을 통해서 치료자는 클라이언트의 신념체계와 무력감에 대항해 보는 동시에 클라이언트에게 약간의 성공을 느끼도록 유도할 수 있다. 이러한 질문을 통해서 치료자가 클라이언트에게 심어 주고자 하는 것은 클라이언트 자신이 바로 대처방안의 기술을 가졌음을 깨닫게 하는 것이다.

(6) 칭찬질문

칭찬을 하는 것은 여러 가지 이점이 있다. 그중에서도 클라이언트 자신에 대한 개념을 바꾸어 주는 역할과 클라이언트로 하여금 치료자의 말에 따르도록 하는데 유용하다. 칭찬에는 면담과정에서 나온 내용에 대하여 직접적 칭찬을 하는 경우와 '어떻게 그렇게 하셨나요?'라고 질문하는 간접적 칭찬이 있는데, 이는 클라이언트의 긍정적인 면과 강점을 지지하는 질문으로 클라이언트가 스스로 자신의 강점과 자원을 발견하여 직접적인 칭찬보다 큰 효과를 보일 수도 있다.

(7) 관계성질문

관계성질문(relationship question)은 클라이언트에게 중요한 관계에 있는 사람들이 갖고 있는 생각, 의견, 지각 등에 대한 질문이다. 즉 사회복지사는 클라이언트에게 그 자신이 문제라고 생각하는 부분과 관련해서 자신 이외의 중요한 타자의 생각, 감정, 의견 등에 대해 질문함으로써 자기중심적 사고에서 탈피하여 다각적이고 객관적인 입장에서 생각할 수 있게 한다. 때때로 클라이언트는 문제가 해결되었을 때 자신의 생활에 무엇이 달라질 것인지에 대하여 전혀 예측을 못 하는 경우가 있다. 그러나 클라이언트는 자신의 입장에서 자신을 보다가 중요한 타인의 눈으로 자신을 보게 되면, 이전에는 없었던 가능성을 만들어 낼 수도 있다. 또한 가족 및 부부 간의 관계성에 관한 질문을 통해 보다 효과적인 인간관계를 증진시켜 준다.

제8장

위기개입 모델

1. 등장배경

위기개입의 기원은 Lindermann과 그의 동료들의 이야기로 거슬러 올라간다. Lindermann은 1942년 미국 보스턴(Boston)의 유명한 술집 코코넛글로브(Coconut Grove Nightclub)의 대화재에서 살아남은 생존자들을 도와주었다. 이 화재는 493명의 사상자를 냈는데, 사랑하는 사람을 상실한 유가족들은 일련의 비탄과정을 보였다. 이어 Lindermann이 최초로 지역사회 수준의 정신건강 유지와 정서적 장애를 예방하기 위한 접근방법을 개발하였다. 그는 사별반응(bereavement)에 대한 연구를 통해 정서적 위기라는 개념을 중심으로 개념적 틀을 구성할 수 있다면 정서적 장애에 대한 예방적 노력도 가능할 것 이라고 결론지었다.

Lindermann(1944)의 이론적 틀은 위기개입기술을 발달시키는 데 많은 기여를 하였고, 1946년에는 Caplan과 함께 정신건강에 관한 지역 프로그램을 개설하게 되었다. 2차 세계대전 이후 전쟁 후유증, 전쟁으로 인한 빠른 결혼, 이별 후의 여파 등으로 해체된 가족들을 위한 빠르고 숙련된 서비스가 요구되었다. 이들을 대상으로 한 초기서비스의 특징은 새로이 대두된 위기상황을 극복하기 위해, 1~2회 면접 내에 제한된 목표를 설정하고, 그와 동시에 클라이언트에 대한 처우를 즉각적으로 시작한다는 점이었다.

1950년대 이래, 사회사업이 정신보건 부문에 적극적으로 개입하게 되면서 위기개입모델을 적극 활용하게 되었으며, 1960년대에 Caplan이 위기를 해결하고 난 후 적응과정에서 환경자원, 특히 지역사회서비스체계의 중요성을 주장하게 됨에 따라 개인의 심리적 문제뿐만 아니라 환경에 대한 접근을 중시하게 되었다. 인간의 위기가 사회구조적 측면과 사회체계적 측면에 의해 제기된다는 인식이 확산되면서 심리중심의 위기개입과 함께 생태학적 측면의 환경중심접근이 강조되었다.

1970년대에 Caplan은 파괴적 위기상황을 완화하고 예방할 수 있는 지역사회 내 자연적 상호 지지체계에 관심을 갖게 되었고, Jacobson과 그의 동료들(1965)도 Benjamin Rush 생활문제 연구소를 개설하였다. 그들은 폭넓은 사회적, 정서적 문제에 대해 짧고 직접적인 위기개입실천기법을 적용하였다. 정신건강에 대한 위기접근은 1960년대와 1970년대 초반에 미국 전역에 급속히 확산되었다. 이후 위기이론은 인간의 스트레스에 관한 방대한 연구결과로부터도 많은 영향을 받고 있다. 사회복지실천의 역사는 위기개입의 역사라고도 할 수 있을 것이다. 왜냐하면 잠재적으로 위험 가능성이 있는 인생사건에 노출되어 있거나 현재 위기를 겪고 있는 클라이언트들을 대상으로 사회복지실천이 이루어지기 때문이다. 그러므로 사회복지실천에서 사회복지방법의 이론들이 갖고 있는 개입목표와 위기이론의 개입목표는 매우 유사하다.

오늘날 인생사건들에 대한 노출위기가 점점 증가함에 따라 위기개입서비스도 이전보다 더 많이 제공되고 있다. 위기개입은 정신보건, 자살방지, 가족서비스체계, 의료체계에서 아동복지, 학교, 강간치료, 재난구조체계로 사회복지실천에서의 위기개입의 활용영역이 넓혀지고 있다.[1)]

2. 이론적 배경

위기개입모델은 현장 실무자나 조사자 그리고 이론가들이 공동으로 만들어 낸 결과이다. 위기에 관한 지식들은 스트레스 및 대처이론, 병리적 위기 및 역기능적 결과들에 관한 임상조사 등의 영향을 받아 형성되었으며, 보건 및 인간서비스 영역에 종사하던 실무자들이 위기를 예방하고 심리적 병리나 가족해체 등을 미연에 방지하고자 하는 노력을 통해 이 모델이 형성되었다. 위기개입모델은 사회사업이론은 물론 심리학, 사회학, 정신분석학, 생태학, 스트레스와 대처이론 등에 그 뿌리를 두고 있다. 초기이론은 정신역동적 자아심리학(psychodynamics ego psychology)에 토대를 두었고, 긴장이론으로부터도 많은 영향을 받았다. 긴장이론은 모든 사람들이 그들의 다양한 생활주기에서 여러 가지 내적, 외적 스트레스를 받기 쉽다는 것, 즉 성장과정에서 각 개인은 생존을 위한 각종 대처기제나 문제해결방법 등을 습득해 나간다는 가정에 기반을 두고 있다. 특히 Hill의 연구결과(1949)에 기초해서 수행된 가족 스트레스에 관한 연구는 위기이론의 발달에 큰 영향을 주었다.[2)]

또한 위기개입모델은 자연재해나 갑작스러운 생활상의 사건으로 고통의 감정을 일시적으로 경험하고 이로 인해 압도당하거나, 발달과정에서 유발되는 스트레스로 인해 일상생활에서 수행에 어려움이 발생하는 경우 이에 대처할 능력과 자원이 부족하여 문제가 생기는 사람들을 돕기 위한 모델이며, 위기상황에 즉각적으로 개입의 전문원조를 제공하기 위함이다. 이 모델은 극심한 스트레스 상황에서 즉각적으로 필요한 서비스의 지원과 격심한 고통 이후에 발생할 수 있는 심각한 심리적 붕괴 현상의 예방에 관심이 있으며, 따라서 긴박한 스트레스 상황 속의 개인이나 가족을 진단하는 이론적 준거틀과 방법을 제시해 준다.[3)]

위기는 대개 위험사건에 의해 시작되는데, 위험사건은 외부적인 스트레스 사건일 수도 있고 혹은 내부적인 압력일 수도 있으며 하나의 재앙사건일 수도 있고, 혹은 연속적으로 축적된 사건일 수도 있다. 또한 위기는 위험사건으로 항상적 균형을 잃으면 취약상태가 되며 긴장과 불안을 최고로 올려놓음으로써 취약상태를 불균형상태로 만드는 촉발요인이 된다. 그리고 위기상황이 진행되면서 일부 사람들은 이를 '위협'으로 인식하고 다른 일부는 '상실'로 인식하며 또 다른 일부는 이를 '도전'이라고 인식한다. 또한 위기상황을 주관적으로 어떻게 인식하고 해석하는지에 따라 이에 대한 정서적 반응이 달라지고 현재에는 해결되지 않았거나 부분적으로 해결된 갈등을 재활성화함으로써 현재의 대처능력을 저하시키기도 한다. 또한 위기는 다양한 상황을 포함하지만 특정 위기상황은 예측할 수 있는 단계를 거치며 각 단계에서 사람들은 예측할 수 있는 정서적 반응과 행동을 드러낸다. 그리고 위기는 오랜 기간 동안 지속되는 것이 아니라 시간제한적이며 일반적으로 4~6주 동안 지속되며 위기개입은 실제 위기기간을 넘기지 않는 4~6주 내에 이루어진다.[4)]

위기개입이론에 영향을 준 Gilliland와 James(1997)의 기본가정은 다음과 같다.[5)]

(1) 인간이 처한 상황으로부터 초래되는 직접적인 스트레스와 위험한 사건에 직면해서 격심한 정서적 불균형과 사회적 해체현상을 겪는 것은 정상적이다.
(2) 상황으로 인한 격심한 고통은 정상적인 삶의 경험이다. 이는 정상적인 상태에서 겪을 수 있는 일시적인 혼란이며 대다수의 사람이 일생을 통해 언젠가는 겪을 수 있는 현상이다.
(3) 정서적인 불균형을 경험하고 있는 사람들은 본능적으로 정서적 균형을 찾으려는 경향이 있다.
(4) 사람들이 정서적인 균형을 회복하려 노력하는 과정에서 일시적이고 격심한 심리적 유약성을 경험할 수 있다.
(5) 심리적으로 현저히 약해져 있을 때 사람들은 심리적인 치료서비스를 수용하는 태도를 갖게 된다.

(6) 인간이 위기상황에서 경험하는 스트레스와 해체현상은 정상적인 것으로, 자신의 경험에 의해 내리는 해석에 따라 위기가 되는 사건도 있으며, 반대로 그렇지 않을 수도 있다고 가정한다.

위기이론에 의하면 인간은 누구나 위기에 처하게 되며, 이 위기로 인하여 파생되는 정서적 부적응 문제를 해결하려는 시도가 사회복지사의 중요한 관심사가 되고 있다. 개인은 부적응상태에 몰입하여 문제에 직면하게 되고 스스로 문제해결이 곤란하여 전문가의 도움을 필요로 하는 클라이언트가 되는 것이다. 이러한 부적응상태에 처해 있는 개인, 가족, 집단을 돕기 위하여 그들의 생활상황 속에서 문제를 해결하도록 돕는 것이 위기개입으로 접근방법은 다른 어느 전문분야보다 사회복지전문직에서 이론의 개발과 함께 그 실천방법이 실효를 거두고 있다.

사회복지실천에서의 위기개입모델은 초기에는 지역사회 정신보건프로그램, 자살방지센터, 가족서비스센터, 의료체계 등에 있었고 점차적으로 아동복지체계, 학교, 성폭력상담센터, 가정폭력상담센터, 여성긴급전화 1366, 정신건강증진센터, 자살예방센터, 다문화가족지원센터, 재난구조체계 등의 장으로 위기개입의 활용영역이 확대되어 사회복지실천 현장에서 광범위하게 활용되고 있다. 최근에는 사회복지실천에서의 위기개입모델을 활용한 다양한 프로그램들이 개발되고 있는데, 단기간에 최대의 안정과 통제를 제공하는 위기안정화프로그램, 지역사회의 사건현장에 사회복지가 투입되는 아웃리치프로그램과 위기대응 팀 구성, 아웃리치 현장에서 다학문적 접근의 필요성이 대두됨에 따라 다학문적 접근에 대한 모색이 이루어지고 있다.

위기개입실천가인 사회복지사는 지속적으로 확장되는 위기의 범주에 대응하기 위해 적극적이고 예방적인 개입 등 많은 노력을 기울여 왔다. 하지만 위기개입모델은 효과성 검증에 대한 실증적 자료가 부족하고, 이론적 체계가 미흡하다는 비판이 대두되고 있으며, 위기개입실천을 위한 구체적 기술이 개발되지 못한 한계점이라고 볼 수 있다.[6]

3. 기본개념

위기의 정의는 크게 발달적 위기, 상황적 위기, 실존적 위기, 환경적 위기로 나누어 정의되고 있다.[7)]

1) 발달적 위기

인간이 성장하고 발달해 나가는 가운데 자연스럽게 발생하는 사건으로 이 사건으로 인하여 비정상적 반응을 일으키는 경우이다. 즉 인간이 성장하고 발달하며 성숙하는 과정에서 발생하는 극적인 변화나 전환 때문에 새로운 대처자원이 필요한 위기이다. 이는 정상적인 것으로 볼 수 있으나 모든 개인은 독특하며 따라서 개인의 모든 발달적 위기는 독특한 방식으로 다루어져야 한다. 예를 들어 청소년의 정체성 위기, 중년의 위기, 노년의 위기 등 개인의 생애주기에 따른 위기와 결혼, 자녀의 출생 등으로 인한 가족의 생애주기에 따른 위기를 포함한다.

2) 상황적 위기

사람이 예견하거나 통제할 수 없는 드물고 극히 이례적인 사건이 발생할 때 나타난다. 예를 들어 자동차 사고나 갑작스러운 질병, 사별, 이혼, 실업, 자살, 자연재해, 폭력범죄 등과 같은 사건에서 초래된 위기이다. 상황적 위기는 예견할 수 없고, 갑작스럽고, 충격적이며, 맹렬하고, 많은 경우 비극적이라는 점에서 다른 위기와 차이가 있다.

3) 실존적 위기

실존적 위기는 목적이나 책임감, 독립성, 자유, 헌신 등 중요한 인간적 이슈에 동반되는 갈등이나 불안과 관련된 위기이다. 즉 내적 갈등이나 불안을 포함하는 것으로 삶의 목표, 책임, 독립성, 자유, 헌신과 같이 인간에게 중요한 이슈들을 동반하는 위기라고 볼 수 있다. 예를 들어 개인의 특정 전문성이나 조직에서 중요한 영향을 주지 못한다는 불안이나, 60대에 인생이 덧없다고 느끼는 허무감과 위기 등이 이에 해당한다.

4) 환경적 위기

환경적 위기는 개인이나 집단에 자연이나 인간이 일으킨 재해가 갑자기 덮쳤을 때 발생한다. 이러한 위기는 태풍이나 홍수, 화재, 지진, 폭풍, 눈보라, 산불과 같은 자연재해일 수도 있으며, 여객기 추락사고, 건물붕괴, 다리붕괴, 사람과 동물에 의한 전염병 등과 인간에 의한 재해를 포함한다.

위기개입의 기본개념의 준거틀인 실천원칙은 다음과 같다.[8)]

첫째, 위기개입은 즉시 이루어져야 하는데, 일반적으로 위기상태에 들어간 때부터 6주 내에 어떤 형태로든 해결이 되어야 한다.

둘째, 위기개입은 클라이언트의 과거를 탐색하는 데 비중을 두지 않고 위기와 그 위기에 대한 행동에 초점을 둔다.

셋째, 위기개입의 목표는 직접적으로 위기상황과 관련된 구체적 문제에 초점을 두고 설정되어야 한다.

넷째, 위기개입 사회복지사는 다른 어떤 실천접근에서보다 적극적이고, 직접적인 역할을 수행한다.

다섯째, 위기에 처한 클라이언트에게 무엇보다 희망을 고취하는 것이 중요하며 실제적 정보를 제공하거나 정서적으로 지지하고 사회적 지지체계를 개발하고 형성하도록 해야 한다.

여섯째, 대부분의 클라이언트는 자기자신을 실패자로 인식하고 있기 때문에 사회복지사는 클라이언트와 신뢰관계를 조성하여 클라이언트의 자기상을 보호해주고, 더 나아가 건전한 자기상을 확립하도록 원조한다.

4. 개입목표 및 과정

1) 개입목표

위기개입은 매우 초점화된 단기개입으로, 위기상황과 관련된 구체적 문제해결에 초점을 두기 때문에 목표가 제한적이다. Rapoport(1970)는 위기개입의 목표를 다음 여섯 가지로 제시하였다.[9)]

첫째, 위기로 인한 증상을 제거한다.

둘째, 위기 이전의 기능수준으로 회복한다.

셋째, 불균형의 상태를 가져온 촉발사건에 대해 어느 정도 이해한다.

넷째, 클라이언트나 가족이 이용할 수 있는 지역사회의 자원이나 치료기제를 규명한다.

다섯째, 현재의 스트레스와 과거의 경험 및 갈등과의 연관성을 인식한다.

여섯째, 새로운 인식, 사고, 정서를 개발하고, 위기상황 이후에도 사용할 수 있는 새로운 적응적 대처기제를 개발한다.

위기개입모델의 개입목표는 급박한 상황을 다루므로 신속한 개입, 행동지향성, 제한된 목표, 희망과 기대, 지지, 위기에 초점을 둔 문제해결, 자립에 초점을 둔다.[10)]

(1) 신속한 개입

위기에 처한 사람은 혼란상태와 심한 고통상태에 있으며, 위기 그 자체가 실제적인 위험이 될 수도 있다. 위기는 대개 6주 이내에 어떤 형태로든 해결되므로 즉각적으로 개입해야 한다.

(2) 행동지향성

위기개입은 클라이언트가 위기에 대처하는 행동을 하게 할 만큼 적극적인 개입이어야 한다. 비활동적이고 간접적인 과정은 위기개입에서 좋지 않으며, 사회복지사는 설정한 계획에 따라 적극적으로 돕고 격려하며 면접을 이끌어 가야 한다.

(3) 제한된 목표

위기개입은 클라이언트가 균형상태를 회복하는 것을 개입목표로 한다. 즉 클라이언트가 파멸하지 않고 과거수준의 기능을 회복하고, 나아가 더 나은 기능수준을 획득할 수 있게 돕는다.

(4) 희망과 기대

위기에 처하여 절망감을 가진 사람들에게 그들의 문제해결에 지나친 희망을 갖게 하는 것은 피해야 하지만, 위기해결과 클라이언트의 기능회복에 대한 사회복지사의 희망적인 태도는 중요하다.

(5) 지지

지지는 우선 사회복지사에 의하여 제공되어야 한다. 사회복지사는 클라이언트에게 필요한 만큼만 지지를 제공해야 한다. 클라이언트가 사회복지사에게 장기적으로 의존하거나, 비현실적인 기대를 할 경우 이를 조정해 주어야 한다. 다만 필요시에는 도움을 구할 수 있도록 사회복지사나 사회복지기관, 병원 등과 연락 가능한 전화번호를 알려 주는 것이 필요하다.

(6) 위기에 초점을 둔 문제해결

문제해결이 위기개입접근법의 중심이라고 할 수 있다. 우선 문제를 파악하는 데 초점을 두고, 다음에 그것을 해결하는 데 초점을 유지하도록 노력한다. 종종 면접에서 적개심을 가지고 감정에 치우치는 경우가 있는데 이때 사회복지사는 초점을 문제해결로 바꾸어야 한다.

(7) 자립

위기에 처한 사람은 그가 아는 지식과 생각을 동원하여 많은 고민과 노력을 해 보고, 최종적으로 사회복지사의 도움을 받기 위하여 오는 경우가 많다. 이때 클라이언트는 자기자신을 실패자로 보는 경향이 있다. 그러므로 클라이언트가 문제해결능력을 가질 수 있도록 문제해결에 클라이언트의 생각을 적극적으로 반영하고, 클라이언트가 할 수 있는 것은 스스로 하게 해서 자립심을 길러 주는 것이 필요하다.

2) 개입과정

위기개입모델에 있어서 개입과정은 크게 초기단계, 사정단계, 계획단계, 개입단계, 종결단계 및 사후계획으로 나눌 수 있다.[11)]

(1) 초기단계

초기과정은 대개 클라이언트를 처음 대면하게 되는데 사회복지사는 위기상황에 즉각적으로 초점을 맞추고, 현재 클라이언트의 곤경에 대해 평가하며, 앞으로의 활동에 대해 계약한다. 특히 이 단계에서는 클라이언트의 주관적 반응을 이끌어 내는 것이 중요하며, 반응에 대한 해석이나 직면보다는 클라이언트가 감정을 표현함으로써 보다 합리적, 이성적으로 위기상황에 대처할 수 있도록 원조하는 것이 중요하다.

(2) 사정단계

사회복지사는 사정단계에서 클라이언트의 정서적 고통을 완화하거나 경감시키는 것과 동시에 개인과 문제에 대한 사정을 수행하게 된다. 사정단계에서는 위기상황에서 극복하기 위해 찾아온 클라이언트에게 신속한 개입을 하기 위해서는 먼저 클라이언트와의 신속한 라포형성을 통하여 사회복지사에 대한 경계를 낮추도록 유도하며 치료적 관계를 형성하여 클라이언트가 위기상황을 벗어나기 위해 최선을 다하겠다는 사회복지사와 클라이언트의 관계를 정립한다.

클라이언트의 위기상황에 즉각적으로 초점을 맞추고 주관적 경험을 경청한다. 클라이언트의 행동촉진을 위해서는 초기단계에서 감정표현을 유도하여 클라이언트가 감정을 충분히 표출하도록 하며 사회복지사는 감정이입을 통해 지지적인 태도를 보인다. 또한 클라이언트가 위기와 선행사건을 어떻게 인식하는지, 대처기술이 있는지 등의 정보를 파악하고 탐색하는 관점에서 문제를 검토하고 정의한다. 이때 사회복지사는 적극적인 태도로 개방형질문을 자주 사용함으로써 많은 정보를 파악한다. 클라이언트의 언어적·비언어적 표현을 관찰하며 적극적인 경청을 통해 클라이언트가 존중받고 있음을 느끼도록 충분한 관심을 기울인다.

① 위기와 선행사건에 관한 파악

클라이언트가 왜 오늘 도움을 받으러 왔는지 고려한다.

② 현재의 위기와 선행사건에 관한 클라이언트의 인식

클라이언트가 현재 위기와 선행사건을 어떻게 인식하는지 고려해야 한다.

③ 자원에 관한 고려

클라이언트에게 주위의 도움을 받을 만한 지지자원이 있는지 그리고 지지수준과 질은 어느 정도인지 고려해야 한다.

④ 과거의 문제경험과 대처기술

클라이언트가 과거에 비슷한 문제를 겪은 적이 있는지, 있다면 대처했는지 고려한다.

⑤ 클라이언트의 자해 또는 타해의 위험 정도

위기개입에서 반드시 고려해야 할 자살, 타살의 위험에 대해 질문해야 한다.

(3) 계획단계

클라이언트의 기능손상과 일상생활 수행능력 회복의 수준, 주변자원과 주변자원의 반응, 클라이언트가 어떤 도움을 받을지 평가하는 과정에서 사회복지사는 클라이언트의 위기상황에서 클라이언트가 어떤 방법을 사용하여 어떻게 위기로부터 대처하고 탈출할 것인가에 대한 대안적 대처방법을 탐색한다. 방법을 탐색한 후 이러한 방법을 대처하기 위해 사용되는 직접적인 행동(활동)계획을 세우게 되며 위기를 대처하기에 유용하게 활용될 수 있는 강점을 탐색한다.

위기 때문에 클라이언트의 기능이 어느 정도로 손상되었는지, 일상생활 수행능력은 어느 정도 회복될 것인지, 클라이언트의 주변자원들은 어떻게 반응하고 있는지, 클라이언트는 어떤 도움을 받을 수 있는지 등을 평가한다. 또한 가능한 대안들을 고려하고 이들의 장단점을 파악하여 무엇을 수행할 것인지 행동계획을 세운다.

(4) 개입단계

사회복지사는 위험사건 이후 자료를 조직화하고, 단기에 성취할 수 있는 목표와 목표를 달성하기 위한 과업들에 대해 작업함으로써 행동변화를 초래한다. 클라이언트가 자율성을 회복함에 따라 사회복지사는 소극적인 역할로 전환할 필요가 있으며, 클라이언트의 일상생활에서 활용할 수 있는 자원과 지지체계를 찾아내어 클라이언트가 적극 활용할 수 있도록 지원한다.

사회복지사는 클라이언트 자신이 처한 위기에 대해 지적으로 이해할 수 있도록 하고 그가 표현하기 힘들어하는 감정을 표현하도록 돕고 대체기제를 탐색한다. 또한 클라이언트가 자신의 사회적 지지체계를 형성하거나 다시 형성할 수 있도록 돕는다.

사회복지사는 클라이언트가 처한 위기에 대해 자각하도록 유도하며 충분한 감정표현을 유도한다. 또한 계속적인 대처기제를 탐색하도록 지지하고 클라이언트가 자발적으로 행동계획을 실행으로 옮기는 과정에서 비지시적 개입을 통해 자립성을 촉진시키며, 클라이언트가 행동으로 옮기는 과정에서 겪는 두려움에 대해서는 협력적, 지시적 개입을 통해 대처기제를 활용할 수 있도록 돕는다.

(5) 종결단계 및 사후계획

종결과정에는 종결에 대한 클라이언트뿐 아니라 사회복지사의 저항을 다루고, 성취한 과업, 목표, 변화와 성취하지 못한 것들에 대해 점검하며, 클라이언트의 활동계획에 대해 논의한다. 클라이언트가 사회복지사에게 의존하지 않도록 격려함과 동시에 필요한 경우에 클라이언트가 활동할 수 있는 지지원으로 사회복지사를 인식할 수 있도록 한다. 또한 클라이언트가 자신의 사회적 지지체계를 형성하거나 다시 형성할 수 있도록 도와준다.

위기개입의 마지막 단계에서 사회복지사는 클라이언트가 위기를 다루는 과정을 통해 무엇을 배웠는지 정리한다. 이때 클라이언트가 모든 문제를 미래에 혼자 해결한다는 메시지를 전달하지 말고 언제든지 도움이 필요할 때 받을 수 있다는 것을 설명해 줘야 한다. 또한 평가와 사후관리도 함께 이루어지도록 한다. 또한 사회복지사는 지시적 또는 비지시적인 방법으로 사회적 지지체계를 형성하도록 유도하고 클라이언트가 위기를 다루는 과정에 대하여 정리하는 기술을 사용한다. 상담과정에 대한 피드백을 주고받고, 평가하며, 클라이언트를 사후 관리한다.

Gilliand(1989)는 위기개입의 개입과정에서 위기개입 6단계를 제시하였는데, 그 주된 내용은 다음과 같다.[12)]

(1) 사정하기

사회복지사는 클라이언트의 대처능력, 대인적 위협, 유동성 혹은 비유동성의 측면에서 클라이언트의 현재와 과거의 상황적 위기를 평가하고, 전문가로서 취해야 할 행동유형을 판단하는 등 위기의 전 과정에 걸쳐 전체를 포괄하며, 계속적이고, 역동적으로 진행해야 한다.

(2) 경청하기

사회복지사는 위기상황에서는 감정이입, 진실, 존중, 수용, 비심판적, 돌보는 태도로 관심 기울이기, 관찰하기, 이해하기, 반응하기 등의 경청하기 기법 등을 활용하며 클라이언트가 위기의 주제를 꺼내면 사회복지사는 다양한 자원을 동원할 수 있도록 그와 함께 한다는 공감적인 태도로 주의 깊게 들어준다.

① 문제 정의하기

사회복지사는 개방형질문을 포함하여 적극적 경청을 사용하고 클라이언트의 언어적·비언어적 메시지 모두에 관심을 기울이는 등 클라이언트의 관점에서 문제를 검토하고 정의한다.

② 클라이언트의 안전 확보하기

사회복지사는 클라이언트의 내적 사건과 그를 둘러싸고 있는 상황 모두를 사정하고 필요하다면 충동적이고, 자기파괴적인 행동에 대한 대안을 그가 자각하도록 돕고 그의 신체적·심리적 안전에 대한 위협의 치명성, 중요성, 비유동성, 심각성 등을 사정한다.

③ 지지 제공하기

사회복지사는 클라이언트를 돌보고, 긍정적이고, 비소유적이고, 비심판적이고, 수용적이고, 인간적인 개입을 하고 있음을 말, 음성, 신체적 언어로 드러내는 동시에 정당한 절차를 거쳤으며 지지적인 사람임을 클라이언트에게 알려 준다.

(3) 활동하기

사회복지사는 클라이언트의 사정된 욕구와 환경적 지지의 활용가능 정도에 따라 비지시적, 협력적, 지시적인 수준에서 개입을 한다.

① 대안 검토하기

사회복지사는 클라이언트가 지금 이용할 수 있는 선택사항을 탐색할 수 있도록 원조하고 즉각적인 상황적 지지, 대처기제, 긍정적 사고를 찾아내도록 촉진하기 기법을 사용한다.

② 계획 세우기

사회복지사는 자원을 명확히 하고 대처기술을 제공할 수 있는 현실적인 단기 계획을 세우고 이러한 계획에 대해 클라이언트가 명확한 이해를 할 수 있도록 잘 설명해 주어야 한다.

③ 참여 유도하기

사회복지사는 클라이언트가 현실적으로 달성할 수 있으며 수용할 수 있는, 명확하고, 긍정적인 행동단계에 참여하도록 도움을 주도록 한다.

5. 개입기법

위기개입모델에서 사회복지사가 사용하는 개입기법은 다음과 같다.[13)]

1) 경청

경청이란 이완된 경청의 자세에 더하여 이 모든 것을 관찰하고 상황을 정확하게 판단하는 것을 의미한다. 특히 위기상황에서는 클라이언트가 위기의 주제를 꺼내면 사회복지사는 다양한 자원 등을 동원할 수 있도록 클라이언트와 함께한다는 공감적인 태도로 주의 깊게 들어준다. 정확하고 잘 다듬어진 경청기술은 모든 원조자가 지녀야 하는 필요한 기술이며, 인간중심 상담에서 기인하므로 다양한 원조관계, 위기 또는 기타상황에 응용 가능하도록 선택한 기법이다. 경청에는 촉진적 경청, 즉 적극적 경청이 있는데, 여기에는 다음과 같은 원칙이 있다.

첫째, 클라이언트의 세계에 모든 지적 능력의 초점을 맞춘다.

둘째, 클라이언트의 언어적, 비언어적 메시지에 주의를 기울인다.

셋째, 클라이언트가 타인, 특히 상담원과의 정서적, 신체적 유대를 맺을 수 있는지 알아차리게 한다.

넷째, 언어적, 비언어적 관심 기울이기로 관계를 강화하고 클라이언트가 위기개입과정에 대한 사전신뢰를 갖게 한다.

사회복지사는 클라이언트의 정서적 상태(정서, 내용) 모두를 정확히 듣고 있다는 것을 클라이언트에게 알린다. 촉진적 반응으로 클라이언트의 감정, 내적 동기와 선택에 대해 명확하게 이해함으로써 긍정적인 힘을 제공한다. 클라이언트는 이로써 희망을 갖게 되고, 해결과 위기에서 벗어나 앞으로 나아가려는 기분을 느끼게 한다. 클라이언트로 하여금 위기상황의 이해를 돕는다. 자신의 내적 준거기준과 정서적 편향에 고착되지 않고 그것을 합리적 방향으로 다시 초점을 맞추게 한다.

2) 수용하기

무조건적 긍정적 관심을 가지고 클라이언트를 있는 그대로 받아들이는 것을 말한다.

(1) 재보증

클라이언트는 도움을 받을 수 있고, 위협적 상황을 성공적으로 해결할 수 있을 뿐만 아니라 자신이 인식하고 있는 것보다 더 많은 능력이나 힘을 가지고 있다는 것을 사회복지사가 클라이언트에게 전달하는 방법이다.

(2) 격려

클라이언트가 위기에 직면하여 무력감과 절망감을 가지고 있을 때에 잘 활용될 수 있는 기술이다. 특히 사회복지사는 정직한 평가와 거짓칭찬이나 아첨 등을 구별하도록 유의해야 한다.

(3) 관심의 구체적인 표현

지지에 대한 클라이언트의 욕구가 강하고 불신이나 불안이 심하므로 클라이언트를 도우려는 사회복지사의 관심과 욕구를 표시하기 위하여 말보다는 어떤 구체적인 서비스가 필요하다.

(4) 비언어적 및 이차적 지지

몸짓, 제스처, 행동 등이 위기상황과 어떤 연관이 있는지에 대한 지지가 필요하며, 사회복지사의 관심과 끊임없는 주의를 클라이언트에게 전달하는 부차적인 효과를 가지는 이차적 지지도 함께하도록 한다.

3) 지지하기

지지하기기법은 클라이언트가 직면하고 있는 외적 위협이 클라이언트 자신이 생각하는 만큼 위험하지 않다는 사회복지사의 확신을 직접적으로 표현한다. 클라이언트에 대한 사회복지사의 관심과 수용 그리고 도우려는 의지를 전달함으로써 클라이언트의 자신감과 자존심의 결여 및 불안감 등을 감소시키고 동기화를 촉진시켜 원조관계를 수립하는 것이다.

위기개입상황에서의 지지하기는 사회복지사가 클라이언트의 위기상황을 최대한 수용하고 현재 겪고 있는 위기상황을 극복할 수 있도록 여러 가지 자원 등을 동원함으로써 그의 불안 등을 줄이는 기법이다. 지지과정은 언어적 의사소통뿐만 아니라 따뜻한 표정, 어깨를 두드리는 등의 비언어적 방법도 포함한다. 또한 클라이언트가 당면한 위기적 문제에 대해 실질적 도움을 제공함으로써 사회복지사가 클라이언트를 수용하고 지지함을 나타낼 수 있다.

(1) 관심 기울이기

위기의 클라이언트에게서 드러나는 감정은 수치, 죄책감, 분노와 슬픔 등 노골적이고, 화내거나, 미묘하고, 위장될 수 있다. 이런 감정이 드러날 수 있게 상담원은 목소리 톤, 자세, 눈빛, 얼굴표정 등 클라이언트에게 집중되어야 한다.

(2) 공감적 이해를 말로 나누기

클라이언트 내부의 중심적 정서를 듣고 이해할 수 있고, 이해한 것을 정확하고, 애정 있게 클라이언트에게 전달할 수 있으면 효과적인 경청을 하고 있는 것이다(클라이언트의 인지적, 정서적 매세지에 초점을 맞춰야 함).

(3) 비언어적 의사소통 이해하기

자세, 몸짓, 찌푸림, 언성, 눈 동작, 팔다리의 움직임 등을 상담원은 신중히 관찰하여야 하며 언어와 일치하는지 민감하게 관찰하고 클라이언트가 의식하지 못하는 부분을 알리는 것도 필요하다.

(4) 침묵 다루기

클라이언트가 침묵을 할 때 기다려 주며 클라이언트가 표현하기 어렵다는 것을 지지한다.

4) 조언 및 지시하기

조언 및 지시하기는 클라이언트의 행동을 향상하기 위한 기법으로, 이는 사회복지사의 의사를 관철시키는 하나의 방법이라 볼 수 있다.

조언하기에서 주의점은 사회복지사가 조언하고 싶은 욕구를 강요하는 것이 아니라 클라이언트가 가진 욕구를 명료화하여 조언해야 한다. 그러므로 조언하기 위해서는 충분히 경청하고 '클라이언트가 서 있는 곳'에서 출발해야 한다. 위기개입은 때로 사회복지사가 강한 의견을 표현하거나 클라이언트가 특정한 행동과정을 따르도록 촉구하기도 할 정도로 직접적 영향을 준다. 물론 클라이언트가 자신의 생각대로 결정에 이르기는 하지만 어느 정도 방향은 분명하게 제시하기도 한다. 예를 들면 "그것을 하는 것이 도움이 될까요?", "이렇게 하는 것이 더 좋을 것 같네요." 등을 들 수 있다.

지시하기의 기법은 충동적이며 전후 관계를 생각하지 않는 행동으로 중대한 결과를 초래할 가능성이 있을 때나 클라이언트가 사태를 이성적으로 충분히 검토할 여유가 없을 때, 적극적인 설득방법을 시도해 볼 필요가 있을 경우에 사용하면 더욱더 유용해질 수 있다.

5) 감정을 '나' 중심으로 표현하기(I-Message)

클라이언트는 자신의 마음, 감정을 아무도 이해하지 못한다고 생각하며, 자기의 표현을 하지 못한다. 사회복지사의 공감적인 표현으로 클라이언트가 함께 작업하는 과정에서 클라이언트는 능동적으로 참여하기 시작한다. 또한 사회복지사는 '클라이언트가 이럴 것이다.'라는 가치판단은 하지 말아야 한다.

사회복지사는 진실하게 클라이언트가 잘 해냈거나, 기쁘다거나 그것에 대해 기분이 좋으면 그대로 이야기한다. 그러나 이런 긍정적 강화는 성격이 아닌 행동에 대해서만 사용되어야 한다. 때로는 위기개입에서 사회복지사는 현 상황에 있어 매우 지시적이고 요점적일 수 있다. 자신을 주체로 하는 진술은 주장적 진술이라고도 하며 클라이언트에게 구체적인 행동을 명확하고 명료하게 요구하기도 한다.

6) 진실 나누기

사회복지사도 자기노출이 필요하다. 클라이언트의 현재 떠오른 문제에 초점을 맞춤으로써 클라이언트의 분노를 표현해도 괜찮다. 클라이언트는 사회복지사에게 인정받고 안전하고 신뢰할 만하다고 생각해야만 자신을 개방할 수 있다. 무엇보다 사회복지사는 클라이언트에게 치료적인 방향으로 이런 말을 할 수 있을 정도의 자신감과 자기일치성을 갖추어야 한다.

7) 탐색, 기술, 환기

탐색(exploration), 기술(description), 환기(ventilation)의 궁극적 목표는 클라이언트에게 사실 및 사실과 관련된 감정을 표출하게 하여 긴장을 완화시키는 것이다. 서술 혹은 설명한다는 것은 단순히 사실을 아는 그대로 표명하는 것이고, 환기한다는 것은 사실과 관련된 분노와 증오, 비탄, 죄악감, 불안, 적응할 수 없는 경우 등의 감정을 표현하도록 돕는 것이다.

(1) 탐색

탐색은 자신의 주변에 어떤 일이 일어나고 있는지 상황을 둘러보는 기법이다.

(2) 기술

기술 또는 서술한다는 것은 단순하게 사실을 아는 그대로 표명하는 기법이다.

(3) 환기

사실과 관련된 감정을 끄집어 냄으로써 카타르시스를 경험하도록 원조하는 것이다. 즉 클라이언트가 내면적으로 가지고 있는 감정을 이야기함으로써 발산하도록 돕는 것이다. 여기서 감정이란 분노와 증오, 비탄적 감정, 죄악감, 불안 등을 의미하는 것이다. 이를 자세히 살펴보면 다음과 같다.

첫째, 분노와 증오는 적절한 언어적 표현이 주어질 수 있으며 그 강도가 어느 정도 감소된다.

둘째, 비탄적 감정은 클라이언트가 비탄반응을 발산하도록 도울 때에는 감정의 발산을 저지하려는 것에 대하여 항상 민감해야 하며 클라이언트가 그의 감정을 표현하도록 완전히 마음이 가라앉을 때까지 기다려야 한다.

셋째, 죄악감은 클라이언트의 생활시간에 대한 하나의 적절한 반응이라면 죄악감을 느낀 그 클라이언트에 대한 사회복지사의 계속적인 수용은 말로 표시하든 안 하든 치료적 가치가 있다.

넷째, 불안은 클라이언트가 고통을 촉진시키는 사실을 말하거나 현재나 과거 생활의 여러 측면을 서술함으로써 일반적으로 이들과 관련된 정서를 어느 정도 발산하게 된다. 클라이언트의 모든 불안을 경감시키려고 하지 않는데, 이것은 어느 정도 긴장은 문제해결에서 생산적인 활동을 위하여 활용되기 때문이다.

8) 개인–상황 형태에 관한 반성적 토의

(1) 타인, 건강, 상황

① 클라이언트가 자신의 상황에 대하여 생각하도록 하는 것이다.

② 상황에 대한 개인의 이해부족은 사실의 왜곡이나 무지에 의해서 보다는 오히려 정상적 반응에 대한 실제적 지식의 부족에 기인할 수 있다.

(2) 의사결정, 결과 및 선택

① 외적 반성과 내적 반성 및 양자가 함께 관여하는 것이다.

② 클라이언트와 생활하고 있거나 관련되어 있는 사람과 상황의 상호작용의 영향 및 클라이언트의 의사결정과 활동을 포함한다.

(3) 내면적 자각

클라이언트 자신의 반응, 사고 및 감정의 본질에 관한 자각을 증가시키는 것으로 구성된다. 내면적 반성의 형태인 이들 과정에는 가끔 은폐된 감정과 반응의 지각이 포함된다.

(4) 상황적 자극에 대한 반응

반응에 대한 어떤 이유, 즉 반응에 기여하는 내적 사고과정과 외적 자극을 이해하는 것으로 구성된다.

(5) 자기평가

옳거나 틀린 것에 관한 초자아 혹은 가치관과 관련되는 자기상, 원리, 선호에 대하여 생각하는 것일 수 있다.

9) 유형 역동적 및 발달과정상의 요인에 관한 반성적 고찰

(1) 역동적 요인에 관한 반성적 고찰

① 자아방어기제

자아방어기제는 불안을 방어하기 위한 자기보호적인 방어기제이기 때문에 한꺼번에 파괴되어서는 안 되며 클라이언트가 수반되는 불안에 견딜 수 있다는 것이 검증될 때 탐구되어야 한다.

② 초자아

자기자신에 대하여 지나치게 엄한 클라이언트에게 강도 높은 타인의 요구보다는 오히려 자기자신의 비평으로 고통을 받고 있다는 점을 알게 해 줌으로써 도움을 줄 수 있다.

③ 자아기능

여러 가지 자아기능이 개인적 문제에 영향을 미칠 경우 사회복지사는 이들에 대한 이해를 해야 한다.

(2) 발달과정상의 이해

① 발달과정상의 반성

클라이언트의 역사적 근원을 어느 정도 이해함으로써 불건전하고 무인한 행동양식을 이해하는 데 큰 도움이 될 수 있다.

② 사회복지사와의 관계

클라이언트가 어린 시절부터 행하여 오던 태도로 사회복지사에게 반응을 보일 경우 사회복지사가 이 반응의 요인을 고찰 필요시에 현재 행동하고 있는 것이 어떤 것인가를 인식하도록 도움을 주어야 한다.

10) 환경조정

환경조정이란 클라이언트의 긴장과 압력을 감소시키기 위하여 사회적 상황을 교정하거나 개선하는 것 등으로 클라이언트를 유해한 환경으로부터 옮기거나 환경의 본질을 변화시키는 의미이다.

환경조정기법의 목표는 다음과 같다.

첫째, 클라이언트의 대인관계에 개입하거나 사회환경적 변화를 위한 다양한 활동을 시도하여 그를 둘러싼 인적·물적 환경에 관계된 문제를 해결하도록 한다.

둘째, 클라이언트에게 필요한 자원을 발굴하고 제공하며, 그와 다른 체계 사이를 중재하기도 하며, 옹호한다. 또한 클라이언트 스스로가 주변을 변화시킬 수 있도록 원조한다.

셋째, 클라이언트의 문제해결과정에서 주변 사회환경적 자원을 최대한 활용하기 위해서 사회복지사는 기관의 정책, 기관이 갖고 있는 자원, 기관의 권력구조, 다른 전문직의 문화 또는 분위기 등을 이해하고 있어야 한다. 또한 기관의 직원과도 지속적 협력관계를 유지해야 한다.

환경조정기법 개입에 있어서 사회복지사의 역할과 관련하여 강조해야 할 두 가지 중요한 사항은 클라이언트의 신상에 대한 비밀보장과 클라이언트의 자기결정과 그에 따른 책임성을 들 수 있다. 특히 위기개입에 있어서 환경조정의 기법을 사용할 시 클라이언트가 현재상황을 극복하고, 미래에도 적응할 수 있는 적응대처반응을 개발하며, 감정, 사고 그리고 지각의 새로운 유형을 개발하는 것이 무엇보다 중요하다.

이와 같이 위기개입모델을 사회복지실천에 적용하는 사회복지사들은 어떤 형태의 환경조정을 통해 개입하게 되는데, 클라이언트가 환경조정을 할 수 있는 가능성을 탐구해 볼 수 있도록 격려해야 한다. 즉 직업전환, 이사, 학교에 가는 것 또는 그들의 사회적, 물리적 환경에서 변화를 시도하도록 해야 한다. 또한 환경조정은 클라이언트가 지지적 관계의 대인관계를 발전시키도록 도움을 주어야 한다. 동시에 사회복지사들은 특정한 위기의 일반적인 과정을 알기 때문에 어떤 반응을 예상할 수 있다. 예비적인 지도는 닥쳐올 위기를 예측하여 대처하도록 해 준다.

제3부

체계수준별 사회복지실천기술

제9장

개인대상 사회복지실천기술

1. 개인대상 사회복지실천의 이해

1) 개인대상 사회복지실천의 개념

개인대상사회복지실천은 이들의 문제에 관심을 갖고 사회복지사와 클라이언트 간에 일대일로 만나 긴밀한 관계 속에서 개별화된 원조가 이루어지는 과정이라고 볼 수 있다. 사회복지실천의 정의에 영향을 준 대표적 학자는 Richmond(1922)와 Perlman(1957)이며, 그 뒤를 이어서 전미사회복지사협회(NASW, 1958, 1973, 1977, 1981), Bohem(1959), Pincus와 Minahan(1973)이 강조한 개인대상사회복지실천 개념의 주된 내용은 다음과 같다.[1]

첫째, Richmond(1922)는 사회복지실천을 "개인과 사회환경 간 개별적·의식적 조정을 통해 그 사람의 인격발달을 도모하는 제반과정"이라고 정의하였다. Richmond는 개인대상의 사회복지실천을 개별사회사업(case work)으로 간주하고 이들에게 교육 및 훈련 등을 실시함으로써 개인대상사회복지실천을 전문화하기 시작하였다. Richmond의 개인대상사회복지실천의 개념을 종합해 보면 개별화, 의식적 조정, 인격발달 및 과정이라고 정의할 수 있으며 이 같은 정의는 가장 고전적이지만 오늘날도 개인대상사회복지실천의 중요한 개념적 정의로 대표되고 있다.

둘째, Perlman(1957)의 사회복지실천이란 "사람들이 사회적으로 기능하는 데 있어 그들의 문제에 보다 효과적으로 대처해 나갈 수 있도록 원조하기 위해 사회복지기관 또는 전문기관에서 활용하는 하나의 과정"이라고 정의하였다. 이는 사회복지실천의 목적을 치료가 아니라 현재의 문제에 대처하는 개인의 능력을 향상시키는 것으로 보았다. Perlman의 정의 특징은 먼저, 사회복지실천을 사회복지기관의 기능과 관련시켰다는 점이고, 그다음 클라이언트는 사회적으로 기능할 수 있는 주체적 존재로 보았다는 것이다. 또한 Perlman은 사회복지실천을 구성하는 기본요소인 4P의 개념을 명확히 했다는 점을 특징으로 들 수 있는데 사회복지실천의 구성요소를 문제(problem), 사람(person), 장소(place), 과정(process)으로 보았으며, 이후 두 가지를 추가하여 전문가(professional)와 제공물 또는 제공자원(provisions)을 제시하였다.

셋째, 사회복지실천에 대한 공식적인 최초 개념은 1958년 전미사회복지사협회(NASW)에서 정의한 것으로써, 이 개념적 정의에 따르면 인간과 사회환경의 부조화로 인해 나타나는 개인의 문제를 해결하거나 최소화하며, 이러한 문제를 미리 예방하고 개인과 그 상황에 영향을 주는 집단, 지역사회, 조직 등의 잠재력을 최대한 발휘하는 것이라고 강조하였다. 또한 1973년에 전미사회복지사협회(NASW)가 "개인, 집단 또는 지역사회가 사회적 기능(social functioning)을 향상시킬 수 있는 자신들의 능력을 회복하거나 증진시키고, 자신들의 목표달성을 위한 사회조건을 스스로 만들어 갈 수 있도록 돕는 전문 활동"이라고 사회복지의 정의를 내렸는데, 여기에서도 '개인의 사회적 기능향상'을 강조하고 있어 사회복지실천에서의 개인대상에 대한 접근을 중요시하고 있음을 강조하고 있다. 그리고 1977년과 1981년 2차에 걸쳐 전미사회복지사협회(NASW)는 사회복지실천의 정의, 목적, 승인, 지식, 가치 그리고 특성화에 대해 공식적 입장을 표명하는 내용을 발표하면서 그중 개인대상사회복지실천의 개념적 정의도 재정립하였다. 1977년과 1981년의 개인대상사회복지실천의 정의는 개인과 사회환경과의 상호작용에 초점을 두면서 삶의 질 향상을 목적으로 하고 있다. 이와 같이 1977년의 정의는 그 이전의 정의에 비해 상당히 발전된 것으로서 개인의 문제를 사회복지의 사회통제(social control), 사회개혁(social reform)의 기능이 보완된 것이라 할 수 있다.

넷째, Bohem(1959)은 사회복지실천에서 개인의 손상된 능력의 복귀, 개인적·사회적 자원의 제공, 사회적 역기능의 예방 등 사회적 활동과 개인적 기능과의 관계를 중요시하였고 개인의 문제는 사회적 상황 안에서 일어난다는 것을 강조하고 있다.

다섯째, Pincus와 Minahan(1973)의 사회복지 개념을 보면, "사람과 자원체계 간의 연결(linkage)과 상호관계(interaction)"라고 정의하였는데, 이는 사회복지실천에서 개인의 문제해결능력 향상을 위하여 개인에게 부족한 자원의 연결을 원조하고 사회복지 관련 기관이 클라이언트의 욕구부응 등에 노력해야 한다고 강조하고 있다.

위에서 살펴본 여러 학자들과 전미사회복지사협회(NASW)가 내린 개인대상사회복지실천의 개념을 정리해보면 첫째, 사회복지사가 개인대상 클라이언트의 욕구와 문제해결을 돕기 위해 일정한 개입목표와 과정을 통해 활동하는 것이다. 둘째, 개인대상에 영향을 준 집단, 이웃, 공동체, 지역사회, 조직 등과 관련하여 이들의 욕구문제를 해결하기 위한 전문적 활동이다. 셋째, 사회복지사가 개인대상의 삶의 질을 향상시키기 위해 사회복지실천 현장에서 필요한 구체적 서비스들을 수행하는 것이다.

따라서 개인대상사회복지실천의 전반적 내용을 요약하면 다음과 같다.[2)]

첫째, 개인대상사회복지실천은 문제를 가진 개인을 일대일 방식으로 도움을 받음으로써 개인문제와 사회문제를 해결하는 것을 목표로 한다.

둘째, 개인대상사회복지실천은 예방보다는 치료적 입장에서 문제해결을 중시한다.

셋째, 개인대상사회복지실천은 개인이 환경에 적응하도록 돕고 개인에게 불리한 사회적·경제적 상황을 변화시키도록 돕는다.

넷째, 개인대상사회복지실천은 클라이언트의 문제에 초점을 두고 클라이언트와의 개별화된 원조과정을 진행한다.

다섯째, 개인대상사회복지실천은 클라이언트의 문제를 해결하기 위해 클라이언트와 사회복지사 간의 전문적 관계를 중요시한다.

여섯째, 개인대상사회복지실천은 다양한 모델과 개입방법을 적용하여 개인의 적응과 변화, 개인과 환경과의 상호작용을 변화시킨다.

2. 개인대상 사회복지실천 개입과정 및 기술

1) 개인대상 사회복지실천 개입과정

개인대상사회복지실천의 개입과정은 사회복지사가 클라이언트 개인과 그를 둘러싼 환경인 개인과 가족 및 집단 등 다양한 환경 내의 체계들을 변화시키기 위해 도움이 필요한 개인과 그의 환경에 대해 전문적 기술을 갖춘 사회복지사가 계획된 원조를 단계적으로 적용하여 문제해결을 돕는 일련의 전문적 개입과정이라고 볼 수 있다.

개인대상사회복지실천의 개입과정의 단계는 여러 학자에 따라 3단계, 4단계, 5단계로 나누고 있지만 일반적으로 개인대상사회복지실천과정을 3단계, 즉 초기과정(접수, 자료수집, 사정, 계획수립), 중간과정(직접적 개입, 간접적 개입), 종결과정(종결, 평가, 사후지도 등)으로 나누고 있다. 개인대상사회복지실천과정의 3단계를 요약하여 정리하면 다음과 같다.[3)]

(1) 초기과정

개인대상사회복지실천의 개입과정에서 사회복지사와 클라이언트의 관계는 도움을 요청하고 전문적 도움을 제공하는 전문적 관계이다. 초기과정에서 접수(intake) 시 사회복지사는 문제나 욕구를 가진 사람이 사회복지기관을 찾아왔을 때 그의 문제와 욕구를 확인하여 다른 기관에 의뢰할 것인지, 기관의 정책과 서비스에 부합되는지 여부를 정확히 판단해야 한다. 이때 사회복지사는 첫 만남이 서로에게 긍정적 경험이 될 수 있도록 클라이언트와의 라포(rapport)관계가 잘 형성되어야 한다. 다시 말하면 클라이언트의 문제확인과 다른 기관의 의뢰여부가 필요하며 참여를 유도하기 위해 동기화, 양가감정의 수용과 저항감 해소, 클라이언트와의 관계형성(감정이입, 긍정적 고려, 온화함, 진실성) 등이 사회복지사의 역할에 무엇보다 중요하다.

초기과정에는 자료수집, 사정, 계획수립 등이 포함되는데, 그 주된 내용은 다음과 같다.[4)]

① 자료수집

자료수집(data collection)은 클라이언트와 클라이언트가 가진 문제를 이해하기 위하여 필요한 사실을 모으는 과정으로, 수집한 자료를 바탕으로 클라이언트를 사정(assessment)한다. 자료수집은 개입가능성을 판단하고 클라이언트의 문제를 파악하여 개입에 도움이 되는 자료를 마련하며, 나아가 클라이언트의 강점과 잠재적 역량을 이해하는 데 매우 중요한 지속적 과정이다. 이러한 자료수집 내용은 객관적인 자료나 정보, 클라이언트의 주관적인 사실에 관한 인식의 파악 등이 포함된다.

자료수집의 주요방법은 면접, 관찰, 검사 등이 포함되며 클라이언트의 자료수집은 보통 클라이언트가 작성한 양식, 클라이언트와의 이야기, 클라이언트의 비언어적 행동, 사회복지사의 개인적 경험, 부수적인 정보, 심리검사 및 사정도구, 클라이언트와의 직접적인 상호작용에 근거한 사회복지사의 경험, 클라이언트의 자기 모니터링 등이 있다.[5)]

② 사정

사정(assessment)은 클라이언트의 관심과 상황을 이해하고 이것을 기반으로 활동계획을 개발하기 위한 활동이다. 즉 클라이언트의 문제가 무엇인지, 어떤 원인으로 문제가 발생했는지, 그 문제를 해결하거나 감소시키기 위하여 무엇이 변화되어야 하는지에 대한 방법을 알아 가는 과정이다. 또한 사정은 지속적인 과정과 결과, 상호작용, 클라이언트의 관여, 판단성 적용, 클라이언트의 강점적용, 이중초점, 수직적·수평적 탐색, 지식적 근거, 생활상황에서의 이해, 개별화, 한계 인식 등의 특성을 지니고 있다.[6)]

사정과정의 과제는 문제발견, 정보수집, 충족되지 않은 욕구인지 및 욕구충족의 장애물 규명을 통한 장애제거의 방식을 설정하는 과정 등으로 볼 수 있다. 사정과정의 과업에서 무엇보다도 중요한 것은 사정계획을 수립하는 일이다. 이러한 사정계획 수립은 계획수립과정과 연결되어 있으며 개입과정에서 적용해야 할 지침서라고 볼 수 있다(〈표 9-1〉 참조).[7)]

〈표 9-1〉 사정과정의 과제

과제영역	과제내용	
문제발견	• 심리행동상의 문제 • 의사결정상의 문제 • 역할수행상의 문제 • 사회적 관계에서의 불만족	• 부적합한 자원문제 • 인간관계에서의 갈등문제 • 공식적 조직과의 문제 • 사회적 전환에서 파생되는 문제
정보/자료 수집	• 문제행동의 시작시점 • 문제행동이 일어나는 빈도 • 클라이언트가 제시한 문제 • 클라이언트의 지각과 개념 • 클라이언트에게 필요한 외적 자원 • 문제체계 관련 사람들 간 상호작용	• 문제행동이 일어나는 시간 • 사회복지사의 직관력 • 클라이언트의 장점과 기술 • 클라이언트의 문제대처/대처기술 • 문제행동을 야기한 상황적 요인 발견 • 문제에 대한 클라이언트의 정서적 반응
문제형성 (문제규정)	• 욕구충족을 방해하는 요인들 • 클라이언트가 호소하는 문제와 욕구	• 목표달성과 개입계획 세우기

사회복지실천에서의 사정도구는 개인·가족·집단 차원의 사정도구가 있는데 개인과 상황에 따라서 적절히 사용할 수 있으며 그 사정도구를 요약하면 다음과 같다.[8)]

첫째, 개인적 차원의 사정도구는 클라이언트의 사회적 지지체계를 사정할 수 있는 도구로, 여기에는 사회지지망 목록, 사회적 상호작용을 위한 면담계획표, 사회적 관계망 그리드 등이 있다.

둘째, 가족적 차원의 사정도구에는 가족사정 범주(가족범주 도식과 가족사정 차원), 가계도, 생태도, 생활력 도표 등이 있는데, 특히 개인의 문제가 가족문제와 연결되어 있을 경우에는 반드시 가정 관련 사정도구를 활용할 필요가 있다.

셋째, 집단적 차원의 사정도구는 집단사회복지실천 상황에서, 혹은 클라이언트가 집단체계인 경우, 사회복지사는 집단자체에 대한 사정과 집단에 속한 개별구성원, 그리고 집단환경에 대한 사정을 실시하는데, 여기에는 집단차원의 주된 사정도구인 집단구성원 및 전체에 대한 사정, 소시오그램(사회도) 등이 있다.

③ 계획수립

계획수립(planning)은 자료수집과 클라이언트의 문제와 상황에 대한 일차적 사정을 마친 후 실질적인 문제해결과정이 시작되는 단계로, 사회복지사와 클라이언트는 표적문제를 선정하고 개입목표를 설정하며 이를 달성하기 위하여 클라이언트와 함께하기, 문제의 우선순위 정하기(표적문제 선정), 목적 설정하기, 목적을 목표로 구체화하기, 계약을 공식화하기 등 세밀하고 구체적인 계획을 수립하여 계약을 공식화해야 한다.[9)]

계획수립 시 사회복지사는 클라이언트의 준비된 정도판단, 목표설정 이유, 적절한 목표선택, 명확한 목표규정, 목표의 실현가능성 및 잠재적 이득과 위험 논의, 특정목표의 잠재적 결과 측정 및 그 목표달성을 위한 노력, 클라이언트의 의견에 따른 목표의 우선순위 결정 등의 요소들을 포함시켜야 하며 특히 표적문제 선정 시 클라이언트에게 중요하게 생각하고 시급히 해결되기를 바라며 문제상황을 대표하고 문제해결이 어느 정도 가능한 명백한 문제로 선정해야 한다.[10)]

따라서 초기과정에서 사회복지사의 가장 중요한 과제는 사회복지사와 클라이언트 간의 관계형성(rapport)이며, 이러한 관계가 긍정적으로 형성되어야 다음 단계로 진행할 수 있다.

(2) 중간과정

개인대상사회복지실천의 개입과정에서 중간과정인 개입단계는 사회복지사와 클라이언트가 합의하여 결정한 문제를 해결하기 위한 계획을 실천하는 단계이다. 이 단계는 구체적인 행동을 통해 의도적인 변화가 일어날 수 있도록 지원하는 단계로써 사회복지실천과정에서 가장 핵심적인 부분이다. 즉 개입단계는 클라이언트의 문제해결을 위해 목표를 달성하려는 전문적 활동단계로서 클라이언트의 기능을 회복시키고 개선시키는 것에 목표를 두고 있다. 개입단계에서의 목표는 문제해결을 위한 구체적 변화전략을 수립하며, 개입, 원조, 교육, 동기 유발, 자원 연결, 행동변화 등을 통한 변화를 창출한다. 특히 개입과정에서 사회복지사는 중개자, 중재자, 조력자, 교사, 옹호자, 대변자, 촉진자, 계획가, 창출자 등의 역할이 요구된다.

중간과정인 개입과정은 일반적으로 직접적 개입과 간접적 개입이 있는데, 그 내용과 개입기술을 요약하면 다음과 같다.[11]

① 직접적 개입

직접적 개입은 개인의 심리 내적인 변화와 관계의 변화, 문제해결 및 대처능력의 회복으로 개인이 정상적인 사회적 기능을 수행할 수 있도록 하는 것이다. 즉 직접개입은 사회복지사가 클라이언트의 기술과 능력을 향상시키거나 문제를 경감시키기 위해 직접활동을 수행하는 것으로 개인이나 집단, 가족 등 미시체계 수준의 클라이언트와 직접 관계하면서 변화를 추구하는 것이다.

② 간접적 개입

간접적 개입은 클라이언트 주변체계나 클라이언트와 체계 간의 관계를 변화시키기 위한 활동, 즉 클라이언트를 돕기 위해 클라이언트를 둘러싼 환경을 변화시킴으로써 클라이언트의 문제를 해결하는 것이다. 간접적 개입에서 사회복지사의 역할은 크게 중개자, 옹호자, 중재자, 해석자, 자원의 제공자, 자원의 탐지자 및 창출자 등이며, 이에 대한 내용은 다음과 같다.[12)]

가. 중개자

클라이언트가 지역사회의 자원을 찾아내어 활용할 수 있도록 원조하거나 그가 필요로 하는 자원 및 서비스와 연결, 지역사회의 다양한 집단, 기관, 단체들이 상호 이익을 도모하기 위해 교류할 수 있도록 돕는 역할을 한다.

나. 옹호자

클라이언트의 이익을 대변하는 역할을 하여 클라이언트를 대신하여 체계의 변화를 이끌어 낸다. 또한 클라이언트가 자원과 서비스를 받을 권리를 유지하도록 돕는 활동, 즉 사회복지사의 옹호자 역할은 필요한 정보를 끌어내고, 지역주민들의 입장의 정당성을 주장하며 기관의 입장에 도전할 목적으로 지도력과 자원을 제공해야 한다.

다. 중재자

체계 사이의 갈등이나 의견을 조정하는 역할을 하고 공통된 입장, 즉 관련된 사람이 자기이익이 어떻게 어디에서 중복이 되는가를 파악해야 하며 이를 위해 사회복지사와 클라이언트 관계의 활동 및 면접기술이 요청된다.

라. 해석자

클라이언트와 관련된 어떤 사람이든 클라이언트를 이해하도록 하거나 과거와는 달리 대하도록 돕는다. 이 해석을 위해서 클라이언트에 대한 사회복지사 자신의 충분하고 정확한 이해가 필요하다.

마. 자원의 제공자

클라이언트를 위해 이들 서비스를 적절히 그리고 기술적으로 활용하는 것과 이들 자원의 끊임없는 개선을 위해 책임을 공유하면서 사회복지사는 가끔 기관서비스를 확장하려는 노력을 시도한다.

바. 자원의 탐지자 및 창출자

클라이언트의 문제해결을 위해 그가 속해 있는 환경의 자원을 발견하고 자원을 탐지해야 한다. 클라이언트의 욕구를 해결하지 못했을 경우나 조직화된 자원이 용이하지 않을 때 사회복지사는 자원을 도출하거나 창출해 내야 한다.

(3) 종결과정 및 평가

① 종결과정

개인대상사회복지실천에서의 종결과정은 사회복지사의 개입활동을 계획에 따라 마무리하는 것이다. 종결작업은 클라이언트의 사회적 기능을 강화시키는 동시에 사회복지사와 클라이언트가 개입의 전 과정을 통해 같이 발전시켜 온 성과를 이해시키는 과정이기도 하다. 사회복지사는 개입을 성공적으로 마무리하려면 클라이언트가 긍정적인 성과를 얻게 한 다음, 돕는 관계가 원활하고 만족스럽게 끝나도록 해야 하는데 여기에는 상당한 기술과 신중한 계획이 필요하다.

종결과정에서 사회복지사는 성공적인 종결, 종결의 유형, 종결에 따른 반응, 변화된 결과의 강화 및 유지, 사후지도 등에 대한 전문적 지식과 경험을 가지고 역할을 하게 되면 클라이언트와의 종결과정을 잘 마칠 수 있는데, 그 내용을 간단히 살펴보면 다음과 같다.[13]

가. 종결과정에서의 목표

클라이언트가 당면하고 있는 문제를 스스로 해결할 뿐만 아니라 앞으로 부딪힐 문제들을 극복하고 해결해 나갈 수 있도록 클라이언트를 강화시키는 데 있으며, 클라이언트의 목표가 성공적으로 달성되었을 경우에는 사회복지사나 클라이언트가 모두 긍지와 만족감을 갖고 종결을 준비하게 된다. 그러나 클라이언트가 과도하게 사회복지사에게 의존하게 되었을 경우 종결에 따르는 만족도는 낮아지게 된다.

나. 성공적인 종결

클라이언트와의 적절한 종결시기 결정하기와 정서적 반응을 다루어야 하며 클라이언트에 대한 서비스평가, 궁극적 목적 및 구체적 하부목표의 유지와 강화, 다른 기관 의뢰 등 종결과정에서 사회복지사의 역할이 매우 중요하다.

다. 사회복지실천에서 종결의 유형

시간제한에 의한 계획된 종결, 시간제한이 없는 종결, 일정기간만 제공되는 계획된 종결, 목표달성에 의한 종결, 개입중단으로 인한 종결 등이 있고, 종결에 따른 반응에는 긍정적 종결반응, 부정적 종결반응, 사회복지사가 떠날 때의 정서적 반응 다루기, 실패로 인한 종결 등이 있기 때문에 신뢰관계를 바탕으로 클라이언트의 종결반응을 잘 다루어야 성공적인 종결이 될 수 있다.

라. 종결 후 클라이언트의 변화된 결과 강화 및 유지

클라이언트의 스트레스와 부정적 상황을 미리 예측하고 그가 속한 환경의 자원체계들을 잘 활용하여 적절하게 대처하도록 함으로써 클라이언트의 변화된 결과를 강화하고 유지하도록 도움을 주어야 한다.

마. 사후관리

사회복지사는 클라이언트에게 사후관리의 목적이 클라이언트 변화의 진전상황을 점검하는 것임을 확인시켜 줌으로써 클라이언트에게 긍정적 기대감을 심어 주는 것이 좋다. 계획된 사후관리는 클라이언트에게 사회복지사의 지속적 관심을 받고 있다는 지지감을 부여함으로써 종결 시의 개입효과를 지속적으로 유지하는 데 도움을 주게 된다.

② 평가

종결과정에서 평가는 효과성, 효율성, 자원사용 및 클라이언트에 대한 책임성, 실천과정에 대한 점검 및 평가 등이 수행되어야 하므로 사회복지실천에서 평가는 중요한 한 부분을 담당하고 있다. 또한 사회복지실천의 평가를 통해 사회복지사와 클라이언트는 의도한 대로 서비스계획을 이행했는가의 여부와 목적들이 성취되었는가를 결정짓고 이를 토대로 문제나 목표, 서비스계획 등을 수정할 수 있으며 동일한 서비스계획을 다른 방식으로 수행할 수도 있다. 사회복지실천에서 평가는 사회복지실천의 과학성과 전문성을 강화해 주고 클라이언트에 대한 책임성을 높여 준다는 면에서 매우 중요한 의미를 지니고 있기 때문이다. 그리고 사회복지실천에서의 평가유형은 평가의 내용에 따라 평가차원에 따른 분류와 평가목적에 따른 분류로 구분할 수 있으며 그 내용을 간단히 요약하면 다음과 같다.[14)]

가. 성과평가(결과평가)

성과(결과, outcome)에 대한 평가(evaluation)는 구체적 개입목표에 비추어 성취된 결과를 평가하는 것이다. 측정도구가 없다면 클라이언트의 관점과 생각을 사회복지사의 생각과 비교하기 위해 상담이나 질문지를 사용할 수 있다. 전체과정을 평가하기 위해 각 과정에서 달성한 목표를 클라이언트의 관점에서 도출해야 한다.

나. 과정평가

과정평가(process evaluation)는 사회복지실천과정을 분석하기 위한 것으로 성과평가에서 빠지기 쉬운 프로그램의 준비, 진행, 종결과정에서 환경적인 요인과의 관련성을 프로그램의 과정에 따라 분석하는 기법이다. 과정평가의 핵심은 긍정적인 변화를 유발할 수 있는 일반적인 요소를 잘 알아 실천에 통합하고 개입적 효과를 향상시키는 것이다. 평가내용에는 사회복지사가 목표달성을 위해 사용한 방법이나 기법에 대해 피드백하는 것도 포함한다.

다. 사회복지사 평가

사회복지사의 행동이나 태도 등이 개입에 어떠한 영향을 주었는지 파악하기 위해 클라이언트로부터 피드백을 받는 것이다. 클라이언트의 긍정적 피드백은 사회복지사로 하여금 자기강점을 더 잘 알게 하고 그것을 앞으로 자주 활용하게 한다. 부정적인 피드백은 때로는 고통스럽지만 사회복지사의 주의산만, 개입에 대한 적대적 행위나 태도, 매너리즘을 알려 준다는 점에서 역시 매우 도움이 된다.

2) 개인대상 사회복지실천 개입기술

(1) 사회복지실천의 직접적 개입기술

개인대상에 대한 직접적 개입기술은 정서·인지적 개입, 행동변화 개입, 대인관계향상 개입으로 나누는데, 그 주된 내용은 다음과 같다(〈표 9-2〉 참조).[15]

① 정서·인지적 개입

가. 격려

클라이언트의 행동, 태도, 감정을 칭찬, 인정해 주는 언어적 표현방식으로 그에게 문제해결능력과 동기를 최대화하는 효과적 방법이다.

나. 재보증

클라이언트의 능력에 대해 사회복지사가 신뢰를 표현하여 자신감을 주는 것으로, 재보증의 진술은 현실에 기초해야 한다.

다. 보편화

클라이언트의 생각, 느낌, 행동 등이 그와 비슷한 상황에 있는 다른 사람과 같다는 사회복지사의 진술을 의미한다.

라. 환기법

클라이언트의 문제 또는 상황과 관련된 분노, 증오, 슬픔, 죄의식, 불안 등과 관련된 감정을 표출하도록 하여 감정강도를 약화, 해소시키려는 기법이다.

마. 재명명

어떤 문제에 대해 클라이언트가 부여하는 의미를 수정해 줌으로써 클라이언트의 시각을 긍정적으로 변화시키는 방법이다.

바. 초점화

클라이언트가 자기문제를 언어로 표현할 때 혼란, 산만 등을 점검해 주고 말 속에 숨겨진 선입견, 편견, 혼란 등을 표출하여 자신의 사고과정을 명확히 볼 수 있도록 해 준다.

사. 직면

클라이언트의 언어적 표현과 비언어적 표현, 행위 사이의 불일치, 표현한 가치와 행동화 사이의 모순을 클라이언트 자신이 주목할 수 있게 해 준다.

아. 정보제공

클라이언트에게 의사결정이나 과업수행에 필요한 정보를 제공하는 것을 의미한다.

자. 조언

클라이언트가 해야 할 것을 추천하거나 제안하는 사회복지사의 진술을 의미한다.

② 행동변화 개입

가. 강화와 처벌

강화는 표적행동이 과거보다 빈번하게 일어날 가능성을 증가시키는 사건이나 행동을 의미하며 처벌은 표적행동을 제거시키거나 그 강도를 감소시키기 위해 클라이언트가 표적행동을 행할 시에 고통스럽고 불쾌한 자극을 제시하는 기법이다.

나. 토큰강화법

여러 가지 바람직한 행동과 습관을 구체적으로 미리 정해 놓고 그 행동을 했을 때 그에 상응하는 토큰(징표)을 줌으로써 체계적으로 강화하는 것이다.

다. 타임아웃

문제행동이 어떤 상황으로 인하여 강화를 받게 되는 경우에 문제행동을 한 사람을 그 상황으로부터 격리시키는 방법을 말한다.

라. 행동계약

클라이언트의 행동변화가 일어나도록 고안된 동의로써 과정에 필요한 매 요소들을 분명하고 명확하게 만들고 관여된 모든 사람이 이해·수용할 수 있는 기법이다.

마. 행동시연

치료실 내에서 어떤 역할을 시험적으로 해 보도록 함으로써 인간관계의 형성과 유지에 필요한 태도나 행동특징을 습득할 수 있도록 하는 행동수정의 기법이다.

바. 행동연쇄

여러 단계를 거쳐야 하는 복잡한 행동을 몇 개의 분리된 단계나 요소로 나누어, 한 번에 한 단계씩만을 가르치는 절차를 의미하며 일종의 강화물로 작용함으로써 하나의 완성된 행동을 배워 나가는 것이다.

사. 행동형성

바라는 목표에 점진적으로 접근하는 방법으로 추구하는 목표를 작은 단계로 나누어 각 단계 내에서 강화하여 그를 통한 점진적인 변화를 시도하는 것이다.

③ 대인관계향상 개입

가. 역할전환

한 사람이 다른 사람의 역할을 맡아 다른 사람의 관점에서 사물을 보도록 하는 방법이다. 이 기법을 통해 동일상황에 대해 다른 가족구성원의 이해와 느낌에 대한 이해를 증진시킬 수 있다.

나. 빈 의자 기법

클라이언트가 다른 각도에서 갈등을 보도록 하며, 자신이 특정한 방식으로 행동하고 느끼는 이유를 통찰하도록 돕는 기법이다.

다. 가족조각

가족구성원 각자가 자신의 내면적 감정에 접함으로써 실제의 자신을 알고 느끼며 새로운 대처방법을 생각해 보기 위한 기법이다.

라. 재구조화

클라이언트가 특정 사건, 행동 또는 인생경험에 부여하는 의미를 수정하기 위하여 사용되는 기법이다. 이 기법을 통해 클라이언트는 다양하고 긍정적 시각으로 사건이나 행동을 볼 수 있다.

마. 이완훈련

클라이언트가 중요한 근육부위를 집중적으로 이완시킬 수 있도록 사회복지사가 원조하는 것이다.

〈표 9-2〉 직접적 개입의 개입기술

분류	직접적 개입기술		
정서 · 인지적 개입	• 격려 • 환기법 • 직면	• 재보증 • 재명명 • 정보제공	• 보편화 • 초점화 • 조언
행동변화 개입	• 강화와 처벌 • 행동계약 • 행동형성	• 토큰강화법 • 행동시연	• 타임아웃 • 행동연쇄
대인관계향상 개입	• 역할전환 • 재구조화	• 빈 의자 기법 • 이완훈련	• 가족조각

(2) 사회복지실천의 간접적 개입기술

간접적 개입기술에는 사회적 지지체계 개발, 서비스 조정, 프로그램 개발, 옹호활동, 사회행동, 지역사회 내 기관 간의 협력, 환경조정 등이 있는데, 그 내용은 다음과 같다.[16)]

① 사회적 지지체계 개발

사회적 지지체계 개발은 사회복지사가 기존의 체계들이 클라이언트의 욕구에 맞게 적절히 기능하도록 원조하는 것이다. 사회복지사는 클라이언트의 특수한 욕구를 만족시킬 수 있는 지역사회 내 다양한 기관과 프로그램에 대한 정보를 가지고 있어야 한다.

② 서비스 조정

서비스 조정은 복합적 문제를 가진 클라이언트의 상황에 복합적 서비스를 제공하기 위해 필요한 서비스이며 원조하는 사람 간 기능적 관계에 따라 그 효과가 좌우된다.

③ 프로그램 개발

지역사회 내에서 프로그램을 개발하기 위해서는 지역사회주민들에게 관련 정보를 제공함으로써 문제를 인식시키고, 욕구조사 등을 통해 지역주민들의 욕구는 물론이고 프로그램 개발의 필요성과 방향을 포괄할 수 있어야 한다.

④ 옹호활동

옹호활동은 욕구충족을 방해하는 사회적 여건의 변화를 위해 사용할 수 있는 전략이다. 사회복지사가 클라이언트의 상황을 철저히 이해하고 클라이언트의 문제를 경감시키는 다른 방법이 전혀 없다고 확신할 때 활용할 수 있다.

⑤ 사회행동

사회행동은 사회복지사가 인간의 욕구에 반응하는 방법 중의 하나로서 사회행동의 원리는 사람들의 집단을 조직화하여 권력주관기관과 정치조직에 압박을 행사하는 것이다. 사회행동을 위한 기술로는 사회행동계획을 수행하기 위한 일정표 수립, 사회행동이 야기할 변화의 평가를 위해 피드백 과정을 계획 속에 포함시키기 등이 포함된다.

⑥ 지역사회 내 기관 간의 협력

클라이언트의 욕구를 효과적으로 충족시켜 주기 위해서 지역사회 내에 존재하는 다양한 조직이나 기관 간의 협조가 필요하며 기관이 클라이언트의 문제를 모두 해결할 수는 없으므로 기관에 정보를 교환하거나 협조체계를 구축하여 클라이언트의 욕구에 유연하게 대응해야 한다.

⑦ 환경조정

환경조정은 개개인과 환경 간의 조화를 회복·유지·증진하기 위해 자원과 기회를 제공하며 환경 내의 유의미한 사람과 클라이언트의 개인적 능력 및 대인관계 능력을 증진하는 것이다.

3. 개인대상 문제이해와 변화를 위한 기술

사회복지실천에서 사회복지사가 개인대상클라이언트의 문제해결을 위하여 무엇보다도 그의 문제에 대한 구체적이며 객관적인 이해가 필요하다. 이러한 문제를 정확히 규명하고 이해하기 위해서는 무엇보다도 초기단계에 사회복지사와 클라이언트 간에 관계형성(rapport)이 중요하며, 이러한 관계형성을 통하여 중간단계인 클라이언트의 문제해결을 위한 개입과정으로 들어갈 수 있고 궁극적으로 클라이언트에게 변화에 대한 기회를 줄 수 있다.

사회복지실천에서 개인대상클라이언트의 문제를 이해하고 변화를 위하여 먼저 클라이언트의 문제를 규명하고, 그다음 사회복지사와 클라이언트 간에 관계형성을 위한 사회복지사의 기술이 요구된다.

1) 문제이해를 위한 기술

개인대상클라이언트의 문제발견 및 문제형성을 규명하기 위하여 사회복지사는 사정의 기술 등이 요구된다. 이러한 사회복지사의 주된 기술은 다음과 같다.[17)]

(1) 문제발견 기술

개인대상클라이언트의 문제발견을 위한 첫 단계의 사회복지사 기술은 클라이언트의 문제를 발견하는 것이다. 이것은 접수 및 참여 유도단계에서의 문제확인보다는 좀 더 심층적으로 문제의 성격과 원인을 이해하는 것으로, 접수단계에서 문제의 확인이 주로 클라이언트 스스로가 말하는 문제에 기초한다면 문제발견의 단계에서는 첫째, 사회복지사는 해결되지 않은 클라이언트의 욕구가 무엇인지 확인해야 한다. 둘째, 욕구를 충족시키는 데 장애가 되는 요인을 파악해야 한다. 셋째, 문제해결계획이나 개입방향이 드러나도록 문제를 규명해야 한다.

개인대상클라이언트의 문제발견을 위한 사회복지사 기술은 다음과 같다.

① 인간관계에서의 갈등문제이해

배우자 간, 부모-자녀 간, 형제-자매 간에 의사소통 유형, 아동양육방법, 여가선용, 친척관계, 부모부양문제 등 인간관계에서의 갈등문제는 주변의 다른 사람들과의 관계에서 명백한 어려움이 있는 문제를 파악하는 기술이다.

② 역할수행상의 문제규명

클라이언트 자신의 지위에 따라 사회적·문화적으로 기대되는 행동양식을 수행하는 데 어려움을 느끼는 문제규명에 대한 이해이다.

③ 사회적 관계에서의 불만족 상황 이해

클라이언트의 불안, 열등감 등으로 인한 대인관계의 어려움, 생각이나 주장을 제대로 하지 못하는 것, 이로 인한 패배감이나 왜곡된 정체감 등에서 비롯되는 사회적 관계상의 어려움 문제에 대한 이해이다.

④ 심리행동상의 문제원인 규명

클라이언트가 불안하거나 우울 정도가 심하여 자살이나 약물남용 등과 같은 정서적 문제, 행동상의 문제, 통제되지 않는 행동 등 심리행동상의 문제원인의 규명이다.

⑤ 사회적 전환에서 파생되는 문제이해

클라이언트의 결혼, 임신, 퇴직, 이혼 등 적응하지 못하고 심각한 정서상의 혼란을 겪게 되는 사회적 전환에서 파생되는 문제의 이해이다.

⑥ 공식적 조직 간 문제이해

클라이언트가 흔히 제기하는 문제로, 예를 들면 사회복지사가 자신에게 불친절했다거나 기대한 만큼의 생활비를 주지 않았다고 하는 불만 등 공식적 조직과의 문제이해이다.

⑦ 부적합한 자원문제 파악

경제적 빈곤, 의료서비스의 부족, 생계비 부족, 생활상의 어려움 등 사회적 자원의 결핍 내지 부족은 클라이언트에게 심한 스트레스를 가져다 주는 부적합한 자원문제 파악이다.

⑧ 의사결정상의 문제이해

클라이언트 인생의 중대한 갈림길에서 감정적 혼란으로 인해 객관적이며 합리적인 선택을 하지 못하는 의사결정상의 문제에 대한 이해이다.

(2) 문제형성(문제규정) 기술

문제형성이란 이제까지 얻은 개인대상클라이언트의 정보를 분석하여 사회복지사가 전문적 시각에서 문제를 기술적으로 판단하는 것이다. 즉 클라이언트가 호소하는 문제와 욕구 그리고 욕구충족을 방해하는 요인들이 무엇인가를 탐색하여 문제의 정의를 내리는 것이다.

이와 같은 과정을 통해 목표달성과 개입계획을 세우게 되는 것이다. 또한 문제형성을 하기 위해서는 무엇보다도 충족되지 못한 욕구가 어떤 것인가를 발견해야 하고, 어떤 요인들이 클라이언트의 욕구충족을 방해하였는지를 고려해야 한다. 클라이언트가 제시한 문제를 충족되지 못한 욕구로 바꾸어서 재진술하고 클라이언트의 욕구가 무엇인지 분명히 규정함으로써 욕구를 충족시키지 못하게 하는 요인들이 무엇인지를 파악하여 문제형성의 기술을 통해 클라이언트를 도울 수 있다.

2) 클라이언트 욕구이해 및 변화기술

(1) 클라이언트 욕구이해 기술

클라이언트의 문제형성을 통해 그의 욕구가 분명히 규정되면 그 욕구를 충족시키지 못하고 있는 요인이 무엇인지 파악하여 문제를 형성하는 것이므로, 그의 욕구가 무엇인지를 파악하고 충족시키는 것이 무엇보다도 사회복지사에게 요구되는 기술이다.

사회복지사는 클라이언트의 욕구, 즉 ① 클라이언트가 개별적 욕구를 가진 인간으로 대우받고 싶은 욕구, ② 클라이언트의 감정을 표현하고자 하는 욕구, ③ 클라이언트의 문제에 대한 공감적 반응을 얻으려는 욕구, ④ 클라이언트가 가치 있는 개인으로 인정받으려는 욕구, ⑤ 클라이언트가 심판받지 않으려는 욕구, ⑥ 클라이언트 스스로 선택하고 결정하려는 욕구, ⑦ 클라이언트 자신의 비밀을 지켜 주기를 바라는 욕구 등을 충족시키는 다양한 기술이 요구된다.

사회복지사는 이러한 클라이언트의 다양한 욕구충족을 위해 사회복지사와의 긍정적 관계, 즉 상호 간 감정과 태도의 역동적인 상호작용이 필요하다. 클라이언트는 사회복지사와 원조관계에서 그의 욕구충족을 위한 관계의 기본원칙으로써 개별화, 의도적 감정표현, 통제된 정서적 관여, 수용, 비심판적 태도, 클라이언트의 자기결정, 비밀보장의 일곱 가지 원칙을 실천하는 사회복지사의 기술이 요구된다. 따라서 개인대상클라이언트의 욕구를 이해하고 변화를 위한 사회복지사의 기술은 다음과 같다(〈표 9-3〉 참조).[18)]

① 개별화 기술

개별화(individualization)는 각 클라이언트가 개별적이고 독특한 특성을 가지고 있다는 것을 인정하고 이해하여 개별 클라이언트를 원조하는 내용과 방법, 과정에서 개별적으로 다루어져야 한다는 기술이다.

클라이언트의 욕구	클라이언트 욕구이해에 따른 사회복지사 기술
개별적 욕구를 가진 인간으로 대우받고 싶은 욕구 (개별화)	• 클라이언트의 현재 능력을 활용하기 • 클라이언트의 미묘한 감정을 통찰하기 • 귀담아 듣고 관찰할 수 있는 능력을 갖추기 • 인간에 대한 편견이나 선입관에서 탈피하기 • 인간행동 및 발달에 대한 지식을 갖고 활용하기 • 클라이언트의 진행 속도에 맞추어 진행해 나가는 능력을 갖추기 • 클라이언트의 개성과 상황에 따라 원칙을 융통성 있게 적용하기

② 의도적 감정표현 기술

의도적 감정표현(purposive expression of feeling)은 클라이언트가 감정을 표현하고 싶은 욕구를 인식하여 클라이언트가 자신의 감정을 자유롭게 표현하도록 도와주는 기술이다. 의도적인 감정표현의 장애요인으로 지적될 수 있는 것은 비현실적인 보장, 너무 성급한 초기의 해석, 너무 많은 해석, 클라이언트의 감정표현에 대한 비난 등이 있다.

클라이언트의 욕구	클라이언트 욕구이해에 따른 사회복지사 기술
감정을 표현하고자 하는 욕구 (의도적 감정표현)	• 클라이언트의 감정표현을 진지하게 경청하기 • 클라이언트를 스트레스나 긴장에서 완화시켜 주며, 문제를 분명하고 객관적으로 보기 • 클라이언트가 자신의 감정을 자유롭고 안전한 분위기 속에서 표현할 수 있도록 물리적인 환경 제공하기 • 클라이언트를 면접할 때 시간적 · 정신적으로 여유를 가지도록 해 주며 면접을 진행하는 클라이언트의 속도를 민감하게 인식하기

③ 통제된 정서적 관여 기술

통제된 정서적 관여(controlled emotion response)는 클라이언트의 감정에 민감성을 가지며, 그 의미에 대해 이해하고, 클라이언트의 감정에 대한 의도적이고 적절한 반응을 하는 기술이다.

클라이언트의 욕구	클라이언트 욕구이해에 따른 사회복지사 기술
문제에 대한 공감적 반응을 얻으려는 욕구 (통제된 정서적 관여)	• 클라이언트의 감정이 의미하는 것에 대해 이해하기 • 클라이언트의 감정에 대해 의도적이고 적절한 반응을 보여 주기 • 클라이언트의 표현된 감정에 반응을 보임으로써 정서적으로 관여하기

④ 수용 기술

수용(acceptance)은 클라이언트의 장점과 약점, 혹은 단점 등을 포함하여 있는 그대로의 모습을 이해하고 다루어 나가는 행동의 특징을 말한다. 즉 수용기술은 클라이언트에 대한 완전한 이해와 클라이언트와의 가치관 차이를 극복하는 것을 의미한다.

클라이언트의 욕구	클라이언트 욕구이해에 따른 사회복지사 기술
가치 있는 개인으로 인정받으려는 욕구 (수용)	• 클라이언트에 대해 이해하기 • 클라이언트와 가치관 차이를 극복하기 • 수용에 있어 장애물을 줄이는 전략을 수립하기

⑤ 비심판적 태도 기술

비심판적 태도(nonjudgemental attitude)는 문제의 원인이 클라이언트의 잘못 때문인지 아닌지, 혹은 클라이언트에게 책임이 있는지 등을 심판하지 않고, 클라이언트의 특성 및 가치관을 비난하지 않는다는 것을 규명하는 기술이다.

클라이언트의 욕구	클라이언트 욕구이해에 따른 사회복지사 기술
심판받지 않으려는 욕구 (비심판적 태도)	• 클라이언트의 억압된 감정을 풀어 주기 • 클라이언트에 대해 사회복지사의 편견이나 선입견 버리기 • 클라이언트의 행동, 태도, 가치표준 등을 객관적으로 평가하기

⑥ 클라이언트의 자기결정 기술

클라이언트의 자기결정(client self-determination)은 클라이언트가 모든 의사결정 과정에 참여하여 스스로 선택하고 결정하는 자유를 누리게 하도록 하는 기술이다.

클라이언트의 욕구	클라이언트 욕구이해에 따른 사회복지사 기술
스스로 선택하고 결정하려는 욕구 (클라이언트 자기결정)	• 클라이언트에 대해 이해하기 • 클라이언트와 가치관 차이를 극복하기 • 수용에 있어 장애물을 줄이는 전략을 수립하기

⑦ 비밀보장 기술

비밀보장(confidentiality)은 클라이언트가 전문적 관계에서 노출한 정보를 사회복지사가 전문적 치료목적 외에 타인에게 알려서는 안 된다는 원칙을 준수하는 일이다. 비밀보장 기술은 사회복지실천의 가장 기본적 원칙에 근거하는 것이며, 사회복지사의 윤리적 의무라고 할 수 있다. 그러나 비밀보장기술은 절대적인 것은 아니고 예외적인 상황이 있다(비밀보장의 한계)는 것을 알고 클라이언트의 이익을 최우선으로 하여 비밀보장의 한계를 극복해야 한다.

클라이언트의 욕구	클라이언트 욕구이해에 따른 사회복지사 기술
자신의 비밀을 지켜 주기를 바라는 욕구 (비밀보장)	• 클라이언트에 대한 정보를 보호하기 • 전문적 치료 목적 외에 타인에게 알리지 않기 • 클라이언트와 약속이 되었거나 위임된 비밀 지켜 주기

(2) 클라이언트 변화를 위한 기술

클라이언트 변화를 위한 기술에는 관찰, 경청, 질문, 명료화, 요약, 해석, 초점유지, 분위기 조성, 직면하기 등 기본적 기술과 클라이언트의 불신 대처하기, 전이반응 다루기, 역전이 반응 다루기, 저항 다루기, 양가감정 다루기, 직면하기, 긍정적 재해석하기, 문제를 성장의 기회로 재규정하기 등 전문적 기술이 있다. 그 주된 내용은 다음과 같다.[19)]

① 기본적 기술

가. 관찰

가장 기본적인 면접기술로 선입견을 버리고 실제상황을 있는 그대로 보는 것이다. 관찰은 사회복지실천의 모든 과정 동안 사용하는 기술로써 클라이언트가 말하고 행동하는 것에 주의를 기울이는 것이다.

나. 경청

면접에서 가장 중요한 기술로 클라이언트가 무엇을 말하는지, 면접자의 질문에 어떻게 반응하는지를 듣는 것이다. 이때 경청은 클라이언트의 어려움에 공감하고 그에게 필요한 반응을 해 가면서 적극적으로 잘 듣는 것이다.

다. 질문

클라이언트의 의사소통을 격려하기 위하여 가장 많이 적용되는 기술이다. 질문은 정보를 습득하고 클라이언트로 하여금 충분히 의사소통을 하도록 한다. 그리고 좋은 질문은 클라이언트로 하여금 그가 발표하는 것을 조직하도록 돕는다.

라. 명료화

클라이언트의 말 속에 내포되어 있는 것을 클라이언트에게 명확하게 알게 해주는 것으로 클라이언트가 말한 내용을 더욱 명백하게 이해할 수 있도록 더욱 친밀한 용어로 바꾸어 이야기하는 것이다. 또한 명료화는 클라이언트의 실제반응에서 나타난 감정이나 생각 속에 암시되었거나 내포된 관계 또는 의미를 보다 분명하게 말해 주는 것이다.

마. 요약

면접 동안에 줄곧 사용할 수 있는 기술로 각각의 클라이언트를 개별화하고 특별하게 다루는 데 필수적인 기술이다. 요약은 클라이언트의 생각, 행동, 감정들을 사회복지사의 언어로 정리해 줌으로써 사회복지사가 클라이언트의 말을 주의 깊게 듣고 있다는 확신을 주고 또한 클라이언트의 말을 정확히 이해했음을 확인시켜 준다.

바. 해석

클라이언트가 의식하지 못하는 표현을 의식의 언어로 바꾸는 것으로 정서적 이해가 중요하다. 훌륭한 해석은 가장 적은 추측의 요소를 가진 것이며, 클라이언트의 의사소통에서 나온 증거에 의해 가장 명백하게 입증된 것이어야 한다. 또한 해석은 클라이언트가 말한 것을 간단히 재진술, 요약하거나 클라이언트가 미처 깨닫지 못한 것을 지적해 주는 면접기술이다.

사. 초점유지

제한된 시간에 최대의 효과를 가져와야 하는 전문적 관계에서 불필요한 상황과 시간 낭비를 막아 주는 효과적 기법이다. 이 기술을 통해 사회복지사는 돕는 전 과정 동안 초점을 유지할 수 있기 때문에 클라이언트의 산만한 사고와 감정을 정리하여 중심이 되는 문제를 좀 더 깊이 탐색하고 원하는 변화를 이끌어 낼 수 있도록 도와준다.

아. 분위기 조성

면접을 위해 심리적으로 편안한 분위기를 만드는 기술이다. 면접 분위기를 조성하기 위해서는 일단 자연스럽게 자신의 관심사에 대해 이야기할 수 있도록 가벼운 일상대화로부터 시작하여 클라이언트의 관심사와 문제에 초점을 두어 진행한다.

② 전문적 기술

가. 클라이언트의 불신 대처하기

사회복지사는 신뢰하지 않는 클라이언트를 만나면 인내하고 참아야 한다. 신뢰와 긍정적 관계를 성립하기 전에 자기를 드러나게 하는 것은 클라이언트가 관계중단을 재촉하는 결과를 가져온다. 이러한 클라이언트 중 많은 이들이 절박하게 도움이 필요하며, 약속을 제대로 지키지 않는 것은 동기가 부족하다기보다 회피하는 경향임을 인식하는 것이 중요하다. 사회복지사가 클라이언트의 회피행동 뒤에 숨어 있는 두려움을 맞설 수 있도록 돕는다면 전문적 관계가 형성될 것이다.

나. 전이반응 다루기

사회복지사는 클라이언트가 자신의 왜곡된 인지를 깨닫고 사회복지사를 비롯한 다른 사람들에게 정신적 이미지, 신념 또는 태도를 과잉일반화하여 투사하는 것이 아니라 자신의 고유한 개인으로 차별화할 수 있도록 대인관계에서의 인지능력을 개발하도록 해야 한다. 또한 클라이언트의 반응이 비현실적임을 지적하고 사회복지사에 대한 현실적인 관점을 갖도록 하며 사회복지사에 대한 감정을 과거에 다른 사람에게도 느낀 적이 있는지 알아보고 그 근원에 대해 클라이언트가 깨닫도록 도와준다. 그리고 클라이언트가 어린 시절, 신체적 또는 성적학대 등 외상성 스트레스를 경험했다면, 과거경험을 차분하게 설명하게 하고 탐색하는 것이 중요하다.

다. 역전이 반응 다루기

먼저 사회복지사는 자신의 감정의 기원에 관심을 갖고 클라이언트의 현실적인 관계에 관점을 갖도록 노력해야 하며 그다음으로 역전이로 인해 관계를 지속할 수 없을 경우에는 클라이언트에게 사회복지사 자신의 문제로 인해 관계를 지속할 수 없음을 알리고 다른 사회복지사에게 의뢰를 해야 한다.

라. 저항 다루기

클라이언트가 익숙하지 못한 상황에 직면하거나 압도될 때 경험하는 염려와 두려움 등에 대해서 클라이언트의 두려움을 탐색하고 시범과 역할극을 통해 상황에 익숙해지도록 돕는다. 또한 저항을 부정적인 것으로만 받아들이지 않고 변화의 자연스러운 과정으로 생각하는 것도 중요하다. 그리고 저항 다루기를 통해 클라이언트는 부정적인 감정을 표현함으로써 대인관계에서의 부정적인 감정을 효과적으로 다룰 수 있는 경험을 가지도록 해 준다.

마. 양가감정 다루기

사회복지사는 양가감정이 매우 자연스러운 것임을 수용하면서 자유롭게 표현할 수 있도록 도와야 한다. 클라이언트는 자신의 양가감정을 인식하게 되고 저항을 줄일 수 있게 된다. 또한 클라이언트가 변화에 반대하더라도 클라이언트를 수용하고 클라이언트의 자기결정권의 측면에서 클라이언트의 권리를 옹호하면서 변화를 유도해야 할 것이다.

바. 직면하기

클라이언트가 자기문제의 원인이 되거나 영향을 미치는 사고, 감정, 행동과 대면하는 것으로 클라이언트의 자기인식을 고양시키고 변화를 촉진하는 도구이다. 또한 클라이언트가 잘못하고 있거나 무엇인가 불일치하거나 모순점이 있을 때 클라이언트가 의식할 수 있고 살필 수 있는 것을 지적해 주고, 그것이 클라이언트 자신의 문제와 어떻게 관련되는지를 생각해 보도록 하는 직면기술이다.

사. 긍정적 재해석하기

클라이언트 입장에서 부정적이고 바람직하지 못한 감정들에 긍정적 의미를 부여하는 것으로써 클라이언트의 자기방어를 줄이고 자존심을 보호할 수 있도록 해 주는 기술이다. 긍정적인 해석의 목적은 클라이언트의 반대를 용서하거나 왜곡된 인지를 강화하려는 것이 아니라, 클라이언트의 방어를 최소화하고 상처받기 쉬운 자존심을 보호하며 강점관점으로 일관되게 행동하는 것이다.

아. 문제를 성장의 기회로 재규정하기

긍정을 강조함으로써 불편, 두려움, 변화에서 얻을 수 있는 강점을 부각하는 것이다. 또한 변화되어야 할 문제를 성장하고 도전할 수 있는 기회로 인식하여 문제에 대한 낙관적 관점을 제공하고, 변화동기를 형성해 주는 것이다. 그리고 클라이언트가 자기문제에 대해 부정적인 요소뿐만 아니라 긍정적인 요소도 있다는 관점에서 조명할 수 있도록 돕는다.

제10장

가족사회복지실천의 이해

1. 가족의 이해

1) 가족의 개념

가족은 인간의 제도 중에서 가장 오래된 것으로 사회의 변천에 따라 여러 가지 영향을 받으며 꾸준히 지속되어 온 기본적 사회제도이다. 학술적 용어로 선호되는 가족은 관계적 의미를 갖는 반면, 집이나 가정은 공간적 의미를 더 포함한다. 공간적 의미를 가지면서도 가족과 혼용되는 용어로는 가구(household)가 있다. 가구는 혼인관계나 혈연관계보다 주거와 경제적 공유에 초점을 둔 개념이다. 또한 가족은 일반적으로 사회구성원을 재생산, 양육하는 기능을 가진 혈연공동체로서 특정한 애정의 유대로 연결된 특정한 사람들의 집합체로 가족이라는 형태와 의식, 가치를 공유하는 체계라고 볼 수 있다.[1)]

가족에 대해서는 가족을 연구하는 학자마다 강조하는 점을 약간씩 달리하여 정의하고 있다. 사전적 정의로 보면, 가족은 대체로 혈연이나 입양, 결혼 등으로 관계되어 함께 생활하는 사람들의 집단 또는 그 구성원을 말한다. 가족의 정의를 개념화한 여러 학자들 중 특히 Murdock(1949), Burgess와 Locke(1953), Levi-Strauss(1969), Selbert와 Willetts(2000), 최경석(2006), 유영주(2012) 등의 학자들과 우리나라 「건강가정기본법」에 근거한 가족의 정의를 요약하면 다음과 같다.[2)]

Murdock(1949)은 가족이란 공동거주, 경제적 협동 및 출산을 특징으로 하는 사회집단으로, 성적 관계를 사회적으로 인정받는 최소한 두 명의 성인 남녀와 한 명 또는 그 이상의 친자녀 혹은 입양된 자녀들로 구성된다고 정의한다. 이 정의에서는 경제적 협동과 공동거주, 사회적으로 인정된 배타적 성관계, 자녀양육 등을 가족생활의 핵심으로 지적하고 있다. 또한 Burgess와 Locke(1953)는 가족이란 혼인, 혈연, 또는 입양에 의해 연결된 사람들로 구성되며, 한 공간에서 단일가구를 형성하고, 그 안에서 각 구성원들은 남편, 아내, 부와 모, 자녀, 형제자매로서의 사회적 역할을 수행하는 상호작용집단이라고 규정함으로써 가족구성원의 사회적 역할수행을 강조하였다.

Levi-Strauss(1969)는 가족이란 결혼으로 시작되며 부부와 그들 사이에서 출생한 자녀로 구성되지만 이들 외에 가까운 친척이 포함될 수 있고, 가족구성원은 법적 유대 및 경제적·종교적인 것 등의 권리와 의무, 성적 권리와 금기, 애정, 존경 등의 다양한 심리적 정감으로 결합되어 있다고 정의하였다. 이러한 정의는 확대가족의 개념을 강화시켰다. 또한 Selbert와 Willetts(2000)는 가족이란 동거를 통해 정서적 지지를 유지하거나 법적 혹은 생물학적 결합에 의해 자주 접촉을 유지하는 적어도 두 명 이상의 개인들로 구성된 집단체계라고 정의하면서 정서적 측면을 강조하였다.

최경석 등(2006)은 가족은 동일한 가구에 거주하고, 가족생활을 유지하기 위한 특정한 역할과 지위를 가진 자들의 체계로 정의하였다. 또한 유영주(2012)는 가족은 부부와 그들의 자녀로 구성되는 기본적 사회집단으로서, 이들의 이익관계를 떠난 애정적 혈연집단이며, 같은 장소에서 기거하고 취사하는 등 동거동재집단이고, 그 가족만의 고유한 가풍을 갖는 문화집단이며, 양육과 사회화를 통하여 인격형성이 이루어지는 인간발달의 근원적 집단이라고 강조하였다.

이외에도 국외·국내 학자별로 가족을 다음과 같이 정의하였는데 이러한 정의는 위에서 살펴본 가족정의에 영향을 준 학자들의 정의와 유사한 개념들로 정의되었다고 볼 수 있다.

Hartman과 Laird(1983)는 가족을 둘 이상의 사람이 친숙한 한 가족이라고 하였고 Schwartz와 Scott(1994)는 가족은 혈연, 결혼, 입양, 동거 등에 의하여 이루어진 관계라고 규정하였다. 또한 Anderson과 Sabatelli(1999)은 가족이란 가족구성원이 역사를 공유하고 정서적 유대감을 경험하는 것이라고 하였고 Bidwell과 Mey(2000)은 가족이란 혈연, 결혼, 입양 등에 의하여 이루어진 관계라고 했다. 그리고 송정애와 정해은(2007)은 가족이란 가족생활을 유지하기 위한 특정한 역할과 지위를 가지고 가족구성원 간의 상호 성장·발달을 지지하는 집단이라고 했다.

김익균(2008)은 부부와 직계혈족 및 형제자매 및 기타 형태로 구성된 구성원이 신체적 및 심리적, 사회문화적, 경제적 관계를 유지하면서 생활하는 사회의 기본적인 단위라고 하였다. 또한 유계숙과 장혜경 등(2008)은 가족은 둘 이상의 구성원이 혼인이나 혈연, 입양, 동거 등에 의하여 성(性) 또는 세대관계를 구성하는 것이라고 강조하였고, 정혜정과 공미혜 등(2009)은 가족은 매우 느슨한 형태로 우리가 일상에서 마주치는 일련의 대인관계 정도라고 정의하였다. 그리고 우리나라 「건강가정기본법」 제3조에서 가족을 '혼인, 혈연, 입양으로 이루어진 사회의 기본단위'로 규정하고 있으며, 가정을 '가족구성원이 생계 또는 주거를 함께하는 생활공동체로서 구성원의 일상적인 부양, 양육, 보호, 교육 등이 이루어지는 생활단위'로 정의하고 있다.

따라서 위의 여러 학자들의 가족정의를 종합해 보면, 가족은 일차적 집단 및 원초적 집단에 속하고 법적 및 사회적으로 인정하는 혼인관계를 기초로 한 부부, 친자, 형제자매, 입양 등의 근친자로 구성된 혈연집단을 의미하며 동시에 가족구성원 간 감정의 융합으로 결합되어 가계와 주거를 함께하는 생활공동체로서 일차적 복지추구의 집단으로 정의할 수 있다.

2) 가족의 형태

가족인구통계학적 변화와 경제상황과 직업관의 변화, 페미니즘, 성역할의 변화 등으로 인하여 오늘날의 가족생활양식은 과거보다 훨씬 복잡하고 다양한 형태로 변화되고 있으며, 여러 가족학자나 사회학자들이 이러한 가족의 다양화가 앞으로도 계속될 것으로 전망하고 있다. 이처럼 변화된 가족생활양식은 핵가족, 한부모가족 등과 같이 보편적인 유형부터 다문화가족까지 그 형태가 매우 다양하다.

가족의 형태는 핵가족, 확대가족, 수정확대가족, 노인가족, 한부모가족, 계부모가족, 혼합가족, 위탁가족, 다문화가족 등이 있는데, 그 주된 내용은 다음과 같다(〈표 10-1〉 참조).[3)]

〈표 10-1〉 가족의 형태

분류	가족의 형태
핵가족	한 쌍의 부부와 미혼의 자녀들로 구성된 기본적인 사회단위이다.
확대가족	여러 세대에 걸쳐 양 부모의 원가족을 포함하는 확대된 가족형태이다.
수정확대가족	핵가족과 확대가족이 현대화된 가족형태로 결혼한 자녀들이 부모와 같은 장소에서 살지 않고, 부모 주위에서 한 가정을 이루어 생활하는 것이다.
노인가족	산업화에 따른 사회구조와 가치관의 변화에 따라 노인만으로 구성된 가족이다.
한부모가족	부모 중 한 명과 그 자녀로 구성된 가족이며, 이혼과 배우자의 사망으로 인해 점차 증가하고 있다.
계부모가족	재혼으로 서로 다른 가족구성원이 함께 살게 된 일차집단이다.
혼합가족	인척 혹은 인척이 아닌 사람들이 함께 동거하면서 전통적 가족역할을 수행하는 형태의 가족이다.
위탁가족	일정기간 다른 사람의 자녀를 양육하는 가족형태이다.
다문화가족	국제결혼을 통해 형성된 가족으로서 국적을 달리하는 남녀가 결혼을 하여 가정을 형성하는 것을 의미하며 국내에 거주하고 있는 국제결혼가족이나 외국인 근로자가족 및 이주민가족 등을 포함하는 가족형태이다.

3) 체계로서의 가족

체계로서의 가족을 설명하기 위해서 먼저 가족체계의 특징을 파악할 필요가 있으며 가족항상성, 가족규칙, 가족경계선, 순환적 인과성, 가족하위체계 등 가족체계의 주요개념을 이해해야 한다. 이러한 체계로서의 가족에 대한 주요 내용은 다음과 같다.[4)]

(1) 가족체계의 특징

가족을 하나의 체계로 보는 관점은 가족구성원 간의 상호작용뿐 아니라 가족과 주변환경과의 상호작용까지 모두 관찰하고 개입할 수 있다는 점에서 매우 유용하다. 가족은 가족구성원 개개인으로 구성된 전체이며, 지역사회를 구성하고 이에 적응하는 부분으로서의 체계로 간주하고 있다.

가족구성원은 상호 의존하는 관계특성이 있다. 체계 내 부분 간의 상호작용과 교류에 영향을 미치는 요소에는 대상과 속성, 관계, 환경이 있다. 먼저 대상은 가족구성원을 의미하며, 그다음 속성은 가족구성원의 자질이나 성격특성 및 가족이 지향하는 목표나 긴장을 의미한다. 그리고 관계는 가족체계 내 부분 간의 관계를 의미하며, 환경은 체계의 구성요소인 동시에 더 큰 사회체계로서 가족에 긍정적 혹은 부정적 영향을 미치는 이웃과 지역사회, 국가, 좀 더 광범위한 사회경제적·생태학적 체계를 포괄한다. 이러한 요소가 상호 호혜적 관계를 형성하는 정도에 따라 체계는 개방적이 되기도 하고 폐쇄적이 되기도 한다.

개방체계는 체계 내 여러 요소와 환경 간의 상호작용이 원활하게 이루어지고 이를 통해 변화를 지향하는 경우를 의미하며, 폐쇄체계는 상호작용이 잘 이루어지지 않아 에너지의 혼란상태에 이르는 것을 의미한다. 특히 가족이 가족구성원 간의 상호 교류와 의사소통이 원만하고 상호 영향을 주고받는 개방체계일 경우에는 가족구성원의 성장을 가져다 주고 가족응집력을 높인다.

가족체계에서의 상위체계는 지역사회, 확대가족이 있고, 하위체계는 부부 하위체계, 부모-자녀 하위체계, 형제자매 하위체계 등이 있으며, 이 모든 체계들은 상호작용하면서 에너지를 교환한다.

(2) 가족체계의 주요개념

가족체계의 주요개념은 가족항상성, 가족규칙, 가족경계선, 순환적 인과성, 가족하위체계, 환류, 경계, 개방체계와 폐쇄체계 등이 있다.

① 가족항상성

가족항상성은 체계로서의 가족이 구조와 기능에 있어서 균형을 유지하려는 속성으로 역동적 균형상태를 유지하기 위한 체계의 경향성을 말한다. 가족항상성은 위기이론과 관련이 있는데, 가족은 위기상황 이후에 정상적 기능수행으로 되돌아가려는 경향이 있다. 사회복지사는 상호작용 패턴을 재조직하고 이러한 패턴을 조절하는 새로운 규칙을 만들어 냄으로써 새로운 균형상태를 유지하게 한다. 즉 모든 가족구성원은 칭찬하거나 야단치는 것과 같이 상대방의 행동을 강화하는 피드백(feedback)을 통하여 가족의 균형을 유지하는 경향이 있다.

② 가족규칙

모든 가족은 일상생활을 영위해 나가기 위하여 가정 안에서 힘을 어떻게 나누며 누가 어떤 일을 할 것인지의 규칙을 갖게 되며 가족구성원은 그것에 따라 행동한다. 가족 내에는 암묵적 규칙이 존재하며, 가족구성원은 규칙의 지배를 받는다. 또한 가족구성원의 반복되는 상호작용을 통해 규칙은 조직화되어 은연중에 불문율이 만들어진다. 그러므로 이러한 규칙을 알게 되면, 가족이 어떻게 서로 간의 관계를 규정짓고 있는지를 알게 된다. 따라서 가족치료에서는 가족의 성장과 성숙을 방해하는 가족의 역기능적 규칙을 찾아내어 이를 수정함으로써 가족구성원의 자유로운 성장을 도울 수 있다.

③ 가족경계선

가족의 하위체계 간에 허용할 수 있는 접촉의 양과 종류는 경계로 구분된다. 경계는 가족과 하위체계의 독립과 자율성을 보호한다. 상호 경계는 경직된 경계에서부터 산만한 경계까지 다양하다. 하위체계 간의 상호 역동은 이 경계선이 명확한지(명확한 경계선), 밀착되어 있는지(밀착된 경계선), 분리되어 있는지(경직된 경계선)에 따라서 다르다.

④ 순환적 인과성

가족 내에서 일어나는 문제는 원인과 결과가 순환적 관계를 형성하고 있다. 그러하기에 바람직하지 못한 가족의 연쇄고리라고 판단되는 악순환의 연쇄고리를 끊어 건강한 연쇄고리를 새롭게 만들어 주어야 한다. 가족 내 한 구성원의 변화는 다른 구성원을 반응하게 하는 자극이 되고 이 자극은 다른 가족에게 영향을 끼쳐 전체에 영향을 준다. 이 영향은 처음 변화를 유발한 구성원에게 다시 순환적으로 영향을 미친다.

⑤ 가족하위체계

전통적으로 가족하위체계는 성, 세대, 일반적 관심(지적 능력, 사회적 능력; 책임) 등에 따라서 형성되고 구분된다. 가족 내의 대표적 하위체계는 부부, 부모-자녀, 형제자매 하위체계를 들 수 있다. 부부 하위체계는 두 사람의 결혼과 더불어 형성된다. 부부 하위체계가 건강하게 기능하기 위해서 부부는 각자 원가족의 영향에서 어느 정도 독립적이고 적절히 분화되어야 한다. 부모-자녀 하위체계의 주요 기능은 자녀양육, 지도, 통제와 연관된다. 자녀는 부모의 부부관계에 개입되거나 부부 간의 갈등 때문에 걱정할 필요 없이 부모의 자녀로서 독립적으로 기능하고 존재할 수 있다. 형제자매 하위체계에서는 상호관계를 통하여 서로 지지하고, 분화하고, 희생자가 되기도 하는 과정을 통해 많은 것을 배운다. 협동, 협상, 강제, 반대, 친구 만드는 방법, 자신을 보호하는 방법 등을 배우며, 형제자매 하위체계를 통해서 대등하지 않은 세력과의 관계에 적응하는 방법을 배우기도 한다.

⑥ 환류

환류(feedback)는 정보의 투입에 대한 반응으로 행동하며 연속적인 행동을 수정하도록 그 행동의 결과를 새로운 정보로 포함시키는 것을 뜻한다. 체계는 목표와 관련된 환류를 외부환경으로부터 받아들이기 때문에 목적지향적이 된다. 부정적 환류는 체계가 목표를 성취하기 어려운 방식으로 행동하고 있다는 정보를 주어 목표와 조화를 이루도록 행동을 수정하게 하며, 긍정적인 환류는 지금의 적절한 행동을 더욱 요청한다는 의미를 전달한다. 체계는 환류로서 목표를 달성하기 위한 노력을 보다 더 효과적으로 조정할 수 있다.

⑦ 경계

경계(boundary)란 체계를 외부환경으로부터 구분하는 일종의 테두리를 의미한다. 사회체계의 경계는 눈으로 보거나 만질 수 없고, 단지 그 체계를 구성하는 사람들이 서로에 대해 혹은 외부 사람들에 대해 행동하는 방식에서 드러난다. 즉 사회체계의 경계는 사회적·물리적 구조가 아니므로 경계를 유지하는 행동을 통해서만 드러난다. 사회체계의 경계는 두 가지 주요 기능을 가진다. 첫째는 그 체계의 정체성을 규정해 주며, 둘째는 주위환경과의 내적·외적 교환을 통제하는 한편, 부분적인 침투가 가능하며, 에너지와 정보의 전달이 가능하다. 그리고 경계는 체계를 외부환경으로부터 구분하는 일종의 테두리로서, 체계의 정체성을 규정해 주고, 주위환경과의 내적·외적 교환을 통제하는 기능을 한다.

⑧ 개방체계와 폐쇄체계

체계는 일정기간 동안 어느 정도의 안정성을 가지고 인과적인 관계 속에 직접 혹은 간접적으로 관련되어 있는 구성요소들의 복합체인데, 외부세계와의 관계를 기준으로 개방체계(open system)와 폐쇄체계(closed system)로 나눌 수 있다.

개방체계는 어느 정도 투과성이 높은 경계를 갖고 있는 체계이다. 개방체계는 성장과 발전에 필요한 정보나 에너지를 외부에서 자유롭게 받아들인다. 체계이론에서는 체계를 개방적인 것으로 본다. 체계의 계속성과 변화의 본질적인 요인이 환경과의 상호 교환 속에 관여함을 의미한다. 개방체계는 환경으로부터 투입을 받아들이며 산출을 생산하여 환경으로 보낸다. 이를 네겐트로피(negentropy)라고 한다.

폐쇄체계는 다른 체계와 상호작용하지 않는다. 환경의 다른 에너지에 접근이 불가능하여 자체의 에너지만을 써야 하므로 번창할 수 없다. 폐쇄체계는 기간이 지남에 따라 에너지의 유입이 없어지면서 체계들의 분화가 적어지고 조직과 기능이 상실되거나 해체되는 경향이 있다. 이를 엔트로피(entropy)라고 한다.

2. 가족의 변화

1) 가족변화의 주요 요인

가족변화의 주요 요인은 경제구조의 변화와 인구학적 변화로 설명할 수 있다. 특히 인구학적 변화는 평균수명의 증가, 출산율 감소, 성비 불균형 등이 주된 요인이다. 한국 사회는 불과 30여 년 만에 농업사회에서 산업사회로의 이행을 완료하였고, 후기 산업사회로 진입하고 있다. 도시화에 영향을 주는 것은 농촌(군부)에서 도시(시부)로의 인구이동으로, 한국사회에서 이러한 형태의 이동은 지속적으로 증가하여 왔다. 그뿐만 아니라 여성의 경제활동 참가로 인한 사회적 지위변화로 초혼연령이 상승하였고, 출산율 저하, 교육수준 상승, 이혼율 증가, 결혼율 저하에 따른 많은 변화를 가져왔다. 이러한 현상으로 가족분화와 핵가족화 현상, 인위적 출산조절정책으로 인한 출생아 수의 감소, 가족에서의 독립 증가, 가족결손이나 가족해체로 인한 단독가구, 부부가족 등 가족규모가 단순화되고 축소되고 있다.[5)]

2) 가족구조 및 기능상의 변화

한국의 가족은 사회적·문화적 변화를 경험하면서 오늘날 정보화사회가 요구하는 기능에 순응하는 과정으로서 가족구조, 가족기능 등 가족생활 전반에 걸쳐 변화를 초래하였는데, 이러한 가족의 변화를 구체적으로 가족구조 및 가족기능의 두 가지 변화로 나누어 살펴볼 수 있다.[6)]

(1) 가족구조의 변화

가족구조는 특히 여성의 경제활동 참가, 출산율 저하, 교육수준 상승, 이혼율 증가, 결혼율 저하에 따라 많은 변화를 가져왔다. 이러한 가족구조의 변화 중 가장 두드러진 변화는 가족규모의 축소라고 할 수 있다. 가구원 수의 감소는 출산율 저하와 핵가족화, 그리고 1인 가구의 증가에 따른 것으로 나타나고 있는데, 이러한 가구원 수의 감소는 또한 세대별 구성에도 영향을 주어 전체적으로 세대가 단순화되고 있다. 전국적으로 2인 가구는 지속적으로 증가하였고 3인 가구는 계속 감소하였다.

그러나 한국 가족이 서구적 의미의 핵가족으로 변화하였다고 보기는 어려울 것이다. 유형상으로는 핵가족이 지배적이라고 할 수 있으나 이념적으로 직계가족을 이상적으로 지향하고 있으며, 가족의식이나 가족관계 측면에서는 여전히 부계혈통중심의 대가족적 요소를 지니고 있다.

(2) 가족기능의 변화

가족기능의 변화를 경제적 기능, 성 및 재생산 기능, 자녀양육 및 사회화 기능, 정서적·치료적 기능, 여가 및 휴식 기능으로 나눌 수 있다.

① 경제적 기능

오늘날 정보사회에 살면서 가족과 일터가 공간적으로 분리됨에 따라 가족의 생산 기능은 약화 혹은 상실되고 소비 기능은 강화되었다. 가족의 소비 기능이 강화되었다 함은 가장이나 가족구성원의 직업과 수입에 따라 가족이 누릴 수 있는 생활의 기회나 생활양식이 결정되며, 이러한 소비생활 수준이 가족생활 만족도에 직접적 영향을 끼친다는 것이다.

② 성 및 재생산 기능

급변하는 사회적 변화로 인해 성에 대한 규범 및 가치관이 변화되어 성이 출산을 위한 수단보다는 성적 충족 및 결혼생활 만족요인으로서 보다 능동적인 성향이 강화되고 있다. 오늘날 한국사회는 출산율 저하 및 고령화 등으로 인하여 인구가 지속적으로 줄어들게 되었고 가족의 기능 중 재생산 기능은 점차 약화될 수밖에 없는 상황이 가장 큰 문제가 되고 있다.

③ 자녀양육 및 사회화 기능

산업화 초기에는 자녀양육 및 사회화 기능이 주로 가정에서 이루어졌으나, 오늘날 정보화사회로 인하여 다원화되고 전문화되면서 부모는 자녀의 교육 및 사회화에 있어 제삼자적 입장에 있을 수밖에 없는 상황이 되었다. 이에 따라 자녀양육 및 사회화 기능은 학교, 학원, 유치원, 보육시설 등의 전문기관으로 많이 이전되었다. 또한 기혼여성의 경제활동이 증가함에 따라 직장과 가정의 양립문제, 자녀양육의 어려움 등은 가족에게 큰 부담으로 작용하고 있다.

④ 정서적·치료적 기능

오늘날 정보화사회의 경쟁적 사회관계와 긴장이 고조됨에 따라, 이의 완화와 정서적 위로를 위한 공간으로서 가정의 중요성이 강조되고 있다. 따라서 가정 밖에서 힘들고 상처받은 가족구성원에게 위안과 휴식을 제공하는 기능을 각 가족구성원이 하게 되었으며 이에 따라 상호 간의 의사소통이나 관계향상을 위한 가족생활교육의 중요성이 강조되고 있다.

⑤ 여가 및 휴식 기능

여가 및 휴식 기능은 일터와 가정의 연결, 인적자원의 재충전, 노동력 질의 향상을 위해서도 필요하며 개인 및 가족 삶의 질 향상에 절대적 역할을 수행함으로써 점차 비중이 커져 가고 있는데, 특히 개인의 자아가 확대되고 삶의 질을 중요시하게 된 오늘날의 사회에서 여가 및 휴식은 중요한 기능으로 부각되고 있다.

3. 가족문제

1) 가족문제의 관점

가족문제는 일반적으로 제도적·규범적 변화에 따라 가족이 어떻게 적응해 왔으며, 개인이 가지는 부적응은 무엇인지를 보는 관점이다. 가족문제의 원인을 바라보는 관점은 다음과 같이 설명할 수 있다.[7)]

(1) 구조기능적 관점

구조기능적 관점은 사회가 유기체처럼 상호 의존하는 여러 부분으로 되어 있고, 각 부분은 사회 전체가 유지될 수 있도록 각각의 기능을 수행한다는 것이다. 이는 균형을 강조함과 아울러 사회의 각 부분이 합의된 가치와 규범에 따라 움직이기 때문에 인간의 행위를 어느 정도 예측할 수 있다는 가정을 전제로 한다. 그리고 가족의 전통적 기능이 약화됨에 따라 전통적 가족유형에서 벗어나는 병리적 가족해체로 가족문제가 일어난다고 본다.

(2) 상징적 상호작용론적 관점

상징적 상호작용론적 관점은 인간 상호 간의 사회적 상호작용을 통해서 결정되고 설명될 수 있으며, 가족 간의 상호작용 유형에 관심을 갖는 미시적 접근으로 가족을 바라보고자 하는 관점이다. 즉 개인이 선택적으로 반응하는 주관적 입장에서 사회현상을 파악하며 사회현상을 하나의 과정으로 이해하며 행위자의 정신적 능력, 행위와 인간 간의 상호작용에 초점을 둔다. 개별 사회구성원이 상호작용에 의하여 역할과 기능에 관련된 어떤 현상이 문제가 된다고 상호 인지할 때 문제로 규정(낙인)된다고 보는 견해로 실제 사회에서 지배력을 행사하는 집단이나 세력의 가치관이 많이 반영된다.

(3) 마르크스 관점

마르크스 관점은 가족 내의 이해관계나 권력 혹은 자원의 불평등에 초점을 두고 있으며 사회과정에서 권력분화와 같은 갈등의 불가피성을 강조하고 있다. 가족이 사회구조적 변동과 역사발전과정 속에서 변동하는 것이며 그것이 특히 자본주의적 속성을 유지·강화하는 데 기여하기 때문에 가족문제를 사회구조적 문제로 파악한다.

(4) 여권론적 관점

여권론적 관점은 지금의 가부장적 가족체계는 남성의 이익에만 기여하고 따라서 여성을 억압하는 체제로 본다. 그러므로 여성이 해방되기 위해서는 남녀평등이 이루어질 수 있는 형태로 바뀌어야 한다고 주장한다. 여권주의자들은 성 간의 갈등과 착취 및 억압에 초점을 둔다.

2) 가족문제의 유형

가족문제는 가족구성원이 가족 내에서 욕구가 충족되지 못하고, 자신의 역할을 적절히 수행할 수 없게 됨으로써 가족기능, 가족관계가 원만하지 못하고 가족해체현상이 나타나는 모든 현상이라고 볼 수 있다.

Jongsma와 Dattilo(2000)는 가족의 문제유형을 빈곤이나 자원의 결핍문제, 가족 내 인간관계문제, 부모-자녀 간의 갈등문제 등 목록으로 요약하였다. 일반적으로 가족유형을 가족문제 요인의 측면에서 살펴보며 가족외부 문제와 가족내부 문제로 나누어 설명하고 있다.[8)]

(1) 가족외부 문제

가족외부 문제로는 가족과 관련되는 사회·경제적 문제로서 가족 전체성에 영향을 주는 경제적 불안정, 불평등, 실업, 무주택, 교육기회와 의료기회의 박탈, 이사 등이 있다. 이러한 외부의 환경적 문제는 가족내부 문제와 병행하여 가족의 중요한 문제가 되고 있다.

(2) 가족내부 문제

가족내부 문제는 가족구성원 간의 관계문제와 내적 문제로 구분해 볼 수 있다. 가족구성원 간의 관계문제로는 가족의 전체성에 영향을 주는 가족구성원 역할의 불이행, 갈등, 가족구성원의 증가나 감소, 별거, 이혼 등이 있고, 가족구성원의 내적 문제로는 가족의 전체성에 영향을 주는 가족구성원의 적응능력, 상호작용, 행동장애 등이 있다.

이와 같이 개인에게 가족이란 가족구성원 개개인을 대표하는 하나의 전체가 됨으로써, 가족은 개인과 전체 사회를 연결하는 매개체의 역할을 하고 있는 중간집단으로 인식되어야 한다. 따라서 가족문제는 중간집단으로서의 가족이 사회변동에 대응할 수 없게 되었기 때문에 발생한 제반문제로 볼 수 있다.

4. 가족생활주기

가족생활주기는 시간의 경과에 따른 가족의 발달적 경향과 각 발달단계마다 요구되는 과업을 기술한 것으로 가족을 시간적 차원에서 이해하고 특정 단계에서 발생할 수 있는 발달적 위기를 대처할 수 있도록 해 주는 유용한 수단이며, 결혼을 통하여 가족이 형성된 시점에서부터 자녀의 성장이나 독립, 은퇴, 배우자 사망에 이르는 가족의 변화, 가족구조 및 관계의 변화를 의미한다. 가족생활주기의 새로운 단계로 전환할 때에는 위기를 경험하게 되며 각 단계에서 요구되는 발달과업이 수반되는데, 그 단계는 다음과 같다.[9]

1) 가족생활주기의 단계

가족생활주기는 가족구성원의 나이와 세대를 고려한 발달단계를 의미한다. 개인의 발달단계마다 발달과업이 있듯이 가족도 생활주기에 따라 성취해야 할 발달과업이 있다. 상담자는 가족이 처한 가족생활주기를 사정하고, 가족의 역할과 발달과업의 성취 여부를 평가해야 한다.

가족생활주기의 단계구분은 가족의 경제적 지위에 영향을 주는 가족의 크기와 구성변화를 중심으로 연구가 시작되었다. 자녀 없는 부부만의 단계에서 자녀를 출산하고 이들을 양육시키기 위해 재정적 어려움이 증대되는 단계, 다음은 자녀가 독립하거나 자녀의 생계 보조역할로 인해 재정적 문제가 거의 없는 단계, 마지막으로 노년기 가족의 경우 수입원이 없어 재정적 곤란이 다시 문제가 되는 단계로 구분된다. 그러나 가족발달은 결혼한 부부의 출산, 양육 등이 중요한 변수가 된다.

가족생활주기가 어떻게 구성되며 각 단계의 과업이 무엇이냐 하는 것은 학자에 따라 다소 차이가 있다.

학자에 따른 구체적 가족생활주기의 분류는 다음과 같다.

(1) Carter와 Mcgoldrick의 가족생활주기 분류

① 제1단계: 미혼의 젊은 성인

② 제2단계: 신혼부부

③ 제3단계: 어린아이를 둔 가족

④ 제4단계: 청소년을 둔 가족

⑤ 제5단계: 자녀 독립시기

⑥ 제6단계: 노년기의 가족

(2) Duvall의 가족생활주기 분류

① 제1단계: 자녀가 없는 부부

② 제2단계: 자녀임신가족(신혼기)

③ 제3단계: 취학 전 자녀가족

④ 제4단계: 학령기 자녀가 있는 가족

⑤ 제5단계: 10대 자녀 가족

⑥ 제6단계: 성인 초기 자녀를 독립시키는 가족

⑦ 제7단계: 중년부모

⑧ 제8단계: 노인가족구성원

(3) Sordkin의 가족생활주기 분류

① 제1단계: 신혼부부기

② 제2단계: 한 명 또는 그 이상의 자녀를 가진 부부기

③ 제3단계: 자립할 수 있는 성인자녀를 가진 부부기

④ 제4단계: 노인부부기

(4) Nickell, Rice, Tucker의 가족생활주기 분류

① 제1단계(형성기): 부부가 결혼하여 첫아이를 출산할 때까지

② 제2단계(확대기): 첫아이 출생부터 막내 자녀 출생까지

③ 제3단계(확대완료기): 막내 자녀 출생부터 자녀 결혼 시작까지

④ 제4단계(축소기): 자녀 결혼 시작부터 자녀 결혼 완료까지

⑤ 제5단계(축소완료기): 자녀 결혼 완료부터 배우자 사망까지

⑥ 제6단계(해체기): 배우자 사망부터 본인 사망까지

이상과 같이 가족생활주기는 학자의 가족발달단계에 대한 관점에 따라 다르다. 따라서 가족생활주기의 개념을 사용하는 목적에 따라 적합한 주기를 선택해야 한다.

2) 단계별 발달과업

인간이 태어나 각 시기에 이루어야 할 발달과업이 있듯이 가족도 형성됨과 동시에 원만한 가족생활을 위하여 성취해야 할 단계별 발달과업이 있다. 발달과업은 가족생활주기에 따라서 단계적으로 적절히 수행되어야 가족이 안정되고 충족감을 느끼며 살아갈 수 있다. 발달과업은 특정한 시기에 반드시 이루어져야 할 결정적인 때가 있기 때문에 가족생활의 각 단계에 따른 발달과업은 신중히 계획되어야 한다.

Carter와 Mcgoldrick(1980)의 가족생활주기 6단계와 Duvall(1971)이 제안한 8단계 모델을 참고하여 가족생활주기에 따른 가족의 발달과업과 요구되는 구체적 적응의 내용을 살펴보면 다음과 같다.

(1) 신혼부부기

결혼이라는 새로운 삶의 형태에 적응하는 시기로서 남편과 아내로서의 역할과 앞으로 출산하게 될 자녀에 대한 부모로서의 심리적 체계와 가족체계를 갖추어야 되는 시기이다. 일반적으로 첫아이를 출산하기 전인 이 시기의 부부들은 부부관계 만족도가 대체로 높은 경향이 있다.

(2) 자녀출산기

이 시기는 첫아이의 출생부터 생후 약 36개월까지에 해당되는 기간으로서 일반적으로 두 명의 자녀를 낳는다. 단 둘만의 부부생활은 자녀출산을 계기로 크게 변화된다.

(3) 학령 전 자녀기

첫아이가 유치원에 입학할 시기가 되는 6세 정도에 해당하는 시기이다. 이 시기의 아동은 신체적, 지능적, 사회적으로 발달이 현저하게 이루어지는 시기이므로 부모의 심신적 에너지가 자녀에게만 집중되기 쉽다. 따라서 부부 둘만의 상호작용이 적어지고 배우자에 대한 관심과 배려가 급격히 감소되는 시기이다.

(4) 초등학교 자녀기

자녀가 초등학교에 입학하여 졸업하는 13세까지 정도에 해당하는 시기이다. 자녀가 많은 시간을 학교에서 보내기 때문에 부부 중 자녀양육자는 심신의 여유를 갖게 된다.

(5) 중·고등학교 자녀기

첫아이가 13세부터 20세 정도까지의 시기로서 청소년이 있는 가족이다. 자녀가 성장함에 따라 부모 역시 중년기를 맞이할 시기여서 부모와 자녀 모두 큰 변화를 맞는 시기이기 때문에 부모-자녀 간, 즉 두 세대 간의 갈등이 발생한다.

(6) 성인 자녀기

자녀가 20세가 넘어 각자 본격적인 성인으로서 사회로 진출하는 시기이다. 자녀들은 대학입학과 졸업, 군입대, 배우자를 탐색하는 활발한 이성교제 등에 에너지를 투입하는 시기로서 자녀 스스로도 인생의 큰 도전을 맞는 시기이다.

(7) 중년기

이 시기는 막내 자녀가 집을 떠나서부터 부부의 은퇴기까지 계속된다. 이 시기는 각 가정의 부부 결혼연령, 자녀 수, 자녀의 교육기간, 자녀의 결혼유무, 결혼시기 등과 같은 여러 요인에 따라 그 기간이 결정된다.

(8) 노년기

이 시기는 직업을 가진 부부의 은퇴에서부터 두 배우자의 사망까지 계속된다. 부부가 맞벌이를 하는 경우, 일반적으로 남편의 나이가 더 많기 때문에 남편은 아내보다 먼저 은퇴하여 가정에 홀로 남으므로 잡다한 집안일을 많이 해야 하고, 여유로운 시간을 효과적으로 보내는 데 어려움을 갖는다. 만성적으로 신체적 질병이 나타나고 자녀에 의해서 보살핌을 받게 된다.

5. 가족사정

1) 가족기능

가족은 개인의 성장·발달과 사회의 유지·발전을 위해 여러 가지 기능을 수행하고 있다. 이러한 가족의 기능은 산업 및 정보화 발달과 도시화의 영향으로 많은 변화를 겪게 되었다. 가족기능의 정의 및 기능적·역기능적 가족특징 중심으로 가족기능을 설명하고자 하며, 그 주된 내용은 다음과 같다.[10)]

(1) 가족기능의 정의

가족기능이란 가족집단이 가족구성원이나 사회에 대하여 행하는 지속적 작용 또는 작용관계로서 가족이 수행하는 역할, 행위로서의 가족행동을 의미한다. 가족구성원의 상호작용과 움직임 즉 가족기능에는 구성원의 의사소통, 상호작용방식, 문제해결방법, 역할분담 등 다양한 요소가 포함된다.

가족의 기능은 시대나 그 사회의 문화가 개인 및 집단에게 요구하는 가치에 따라 달라질 수 있다. 가족구성원이 서로 영향을 주고받으며 하나의 체계로서 움직이는 것을 '가족이 기능한다.'라고 한다. 현대사회에서 가족기능의 변화에 따른 문제는 사회의 산업구조가 바뀌면서부터 제기되는 문제 중의 하나다.

시대의 흐름과 문화발전에 따라 가족은 그 사회적 역할이나 중요성이 과거에 비해서 축소되고 분산되고 있다.

(2) 기능적 가족과 역기능적 가족의 특징

① 기능적 가족의 특징

- 가족규칙은 가족발달에 맞게 변화되고 유연하다.
- 가족구성원 사이에 경계가 분명하고 자율성이 있다.
- 부모가 서로 연합하여 권력을 가지되 위협적이지 않다.
- 가족구성원은 서로에 대해 깊은 신뢰감을 가지고 있다.
- 가족의 발달단계에서 요구되는 과업을 수행하는 데 있어서 융통성을 발휘한다.
- 구성원 개개인의 역할이 분명하지만, 가족생활주기의 변화에 따라 융통성이 있다.
- 환경체계와 분명히 구분되는 동시에 개방적이고 융통성이 있으며, 개방형 가족체계의 적응적인 경계를 갖고 있다.

② 역기능적 가족의 특징

- 가족 간 의사소통에 있어 불일치가 나타난다.
- 가족체계가 외부와 폐쇄적이어서 교류가 없다.
- 가족의 발달과업을 수행하는 데 있어 경직되어 있다.
- 가족규칙은 융통성이 없어 경직되어 있으며 위협적이다.
- 가족구성원 간 서로 너무 밀착되어 있거나 너무 무관심하다.
- 가족구성원에게 정형화된 역할을 부여하여 혼란스럽고 모호한 의사소통을 하게 한다.

2) 가족구조

가족구조는 가족형태와 비슷한 개념으로 사용하며, 가족구성원의 수와 세대, 혹은 규모와 범위 등에 관한 개념이다. 가족의 상호작용을 결정하는 기능적 조직 혹은 가족이 상호작용하는 조직화된 유형이고, 보이지 않는 일련의 기능적 요구를 말하며, 가족구성원 상호 간 상호작용방법과 연속성, 반복, 예측되는 가족행동 등이다. 가족구성원이 어떻게, 언제, 누구와 상호작용하는지, 가족구성원 사이의 상호 교류유형과 관련된 가족규범은 어떤지를 나타낸다.[11)]

(1) 가족구조의 사정

가족사정이란 가족을 하나의 단위로 보고 가족 내부 및 외부요인 간의 상호작용 등을 파악하기 위해 자료를 수집·분석하여 가족에 대한 개입을 계획하는 일련의 과정을 말한다.

가족치료자인 사회복지사는 가족체계의 외부 및 내부경계선과 하위체계, 가족권력의 특성 및 구조, 가족신화와 인식성향, 가족의 강점 및 생활주기, 가족외부체계와의 상호작용, 의사소통양식, 가족의 의사결정과정 및 정서와 감정표현의 범위, 가족역할 및 규범 등을 자세히 파악한 후 가족사정을 수행해야 하는데, 그 내용을 요약하면 다음과 같다.[12)]

① 가족체계의 외부경계선: 가족 외부와의 경계

가족은 주변환경과 다양한 상호작용을 하는데, 다른 체계에 대한 개방성의 수준과 외부경계선에 대한 유연성에 따라 차이가 있다. 유연성의 기준은 가족체계에 제삼자의 개입이 허용되고 환영받는 정도, 가족구성원이 외부인과 정서적 관계를 맺는 것을 허용하는 정도, 외부환경과 정보와 자원을 교환하는 정도이다.

Kantor와 Lehr(1975)가 분류한 폐쇄형·개방형·방임형 가족의 세 가지 형태는 각각 외부환경과의 관계와 관련이 있다.

가. 폐쇄형 가족체계

폐쇄형 가족체계는 가족 외부와의 경계에 있어 다음과 같은 특성을 갖고 있다.

- 가족 내의 권위자가 가족공간을 이웃과 지역사회와 떨어지게 만든다.
- 외부와의 상호작용, 사람, 물건, 정보, 생각의 출입을 엄격히 제한한다.
- 외부와의 경계가 지나치게 분명하고 침투력이 없어서 외부와 상호 정보교환을 하지 않는다.

나. 개방형 가족체계

개방형 가족체계는 가족 외부와의 경계에 있어 다음과 같은 특성을 갖고 있다.

- 가족구성원의 행동을 제한하는 규칙은 구성원의 합의과정에서 도출된다.
- 가족의 경계는 유동적이고 외부와의 경계는 분명하면서도 침투력이 있다.
- 가족공간은 더 큰 지역사회의 공간으로 확대되는 동시에 외부문화도 가족공간으로 유입된다.
- 가족구성원 개개인은 구성원에게 악영향을 주거나 가족규범을 위반하지 않는 범위 내에서 외부와의 왕래를 스스로 통제할 수 있다.

다. 방임형 가족체계

방임형 가족체계는 가족 외부와의 경계에 있어 다음과 같은 특성을 갖고 있다.

- 가족 외부와의 구분이 거의 없다.
- 집안 출입의 권리를 손님이나 제삼자에게도 확대하려 한다.
- 가족경계선의 방어를 중요치 않게 생각하므로 외부와의 교류에 제한이 없다.

② 내부경계선과 가족의 하위체계: 가족 내 하위체계 간의 경계

가족구조는 가족의 개별구성원뿐만 아니라 세대, 성, 관심 등으로 구분되는 다양한 하위체계를 가진다. 대표적인 가족 내 하위체계는 부부 하위체계, 부모 하위체계, 부모-자녀 하위체계, 형제자매 하위체계 등이다.

가족은 환경체계와의 경계뿐 아니라 가족 내 하위체계 간의 경계에 의해 구분된다. 가족 내 체계 간의 구분이나 가족체계와 외부체계를 구분해 주는 경계가 너무 경직되어 있어도 문제가 되며, 경계가 모호하여 혼돈되어 있어도 문제가 된다. 따라서 가족 내 경계는 밀착된 가족(enmeshed family) 및 유리된 가족(disengaged family)으로 나눌 수 있다.

가. 밀착된 가족

- 가족구성원의 자립적 탐구, 활동, 문제해결을 지원하지 못한다.
- 속박감을 주고, 구성원에게 가족 전체를 위해 희생을 요구한다.
- 가족응집력이 지나치게 높고 가족구성원의 획일적 감정과 생각을 강요한다.
- 서로에게 지나치게 관여함으로써 매우 응집되어 있으나 차별성에 대한 이해와 자율성이 부족하다.
- 가족구성원 간의 독립심과 자율성이 결여된 혼돈의 경계를 가지기 때문에 가족 간에 밀착된 관계가 형성된다.

나. 유리된 가족

- 가족구성원 개개인은 자기중심적이며 다른 구성원에게 별로 관여하지 않는다.
- 가족구성원 간 경계가 너무 경직되어 가족구성원 간 상호작용이 이루어지기 어렵다.
- 가족구성원의 하위체계 간 상호작용이 이루어지기 어렵기 때문에 의사소통에 융통성이 없다.
- 가족구성원은 자율성은 많으나 응집과 유대관계가 부족하며, 오히려 가족 이외의 사람들과 연관된다.
- 가족구성원 간 응집력이 낮아서 다른 가족구성원에 대한 관심이 없고 특히 정서적 욕구를 잘 알아차리지 못하고 반응하지도 못한다.

(혼돈된 경계선) ←······ ——→ (부적절하게 경직된 경계선)

밀착된 가족(혼돈)	유리된 가족(경직)
• 가족원 간 독립심과 자율성 결여	• 가족원 간 경계가 경직
• 가족원의 획일적인 감정과 생각 강요	• 가족원 간 상호작용 적음
• 과도한 가족응집력	• 가족응집력과 결속이 낮음
• 지나친 간섭과 관여	• 다른 가족원에 개한 관심 결여

출처 : Minuchin(1974); Nichols & Schwartz(2001); 이영실 외(2015).

[그림 10-1] 가족 내 하위체계 간의 경계특성에 따른 가족의 특징

③ 가족권력의 특성 및 구조

가족권력이란 다른 가족구성원의 행동을 변화시킬 수 있는 능력이다. 모든 가족은 권력구조를 발달시키며 가족체계는 이 구조를 통해서 구성원들의 모든 행동을 허용 가능한 범위 내에서 유지시킨다. Haley(1976)에 의하면, 가족은 가족 내 어떤 하위체계가 다른 하위체계에 대해 권력을 행사하는 하나의 위계질서를 갖는다. 따라서 가족이 이러한 위계질서를 어떻게 조직화하고 있느냐는 대단히 중요하다. 즉 가족구성원 중 누구에게 가장 권력이 집중되어 있는지 누가 가장 영향력을 행사하는 사람인지 또 가족구성원 사이에 권력이 어떤 양상으로 분포되어 있는지를 아는 것은 가족을 이해하는 데 중요하다.[13)]

가족권력은 또한 가족의 규칙체계 내에서도 찾아볼 수 있다. 가족 내 규칙에 의해 이루어지는 일련의 과정에서 가족구성원 모두가 무력감을 느끼고, 그러한 규칙의 변화에 대해 두려움을 느껴 그 어느 누구도 그 규칙에 도전할 수 없는 상황 속에서 가족 내 권력의 집중과 분포를 알 수 있다. 가족권력을 파악할 수 있는 또 다른 소재는 가족이 공유하고 있는 의미와 가치체계이다. 의미와 가치체계로부터 파생되는 권력은 가족구성원이 공유한 원칙에 의해 형성된다. 의미체계에 의한 권력은 가족의 의례와 기념식을 통해서도 나타난다.[14)]

따라서 가족 내 권력은 가족 안에 어떠한 원칙이나 의례, 기념식이 있는지 그리고 이들이 가족에 어떻게 영향을 미치는지 등에 대한 사정이 이루어져야 한다. 이러한 사정 후에 가족 내 권력의 재조직을 위한 개입전략이 가능하다.

3) 가족구성원의 의사소통

(1) 기능적 의사소통

기능적 의사소통이란 가족구성원이 서로서로 억압받지 않고 자유롭게 사실이나 감정을 표현하는 긍정적 의사소통을 말한다. 기능적 의사소통을 하는 가족구성원은 개방적이고 직접적이며 분명하고 정확한 표현을 주고받으며, 언어적 수준, 비언어적 수준, 상황적 수준 간 일치성이 높다. 일치성 외에도 의사소통의 명확성을 사정하는 것이 중요하다. 의사소통의 명확성이란 상대방에게 메시지를 전달할 때 자신의 의견이나 느낌, 생각 등을 가리지 않고 분명하게 전달하는 것을 말한다.

대표적인 기능적 의사소통인 나-전달법(I-Message)은 Gordon(1976)이 부모효율성 프로그램(P.E.T.)을 통해 소개한 대화방법으로 가족구성원 간 갈등이 발생했을 때, 가족구성원 개개인 자신의 마음을 효과적으로 알리는 대화기술이다. 나-전달법은 가족구성원 간 대화 시 상대방이 무엇을 원하고 어떻게 느끼는지를 명백하게 표현하는 방법이기 때문에, 상대방의 행동에 긍정적 변화를 가져온다. 반면에 너-전달법(You-Message)은 구성원 간 대화 시 상대방을 비난하거나 비판하는 것을 말한다. 따라서 그 관계에서는 자주 부정적 감정과 행동이 증가한다. 나-전달법은 '나'를 주어로 하여 각 구성원 자신의 감정을 표현하기 때문에 상대방을 존중하면서도 자신의 주장을 전달할 수 있고, 솔직하고 개방적이어서 상대방으로 하여금 친밀성과 진지함을 가지게 하여 원만한 관계를 유지할 수 있다(〈10-2〉 참조).[15]

〈표 10-2〉 나-전달법과 너-전달법 비교

구분	나-전달법	너-전달법
정의	'나'를 주어로 하여 상대방의 행동에 대한 자신의 생각이나 감정을 표현하는 대화방식	'너'를 주어로 하여 상대방의 행동을 표현하는 대화방식
특징	• 문제가 되는 상대방의 행동과 상황을 구체적으로 말한다. • 구체적으로 말할 경우 판단, 비난의 의미를 담지 말고, 객관적 사실만을 말한다. • 상대방의 행동이 자신에게 미친 영향을 구체적으로 말한다. • 상대방의 행동 영향 때문에 생겨난 감정을 솔직하게 말한다.	• 해결책을 제시하는 말 -강요하고 지시하고 명령하는 말 -경고, 위협하는 말 -당부, 설교하고 도덕적 행동을 요구하는 말 -충고하거나 이론적으로 설득하는 말 • 정신적 좌절감을 일으키는 말 -평가, 비판, 우롱하는 말 -색질문 및 심리분석의 말 -둘러대거나 관심을 전환시키는 말

(2) 역기능적 의사소통

역기능적 의사소통은 가족구성원 개개인이 자신을 일반화하거나 확실한 증거 없이 짐작하여 의사전달을 한다는 사실을 모르고, 서로 눈치를 보면서 주체를 선택하거나 표현을 주저하고 회피적 태도를 보이는 의사소통 유형이다. 역기능적 의사소통양식은 심각한 문제를 유발하고 구성원에게 고통을 안겨 줄 수 있다. 대표적인 역기능적 의사소통의 종류는 다음과 같다.[16)]

① 이중구속메시지

이중구속메시지(double-bind message)는 언어적 의사소통과 비언어적 의사소통이 동시에 부과되는 상황, 즉 말과 행동이 서로 다른 상황을 말한다. 이렇게 되면 가족구성원은 상대방에게 어떤 메시지가 진실한 것인지 결정하기가 어렵고, 어떤 행동을 해야 할지 난감해지고 그 상황을 모면할 수 없다고 느낀다.

이중구속메시지는 가족구성원 중 부모와 아동 사이에서 많이 나타난다. 예를 들면 엄마가 평소에 '말'로는 아동에게 학교 성적에 연연하지 말라면서도 결과가 좋지 않은 성적표를 보면서 한숨을 내쉬는 '행동'을 보이는 경우다. 이중구속메시지를 받은 아동은 이러지도 저러지도 못하고 혼란을 느낀다. 심하면 병적 상태로 연결되기도 한다. 엄마는 자기도 모르는 사이에 자신의 욕망이 아동에게 전달되고 있다는 사실 자체를 인식하지 못한다.

② 위장

위장(mystification)은 불명확하고 모호한 역기능적 의사소통으로, 가족구성원 간 갈등이나 어려움을 드러내지 못하고 오히려 자신을 숨기고 가면을 쓰고 거짓 반응을 하는 것을 말한다. 위장적 의사소통을 사용하는 구성원은 상대방에게 납득하기 어렵고 애매한 반응이나 비꼬는 반응을 하여 상대방의 정확한 의미를 파악하지 못하게 만든다.

③ 너-전달법

너-전달법(You-Message)은 나-전달법인 'I-Message'와는 정반대되는 것으로 '너(you)'가 주어가 되는 대화 형태로 메시지를 대체적으로 일반화시키거나 지시나 명령 혹은 비난을 혼합하여 표현하고 메시지를 전할 때 가족구성원이 상대방에 대한 평가가 내포된 표현을 많이 한다. 구성원이 상대방에게 행동변화를 요구하는 것을 목적으로 하지만 대개는 변화에 대한 부가적 저항으로 끝나곤 한다. 예를 들면 "너는 그 생각을 버리고 내 충고를 받아들이는 것이 좋겠다.", "네가 이것을 하지 않는다면 그때 너를 가만두지 않겠다.", "네가 한 번만 더 결석하면, 이제 더 이상 너를 도와주지 않을 것이다." 등이다.

④ Satir의 역기능적 의사소통 유형

Satir(1983)는 가족체계를 이해하는 데 도움이 되는 기능적 의사소통을 일치형 의사소통이라 하였고 역기능적 의사소통 유형을 회유형, 비난형, 초이성형, 산만형의 네 가지로 나누었다.

역기능적 의사소통의 유형은 가족구성원의 상황이나 상대방에 따라서 한 가지 또는 두 가지 이상의 방식을 사용하기도 한다. Satir는 이런 역기능적 의사소통의 대처방식을 하나의 생존방식으로 이해하였다. 그리고 구성원 개개인의 사고, 감정, 지각, 기대감 등 각자의 생존방식을 통해서 역기능적 의사소통의 대처방식으로 사용한다. 이러한 대처방식은 특히 어린 시절부터 가정에서 기본적 생존방식을 배워 삶의 여러 상황에서 사용하는 구성원 자신의 보호방식으로 본다. 그리고 자신의 솔직한 내면의 감정을 숨김으로써 자신의 자아감정을 드러내지 않으려는 자기보호 방어기제라고 볼 수 있다.

4) 가족규범과 가족역할

(1) 가족규범

가족규범은 가족 간에 지켜야 할 의무나 태도에 대한 지침이나 권리를 말한다. 가족의 항상성 유지를 위해 가족구성원에게 특정한 방식으로 행동하는 것을 허용하거나 허용하지 않을 수 있는데, 가족규범은 가족집단 내에서 적절한 행동이라고 간주되는 것을 구체화한 것이다. 바람직한 가족규범을 위해서는 가족구성원의 협의와 변화의 가능성을 개방적으로 수용하여야 하고, 가족의 발달단계에 따라 융통성 있게 변화해야 한다.

가족규범은 다음과 같은 특징을 지닌다.[17)]

첫째, 가족 내에서의 관계나 역할수행과 행위지침에 대한 지도원리로서, 모든 가족구성원이 대부분 동의하지만 말로 표현되지 않는 경우가 많다.

둘째, 암묵적이거나 모든 구성원이 이해는 하지만 결코 논의하지 않는 반복된 구성원 간 상호 교류이다.

셋째, 전체 가족과 개별 가족구성원이 효과적이고 생산적으로 기능하도록 하는 규칙을 수립하는 것이 중요하다.

(2) 가족역할

가족역할은 가족의 기대와 규범에 의해 강화되는 개별적으로 규정된 행동양식이며 가족에 있어서 이러한 역할은 가족구성원에게 이익이 되는 행동을 포함한다. 예를 들면 부모역할은 아동을 지원하고, 지시하고, 양육하는 데 도움이 되는 행동을 규정한다. 특히 가족역할은 과거에는 바깥일은 남편이, 가사 노동은 아내가 담당했으나 오늘날에는 가족의 유형이 다양해졌을 뿐만 아니라, 가족관계에서도 변화가 나타나고 있으며, 이에 따라 가족구성원이 담당해야 하는 역할도 달라지고 있다. 즉 가족구성원 자신의 상황과 능력에 맞게 역할을 공평하게 분담하고 있다. 더욱이 가사에 대한 구성원의 상호 협조와 역할분담의 중요성이 더욱 강조되고 있다.

다음은 가족구성원의 역할변화에 영향을 미치는 주요 요인이다.[18)]

① 부부관계 중심의 가족관계

저출산·고령화 현상으로 인하여 부부만 같이 사는 기간이 길어짐에 따라 가족관계가 부모-자녀 중심에서 부부관계 중심으로 변화하고 있다.

② 부부 공동의 의사결정

과거에는 가정 내의 의사결정이 남편중심으로 이루어졌으나 오늘날에는 가부장적 유교문화의 약화와 양성평등적 가치관의 확산으로 부부가 공동으로 의사결정을 하는 가정이 늘어나고 있다.

③ 민주적이고 양방적인 부모-자녀관계

과거에 수직적이고 일방적이었던 부모-자녀관계가 가치관의 변화로 인하여 민주적이고 양방적인 관계로 변화되고 있다.

④ 가사와 육아의 역할분담

여성의 사회진출 증가로 인한 부부취업가족의 증가로, 가사에 대한 가족구성원의 상호 협조와 역할분담의 중요성이 커지고 있으며, 부모역할에 대한 가치관도 변하여 남성의 자녀양육 참여가 증가하고 있다.

⑤ 친족관계의 약화

집단주의적 가치관의 약화로 친족과 가문보다 개인의 선택권과 행복권이 중요해지고 있다. 이와 같이 가족구성원의 역할은 여러 가지 요인에 의해 변화하기 때문에 어느 역할이 구성원 개개인마다 바람직한 것이라고 규정하기는 어렵다. 따라서 가족사정 시 사회복지사는 가족구성원 개개인의 역할분배, 역할의 규정방식 및 갈등 등을 자세히 파악하는 것이 중요하다.

5) 가족사정도구

(1) 가계도

가족사정도구에서 가계도를 사정하는 것은 가족구성원 간 관계에서 일어나는 본질적 문제를 인식하고 파악하는 데 매우 중요하다. 즉 가계도는 사회복지사가 과거와 현재의 가족유형에 대해 이해하고 가족문제를 재구성하고 해결할 수 있도록 돕는다. 사회복지사가 가족치료자로서 가계도의 개념, 작성방법 등을 통해 가계도를 정확히 파악해야 하는데, 그 내용을 요약하면 다음과 같다.[19)]

① 가계도의 개념

가계도(genogram)는 Bowen(1978)의 다세대 가족체계이론에 근거한 사정도구로 2~3세대에 걸친 가족구성원에 관한 정보와 그들 간의 관계를 도표로 기록·작성하는 방법이며, 가족 내 역동을 이해하거나 가족이 여러 세대를 걸쳐 발전시켜 온 가족역할, 유형, 관계 등을 가족과 함께 비위협적이고 상호적인 방법으로 살펴보기 위한 도구로 사용된다. 가계도는 가족구성원이 갖는 문제점을 조사하고 해결책을 모색하며 사회복지사와 가족구성원이 세대 간에 전승되는 정서적이고 행동적인 패턴을 탐색하는 데 유용한 도구이다. 가계도는 특정 기간 동안의 가족구성원의 역사와 그 과정에서의 주된 사건을 한눈에 볼 수 있게 해 주는 사정도구로 여러 세대에 걸친 정서적 과정의 결과물을 반영하며, 살아 있는 유기체의 변천, 즉 다세대가족을 평가한다.

사회복지사는 가족의 가계도를 통해 가족구성원과 함께 탐색할 수 있는 여러 가지 정보를 획득할 수 있고, 가족관계를 간단한 그림으로 표현하여 원가족과의 융합문제, 미분화문제, 핵가족 정서적 체계, 정서적 단절, 삼각관계 등 가족유형을 파악할 수 있게 해 준다. 면접 초기에는 수차례의 면접을 통해 정보를 수집하는 것보다 가계도를 그리고 해석하는 것이 가족의 장점뿐만 아니라 가족의 스트레스나 불안, 고통을 이해하는 데 더 도움이 될 수 있다. 이와 같이 가계도를 그려 보는 것은 그 가족의 가족문제에 기여하는 중요 요인과 가족패턴을 알 수 있어 가족 전체에 대한 이해와 통찰력의 향상을 꾀할 수 있다.

가계도는 가족을 사정해 가는 과정의 첫 걸음으로서 처음에는 주로 가족에 대한 사정도구로 활용되어 왔으나 최근에는 여러 학파의 가족치료자에 의해 치료, 훈련 등의 다양한 목적으로 사용되고 있다. 한국에서도 가계도는 대체로 가족에 대한 사정을 위해 사용되어 왔으나 치료자에 따라서는 개인치료 또는 부부치료의 방법으로서도 활용되고 있다. 또한 가계도는 복잡한 가족유형에 대한 신속한 개관을 가능하게 하는 가족정보를 나타낸다. 그것은 탄생, 결혼, 별거, 죽음과 같은 중요한 가족 사건들의 세부적인 그림을 제공한다. 그리고 사회복지사는 가계도를 통해 가족이 경험하는 반복되는 유형들을 확인할 수 있고 사회복지사와 가족구성원 간에 신뢰관계를 형성할 수 있는 기회를 줄 수 있는 강점이 있다.

② 가계도 작성방법

가계도는 다음과 같은 순서에 따라 작성한다([그림 10-2], [10-3], [10-4] 참조).

첫째, 가족구조를 도식화한다. 각자의 가족구성원이 한 세대에서 다음 세대까지 생물학적, 법적으로 어떻게 관련되어 있는지를 도표로 묘사한다.

둘째, 가족구성원에 대한 정보를 기록한다. 기록은 가족구성원의 이력(나이, 출생, 사망시기, 형제서열, 결혼상태, 직업 등)을 기록하고 중요한 생활상의 사건에 대해서는 과도기, 인간관계의 변화, 이사, 상실 등을 기록한다.

셋째, 가족관계를 기록한다. 가족이 진술한 내용과 사회복지사의 관찰에 근거하여 가족구성원의 관계를 다양한 기호로 표현한다.

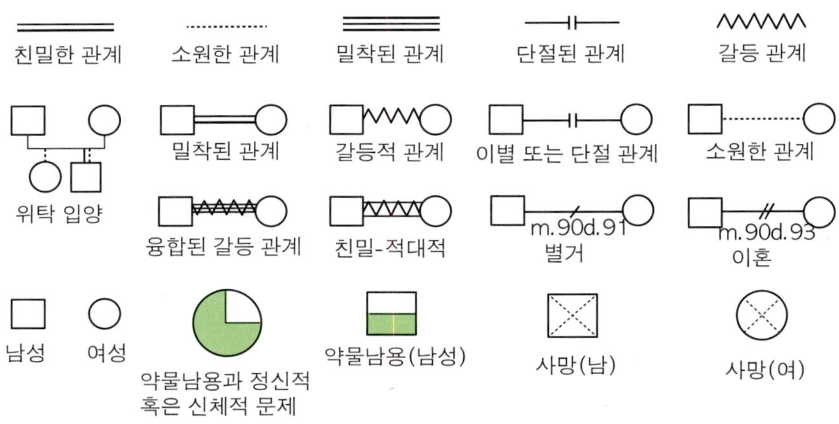

출처 : 이영실 외(2015). 재구성.

[그림 10-2] 가계도의 표준 기호

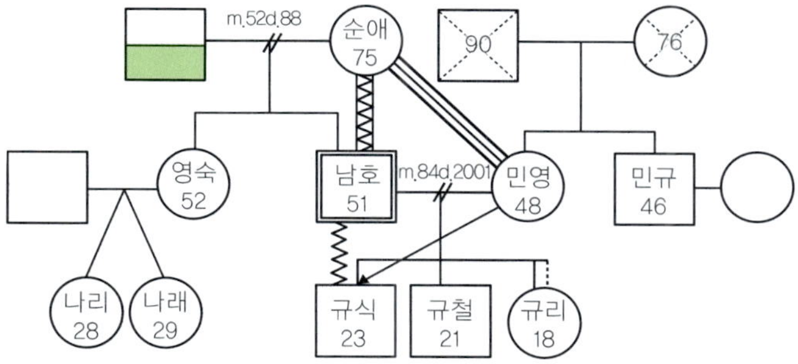

출처 : 이영실 외(2015). 재구성.

[그림 10-3] 가계도의 예시

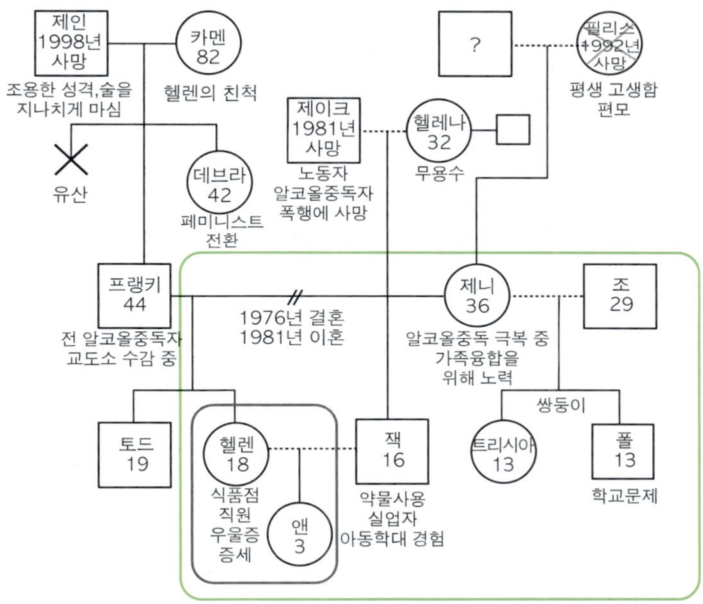

출처 : 이영실 외(2015). 재구성.

[그림 10-4] 4세대 가계도의 예시

(2) 생태도

가족사정도구에서 가계도와 더불어 생태도를 사정하는 것은 가족구성원의 상황이 가족문제에 어떤 영향을 주었는지를 파악하는 데 매우 중요하다. 즉 생태도는 외부세계(생태체계)와 가족구성원 간의 관계를 묘사하고, 가족과 생태체계 간의 외부적 연계로부터의 강점과 질, 갈등의 영역을 포착하는 데 도움을 줄 수 있다. 사회복지사가 가족치료자로서 생태도의 개념, 작성방법 등을 통해 생태도를 정확히 파악해야 하는데, 그 내용을 요약하면 다음과 같다.[20]

① 생태도의 개념

생태도(ecomap)는 1975년 Ann Hartman에 의해 개발된 것으로서, 가족 및 가족구성원과 환경 간의 상호작용을 그림으로 나타낸 것이다. 생태도는 클라이언트와 그 가족의 삶에 영향을 미치는 요인 등을 원을 사용하여 사회적 맥락에서 개인과 가족의 위치를 나타내 줌으로써 가족생활과 가족과 집단, 협회, 조직 그리고 다른 가족과 개인과의 관계 성격을 전체적이고 생태적인 관점에서 살펴볼 수 있도록 도와준다. 즉 생태도는 가족의 주요 환경이라고 간주되는 체계를 그려서 가족체계의 요구와 자원 간의 균형을 보여 주는 것이라고 할 수 있다.

생태도는 클라이언트와 함께 작성하며 함께 논의할 때 좋은 개입효과를 얻을 수 있다. 생태도는 클라이언트 가족에게 유용한 자원이나 환경이 무엇인지, 가족체계에 스트레스를 주는 것은 무엇인지, 그리고 이들 체계 간의 관계가 어떻게 유지되고 있는지에 관한 많은 정보를 제공한다.

개입 초기에 가족을 사정하는 도구로 활용할 뿐 아니라 변화를 확인하는 도구로 반복해서 사용할 수 있는데, 이를 연속생태지도라고 한다. 사회복지사가 생태도를 작성하고 분석하는 과정에서 무엇보다 중요한 것은 모든 작업을 가족과 함께해야 한다는 것이다. 사회복지사가 일방적으로 생태도를 작성하고 이에 대해 가족에게 설명하는 것이 아니라 가족과 함께 생태도를 작성하고 가족이 먼저 분석하도록 격려해야 한다. 사회복지사가 분석할 때에는 가족의 피드백을 계속 구하고, 가족의 결핍, 문제보다는 강점을 언급할 필요가 있다.

② 생태도 작성방법

생태도는 다음과 같은 순서에 따라 작성한다([그림 10-5], [10-6] 참조).

첫째, 가족을 표현하는 원을 중앙에 그려 클라이언트와 그 가족을 표시한다. 둘째, 가족이 일상적으로 상호작용하는 관련된 주변 환경체계(직장, 병원, 학교, 친구, 사회복지관, 오락, 확대가족구성원, 보호관찰소 등)는 중심원 주변에 각각의 원으로 표시한다. 셋째, 클라이언트와 가족체계를 포함한 모든 체계 간의 상호 교류, 즉 관계의 성격과 자원의 흐름을 특정기호로 표시한다. 넷째, 클라이언트의 가족생활에 영향을 미치는 환경체계를 중앙원의 주변에 배치시킨다. 다섯째, 가족과 환경체계의 관계를 다양한 선으로 표현한다.

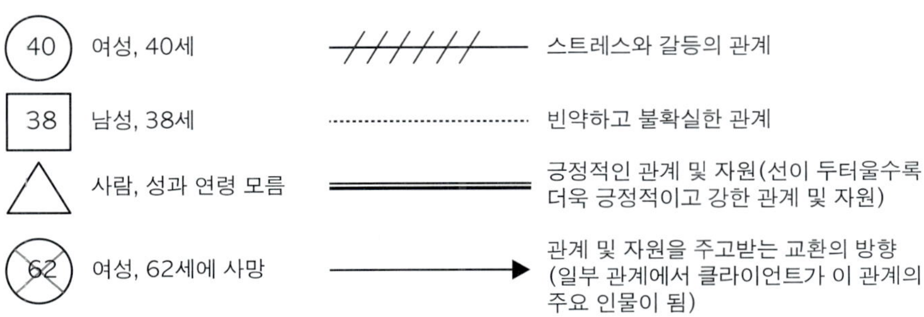

출처 : 이영실 외(2015). 재구성.

[그림 10-5] 생태도에서 흔히 사용하는 기호

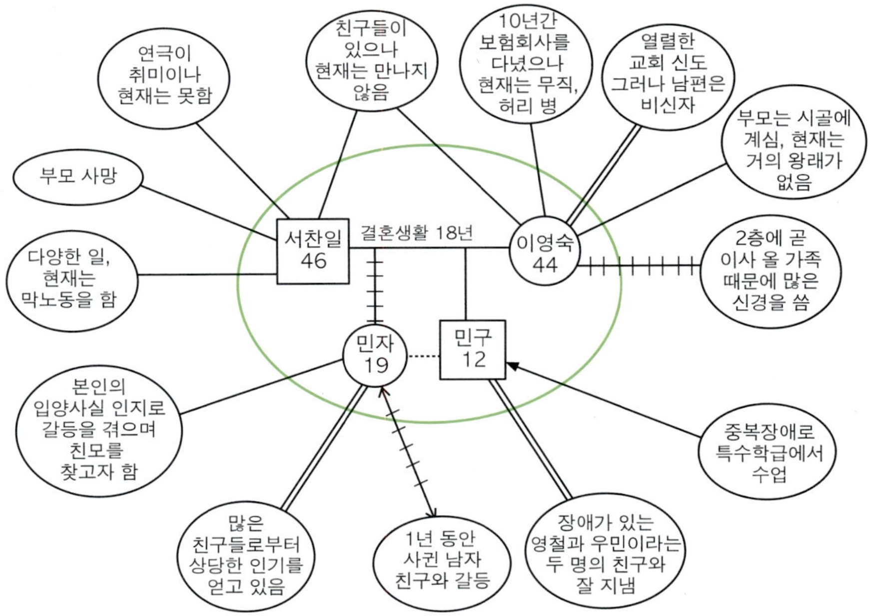

출처 : 이영실 외(2015). 재구성.

[그림 10-6] 생태도의 예시

(3) 가족범주도식

가족범주도식(family categories schema)은 Epstein과 Bishop, Levin(1978)의 연구를 기초로 하며 가족치료자가 가족과 첫 만남 이후 가족의 기능수행을 사정할 수 있도록 고안한 도구이다. 다음의 8개 범주에 대하여 60개 항목의 자기보고(self-report) 형식의 설문으로 이루어져 있는데, 그 주된 내용은 다음과 같다.[21]

- 문제해결: 가족은 정서적·육체적 안녕 또는 기능수행단위로서 가족의 생존에 대한 위협에 어떻게 대처하는가와 관련이 있다.
- 정서적 반응: 가족구성원은 가족 내에서 행복한 정서와 위급한 정서 모두를 다양하게 표출할 수 있는지에 관련된다.

- 정서적 관여: 가족구성원은 서로의 활동과 관심에 대해 어느 정도 정서적으로 관여하고 있는지에 관련된다.
- 의사소통: 가족의 언어적·비언어적 의사소통을 관찰한다.
- 역할행동: 가족이 매일 접하는 여러 종류의 압력, 과제, 의무를 파악한다.
- 자주성: 가족구성원이 독립적으로 행동하고, 독자적이고 책임 있는 선택을 할 수 있는 능력과 관련 있다.
- 행동통제방식: 행동통제는 가족이 충격을 이겨 내고, 표준행동을 유지하며, 위협적 상황에 대처하는 방식과 관련이 있다.
- 일반적 역할: 통합기술 사정도구로서, 이는 가족구성원이 가족 내에서 수행하는 다양한 역할 등을 파악한다.

(4) 가족조각

가족조각(family sculpture)이란 가족구성원이 가족에 대해 어떻게 인식하고 있는지를 시각적으로 표현함으로써 가족에 대한 이해를 돕기 위한 기법이다. 또한 가족조각은 가족구성원이 공간적으로 스스로 위치하여 가족관계를 몸으로 표현하면서 하나의 그림을 완성하는 것으로 가족동맹을 표현하며 역기능적 가족연합을 보여 주고 관계를 재조정해야 함을 인식시켜 줄 때 매우 효과적인 기법이다. 가족조각을 위해 사회복지사는 먼저 한 구성원에게 다른 구성원들을 의미 있게 배치해 보도록 요청한다. 이때 요청을 받은 구성원은 자신이 인식하는 대로 가족구성원의 공간, 몸짓, 태도 등을 무언으로 연출한다. 구성원들은 연출하는 구성원의 지시대로 배치되어 무언극을 하고 무언극을 하는 과정에서 연출하는 구성원이 가족에 대해 어떻게 느끼고 생각하는지를 이해할 수 있다.[22]

(5) 사회적 관계망 그리드

사회적 관계망 그리드(social network grid) 혹은 사회적 관계망 격자는 개인, 가족의 사회적 지지체계를 사정하는 도구이다. 사회적 관계망을 그림이나 표로 보여 줌으로써 가족의 관계망을 전체적으로 볼 수 있게 해 준다. 사회적 관계망 그리드에서 알 수 있는 정보는 가족의 사회적 관계망에서 중요한 인물, 가족이 지지를 받는 생활영역, 사회적 관계망에서 지지를 제공하는 각각의 지지의 특정 유형, 제공되는 지지 정도의 중요성, 개인적 친밀감 정도, 접촉빈도, 알고 지낸 기간 등을 알 수 있다(〈표 10-3〉 참조).[23)]

〈표 10-3〉 사회적 관계망 그리드 예시

구분	생활 영역	물질적 지지	정서적 지지	정보/조언	비판	원조의 방향	친밀감	접촉빈도	알고 지낸 기간
사회적 관계망에서 중요한 인물 (지지 제공자) *번호: *응답자: *이름:	①가족구성원 ②다른 가족 ③직장/학교 ④조직 ⑤다른 친구 ⑥이웃 ⑦전문가 ⑧기타	①거의 없음 ②간혹 있음 ③거의 항상	①거의 없음 ②간혹 있음 ③거의 항상	①거의 없음 ②간혹 있음 ③거의 항상	①거의 없음 ②간혹 있음 ③거의 항상	①양방향 ②당신이 그들에게 향함 ③그들이 당신에게 향함	①거의 친하지 않음 ②가까운 정도 ③매우 친함	①1년에 서너 번 ②한 달에 한 번 ③매주 ④매일	①1년 이하 ②1년~5년 ③5년 이상
01									
02									
03									
04									
05									
06									
07									
08									
09									
10									

(6) 생활력 도표

생활력 도표(life chronology)는 클라이언트 삶의 중요한 사건이나 삶의 시기별로 중요한 문제의 발전과정에 대한 전개에 대해 표나 그래프로 나타내는 것이다. 이러한 생활력 도표는 클라이언트의 현재 기능수행에 영향을 미치는 발달단계상 특정 시기의 생활경험을 이해하는 데 도움이 되며 다양한 출처를 통해 얻은 자료(면접, 기관기록, 병원기록 등)를 종합하여 정리할 수 있다. 따라서 가족구성원의 생활력 도표를 사용함으로써 구성원의 문제행동의 원인에 관한 가설을 세우고 개입지점의 초점을 잡는 데 도움을 줄 수 있다(〈표 10-4〉 참조).[24]

〈표 10-4〉 생활력 도표의 예시

연도	나이	주거지	가족상황	학교	건강	활동	문제
1981	출생 연월일 1981.2.23.	서울	부 26 모 24		정상 출생		
1982	1						
1983	2		영희 출생				
1984	3	대전			천식 3회 입원		
1985	4						
1986	5	수원	철수 출생	유치원 입학	천식 3회 입원		
1987	6						
1988	7		아버지의 음주량 증가	초등학교 입학	교통사고, 다리 골절		학교를 싫어함, 자주 아픔

제11장

가족대상 사회복지실천과정기술

1. 초기과정 가족대상 사회복지실천기술

'가족중심의 실천', '가족에 대한 실천'이라는 용어는 '환경 속의 인간'이라는 관점과 더 큰 사회체계의 관점을 기반으로 한다. 가족실천에서는 가족단위의 문제가 주요 실천대상이 되며, 경우에 따라서는 개인의 문제를 해결하기 위해 가족단위의 개입이 이루어지기도 한다. 가족대상 사회복지실천의 초기과정에서의 기법에는 가족의 문화에 합류하여 가족을 있는 그대로 받아들이고 지지하는 가운데 문제를 추적하는 것이며, 제시된 문제를 재명명(relabeling)하는 것이며, 동시에 가족을 참여시키는 것 등이 있다. 가족대상 사회복지실천의 초기과정에는 접수, 자료수집, 사정, 계획 등이 있다.[1)]

1) 접수

가족대상 사회복지실천의 초기과정에서의 접수는 사회복지실천과정을 시작하는 단계이며 사례의 적격여부를 판별하여 접수를 결정한다. 또한 서비스 제공이 불가능하다고 판단되면 의뢰할 수 있고 접수된 사례에 대해서는 가족구성원과의 긍정적 원조관계를 수립함으로써 이들의 참여를 유도한다.

먼저 접수에 관련된 기법으로는 의뢰하기 및 참여유도하기로 나눌 수 있다. 의뢰하기는 서비스를 받기 위해 기관을 찾아와 접수를 했을 때 신청자의 욕구가 기관의 서비스 방향이나 내용과 맞지 않을 때 혹은 적합한 기관이 있을 경우 의뢰를 하며 또한 의뢰한 기관의 서비스에 관해 정확하게 정보를 제공하고 그 기관과 접촉할 수 있게 돕는다. 그다음 참여유도하기는 관계형성하기와 동기화하기, 그리고 저항감 해소와 양가감정 수용하기 등이 있다(〈표 11-1〉 참조).

가족대상 사회복지실천의 초기과정의 접수에서 사회복지사는 다음과 같은 기법을 적용할 수 있다.

- 가족구성원의 저항을 재사정한다.
- 가족구성원의 욕구에 초점을 둔다.
- 가족의 상호 교류 양식과 그 장점을 경험한다.
- 가족구성원의 자율성을 존중하고 의존성을 피한다.
- 가족구성원이 가장 중요시하는 문제를 알아야 한다.
- 가족구성원과 함께 문제탐색 과정에 참여하여야 한다.
- 가족의 조직과 유형이 역기능일지라도 먼저 받아들인다.
- 가족구성원 간 의사소통의 방식(속도, 언어스타일 등)을 알고 따른다.
- 배척되거나 희생양이 된 가족구성원의 고통을 느끼고 공감한다.
- 가족구성원과의 전문적 거리를 유지하면서도 적당한 기대를 갖도록 한다.

〈표 11-1〉 접수기법: 참여유도하기 유형

유형	내용들	
관계형성하기	관계형성	가족구성원이 일반적으로 보이는 두려움과 불안 등을 해소하기 위해 사회복지사와 상호 긍정적 관계를 형성한다.
	도우려는 의지와 진실성	사회복지사는 가족구성원을 따뜻하게 이해하고 진정으로 도우려는 의지와 진실성을 보여 주어야 한다.
	합류하기 기법활용	구조적 가족치료 개입기법 중의 하나로 사회복지사가 가족의 현실상황에 들어가 함께 경험하고 인간적 관여를 하는 것으로 가족구성원과 사회복지사의 거리를 좁혀 주는 역할을 하며 일반적으로 개입의 초기단계에 많이 사용된다.
동기화하기	가족구성원이 원조과정 동안 적극적으로 참여할 수 있도록 동기를 부여한다. 지나치게 낙담하고 더 이상의 변화를 기대하지 않는 이들의 고통을 이해하고 이제까지 견뎌 온 의지를 격려하며 문제해결의 희망을 갖게 한다.	
저항감 해소와 양가감정 수용하기	가족구성원의 양가감정을 수용하고 자유롭게 표현하여 저항을 해소해 주어야 한다.	

2) 자료수집

가족구성원의 문제를 이해하고 분석, 해결하는 데 필요한 자료를 모으는 과정이며, 문제를 이해하고 해결하는 데 도움이 되는 자료를 마련한다. 자료수집의 출처는 가족구성원의 진술이나 이야기로, 구성원이 일차적 정보제공자로서 가장 중요하다.

또한 자료수집의 기법에는 가족구성원의 비언어적 행동, 초기면접지 자료, 가족, 이웃, 친구, 다른 기관 등 관련 인물의 면접을 통한 부수적 정보, 심리나 신체검사 등 각종 검사결과와 학교나 병원기록 등, 관찰과 가정방문, 그리고 직접 상호작용하면서 느끼는 사회복지사의 개인적 경험이나 신문, 인터넷 뉴스 등 사례와 관련된 자료 등이 있다.[2)]

3) 사정

사정에서 내용 및 과제는 자료해석, 의미부여, 문제규정, 개입방향 등을 결정하는 일이다. 그리고 수집 정리된 자료를 분석하고 심사숙고하여 문제를 규정해 내는 작업으로, 사정과 자료수집은 동시에 일어나며 순환적으로 진행된다. 가족이 특정문제를 해결하는 데 가장 적절한 가족치료이론과 그에 따른 사정 및 개입방법을 선별하기 위해서는 다양한 가족치료이론을 이해하고 있을 뿐 아니라 그것들을 적절히 활용할 수 있어야 한다. 사정에서의 관련 기법은 가족문제 사정에서 소개되었던 사정도구인 가계도, 생태도, 생활력 도표 등이 활용된다.[3)]

4) 계획

사정에서의 계획은 가족구성원과 사회복지사가 서로의 의무와 과업, 구체적 실천활동을 상호 약속하는 것으로, 사회복지사의 기법에는 목표달성전략, 가족구성원과 사회복지사의 역할, 개입방법, 평가방법 등을 서술한 내용에 대해 상호 간 서로 동의하는 것 등이 있다. 그리고 상호 계약의 공식화, 원조과정의 명확화, 가족구성원이 실제로 무엇을 기대하고 기대받을 수 있는지 명료하게 하는 등의 기법이 있다.[4)]

2. 중간과정 가족대상 사회복지실천기술

가족대상 사회복지실천의 중간과정은 개입과정의 핵심이다. 가족실천 중간과정에서의 첫 면접이나 몇 번의 간단한 면접을 바탕으로 가족구성원과 사회복지사는 정기적으로 만날 날짜와 시간 등을 정한다. 이때 가족구성원마다 각기 다른 반응을 보이는데, 예를 들면 거부, 수치에 대한 공포, 치료자에 대한 불신 등의 의식적 저항과 침묵 또는 지나친 재잘거림, 감정의 결여나 지나친 표현, 상투적 대답, 행동화, 퇴행 등의 무의식적 저항이 일어나기 마련이다.

가족실천 중간단계는 치료과정의 제2의 단계로 가족이 사회복지사에 의해서 그들의 문제를 재정의 또는 재명명하게 됨으로써 그들 상호 간의 관계가 수정되어야 하고 그들끼리의 파괴적 동맹을 무너트려야 한다는 사실을 깨닫기 시작한다. 사회복지사는 가족의 문제가 어떻게 정의되어야 하는지 여러 가지 방법을 지적해 줌으로써 가족 간의 갈등을 높여 준다. 이러한 갈등은 오히려 가족구성원으로 하여금 변화해야 되겠다는 욕구를 강화시킨다.

따라서 사회복지사는 가족이 문제를 해결하거나 새로운 기법을 개발하기 위한 새로운 시도에 대한 필요성을 강조한다. 궁극적으로 구성원이 치료에 참가하여 성공을 거두려면 첫째, 가족구조의 재조직이 이루어지기 시작해야 하며, 둘째, 가족구성원의 자주성 증대와 가족 내에서의 역할이 덜 경직되어야 하며, 셋째, 기존의 숨겨진 경험을 서로 공유하고 인정해야 하며, 넷째, 가족구성원이 피드백, 즉 자기 행동에 대한 타인의 반응을 받아들이기 시작해야 한다.

가족대상 사회복지실천의 중간과정에서는 가족구성원의 문제해결이 가족이라는 환경 안에서 이루어지게 될 경우에 사회복지사는 가족치료의 기법을 많이 사용한다. 특히 정신분석 가족치료 기법, Bowen의 세대 간 가족치료 기법, Minuchin의 구조적 가족치료 기법, Satir의 경험적 가족치료 기법, 인지행동 가족치료 기법, 해결중심 단기 가족치료 기법 등이 가족대상 사회복지실천과정에서 주르 사용된다(이들 기법들 중 해결중심 단기 가족치료 기법은 제7장에서 언급했으므로 생략함).

1) 정신분석 가족치료 기법

정신분석 가족치료에서의 치료기법은 경청, 감정이입, 해석, 자유연상 등으로 이러한 기법은 정신분석이론에 기초한 것이다.

다음은 정신분석 가족치료의 주된 기법 내용이다.[5)]

(1) 경청

정신분석 가족치료자는 클라이언트의 내면문제를 알아 내기 위하여 클라이언트의 이야기를 경청해야 한다. 가족치료자는 질문을 통하여 주제를 명확하게 표현할 수 있도록 돕고 클라이언트의 표현에 대해서는 공감적인 태도로 주의 깊게 들어준다. 이러한 경청을 위하여 시간적 투자가 필요하며 클라이언트로부터 나온 이야기를 분석하기 위해 치료자는 클라이언트와 가족구성원 간에 이루어지는 대화에 귀를 기울여야 한다.

(2) 감정이입

정신분석 가족치료자는 개입할 때 클라이언트가 개방적이고 감정이입적 이해를 표현하며 그들의 정서적 상태를 경험하도록 놓아 두는 것을 말한다. 가족치료자는 그들의 경험에 대한 숨겨진 의미와 혼돈스러운 면을 명백히 하는 해석을 내린다. 감정이입적 경청은 치료자가 클라이언트의 생각과 느낌을 함께 공감할 수 있도록 주의를 기울여 들어주는 것이다. 감정이입적 경청을 할 때 클라이언트의 감정을 공유할 수 있으며 효과적 치료상황을 가져올 수 있다.

(3) 해석

해석은 정신분석의 과정에서 자유연상, 꿈, 저항, 그리고 전이를 분석할 때 사용된다. 해석의 과정에서 가족치료자는 꿈이나 자유연상의 내용, 저항, 그리고 치료관계 자체의 의미를 지적하기도 하고 설명하기도 하며 가르치기도 한다. 해석의 기술을 사용할 때 유의해야 할 두 가지 규칙이 있다. 첫째, 치료자는 클라이언트가 저항 혹은 방어적 태도를 취할 때 그 방어적 행동의 이면에 숨겨져 있는 원인을 해석하기 전에 클라이언트의 방어나 저항행동 그 자체를 지적, 설명해 주어야 한다. 둘째, 치료자는 흔히 있을 수 있는 클라이언트가 표현한 감정의 대상적 이면을 이해할 수 있어야 한다. 정신분석 가족치료에서도 정신역동 심리치료와 마찬가지로 수정이 필요할 때 해석이 결정적 기법이 되며 정화기법, 제안 등이 사용된다.

(4) 자유연상

자유연상은 클라이언트로 하여금 마음속에 떠오르는 것이면 무엇이든지 이야기하도록 하는 방법이다. 이 기법은 무의식적 사건을 표면으로 끌어내는 데 효과적이다. 치료자는 때때로 문제를 표면으로 끌어내기 위한 명료화 질문을 하면서 관심을 갖고 듣는다. 그리고 마지막에 가서는 무의식적 내용에 대한 저항과 전이를 해석한다. 자유연상은 가족구성원 간 상호작용에서 나온 결과를 가지고 분석에만 집중하면서 지나친 개입은 하지 않는 경향이 있다.

2) Bowen의 세대 간 가족치료 기법

Bowen의 치료기법은 성숙하고 분화가 잘된 한 배우자를 선정하고 일정기간 그 사람과 치료를 진행하는 것이다. 이 치료기법을 사용하기 위한 기본가정은 지속된 정서적 삼각관계를 깨트릴 수 있는 사람은 바로 가족 내에 있는 가족구성원이라고도 보기 때문이다. 그리고 선택된 가족구성원이 행동상에 변화를 보이면 다른 구성원도 똑같이 행동하려는 경향이 있다고 보았다. Bowen은 각 가족구성원 자신이 관계문제에서 어떤 해결을 하는지에 초점을 두도록 권고한다. 치료과정에서는 두 성인과 가족치료자와의 삼각관계 상황을 지속시키면서 치료를 계속하는 것이 Bowen의 중요한 치료기법이다.

다음은 Bowen의 세대 간 가족치료의 주된 기법 내용이다.[6)]

(1) 가계도

가족의 문제를 사정하기 위해 가계도를 그리고 치료적으로도 활용하며, 다세대에 걸쳐 내려오는 가족체계의 문제, 가족역할, 유형, 갈등, 단절, 삼각관계 등을 알아볼 수 있다. 가계도는 가족과 함께 탐색할 수 있는 여러 가지 정보들이 나올 수 있는 유용한 도구로서, 원가족과의 융합문제, 미분화문제, 핵가족 정서체계, 정서적 단절, 삼각관계 등의 Bowen 개념이 가계도를 통해 드러난다.

(2) 탈삼각화

가족 내 두 사람 사이에서 스트레스나 긴장관계가 발생했을 때 제삼자를 두 사람 상호작용체계로 끌어들이는 것이 삼각화 혹은 삼각관계인데 삼각관계는 문제를 해결하는 데 도움이 되지 못하고 오히려 문제를 분산시킨다. 탈삼각화는 제삼자를 두 사람의 관계에서 분리시켜 삼각관계를 벗어나게 함으로써 가족구성원이 자기분화하도록 하는 것이다. 부부 간 갈등이 심한 경우 자녀를 삼각관계로 끌어들이게 되는데 가족치료자는 부모가 그들의 갈등을 스스로 다루게 한다. 또한 가족치료자를 삼각관계로 끌어들이는 경우 이에 끼어들지 않고 객관적 자세를 취해야 한다. 만일 가족구성원이 가족치료자와의 삼각관계형성에 성공한다면, 가족체계와 가족구성원은 점차로 진정하고 자신의 문제를 해결하기 시작할 것이다.

(3) 코칭

코칭(coaching)은 가족치료자가 클라이언트의 삼각관계에 끌려 들어가지 않으면서도 가족 스스로 정서과정을 이해하고 개인의 역할을 이해할 수 있도록 돕는 방법이다. 코칭은 중립적이고 객관적인 조언을 통해 가족구성원 개개인의 분화를 돕는다. 가족구성원 개개인이 분명하게 정의된 자기입장을 가지고 분화된 방향으로 가족체계에 영향을 미치면 코칭해 주는 치료 횟수를 점차 줄여 나간다.

(4) 과정질문

과정질문은 클라이언트의 감정을 가라앉히고 정서적 반응에 의해 유발된 불안을 낮추며 사고를 촉진하는 질문기법이다. 이 질문은 클라이언트의 감정이나 정서보다는 인지에 초점을 두며, 클라이언트가 어떤 방식으로 관계유형에 관여되어 있는지를 묻는다.

(5) '나의 입장' 기법

다른 사람이 행동하는 것에 대하여 간접적으로 말하지 않고 나의 입장에서 메시지를 전달한다. 이러한 기법은 자신이 느끼는 것을 자기입장에서 말하는 것으로 정서적 반응의 악순환을 깨는 데 도움을 준다. 예를 들면 "당신이 그렇게 행동한 것에 관하여 나는 매우 소외감을 느끼고 섭섭합니다. 나는 당신의 행동으로 인하여 매우 화가 나서 지금은 어떠한 대화도 하고 싶지 않습니다. 앞으로 지금과 같은 행동을 하지 않기를 바랍니다."와 같다.

'나의 입장' 기법은 화가 나고 속상한 상태에서 그 원인을 추적하거나 상대방에게 책임을 추궁하는 것이 아니고, 자신의 현재 감정상태를 표현하는 것이다. 따라서 상대방은 말하는 사람의 상태를 이해하게 되며, 반응적이며 악순환적인 대화에서 벗어나는 데 도움을 준다.

(6) 자신의 이야기 들려주기

가족치료자가 클라이언트에게 치료장면을 녹화한 것이나 녹음한 것을 보여 주거나 들려주는 방법이다. 클라이언트 자신의 이야기를 어떠한 방법으로든 보거나 듣게 될 때 가족구성원은 상호 간에 방어가 줄어들게 되고, 가족기능에 관하여 배우게 된다.

3) Minuchin의 구조적 가족치료 기법

구조적 가족치료의 기법은 가족구성원의 변화에 초점을 두는 것이며, 치료자는 가족이 재구조화해 가는 과정에 적극적 자세로 구조적 가족치료의 다양한 기법을 통해 개입한다. 즉 구조적 가족치료의 기법 적용은 가족구성원의 기능적이고 역기능적인 가족구조를 가족체계, 위계질서, 규칙, 역할, 협상과 조정으로 명확하게 규정함으로써 가족구조의 맥락 안에서 변화를 시도하려는 Minuchin(1974)의 중요한 치료기법이다.

다음은 Minuchin의 구조적 가족치료의 주된 기법 내용이다.[7]

(1) 경계 만들기

가족치료자는 지나치게 유리된 혹은 밀착된 하위체계 간의 경계를 근접하게 하거나 경계 간에 어느 정도의 거리를 만든다. 예를 들면 어머니가 청소년 자녀를 지나치게 간섭하고 보호하는 경우에는 어머니와 자녀 간에 방해를 받지 않고 자신의 느낌과 주장을 이야기하도록 하는 경계를 만듦으로써 부모가 자녀의 이야기를 경청하도록 하여 자녀가 자율성을 확보하도록 한다.

극도로 속박된 가족의 경우 치료자는 개입을 통해 하위체계 간의 경계선을 강화시키고 각 개개인의 독립성을 키워 준다. 가족구성원이 자신에 대해 자유롭게 말하도록 권유하며, 다른 사람에 의해 방해받지 않도록 도와준다. 또한 두 사람이 대화 중일 경우 다른 사람이 끼어들지 못하도록 한다. 가족 내 하위체계 간 경계선이 모호하거나 너무 경직된 경우 이를 수정하는 개입이 필요하다. 가족구성원 각자가 체계 내에서 적절한 위치에 있도록 가족 내 세대 간 경계를 분명히 유지하도록 원조한다.

각 체계의 경계가 명확할 때 새로운 상호작용 유형이 생기고 체계의 기능은 증가한다. 밀착된 가족에 대한 개입은 하위체계 간 경계선을 강화시키고 각 개인의 독립성을 키워 준다. 분리된 가족에 대한 개입은 가족구성원 간 지지, 통제 기능을 강화하여 하위체계 간 교류를 촉진시키고 경직된 경계선을 완화시킨다. 부부연합을 강화하는 개입은 부모연합이 약한 가족인 경우 부부관계를 강화할 수 있도록 돕고 자녀와 상호작용으로 연합전선을 형성할 수 있도록 돕는다.

(2) 합류하기

합류하기(joining)란 치료자가 가족체계에 진입하는 것을 포함하여 상호작용과 의사소통을 추적하고 그 가족의 양식과 규칙과 행동유형을 적용하는 것이다. 합류는 모방(mimesis)과 관련이 있어, 그 체계가 가진 은유와 주제를 이용하고 조화시키고 인정하는 것을 포함한다. 합류과정에서 치료자는 그 가족의 위계, 문화, 언어 및 규칙을 존중하는 한편, 불안감소를 돕기 위해 공감을 표현하고 감정을 확인하고 인정한다. 한 가족체계에 합류하는 과정은 '공동작업'의 분위기를 만들어 내면서 공감대를 수립하고 이해의 장을 구축하는 것이다.

합류하기는 일반적으로 개입 초기단계에서 많이 사용한다. 치료자는 가족의 언어적·비언어적 의사소통(몸짓, 말하는 태도, 억양, 얼굴표정 등)과 감정표현을 모방함으로써 가족에게 합류한다. 가족치료자가 개입장면에서 가족의 분위기를 파악하여 그에 맞추어 행동하거나 감정을 표현하는 것이다. 가족과 가족치료자의 거리를 좁혀 주는 역할을 한다.

가족체계는 항상성을 유지하려는 속성이 있으므로 치료자는 먼저 구성원을 이해하고 수용함으로써 가족에 합류하기를 한다. 특히 가족체계에 합류하기 위해서는 치료자는 적응하는 능력을 갖고 있어야 하며, 치료의 초기과정을 단축시키고 촉진시키는 기법에는 유지기법, 추적기법, 모방기법이 있다(〈표 11-2〉 참조).

〈표 11-2〉 합류하기의 치료기법 및 내용

기법	내 용
유지 기법	(1) 가족구조를 지각하고 분석할 때 의도적으로 지지함 어머니의 지도력이 강한 가족에 합류→어머니를 통해 자녀와 접촉 (2) 가족구성원 개인의 특성을 있는 그대로 받아들이는 것 개인의 장점 인정, 자녀의 침묵, 가족이 사용하는 의사소통, 표현방식 (3) 가족을 재구조화하는 데 상용될 수 있음 치료자가 형제자매 하위체계를 지지→부모, 부부 하위체계 재구조화
추적 기법	(1) 치료자가 가족의 의사소통과 행동의 내용을 따라 계속되도록 격려 (2) 비지시적 치료자가 가족에 합류하기 위하여 사용하는 전형적 방법 (3) 아내나 남편이 사용하는 용어, 의사소통패턴을 추적해 문제의 핵심파악
모방 기법	(1) 치료자가 가족의 생활방식과 정서상태에 적응하기 위해 가족이 사용하는 언어, 몸짓, 대화방식을 따라 하며, 느리게 반응하는 가족구성원에게 치료자도 속도를 늦춰 반응 (2) 추적과 모방도 가족의 재구조화를 위해 사용할 수 있음 ① 가족의 상호작용패턴 추적→가족은 밀착된 관계의 모습이 드러남 ② 특정 가족구성원의 생활경험을 모방→치료자와 가족구성원 간 연합이 이루어짐

(3) 실연

실연(enactment)이란 치료면접 중에 가족구성원 간의 상호작용유형을 실제로 재현시키는 것이고, 치료자가 구상하고 있는 상호작용방법을 가족들로 하여금 실제로 행동을 통해서 연기하도록 만드는 방법이다. 또한 실연은 가족갈등을 '지금-여기'로 가져오는 것이고, 가족구성원은 치료자 앞에서 가족의 문제나 갈등상황을 직접 행동함으로써 자신의 상호 교류를 경험하고 관찰해 볼 수 있다. 즉 가족이 가지고 있는 역기능의 상호작용이 분명하게 보이도록 하기 위해서 치료자가 가족에게 실제 상호작용을 연기하도록 요구한다.

치료자는 가족이 연기하는 동안에 관찰하는 입장을 가지고 가족의 상호작용 속에서 역기능의 가족구조를 발견하고자 한다. 대체로 가족은 가족구성원 중의 한 사람을 문제가 있는 사람으로 지목하는 믿음을 가지고 치료에 임한다. 가족구성원은 치료자가 문제 있는 사람을 고쳐 주고 가족이 평화를 얻을 수 있다는 믿음을 가지고 있다. 치료자는 가족구성원의 역기능적 상호작용을 실제로 연기하도록 함으로써 가족의 믿음에 도전할 수 있게 된다.

실연은 가족갈등을 '지금-여기'로 가져오는 것이다. 가족구성원은 치료자 앞에서 가족의 문제나 갈등상황을 직접 연기해 본다. 그리고 직접 행동함으로써 자신의 상호 교류를 경험하고 관찰해 볼 수 있다.

(4) 과제부여

과제부여는 치료자가 가족의 재구조화가 진행되는 과정에서 자연스럽게 이루어질 수 없었던 영역을 지적하고 활성화시키기 위해 사용할 수 있다. 가족이 과제를 수행하도록 함으로써 치료자는 가족의 재구조화를 도울 수 있을 뿐 아니라 가족의 구조를 관찰할 수 있는 또 다른 기회를 가질 수 있다. 과제는 치료시간 중에 부여할 수도 있고, 치료회기 사이에 집에서 하도록 부여할 수도 있다. 치료시간 중에 부여되는 과제는 단순히 가족구성원이 누구에게 어떻게 의사소통해야 하는지를 지적하는 것일 수 있다.

가족 상호 교류에서 자연스럽게 발견될 수 없는 행위를 실연해 보도록 한 후 가족이 해야 할 분야를 개발시키기 위하여 과제를 주는 것으로, 예를 들면 "여기서 아이를 키우는 방법에 대해 부부가 서로 마주 보고 토론해 보세요."라는 단순한 과제를 부여함으로써 부모-자녀 하위체계의 기능을 관찰하고 변화시킬 수 있는 기회로 삼을 수 있다. 또 치료시간 중에 자리 재배치와 관계있는 과제가 부여될 수도 있다. 예를 들면 "남편께서 부인 옆에 앉아서 부인이 속상해 할 때마다 부인 손을 잡아 주세요."라는 과제를 통해 부부 간의 경계선을 더욱 밀착시킬 수 있다. 치료회기 사이에 가정에서 할 수 있는 과제로는 부부가 서로 소원한 관계를 맺고 있을 경우, 일주일에 두 번 공통으로 관심 있는 텔레비전 프로그램을 찾아 함께 보고 30분간 이야기하는 과제를 부여할 수 있다. 이러한 과제는 부부 간의 경계선을 조금 더 밀착된 방향으로 재구조화하는 데 도움이 될 수 있다. 물론 과제는 치료자가 일방적으로 부여하기보다는 가족과 함께 클라이언트가 할 수 있고 도움이 되는 것을 찾아 부여해야 한다.

(5) 긴장 고조시키기

가족 내의 긴장을 고조시킴으로써 대안적 갈등해결방법을 사용하도록 돕는 기법으로, 치료자가 가족체계의 경계선, 제휴, 연합, 권력에 직접 개입함으로써 가족 내의 긴장을 고조시켜 가족구조를 재구조화한다. 긴장 고조시키기는 가족이 지켜 온 평형상태에서 벗어나 재구조화되도록 돕는 기법이다. 이러한 개입은 강조(intensity)기법을 통해 더욱 원활해질 수 있다. 강조는 가족 상호작용의 흐름을 막음으로써 가족이 예전상태로 되돌아가지 않고 평형상태에서 벗어나도록 하는 데 사용하며, 치료자가 목소리의 크기나 높낮이, 말의 속도, 적절한 단어를 선택함으로써 효과적으로 사용할 수 있다.

(6) 증상활용

가족치료자는 개인의 증상이나 문제를 가족의 역기능적 가족구조 안에서 하나의 선택방법으로 본다. 역기능적 가족을 가장 빠르게 변화시키는 길은 현재 클라이언트의 증상을 다루는 동시에 가족의 구조변화를 시도하는 것이다. 이를 위해 가족대상 사회복지실천에서는 증상활용기법을 사용할 수 있다.

증상활용

- 증상에 초점 맞추기: 클라이언트의 증상은 대개 가족이 스트레스를 해결하는 방법으로 가능하기 때문에 가족의 상호작용에 의해 지지를 받는다. 이때 치료자가 증상에 초점을 둔 과제를 부여하거나 증상과 관련된 상호작용을 실연하게 하거나 증상을 계속 유지하도록 할 때, 가족은 증상을 둘러싼 가족 상호작용에 새로운 의미를 부여하거나 증상을 새로운 각도에서 바라볼 수 있다.
- 증상 과장하기: 증상을 과장하여 표현하도록 하는 전략으로서 증상처방이라고도 한다. 예를 들면 불면증이 있는 부인에게 불면증을 없애려 노력하기보다 며칠 동안 잠을 자지 말 것을 권고한다. 불면증은 부인이 처한 맥락을 고려하면 당연히 나타날 수밖에 없는 증상임에도 가족은 증상을 제거해야 한다고 믿으며, 그러한 의도는 대개 가족의 역기능적 상호 교류를 낳는다. 따라서 증상은 그것이 발생한 맥락을 놓고 볼 때 정상적인 것이므로, 증상을 제거하려 하지 않고 오히려 과장하여 표현하도록 하는 개입은 가족의 재구조화를 돕는다.
- 증상에 무관심하고 새로운 증상으로 이동하기: 증상에 의도적으로 무관심하고 증상을 둘러싼 가족의 내재된 갈등이나 다른 증상에 초점을 둔다. 이는 가족구성원 한 명의 증상은 가족체계의 역기능과 연관이 있다는 가정에 기초한다. 예를 들면 10대 자녀의 비행이라는 증상에는 일부러 무관심하고 증상을 둘러싼 부부 간의 부정적 상호작용으로 치료의 초점을 이동한다.
- 증상 재명명하기: 증상이란 겉으로 표현된 개인의 부정적 정서나 행동상태다. 그러나 구조적 가족치료에서 볼 때, 증상은 역기능적 가족구조의 표현이다. 증상을 재명명한다는 것은 증상이 역기능적 가족구조를 표현하거나 연관이 있다고 재정의해서 말해 주는 것이다. 예를 들면 대학생 딸의 식이장애는 부모의 통제에서 벗어나 독자적 생활을 하려는 시도라고 재명명할 수 있다. 증상을 재명명하면 가족은 증상을 새로운 각도, 특히 가족구조의 기능으로 볼 수 있고, 이것은 가족구조가 변화되는 데 도움이 될 수 있다.

(7) 균형 깨트리기

가족 내 하위체계 간의 역기능적 균형을 깨트리기 위한 기법으로, 경계를 만들어 가면서 가족치료자는 하위체계 간의 관계를 재조정해 나가려는 목표를 갖는다. 균형 깨트리기 단계에서의 목표는 하위체계 내에 있는 구성원 간의 관계를 변화시키는 것이다.

균형을 깨고 가족 내 낮은 계층질서에 소속한 개인과 제휴하는 과정에서 소속에 따른 권력을 부여받을 수 있기 때문에, 체계의 규칙과 유형을 변화시키고 해결책이나 재구조화의 가능성을 창조할 수도 있다. 예를 들면 아동이 클라이언트일 때, 치료자는 그 체계 내 다른 아동의 문제에 초점을 맞추어야 할지도 모른다. 이러한 과정은 균형 깨트리기의 효과를 가져 오고 초점이 변화하면서 재구조화가 일어나도록 한다. 치료자는 가족구성원이 다른 시각으로 해결책을 가져올 수도 있다는 희망을 제시한다.

하위체계 간의 관계를 재배치함으로써 역기능적 가족 내의 균형을 깨트리는데, 이를 위해 가족치료자는 일부 구성원의 편을 들기도 한다. 예를 들면 지나치게 권위적이고 지배적인 남편과 온순하지만 자신의 주장을 갖기 시작한 부인 사이에서 치료자는 의도적으로 부인의 편을 듦으로써 역기능적 균형을 깨트릴 수 있다.

4) Satir의 경험적 가족치료 기법

Satir(1967)의 경험적 가족치료 기법은 다른 가족치료 기법과는 달리 가족구성원의 개개인의 경험수준을 증가시킴으로써 보다 정직하고 친밀한 가족 상호작용을 만들 수 있는 데 적용되어야 한다고 강조하였다. 다시 말하면 경험적 가족치료 기법은 전통적 의료모델에서의 적용이 아니고 성장모델(growth model)에서의 적용을 강조하고 있다. 즉 이 기법은 가족구성원의 병리가 아닌 이들의 성장을 위해 잠재력을 발휘하는 것에 초점을 두고 있다.

다음은 Satir의 경험적 가족치료의 주된 기법 내용이다.[8)]

(1) 가족조각

가족조각(family sculpture)이란 어느 시점을 선택하여 그 시점에서의 인간관계, 타인에 대한 느낌과 감정을 동작과 공간을 사용하여 표현하는 비언어적 기법을 말하며, 한 가족구성원이 다른 가족구성원에 대해 느끼는 정서상태를 자세와 동작 및 소도구를 사용하여 공간적으로 나타내는 것이다.

가족조각을 사용하는 목적은 가족구성원 각자가 자신의 내면적 감정에 접함으로써 실제의 자신을 알고 느끼며 새로운 대처방법을 생각해 보기 위해서이다. 이러한 과정에서 가족의 의사소통 유형, 권력구조, 경계선, 소속감, 개념화, 규칙, 그리고 가족체계의 융통성 정도를 파악할 수 있다. 과정을 보면, 첫째, 가족구성원 중에 한 사람이 조각자가 되어 자신이 지각하고 있는 상황을 각 구성원에게 표현하도록 각자의 위치와 신체적 표현을 정해 주며, 둘째, 나머지 가족구성원은 조각자가 표현하고 싶은 것이 모두 표현될 때까지 그 자세를 유지한다.

가족치료자는 모든 가족구성원이 조각해 보게 한 후, 조각한 이후에 가족구성원 전체가 경험한 것을 이야기하도록 함으로써, 가족구성원은 다른 구성원의 조각을 보는 과정에서 통찰력, 이해, 공감, 동정, 후회, 사과 등의 감정을 경험한다.

따라서 가족조각기법은 언어적 표현이 부족하고 소극적으로 참여하는 가족이 자연스럽게 참여하면서 치료에 관여하게 하며, 주어진 공간에서 구체적으로 관계유형을 볼 수 있고 경험할 수 있게 하는 진단적이고 치료적인 기법으로, 가족사정과 개입기법으로도 사용된다. 그리고 말없이도 다른 사람의 관점을 이해하는 수단을 제공하므로 특히 말이 서투른 가족에게 유용하다.

(2) 역할극, 역할수행

역할극(roleplaying)은 가족구성원이 자기자신이나 다른 사람의 생활을 단막극으로 표현하는 것으로서, 가족치료자가 한 가족구성원에게 다른 구성원의 역할을 수행해 보도록 요청한다.

역할극은 실제의 경험을 바탕으로 현재의 느낌을 노출시키는 것을 전제해야 한다. 과거의 사건이나 바람 또는 미래의 사건에 대한 두려움에 대해 치료회기 중에 직접 역할놀이를 해 보게 함으로써 가족에게 피부로 느낄 수 있도록 기회를 제공하는 것이다. 지나간 기억을 회상하고 억압된 감정을 표출하여 정서적 경험을 강화시키는 개인치료에 유용하다. 연극의 언어는 무언극, 특별한 관계, 조각 등을 사용하며, 내적인 상태는 단어 또는 비유적으로 표현한다. 또한 배역을 바꿈으로써 타인의 내면생활을 알게 하며 동시에 실제생활에서 겪을 수 있는 위험부담 없이 새로운 행동을 연습하게 하는 기법이다.

따라서 역할극은 한 가족구성원이 다른 구성원의 역할수행을 통해 그 구성원의 내면에 대한 이해를 높일 수 있으며, 자신의 고유한 역할을 수행하더라도 이전과는 다르게 행동해 보도록 요청할 수 있다.

(3) 의사소통입장 및 모델링

Satir는 가족구성원에게 회유형, 비난형, 초이성형, 산만형 의사소통 중 하나의 입장을 취하도록 한다. 가족구성원은 각 입장에 대한 감정을 서로 나누고 서로의 의사소통입장(communication stances)에 대해 반응한다. 이렇게 하여 가족구성원은 효과적 의사소통방법을 배우고 어떻게 합리적이 되는지를 알게 된다.

의사소통의 모델링을 통하여 Satir는 가족구성원에게 세 가지 효과적 의사소통 규칙을 가르쳤는데 첫째, 가족구성원은 자기자신이 느끼고 생각하는 것을 표현할 때 자신의 관점에서 말해야 하며, 둘째, 모든 가족구성원은 나-위치(I-position)를 취하여야 하며, 셋째, 모든 가족구성원은 다른 사람을 동등하게 취급해야 한다고 강조하였다.

(4) 유머

문제를 긍정적 맥락에서 보고 긍정적으로 묘사하게 함으로써 새로운 관점에서 볼 수 있게 한다. 유머(humor)의 사용은 클라이언트와 가족의 고통을 경시하여 다루는 것이 아니라 그 고통의 결과 생길 수 있는 긍정적, 건설적인 면을 재치 있게 다루어 줌으로써 클라이언트에게 희망을 주며, 문제를 긍정적으로 볼 수 있게 한다. 긴장을 풀고 친밀감 있는 분위기를 만들기 위해 유머를 사용한다. 유머는 가족이 자신을 바라보고 방법을 변화시킬 수 있는 강한 치료도구이다.

(5) 접촉

신체적 접촉(touch)이 강한 영향을 준다는 믿음으로 첫 회합에서는 의도적으로 모든 가족이 손을 잡고 악수를 하도록 하고, 관계를 형성시키며 좀 더 자유롭게 신체적 접촉을 하고 비언어적 지지를 표현하도록 하기 위하여 여러 형태의 접촉을 시도한다. 가족구성원과 초기단계에 악수를 한다든가, 격려하기 위한 가벼운 어깨 두드림, 상담실로 안내하기 위한 손잡음 등 지나치지 않은 접촉은 가족구성원의 저항을 감소시키는 비언어적 지지가 된다.

(6) 가족 재구축

가족 재구축은 Satir의 변화에 대한 이론과 철학을 가장 잘 나타내 준다. 재구축의 중심인물은 인간으로의 부모와 자아로의 분리에 관한 왜곡된 사고가 어디서부터 시작됐는지를 찾게 한다. Satir는 지도자로서 중심인물에게 각 사건에 대해 묻기 위해 연대기를 사용한다. 중심인물은 또한 3대에 걸친 가족의 이름과 그들의 성격을 5~6개의 형용사로 묘사하여 가족도를 만든다. 중심인물은 미리 지도 아래 그들의 영향력의 원을 준비한다.

(7) 원가족 삼인군 치료

원가족 삼인군 치료(primary triad therapy)의 목적은 클라이언트가 원가족 삼인군에서 학습한 역기능적 대처방법에 집착하는 것에서 벗어나고, 가족규칙과 부모의 규제에서 벗어나 독자적 개별성을 갖도록 돕는 데 있다. 원가족 삼인군 치료는 대부분의 역기능적 학습이 원가족 삼인군에서 온다는 것을 전제로 하고 있으며, 출생 이후 성장과정 중 자아존중감의 발달 측면에서 부모의 영향을 중요시하면서 성장 이후에도 자아존중감의 변화와 새로운 차원에서의 성장이 가능함을 강조하였다. 원가족 삼인군 치료는 원가족 도표를 사용하며, 가족구성원이 공동으로 원가족 도표를 작성하는 과정과 완성된 원가족 도표를 설명하고, 재구조화하고, 조각 및 역할극을 병행하면서 치료과정을 진행한다.

(8) 치료도구로서의 밧줄

치료도구로서의 밧줄(rope as therapeutic tools)은 '상호작용, 연결 또는 관계'를 상징하며, 내면적 과정을 시각화하며 외현화시키는 방법으로 사용되고 있다. 가족구성원 수만큼의 밧줄을 준비하여 각자의 허리에 묶는다. 구성원은 밧줄의 묶임과 엉킴상태를 보고 경직된 관계 및 연결상태를 인식하고, 엉킴을 풀기 위한 방법을 말함으로써 가족관계를 개선시키는 방법을 알게 된다.

(9) 은유

은유(metaphor)는 주제나 생각이 유사한 다른 상황과 연결시켜 표현하는 기법으로, 가족이 자신의 문제를 밝히기를 부끄러워하거나 언급하기를 원하지 않을 때 사용한다. 가족문제에 대한 직접적 묘사나 해석은 가족구성원의 감정을 자극할 수 있다. 그러므로 어떤 생각을 표현하기 위한 수단으로 어떤 단어를 선정하여 사용할 수 있으며 이렇게 비유된 단어에 의해 그 생각에 대한 가족구성원의 논의를 진행할 수 있다. 주제나 생각을 글자 그대로 나타내는 단어나 문장을 직접 사용하지 않고 연결성이나 유사한 것을 다른 말로 표현하는 것이다.

(10) 관계의 해부

가족조각과 역할놀이를 통해 가족관계에서 계약된 것에 대해 언급한다. 예를 들면 부인이 남편에게 의지하기 위해 결혼을 했으면 그녀는 남편 뒤에 서서 그의 목을 안고 기대는 자세를 취한다. 두 사람 모두 그들의 느낌을 말로 표현하게 한다. 그 후 부인은 더 강하게 남편의 목을 안고 그에게 기댄다. 다시 그들의 느낌을 표현하도록 한다. 다음에는 역할을 바꾸어 해 본다. 이 기법은 Satir가 부부로 하여금 최근의 관계를 어떻게 보고 앞으로 관계가 어떻게 될지를 알 수 있도록 하기 위해 사용한 것이다.

(11) 가족그림

가족이 어떻게 조직화되어 있는지 가족 각자의 생각을 그리게 하는 기법으로, 치료자가 가족구성원에게 가족을 인식하는 대로 그림을 그리도록 요구한다. 그림을 통해 가족구성원 자신이 가족에 대해 어떻게 느끼는지, 가족관계에 어떤 문제가 있는지 등을 이해할 수 있다. 그리고 예전에 미처 생각하거나 대화하지 못했던 상황을 경험하도록 돕는 기법이다.

(12) 모의가족

가족 내의 바람직한 의사소통방법과 입장을 배우기 위해 모의형태의 가족이 되어 연기하고 연습하는 기법으로, 이 모의가족(simulated family)은 가족구성원들의 눈으로 상황과 문제를 보게 됨으로써 가족의 의사소통양식까지도 변화시킬 수 있고 감정적으로 변화를 일으킬 수 있다.

5) 인지행동 가족치료 기법

인지행동 가족치료의 기법은 가족이 어떻게 기능하는가보다는 행동이 어떻게 변화되는가에 초점을 둠으로써 현재의 증상을 완화시키기 위해 특별한 행동유형을 수정하는 동시에 가족구성원이 좀 더 합리적인 기초를 토대로 신념과 기대를 수정할 수 있도록 원조하는 데 초점을 두고 있다.

다음은 인지행동 가족치료의 주된 기법 내용이다.[9)]

(1) 인지 재구조화, 인지적 재구성

가족구성원의 재능에 손상을 주는 역기능적이고 자기파괴적인 사고나 잘못된 생각 등을 인식하도록 돕고 현실에 입각하여 기능을 강화하는 신념과 행동으로 대체하도록 돕는 데 특별히 유용하다. 인지 재구조화 기법은 특히 낮은 자존감에서 연유한 문제에 유용하다. 특히 대인관계에서 왜곡된 지각, 자신과 타인, 그리고 보편적인 삶에 대한 비현실적 기대감, 비합리적 공포, 불안, 우울증, 확신의 부족 등에 유용하다. 인지 재구조화는 종종 다른 개입방법(모델링, 행동시연, 이완훈련, 자기주장훈련, 약물치료, 둔감화훈련)과 혼합해서 사용한다.

(2) 합리정서행동치료

합리정서행동치료(Rational Emotive Behaviour Therapy: REBT)는 1960년대와 1970년대에 인지행동치료의 아버지인 Ellis가 창안한 것으로 신념이 행동에 미치는 영향을 강조한 행동주의의 연장이다. 합리정서행동치료의 목표는 자기파괴적 관점을 최소화하고 삶에 대해 좀 더 현실적인 인생철학을 갖도록 돕는 것이다. 가족구성원은 기본적으로 어떻게 생각해야 하는지, 즉 비합리적 신념에서 합리적 신념을 분리하는 법을 배운다.

합리정서행동치료(REBT)의 A—B—C—D—E 패러다임

- A: 개인의 삶에 일어나는 촉발적 사건
- B: A에 대한 신념과 사고
- C: B의 결과로 뒤따르는 감정과 행동
- D: 비합리적 신념 논박
- E: 그 결과로 뒤따르는 효과적인 새로운 인생철학

(3) 자기지시훈련

자기지시훈련은 목표한 기술을 성취하기 위해 단계적으로 자기지시를 제공한다.

- 가족치료자는 스스로에게 말하면서 과제수행을 하는 모델이 된다(인지적 모델).
- 가족구성원은 치료자가 했던 대로 따라한다(명백한 외부적 안내).
- 가족구성원은 스스로 큰 소리로 자신에게 지시하면서 수행한다(명백한 자기안내).

- 가족구성원은 스스로에게 속삭이면서 과제를 수행한다(덜 명백한 자기안내).
- 가족구성원은 개별적으로 자신에게 지시하면서 머릿속으로 과제를 수행한다(은밀한 자기지시).

이처럼 자기지시훈련은 가족치료자의 모델에 의해 가족구성원이 몇 가지의 역할연습을 통해 스스로 적응적 자기지시를 할 수 있도록 도울 수 있다.

(4) 사회성훈련

사회성훈련은 아동과 사회공포증에 특히 유용하며, 그것에는 새롭고 적절한 대인관계행동기술에 대한 교육, 모델링, 예행연습, 역할연기가 포함된다. 또한 자기절제, 경청, 의사소통기술, 자기주장, 공격성의 처리와 같은 기술을 배우는 것도 포함된다.

(5) 역설적 개입

역설적 개입(paradoxical intervention)은 건강하지 못한 행동을 더 많이 늘리도록 시도함으로써 그 행동의 빈도수를 줄이게 하는 개입방법이다. 이것은 예측되는 불안과 그로 인한 문제를 없앤다. 역설적 개입의 한 예로 불면증으로 고민하는 사람에게 잠을 자지 않고 깨어 있도록 노력하라고 제안하는 것이다. 이 두 가지 사례에서의 개입은 그렇게 하지 않으려고 애쓰는 것에서부터 관심의 초점을 돌리고, 그로 인해 불안을 줄이고 해소되도록 촉진한다.

(6) 주장훈련

주장훈련(assertiveness training)은 부부관계 또는 대인관계에서의 불안을 주장행동을 통해 상호 저지함으로써 불안을 줄이는 데 사용되는 훈련이다. 초기에는 주로 불안의 제거에 중점을 두었으나, 최근에는 권리에 중점을 두어 상대방의 권리를 침해하거나 상대방을 불쾌하게 하지 않는 범위에서 자신의 권리, 욕구,

의견, 생각, 느낌 등 자신이 나타내고자 하는 바를 있는 그대로 상대방에게 표현하고 있다.

(7) 체계적 둔감법

체계적 둔감법(systematic desensitization training)은 공포나 불안을 극복하기 위한 이완훈련으로, 스트레스, 불안, 공포증 및 기타 다른 장애조건을 통제하도록 돕는 데 광범하게 사용, 적용되고 있다. 기본방법은 클라이언트에게 근육과 마음을 이완시키도록 가르치고 클라이언트의 현재 문제를 분석하는 것으로 치료가 시작된다. 클라이언트 스스로 가장 약한 불안유발 상황에서 가장 강한 불안유발 상황까지를 위계작성하게 한 다음 이것을 활용한다. 클라이언트가 심신의 이완이 다 된 후, 체계적 둔감화의 과정이 시작된다. 가장 약한 불안유발 상황부터 점차적으로 강한 불안유발 상황까지 장면들이 제시되고 각 장면은 연습했던 조용하고 이완된 심상과 짝지어진다. 적용 전 클라이언트에 대한 철저한 탐색이 필요하다.

(8) 점진적 노출

어떤 목표에 도달하기 위해 몇 개의 단계를 차례로 밟는 것이 필요한 경우가 있다. 클라이언트가 현재의 단계에 초점을 두지 않고 자신의 최종목표에서 얼마나 멀리 있는가에 대한 초점을 두다 보면 미리 압도되어 포기할 수 있는데, 이를 예방하기 위해 점진적 노출 기법을 사용한다. 이 기법은 목표를 여러 단계로 나누어 안도감을 갖고 과제에 임하고 성취하는 경험을 준다.

(9) 행동시연

행동시연(behaviour rehearsal)은 가족치료에서 클라이언트로 하여금 치료실 내에서 어떤 역할을 시험적으로 해 보도록 함으로써 인간관계의 형성과 유지에 필요한 태도나 행동 특징을 습득할 수 있도록 하는 행동수정기법이다. 흔히 치료자가 시범을 보이고 클라이언트가 이를 모방한다. 역할놀이와 같은 뜻으로 쓰이기도 한다.

(10) 혐오기술

혐오기술(aversive techniques)은 일시적으로 만족을 주거나 장기적으로 보면 바람직하지 못한 행동에 대하여 혐오자극을 제시함으로써 부적응행동을 하지 않도록 하는 방법이다.

3. 종결과정 가족대상 사회복지실천기술

가족대상 사회복지실천의 종결과정에서 가족치료는 특정 문제의 제거나 증상의 경감에 목표를 두고 있기 때문에 개인치료보다 치료기간이 짧은 편이다. 일반적으로 가족치료기간은 대개 8회에서 20회이지만 가족의 상황에 따라 가족치료는 주 1회씩 몇 주나 몇 달간 진행될 수도 있다. 가족은 몇 개월 후에 종결될 치료에 대한 준비를 하며 자기들의 문제를 잘 해결할 수 있고, 파괴적 행동유형을 변화시킬 수 있게 될 경우, 성공적 가족치료가 될 수 있다.[10]

가족치료가 종결될 때 가족구성원 모두에게 문제가 사라지거나 구성원 모두가 동일한 수준까지 변화되거나 개선되는 것은 아니다. 그렇지만 가족구성원과 치료자가 다 같이 구성원이 스스로 가정을 이끌어 갈 준비가 되어 있고, 또 치료가 종결되어 치료자의 도움이 없이도 스스로 독립적으로 기능하고자 한다는 점을 느낄 수 있다. 대부분 치료자들은 개인치료보다 가족치료가 치료를 종결시키기가 쉽다고 한다.

가족문제를 하나의 단위로 해결하는 데 익숙해진 가족은 내적 지원체계를 발달시켜 그 결과를 치료자에게 의존하지 않게 된다. 가족구성원은 가족치료과정

중 그들 관계의 문제를 함께 해결하는 데 상당한 훈련을 쌓았기 때문에 그들 스스로 해결할 수 있다는 자신감과 능력을 얻게 되었다. 그리고 그들 상호 간에 보다 분명하고 감추지 않는 의사소통방법을 습득하였고, 각자 구성원의 역할이 재부여되고 권력도 재분배되었다.

종결시기가 오면 가족의 불평이나 증상은 사라지고, 그들이 서로 보다 만족할 수 있는 행동을 하고, 외부에서의 독립적 활동으로 새로운 만족감을 느끼게 되며, 스스로의 노력을 통해 자기들의 문제를 해결할 효과적 방법을 발달시킨다. 가족치료가 성공적이라면 가족은 대개 몇 개월 후에 치료를 종결시킬 준비를 갖추어 자기들의 문제를 집단으로서 보다 잘 해결할 수 있고, 파괴적 행동유형을 변화시킬 수 있게 된다.

종결단계의 주된 기법은 다음과 같다.[11]

첫째, 가족치료자인 사회복지사는 종결시기 결정에 포함되는 요소, 즉 종결할 때가 되었는지 판단할 때 고려사항, 개입목표의 달성 정도, 서비스시간 내 제공 완료 여부, 가족구성원 문제상황의 해결 정도, 사회복지사와 기관의 투자 노력, 더 이상의 만남이 큰 도움이 되지 않으리라는 것 등 이득 체감에 대한 합의, 클라이언트의 의존성, 가족구성원에 대한 새로운 서비스 필요성의 여부 등이 잘 이루어질 수 있도록 해야 한다.

둘째, 가족구성원에게 종결은 중요한 감정적 욕구를 만족시켜 온 관계가 사라진다는 고통스러운 과정을 의미하므로 가족구성원과 사회복지사가 분리과정 동안 경험하는 구성원의 정서적 반응에 잘 대처해야 하며, 심리적 스트레스를 최소화하면서 종결을 효과적으로 마무리할 수 있도록 해야 한다.

셋째, 개입을 통해 획득한 효과의 유지와 강화를 위해서 사회복지사는 획득한 성과를 유지하고 일반화하기, 계속 발전할 수 있도록 계획하고, 종결 후 일정기간(1~6개월)이 지나서 가족구성원이 잘 적응하고 있는지에 대한 변화유지 정도를 확인하는 것 등 사후관리를 잘 수행해야 한다.

넷째, 사회복지사는 목표가 달성되지 않았거나 혹은 달성되었더라도 가족구성원에 대한 새로운 서비스의 필요성 여부를 확인하여 새로운 서비스가 필요한 경우 서비스가 충족될 수 있는 사회복지 관련 기관이나 시설에 클라이언트를 의뢰할 수 있다.

다섯째, 사회복지사는 원조과정의 결과를 평가하고, 개인의 효과성과 효율성을 측정하며, 무엇이 가족구성원에게 도움이 되었고, 어떤 것들이 달리 진행되었어야 했는지 등을 정확히 알기 위해 종결과정에서 여러 가지 평가방법을 통해 체계적이고 합리적인 평가를 해야 한다.

제12장 집단사회복지실천의 이해

1. 집단 및 집단사회복지실천의 개념

1) 집단의 개념

집단은 일반적으로 서로 관련되어 있는 두 사람 이상의 집합체로서 개인들의 단순한 집합이 아니라 그 안에 있는 사람들의 관계가 구조화되고 유형화되어 있는 조직된 체계라고 볼 수 있다. 즉 집단은 적어도 두 사람 이상이 공통의 목적과 관심을 공유하면서 서로에게 영향을 주고받는 모임으로 집단구성원 간의 정서적 결속, 정체성 확립, 집단규범 형성 등 상호 의존성 및 상호작용이 있는 체계라고 할 수 있다.

몇몇 학자들이 강조한 집단의 개념적 정의를 요약해 보면 다음과 같다.[1]

Homans(1950)는 집단이란 상당한 기간 동안 서로 대화하는 다수를 말하는데 간접적으로 다른 사람을 통해서가 아닌, 직접 대면을 통해 서로 대화가 가능한 정도의 적은 수의 사람들로 이루어져 있는 집합체라고 하였고, Sherif와 Sherif(1956)는 집단을 어느 정도 분명한 지위와 서로에 대한 역할관계를 가지는 다수의 개인들로 이루어져 있으며, 적어도 집단에 중요한 결과를 초래하는 일에 있어서 개인구성원들의 행동을 규제하는 가치와 규범들로 이루어져 있는 사회단위로 정의하였다.

Cartwright와 Zander(1968)는 집단이란 둘 이상의 사람들이 자신들을 집단으로 규정하고 그것의 존재가 적어도 다른 한 사람에 의해 인식될 때 집단이 존재하게 된다고 정의하였고, Hare(1976)는 한 무리의 개인들이 집단으로 간주되기 위해서는 어느 정도의 '상호작용'이 있어야 한다고 강조하였다. Shaw(1981), McGrath(1984)는 집단이란 각자 서로에게 영향을 미치고 영향을 받는 어느 정도의 역동적인 상호관계를 가지고 있는 둘 이상의 사람들의 집합이라고 정의하였다. 또한 Turner(1987)는 집단이란 구성원들에게 심리적으로 중요한 집합체로서, 사회 비교를 위해 또한 규범과 가치의 획득을 위해 구성원들이 스스로에게 주관적으로 연결시키는 것이고, 그들이 사적으로도 그 소속감을 수용하고 그들의 태도와 행동에 영향을 주는 것을 집단으로 정의하였다.

이와 같이 집단의 개념적 정의를 정리하면 첫째, 집단이란 적어도 집단구성원 간 존재를 알고 있으면서, 직접이든 간접이든 서로 영향을 미치고 상호작용하며 구성원이 동일한 집단의 범주에 소속된다고 인식하는 두 사람 이상의 집합체를 말하며, 둘째, 집단이란 두 사람 이상의 집합체로서, 동일한 관심을 가지고 일관되고 획일적인 활동을 하는 사람의 집합체라고 볼 수 있다. 즉 집단구성원 간 소속감, 공통의 관심사, 정서적 결속, 상호 의존성, 규범 등이 있는 인간집합체라고 말할 수 있다.

2) 집단사회복지실천의 개념

집단사회복지실천은 특정한 문제나 욕구가 있는 사람들로 구성된 집단을 대상으로 개인, 집단, 환경의 수준에서 집단사회복지사의 지식과 기술을 개입하는 것이다. 또한 집단사회복지실천은 집단에 속한 개인의 다양한 프로그램활동을 통하여 상호작용을 지도하는 집단사회복지사의 도움을 받아 욕구와 능력에 따라 구성원 간의 관계나 성장기회를 경험하고 개인, 집단, 사회의 발전을 도모하고자 하는 것이라고 본다.[2)]

따라서 집단사회복지실천이란 집단을 매개수단으로 하고, 목표지향적 활동을 통하여 개인이 가진 문제를 해결하거나 개인의 강점을 더욱 강화시키고 집단이나 지역사회가 당면한 문제에 효과적으로 대처해 나가도록 돕는 방법을 말한다. 즉 집단사회복지실천은 의도적 집단경험을 통하여 집단구성원 개개인의 욕구를 충족시키고 심리사회적 기능을 향상하도록 하며, 그들의 당면문제를 해결할 수 있도록 하는 사회복지실천방법이라고 개념적 정의를 내릴 수 있다.

2. 집단사회복지실천의 집단목적 및 구성요소

1) 집단목적

사회복지실천에서의 집단목적은 집단에 참여하는 개인과 집단이 이루고자 하는 것으로 기관이나 사회복지사, 집단의 욕구와 기대가 상호작용하여 만들어진다. 집단이나 개인구성원의 나아가야 할 방향을 제시하고 집단 프로그램의 방향을 결정하는 지침이 된다. 따라서 사회복지실천에서의 집단목적이 분명치 않거나, 의견이 일치하지 않을 경우 집단은 실패한다.

집단은 한 가지 이상의 목적을 가지고 만들어진다. 이 목적을 구성원들이 공유함으로써 집단 내에서 구성원 간에 상호작용하고 자신을 투자하며 일체감을 갖는 것이다. 목적이 분명하고 상호 간 같은 기대를 반영함으로써 집단구성원이 결속하여 집단의 목표를 달성할 수 있다. 목적이 분명하고 같은 목적을 지닌 집단은 목적이 분명하지 않거나 분열된 집단보다 더 신뢰적이고 솔선하며 조직적이고 결집력이 있다. 또한 사회복지실천에서의 집단목적은 집단진행과정 중 사회복지사와 집단구성원의 요구와 토의를 거쳐서 수정될 수 있다. 집단목적을 설정하기 위해서는 다음과 같은 사항이 고려되어야 한다.[3]

첫째, 집단목적에 대한 이해, 집단구성원의 기대, 집단 내에서 성취될 것이라고 믿는 욕구나 목적 또는 세밀한 목표까지 고려한다.

둘째, 집단에 대한 사회복지사의 가정과 기대, 각 구성원의 욕구와 기능수준에 대한 사정, 개입방법에 대한 사회복지사의 기대 등을 고려한다.

셋째, 집단을 이끌어 가는 기관의 논리와 집단선정의 목적 및 개입방법은 일반적인 사회적 기대와 목적에 일치되어야 한다.

따라서 사회복지실천에서의 집단은 다음과 같은 목적을 가지고 있다.

- 집단은 일정한 목적을 달성하기 위해 형성된 것이다.
- 하나의 집단이 한 가지 이상의 목적을 동시에 갖기도 한다.
- 클라이언트의 욕구가 내포된 구체적 진술로 기술되어야 한다.
- 집단목적의 수립을 위한 핵심요소는 집단구조의 변수(구성원의 선택, 집단구성, 오리엔테이션), 시간(지속시간, 빈도와 길이), 집단발달, 리더십 등이다.

2) 집단사회복지실천의 구성요소

집단사회복지실천에서 집단을 구성하기 위해서는 집단구성원이 있어야 하고 집단구성원 간 상호작용인 집단역동을 통해 구성원 개개인의 개별목표와 공동목표가 달성되어진다. 이러한 집단구성원의 궁극적 목적을 이루기 위해서는 이들을 전문적으로 도와주는 집단지도자인 집단사회복지사가 구성요소에 포함되어야 한다. 이러한 집단사회복지실천의 구성요소에는 집단과 집단역동, 집단구성원, 집단지도자 등이 포함되는데, 그 주된 내용은 다음과 같다.[4]

(1) 집단과 집단역동

집단은 공동의 관심사를 지닌 두 사람 이상이 공동의 목표를 달성하기 위해 지속적으로 상호작용하는 집합을 말하고 있다. 집단역동은 집단이 가진 특성을 통해 일어나는 집단구성원 간의 상호작용이며, 공동관심사를 가지고 개별목표와 공동목표를 달성하기 위해 집단을 형성하며 지속적 상호작용을 통해 이루어진다. 집단은 구성원의 기능과 역할을 규제하는 규범을 가져야 한다. 그리고 집단은 다른 사회체계와 마찬가지로 구조를 가져야 한다.

(2) 집단구성원

집단구성원은 첫째, 성장하고, 학습하고, 치료되기를 원하는 개인들로서 다양한 목적을 가지고 있으며, 둘째, 대부분 자발적으로 집단에 참가하지만 의뢰나 강요에 의해서 참가하기도 한다. 셋째, 참가경험을 통해서 자신이 필요한 기능적 역할을 수행해 나가며, 넷째, 집단구성원의 목적이 분명하지 않거나 의견이 일치하지 않는 경우 집단은 실패한다. 또한 집단과제달성과 집단유지가 성공적으로 수행되기 위해서 모든 집단은 이를 수행하는 집단구성원의 다양한 역할에 의존한다. 집단구성원의 역할은 과제나 일을 중심으로 한 역할과 사회정서적 역할로 구별되며 여기에 다른 역할도 부과된다. 집단과업, 집단형성 및 유지, 자기중심에 따른 집단구성원의 역할은 〈표 12-1〉에서 보는 바와 같다.

〈표 12-1〉 집단구성원의 역할

역할	구분
집단 과업	• 발기자: 집단에서 새로운 아이디어, 토론 등 • 진단자: 집단과업과 관련된 문제에 대한 확인 및 분석 • 평가자: 집단과정 결과 및 집단목적이나 성취 등 분석 • 명료자: 발언된 아이디어나 제안에 대한 명확한 검토와 질문 • 기록자: 집단의 과업수행과정에서 일어나고 있는 일 등 기록 • 진행보조자: 집단사회복지사 보조 및 집단모임의 원만한 진행 보조 • 정보제공자: 집단과정을 위한 정확한 자료제공, 정보의 지식과 분석능력 • 여론제공자: 제시된 정보분석의 제공과 만들어지는 제안에 대한 의견제시 • 정보탐구자: 집단문제 관계가 있는 사실 · 정보 필요성 감지, 능동적 정보탐구 • 조정자: 집단과정에서 구성원의 정보, 의견, 아이디어 등 중재하거나 검토 • 여론탐구자: 집단과정에서 대다수 구성원의 생각 및 느낌 등 분석 제공 • 활력제공자: 집단에 대해 낙관적 희망을 가지고 집단작업에 대한 열의 및 열정 • 방향지시자: 집단과정이 과업에서 너무 벗어날 때를 알게 하며 집단방향성 유지
집단 형성 및 유지	• 지지자: 구성원에게 지지, 인정, 격려 제공 • 타협자: 집단과정의 진행이나 의사결정을 위하여 타협 제공 • 긴장감소자: 구성원이 긴장에서 벗어 날 수 있는 상황으로 유도 • 기준설정자: 집단이 성취해야 할 과업이나 규범 등 제안하는 역할 • 조화자: 집단갈등 조정 및 구성원 간 의견 불일치 조정, 문제해결 노력 • 추종자: 구성원의 말을 주의 깊게 경청하며 다른 구성원의 아이디어 등 수용 • 감정표현자: 적절하다고 판단될 때 집단 내의 감정과 분위기, 자신의 감정 표출 • 인도자: 개별 발언자에게 주어지는 시간을 적절하게 조절하여 의사소통수단 개방
자기 중심적	• 무관심자: 집단의 문제해결 노력으로부터 후퇴 • 지배자: 집단과정에서의 구성원에 대한 지배, 복종, 강요 등 • 인정추구자: 떠벌리는 과장된 방식을 써서 자신에 대한 관심 집중 • 고백자: 집단의 과업과는 무관한 개인적 어려움이나 감정 등 호소 • 공격자: 집단의 다른 구성원을 비난하거나 굴복시킴으로써 지위 쟁취 • 특별관심사 탄원자: 자신이 속한 집단보다는 자신의 특별이익을 생각하여 집단 외부 발언, 호소 • 광대: 유머로 집단이완과 과업집중을 돕거나 부적절한 유머, 냉소, 야단법석으로 집단의 생산성 저하 • 방해자: 다른 구성원의 아이디어에 반대하거나 논점에 부정적 입장을 취하고 반대 의견을 제시함으로써 집단의 목표를 향한 진전 방해

(3) 집단지도자

집단에 속한 개별구성원과 집단 전체의 목적달성을 원조하기 위해 집단지도자인 사회복지사가 필요하다. 집단 내부에서 사회복지사는 집단 전체의 역동성에 영향을 주기 위해 개입하고 변화할 수 있도록 원조하며 집단 외부에서는 기관의 정책이나 집단활동에 필요한 자원을 확보하는 데 노력해야 한다.

사회복지사는 집단지도자로서의 보상의 힘, 강제적 힘, 합법적 힘, 준거적 힘 등과 같은 집단지도력 및 역할 등을 잘 수행해야 한다. 또한 집단사회복지실천과정에서 집단의 상호작용을 촉진하고 목적을 달성하기 위해서 적절한 프로그램을 활용한다. 사회복지사는 프로그램 자체에 대한 지나친 강조로 집단구성원에게 스트레스를 주지 않도록 유의해야 한다. 특히 시기의 적절성, 적합성, 참여 동의를 고려해야 한다. 게임, 미술작업, 역할극, 무용, 스포츠, 팀활동 등 다양한 프로그램활동이 활용된다.

① 집단지도력

집단지도력(group leadership)은 의사소통을 통하여 집단목표를 달성하고자 영향을 주는 제반 힘과 과정을 말하며 효과적 지도력의 목표는 구성원의 정서적·사회적 욕구를 충족시키고 사회복지실천의 가치기준에 맞는 목표를 달성하도록 돕는 데 있다. 집단활동에 관계하는 모든 구성원이 가능한 한 최대한 만족감을 가지고 효과적 목표달성을 위해 행동하도록 작용하는 것을 말한다.

집단이 전개됨에 따라 구성원은 지도자의 역할을 맡게 된다. 사회복지사는 가능한 한 고유지도력을 지지하고 자극해야 한다. 집단 내에서 지도자의 기술을 훈련하고 연습하는 것은 구성원의 자존감을 증대시키고 그들이 집단 밖에서 사람들과 자신들을 위해 대변하고 있다는 느낌을 증대시켜 집단 활성화에 기여한다.

가. 집단지도력의 힘

집단지도력의 힘(group leadership power)은 집단사회복지사에게 지도력이 있다고 지각되는 데서 생기는 힘으로 사회복지사에게 부여되는 힘이다. 따라서 힘의 원천은 전문적 위상, 조직 내에서의 위치, 경험, 사회복지사와 구성원 간의 경계, 자원에의 접근성 등이다.

실제적인 힘은 집단 안과 밖에서 조건을 변화시킬 수 있는 사회복지사의 자원에 관계되는 힘을 말하며 사회복지사의 보상적 힘, 강제적 힘, 합법적 힘, 준거적 힘, 전문가적 힘 등이 있다.

집단지도력의 근원과 집단지도자에게 요구되는 다양한 힘은 다음과 같다.

- 보상적 힘(reward power): 집단지도자가 개인행동에 반응하여 부정적 결과를 제거하거나 보상을 실시할 능력이 있다는 집단구성원의 인식에 기초한다. 이러한 힘은 집단구성원이 보상을 가치 있다고 느낄수록 더 강력한 힘을 발휘한다. 예를 들면 휴가, 칭찬, 보너스 지급 등이다.
- 강제적 힘(coercive power): 지도자가 긍정적 결과를 제거하거나 반대적 결과를 가져오게 할 수 있다고 믿는 집단구성원의 인식에 기초한다. 강제적 힘은 집단구성원의 매력을 감소시키는 경향이 있다.
- 합법적 힘(legitimate power): 집단지도자가 집단구성원을 위한 행동을 수행할 합법적 권리를 가지고 있고 집단구성원은 그 영향력을 받아들여야 할 의무가 있다는 집단구성원의 인식과 믿음에 기초한다.
- 준거적 힘(referent power): 지도자에 대한 집단구성원의 동일시에 기초한다. 집단구성원이 집단지도자와 동일시하려는 경향이 강할수록 지도자에 대한 매력은 더욱 크고 지도자의 준거적 권한은 커진다.
- 전문가적 힘(expert power): 지도자가 특수분야에 대한 지식이나 숙련성에 대한 집단구성원의 인식에 기초한다. 전문가적 영향력은 전문성이 특수 영역에서 뛰어난 지식이나 능력을 가졌다고 인정하는 것이기 때문에 지시적 권한보다 제한적이다.

나. 집단지도력에 영향을 주는 요인 및 문제점

가) 집단지도력에 영향을 주는 요인

- 강력한 집단지도력을 원하는 구성원도 있지만 허용적 집단지도력을 원하는 구성원도 있다.
- 집단지도자가 내부에서 선출되었는가, 외부에서 선출되었는가, 임시지도자인가에 따라서 집단지도력의 영향력이 다르다.
- 집단 내·외부에 있는 권위의 속성, 집단지도자가 가지고 있는 역량과 기관에서의 지위는 집단지도자의 지도력에 영향을 미친다.
- 전체로서 집단이 가지는 목표, 과업, 욕구 등을 달성하기 위한 과제수행에 필요한 전문적 지식과 기술경험을 가진 집단지도자의 집단지도력은 인정받게 된다.
- 집단구성원에 의해 내부적으로 인정받은 지도자의 집단지도력이 강력하기 때문에 지명된 지도자가 내부지도자를 수용하지 못하고 경쟁하면 지명된 지도자의 집단지도력은 영향력이 약해진다.
- 과제수행에 필요한 전문적 지식과 기술경험을 가지고 있고 집단과정에서 집단구성원을 지지·격려하고 함께 과제를 수행하려는 사회·정서적 기술을 가지고 있는 집단지도자의 지도력은 인정받는다.
- 기관에서 적극적으로 지원하고 있는 중점사업의 하나인 집단을 지도하고 있는 집단지도자는 자신의 에너지와 역량, 기관의 자원을 집단과정에 투입할 수 있는 여건이 충분하기 때문에 집단지도력을 충분히 발휘할 수 있다.

나) 집단지도력에 영향을 주는 집단구성원의 문제점

- 문제가 구성되는 정도
- 결정의 질이 가지는 중요성
- 결정에 따른 행동과 그 결정의 인정 정도
- 집단구성원이 해결책을 반대할 가능성 정도

- 집단구성원이 질 높은 결정을 내리기 위한 정보의 양
- 집단구성원이 조직적 목표를 획득하려고 동기화하는 정도
- 지도자가 질 높은 결정을 내릴 수 있을 만한 전문성의 확보
- 선례에 따라 집단구성원이 지도자에 의한 독재적 결정을 인정할 가능성

다. 공동지도력의 장점과 단점

가) 공동지도력의 장점

- 집단지도자의 소진을 예방할 수 있다.
- 초심자의 훈련에 가장 효과적인 방법이 될 수 있다.
- 화합해서 한 지도자가 정서적 문제에 관해 탐색해 볼 수 있다.
- 공동지도자가 참석해 있으므로 역전이를 어느 정도 방지할 수 있다.
- 한 지도자가 참석하지 못할 때 다른 지도자가 집단을 지도할 수 있다.
- 갈등이 생겼을 때 구성원에게 적절한 해결방법을 보여 줄 모델이 될 수 있다.
- 다른 관점에서 상호작용을 볼 수 있으므로 상호 피드백을 통해 전문적 성장을 가져올 수 있다.
- 한 지도자는 과업목표에 충실하고 한 지도자는 사회정서적 문제에 집중하는 식으로 역할분담이 가능하다.

나) 공동지도력의 단점

- 공동지도자일 경우, 단일 지도자에 비해 비용이 많이 든다.
- 두 지도자 사이의 권력다툼, 갈등, 경쟁관계가 발생할 수 있다.
- 한 지도자가 다른 지도자에 대항하여 구성원과 결탁할 수 있다.
- 절친한 지도자들인 경우에는 자신들의 개인적 문제를 해결하기 위하여 집단을 이용할 수 있다.
- 신뢰나 존경에 근거한 관계가 아닌 경우 상대방의 유능함이나 개입방법을 인정하지 않고 자신의 입장만 고수한다.

- 공동지도자 간에 화합을 할 수 없게 되면 호흡의 일치가 안 되며 서로 다른 목적을 추구하게 되어 집단이 양극화된다.

공동지도력 활용 시 유의점과 문제해결방법에 대해 Cooper(1976)는 지도자 사이의 갈등은 집단의 결과에 결정적 영향을 미치므로 집단구성원은 한 지도자에게 저항하고 다른 지도자를 따를 수 있다고 했고 또한 지도자 사이의 갈등은 집단 내에서 해결하는 것이 좋다고 강조하였다. 그리고 Galinsky와 Schopler(1980)는 지도자 사이의 갈등에 구성원이 휘말리게 해서는 안 되며 구성원이 겪는 긴장감을 높일 수 있기 때문에 집단 내에서 갈등을 해결하는 것은 좋지 않다는 견해를 보였다.

또한 Yalom(1985)은 훈련된 지도자와 똑같은 새 지도자를 함께 배치하는 것은 갈등과 긴장을 야기할 수 있으므로 공동지도력을 수행할 때에 각각의 지도자들이 똑같은 지위와 경험을 가질 것을 제안하였다.

② 집단지도자가 되기 위한 사회복지사의 역할

사회복지사는 집단 전체와 개별구성원의 목적달성을 돕기 위하여 집단지도자로 활동한다. 집단지도자로서 사회복지사의 주요 역할은 다음과 같다.

가. 조력자

조력자(enabler)는 집단구성원이 개별목표를 달성할 수 있도록 계획을 수립하고 목표달성활동에 대한 자신의 감정과 관심사를 표현하도록 격려한다. 구성원이 자신의 장점과 자원을 발견하고 이를 활성화시킬 수 있도록 돕는다.

나. 중개자

중개자(broker)는 집단구성원이 목표를 달성하는 데 이용할 수 있는 자원을 파악하여 그들에게 알려 주며 서비스 이용자격이나 조건 등에 대하여 정보를 제공하고 그들을 다른 기관에 의뢰하여 서비스를 받을 수 있게 한다. 그리고 집단구성원이 목적달성과 관련된 계획과 활동에 대한 자신의 감정과 관심사를 표현하도록 격려하며 그들이 자신의 장점과 자원을 활성화시키도록 원조하는 역할도 포함된다.

다. 중재자

중재자(mediator)는 집단구성원 간에 갈등이 일어났거나 조직 간에 분쟁이 발생했을 경우 도와주는 역할을 하고 중재자로서의 사회복지사는 한쪽 편을 들지 않고 중립적 위치에서 개인적 생각이나 가치를 배제하여야 한다. 대립하는 두 체계가 합의나 타협점을 찾을 수 있도록 건설적이고 개방적인 의사소통을 통하여 쌍방이 받아들일 수 있도록 한다.

라. 옹호자

옹호자(advocator)인 사회복지사는 특정 서비스를 클라이언트가 거부당할 때 서비스를 확보하고 확대할 수 있도록 도와주는 역할을 한다. 또한 필요한 서비스나 자원을 얻지 못하는 클라이언트를 대신하여 그들의 관심과 욕구를 대변하여 집단구성원의 충족되지 못한 욕구를 지역사회기관이 알도록 하여 새로운 서비스나 자원을 개발하는 것을 도와주고 현재의 상태나 규칙을 변화시키기 위하여 대항자의 역할을 하기도 한다.

마. 교육자

사회복지사는 교육자(educator)로서 클라이언트의 사회적 기능이나 문제해결능력이 향상될 수 있도록 교육적 프로그램이나 정보를 제공하고 새로운 행동을 보여 주어 행동모델이 되며 문제상황에서 어떻게 극복하는지에 대한 역할연습 등을 교육한다. 사회복지사는 인간행동 변화에 대한 지식과 기술을 알아야 하며 다양한 시청각 교육방법을 활용하면 더욱 효과적이다.

바. 기타 역할

사회복지사의 지도자로서의 역할은 위에서 언급한 역할 외에도 집단사회복지실천의 상황에 따라 다양하다.

- 집단활동에 대한 최고의 조정자인 집행자이다.
- 집단의 목표와 정책을 수립하는 정책결정자이다.
- 집단의 공식적 대변인으로서 외부 집단대표자이다.
- 유용한 정보와 기술에 대한 자원을 제공하는 제공자이다.
- 집단구성원의 신념과 가치의 근원을 제공하는 관념론자이다.
- 집단목표를 달성할 수 있는 수단과 방법을 결정하는 계획가이다.
- 집단구성원에게 요구되는 바람직한 행동의 모델이 되는 행동모델이다.
- 집단구성원의 승진이나 갈등을 결정하고 과제를 부여하는 보상과 체벌자이다.
- 집단 내의 관계를 통제하기 위한 방식으로 상호작용의 구조를 통제하는 상호작용의 통제자이다.
- 집단구성원의 좌절이나 절망을 환기하기 위한 희생자, 표적으로서의 역할을 수행하는 희생자 등이다.

3. 집단사회복지실천의 집단유형 및 치료효과

1) 집단유형

집단의 유형에는 치료집단, 과업집단, 자조집단 등 목적에 따른 분류 및 지지집단, 교육집단, 성장집단, 치료집단, 사회화 집단 등 치료집단에 따른 분류가 있는데, 그 주된 내용은 다음과 같다(〈표 12-2〉, 〈12-3〉 참조).[5)]

(1) 목적에 따른 분류

① 치료집단

치료집단의 목적은 집단구성원의 교육, 성장, 치료, 사회화 등 행동변화, 사회화의 욕구충족 등에 있고 사회복지사의 역할은 상호작용을 통해 집단을 발달시키는 데 있다. 치료집단의 특성은 개방적이고 자기노출이 낮으며, 집단 각 구성원에 의해 주제에 따라 의사소통양식이 다르며 집단절차는 집단에 따라 융통적이라는 것이다. 그리고 집단구성원의 구성은 공동관심사, 문제, 특성에 근거한다. 여기에 해당하는 집단에는 지지집단, 교육집단, 성장집단, 치료집단, 사회화 집단 등이 있다.

② 과업집단

과업집단의 목적은 조직이나 기관의 문제에 대한 과업성취, 해결책 모색에 있고 의무사항 이행 및 새로운 아이디어 개발, 원조전략 수립 등 과업을 수행하는 데 있다. 사회복지사의 역할은 상호작용이나 임명을 통해 집단을 발달시키는 것이며, 집단특성은 특정 과업에 대한 토론에 초점을 두며 집단구성원의 자기노출은 낮다.

과업집단은 공식적 과업에 대한 토론에 초점을 두며, 집단토론 등 내용이 공개되기도 한다. 집단구성원이 성취한 과업, 의무, 결과물 등에 의해 평가되며 여기에 해당하는 집단은 치료회의팀, 처리위원회, 직원발전집단, 각종 위원회 및 이사회, 사회행동집단 등이 있다.

③ 자조집단

자조집단의 목적은 대인 간 상호지지, 집단구성원 간 공통문제해결, 집단구성원 상호 간 문제상황에 대처할 수 있는 능력을 향상시키는 데 있다. 사회복지사의 역할은 자발적 운영자, 공통문제해결 적극적 참여자 등이며, 집단특성은 집단구성원 중 지도자가 중심적이며 쌍방적이고 자기노출이 높고 과업해결을 위한 정보교류가 있고 정서적 지지교류가 높다는 것이다. 사회복지사는 평가에 있어서 주도적 역할을 하지 않고 지지와 자문만 제공하며 집단구성원 욕구에 의해 평가한다.

여기에 해당되는 집단종류는 단주친목모임, 비만조절집단, 정신질환예방집단, 도박중지집단 등이 있다.

〈표 12-2〉 목적에 따른 각 집단유형 비교

구분	치료집단	과업집단	자조집단
목적	• 집단구성원 교육, 성장, 치료, 사회화 등 행동변화 • 사회화의 욕구충족	• 조직이나 기관의 문제에 대한 과업성취, 해결책 모색 • 의무사항 이행 및 새로운 아이디어 개발 • 원조전략수립 등 과업수행	• 대인 간 상호 지지 • 집단구성원 간 공통문제해결 • 집단구성원 상호 간 문제상황에 대처할 수 있는 능력향상
역할	• 상호작용을 통해 발달	• 상호작용이나 임명을 통해 발달	• 자발적 운영자 • 공통문제해결 적극적 참여자
의사소통양식	• 개방적이고 자기노출 낮음 • 집단 각 구성원에 의해 주제에 따라 다름 • 쌍방적이고 바퀴형	• 특정 과업에 대한 토론에 초점 • 자기노출 낮음	• 집단구성원 중 지도자가 중심 • 쌍방적이고 자기노출 높음 • 과업해결을 위한 정보교류 • 정서적 지지교류 높음
절차	• 집단에 따라 융통적	• 공식적 과업에 대한 토론에 초점	• 마약, 암, 비만 등 핵심적 공동관심사가 있다는 점에서 치료집단이나 과업집단과는 구분됨
구성	• 공동관심사, 문제, 특성에 근거함	• 필요한 재능, 전문성, 노동분화	• 마약중독, 공격적 행동, 도박 등 공유 문제중심으로 자발참여 • 구성원의 독립적 운영
비밀보장	• 개인수준에 따라 처리 • 집단 내에서 유지	• 개인적으로 처리 • 공개되기도 함	• 집단 내에서 유지
평가	• 집단구성원의 치료목적 성취정도에 따라 성공여부 평가	• 집단구성원이 성취한 과업, 의무, 결과물에 의해 평가	• 사회복지사는 주도적 역할을 하지 않고 지지와 자문만 제공 • 구성원 욕구에 의해 평가
종류	• 지지집단 • 교육집단 • 성장집단 • 치료집단 • 사회화 집단	• 치료회의팀 • 처리위원회 • 직원발전집단 • 각종 위원회 및 이사회 • 사회행동집단	• 단주친목모임 • 비만조절집단 • 정신질환예방집단 • 도박중지집단

(2) 치료집단에 따른 분류

① 지지집단

지지집단(support group)은 집단구성원이 현재 생활 속에서 일어나는 상황에 잘 대처하고 효과적으로 적응할 수 있도록 돕는 데 목적을 두고 앞으로 살아가면서 일어날 사건에 대하여 좀 더 효과적으로 대처하기 위한 기술을 발전시킴으로써 구성원이 삶의 위기에 잘 대처할 수 있도록 돕는 집단을 말한다.

지지집단은 유사한 문제나 경험을 갖고 있는 사람들로 구성되기 때문에 지역사회의 편견과 낙인으로부터 벗어나 집단 안에서 안정과 위로를 찾을 수 있으며 유대감 형성이 쉽고 자기개방수준이 매우 높다. 예를 들면 암환자와 가족모임, 이혼가정의 취학아동모임, 한부모모임 등을 들 수 있다.

② 교육집단

교육집단(educational group)은 집단구성원이 지식과 기술을 배우고 향상하는 데 목적을 두고 있다. 사회복지사는 상당한 전문적 지식을 가지고 있으며 훈련능력을 가진 전문가로서, 집단구성원이 자기자신과 자신이 속한 사회를 잘 이해할 수 있게 원조하며 기술을 가르치고 정보를 제공한다.

사회복지사는 집단의 지도자로서, 주로 교사 역할을 한다. 정보제공은 주로 강의나 실습으로 이루어진다. 따라서 집단의 크기가 작을수록 의사소통의 기회가 많아진다. 그리고 집단구성원과 정보를 주고받기도 하지만 전문가의 강의형태로 정보제공이 많이 이루어지며 집단구성원 간 토론 등도 많이 활용된다.

교육집단구성원의 자기개방은 비교적 낮은 편이어서 사회복지사는 구성원의 지식, 기술, 경험 등을 고려하여 모든 구성원이 최상의 학습효과를 얻도록 해야 한다. 교육집단의 예를 들면 성교육집단, 자원봉사자 교육집단, 임산부 태교교육집단, 예비부부 교육집단 등이 있다.

③ 성장집단

성장집단(growth group)은 구성원의 자기인식을 증진시키고 자기의 사고를 변화시키는 데 목적을 두고 있다. 즉 개인의 능력과 자의식을 넓히고 개인적 변화를 이끌어 낼 수 있는 기회를 제공하며 자아향상에 초점을 둔다. 따라서 심리사회적 병리를 치료하기보다는 심리사회적 건강을 향상시키는 데 초점을 두고 집단을 성장기회로 활용하려는 사람들로 구성된다. 성장집단은 집단구성원의 자기개발, 잠재력개발, 인간관계개선 등의 목적이 있기 때문에 다른 집단에 비해 자기개방을 많이 하는 편이다.

성장집단은 다양한 속성을 지닌 구성원들로 구성하는 것이 바람직하다. 구성원들이 서로 다른 특성을 가지고 있다는 자체가 성장의 밑거름이 될 수 있기 때문에 자기개방 정도가 높다. 그러나 어떤 집단에서는 구성원 상호 간의 감정이입과 상호 원조기능을 증진시키기 위해 유사한 특성을 지닌 구성원들로 구성하기도 한다. 예를 들면 결혼생활향상집단, 청소년 대상의 가치명료화 집단, 여성을 위한 의식고양집단, 퇴직준비집단, 잠재력개발집단 등이 있다.

④ 치료(치유)집단

치료집단(therapy group)은 집단구성원의 정서적·개인적·사회적 욕구와 문제를 해결하는 데 목적을 가지고 구성되며 집단구성원 스스로 자신의 행동을 바꾸고 개인적 문제를 완화하거나 대치할 수 있도록 원조하며 나아가서 사회적 외상이나 건강상의 외상 이후에 스스로 원상 복귀시킬 수 있도록 돕는다.

치료집단은 일반적으로 다소 심한 정서적 개인문제를 가진 구성원들로 구성되며, 상호 지지를 강조함과 동시에 치유와 회복에 중점을 둔다. 그리고 구성원 개개인의 증상이나 문제가 다르기 때문에 개인마다 상이한 목적을 갖게 한다.

사회복지사는 인간행동에 대한 지식을 가지고 있어야 하며 집단역동, 집단상담능력과 행동변화를 가져올 수 있도록 집단을 활용할 수 있는 능력, 높은 인지능력과 통찰력, 집단 내에 건설적 분위기를 유지하고 발달시키는 능력 등이 요구된다. 이 집단을 구성할 때 집단치료자는 집단구성원의 일반적 속성을 고려하여 구성원을 선별하고 전체 집단과정을 지도하기 때문에 전문가, 변화매개인, 조력자, 중개인으로서 역할을 수행하며 다양한 이론을 근거로 다양한 기법을 사용한다. 치료집단에는 정신역동치료집단, 섭식장애·외상 후 스트레스 장애·인지치료집단, 금연집단, 성폭력을 다루는 집단이 포함된다.

⑤ 사회화 집단

사회화 집단(socialization group)은 구성원이 사회적 기술을 습득하고 사회적으로 수용되는 행동유형을 학습함으로써 사회적 관계에 어려움을 겪고 있는 구성원을 중심으로 지역사회의 생활에서 효과적으로 기능하기 위해 필요한 사회기술을 배우거나 증진시키는 것이 목적이다. 집단사회복지사는 사회화 과제를 달성하는 매개체로서 적극적으로 가르치고 시범을 보이며 참여를 유도하여 사회적 역할을 학습할 수 있도록 도와주어야 한다.

사회화 집단은 프로그램 활동에 참여함으로써 개인기술을 향상시키는 집단이기 때문에 '활동을 통한 학습'을 지향하며 사회적으로 수용될 만한 행동이나 사회적 기술을 배우고자 하는 사람들로 구성된다. 프로그램 활동, 구조화된 실천, 역할기법, 야외활동, 게임 등이 활용된다. 예를 들면 주의력 결핍 과잉행동 아동을 대상으로 한 활동집단, 퇴원 정신장애인을 위한 사교집단, 독신자를 대상으로 하는 사회활동집단 등이 있다.

사회화 집단은 크게 세 가지로 나눌 수 있다.

첫째, 사회기술훈련집단으로, 이 집단은 자기주장훈련집단처럼 의사소통에 어려움이 있거나 만족할 만한 사회적 관계를 맺지 못하는 사람을 대상으로 사회적 기술을 가르쳐 주는 집단이다.

둘째, 자치집단으로, 이 집단은 치료적 공동체에서 원용한 것으로 정신병동이나 시설거주자들이 전문가로부터 부당한 처우를 받을 때 자신들의 욕구를 해결하거나 권리를 주장하기 위해 자치집단을 형성하고, 갈등을 해결할 수 있는 기술을 가르친다. 여기에는 병원이나 시설입소자의 자치집단 등이 있다.

셋째, 여가집단은 여가활동에 초점을 두는 집단으로 스카우트 활동이나 클럽 활동 등이 근원이며 여가활동을 통해 치료적 효과를 얻고자 할 때 활용된다.

따라서 사회화 집단은 구성원들로 하여금 집단구성원으로서 기술을 개발하기 위하여 함께 노력하는 것이 자기자신의 성취감과 자기가치를 높일 수 있다는 신념을 갖게 격려해 주고 도와주어야 한다.

〈표 12-3〉 치료집단의 각 유형 비교

구분	목적	특징	종류
지지집단	• 스트레스 사건 및 기존의 대처능력을 회복하도록 원조 • 동질문제를 가진 집단구성원 대상으로 상호 지지체계 형성	• 유대감 형성 • 자기개방 높음 • 비슷한 문제 경험한 사람으로 구성	• 이혼가정 취학아동집단 • 암환자 가족집단 • 사별과 재난 피해집단 • 가정폭력 피해자 집단 • 동료지지집단
교육집단	• 클라이언트의 부적응 행동변화에 초점을 두고 집단을 구조화 • 강의, 토론, 경험을 통한 교육	• 정보제공 • 구성원 간 토론 등 • 전문가 강의 • 자기개방 낮음	• 청소년 성교육집단 • 위탁가정부모가 되려는 집단 • 섭식장애집단 • 약물중독집단 • 가정폭력 가해자 집단 • 정신분열병 가족교육집단
성장집단	• 자기인식확대로 행동과 태도발달 및 인격의 성숙 • 구성원의 잠재력, 인식, 통찰력 발전	• 심리적 건강증진 • 구성원 자신의 능력 최대한 발휘 • 집단의 이질성 • 다양한 속성 • 자기개방 높은 편	• 부부결혼향상집단 • 여성의식고양집단 • 참만남집단 • 인간관계훈련집단 • 청소년 가치명료화 집단
치료집단	• 무의식동기와 대인관계 상호작용에 대한 보다 나은 이해 • 행동변화개입을 통한 교정, 재활, 대처, 문제해결	• 정서적, 개인문제를 가진 구성원들로 구성 • 상호 지지 강조 • 치유와 회복에 중점	• 정신분석집단 • 인지행동치료집단 • 의사거래 분석집단 • 스트레스 장애치료집단 • 마약중독치료집단

(계속) 〈표 12-3〉 치료집단의 각 유형 비교

구분	목적	특징	종류
사회화집단	• 변화유지와 사회적응문제를 구체적으로 다루어 재활도모 • 의사소통과 사회기술향상 프로그램 활동, 구조화된 연습, 역할연습 등을 통한 대인관계 향상	• 사회적 기술을 배우고자 하는 구성원으로 구성 • 사회적 기술 습득 및 행동유형 학습 • 사회적 기능을 높임	• 사회기술훈련집단 • 일상생활훈련집단 • 자치집단 • 여가집단 • 약물중독 및 재활시설에서의 치료 및 재활집단

2) 집단의 치료효과

집단에 참여하면서 얻는 이점은 다양한데, 이러한 이점을 '집단의 장점', 또는 집단의 치료적 요소라고 한다. 집단치료, 집단상담, 집단지도에 있어서 집단의 치료효과를 잘 활용하게 되면 집단역동성을 극대화할 수 있다. 집단의 치료효과는 궁극적으로 집단구성원이 자신의 행동을 바꾸고 개인적 문제를 완화하거나 거기에 대처하고, 또는 사회적, 건강상의 외상 이후에 그들 스스로 원상복귀시킬 수 있도록 돕는 데 있다. 집단정신분석치료자 Yalom(1995)이 제시한 열한 가지 집단의 치료적 요소는 다음의 〈표 12-4〉와 같다.[6]

〈표 12-4〉 Yalom(1995)이 제시한 집단의 치료적 요소

항목	내용
희망 주기	각 구성원이 집단에서 자신의 문제가 개선되고 해결될 수 있다는 희망을 갖게 된다. 이러한 희망이 각 구성원에게 치료적 효과를 가져 온다.
보편성	집단구성원이 자신과 비슷한 갈등과 경험, 문제가 있다는 것을 알고 함께 공동의 문제를 협력하면서 해결하고자 하는 의지가 생긴다.
정보전달(공유)	집단사회복지사의 교육 내용, 구성원의 제안, 지도, 충고 등을 통해 자기 문제에 대해 명확한 이해 및 구성원 간의 정보교환 등이 이루어진다.
이타심	집단구성원 상호 간의 협력을 통해서 경험한 이타심은 구성원의 자존감을 높여주며 치료적 효과를 가져 온다.

(계속) 〈표 12-4〉 Yalom(1995)이 제시한 집단의 치료적 요소

항목	내용
사회화 기술 발달	집단구성원 간의 피드백 및 역할극 등을 통해 사회기술을 발달시킨다.
모방행동	집단구성원과 집단사회복지사의 행동을 통해 새로운 행동을 학습할 수 있고, 다른 구성원의 행동을 관찰하는 과정에서도 치료적 효과를 얻을 수 있다. 초기 단계에서는 집단사회복지사가 매우 중요한 역할을 한다.
대인관계 학습	집단구성원 간 상호작용을 통해서 각 구성원 자신의 대인관계에 대한 통찰력을 갖게 된다. 집단은 새로운 대인관계방식을 적용해 보는 경험을 제공한다.
집단응집력	집단소속감이나 친밀감은 집단구성원에게 긍정적 변화를 줌으로써 구성원에게 위로와 용기를 제공한다.
감정정화	집단 내의 비교적 안전한 분위기 속에서 집단구성원은 그동안 억압된 감정을 자유롭고 안전하게 표현할 수 있다.
실존의 요인	집단구성원과의 경험공유를 통해 각 구성원은 비록 다른 사람의 지지가 매우 도움이 될지라도 자기 삶에 대한 궁극적 책임이 자기자신에게 있음을 깨닫게 된다.
가족집단 교정적 재현	집단사회복지사 및 집단구성원과의 관계는 부모형제와의 상호작용을 재현하게 된다. 그 과정을 통해 해결되지 않은 가족갈등에 대해 탐색하기도 하고 새롭게 교정할 수도 있다.

위의 〈표 12-4〉에서 보는 바와 같이 Yalom(1995)이 제시한 집단의 치료적 요소에 대한 내용을 자세히 설명하면 다음과 같다.

(1) 희망 주기

집단에 참여함으로써 문제가 해결될 수 있으리라는 긍정적 기대, 즉 희망 주기(installation of hope)는 긍정적 결과를 가져올 수 있다. 집단구성원의 문제가 조금씩 해결되는 것을 보면서 집단구성원은 자신의 문제도 개선되고 해결될 수 있다는 희망을 갖게 되며 희망 자체에 치료적 효과가 있다. 또 자기와 비슷한 문제를 가진 구성원이 효과적으로 문제에 대처하는 것을 보면서 희망을 갖게 된다. 집

단사회복지사는 집단이 본격적으로 시작되기 전 오리엔테이션 단계에서 긍정적 기대를 강화시키고 부정적 선입견을 줄이며 집단의 효과를 분명하게 설명함으로써 집단구성원이 집단의 효용성에 대해 믿음과 확신을 가질 수 있도록 한다.

(2) 보편성

대부분의 집단구성원은 자신의 문제가 독특하고 자신만이 괴로움을 겪고 있다고 생각하는데 비슷한 문제를 가진 집단구성원을 보면서 혼자만의 문제가 아니라 누구에게나 문제가 생길 수 있다는 생각을 갖게 되어 위안을 얻는다. 또한 집단구성원은 서로 비슷하다고 인식하고 관심을 공유함으로써 이에 수반되는 감정의 정화, 다른 집단구성원의 절대적인 수용으로부터 도움을 받게 되는데, 이를 보편성(universality)이라고 한다.

(3) 정보공유

집단사회복지사의 교육내용이나 집단구성원의 제안, 충고, 지도 등을 들으면서 자기문제에 대하여 명확하게 이해하게 되며 집단치료와 연결된다. 집단구성원이 정보를 서로 공유하고 주고받는 과정, 즉 구성원 간의 정보공유(정보전달, imparting information)를 통해 자신의 문제에 대한 통찰력이 생기고 문제해결능력을 향상시키는 치료적 효과가 있다.

(4) 이타심

이타심(altruism)이란 집단활동을 하면서 구성원들이 서로 도움을 주고받는 과정에서 자신도 누군가에게 도움을 줄 수 있다는 것을 깨닫고 느끼면서 자존감을 높여 주는 감정이다. 이는 오랫동안 자신을 쓸모없는 인간이라고 느껴 왔던 집단구성원이 집단경험을 통해 자신도 가치 있는 사람이라고 느끼게 되는 것이다.

집단구성원 간 상호작용을 통해 구성원 개개인의 이타심의 경험은 자기자신의 문제에만 집중해 있던 집단구성원이 집단 내 다른 구성원의 문제와 욕구에 관심을 두게 됨으로써 자기자신의 문제에서 벗어날 수 있는 기회를 갖게 할 뿐만 아니라 타인에게 의존해 왔던 자신을 보다 독립적으로 성장시키며 치료적 효과를 가져온다.

(5) 사회화 기술

집단은 작은 사회로서 사회생활에서 필요한 대인관계기술과 사회화 기술(socializing technique)을 학습하는 장의 역할을 한다. 즉 사회적 기술 등이 개발되고 학습되는 것이다. 이것은 구성원끼리 피드백을 주고받거나 역할극을 통해 학습된다. 집단경험은 대인관계의 중요성을 인식하게 하는 계기가 되고 자신을 이해해 주는 집단지도자와 집단구성원의 지지역할극과 솔직한 피드백 등을 통해 사회관계상의 문제점을 수정하고 자기의 성장과 변화의 기회를 갖게 한다.

(6) 모방행동

다양한 문화와 행동양식을 가진 집단구성원은 새로운 행동을 학습하는 모델로 활용될 수 있고 다른 사람의 행동을 관찰하는 과정에서도 치료적 효과를 얻을 수 있다. 또한 집단사회복지사의 행동을 통해 새로운 모방행동(imitative behavior)을 학습할 수 있으므로 집단 초기에는 집단사회복지사가 구성원에게 매우 중요한 역할을 하게 된다.

(7) 대인관계학습

집단구성원은 구성원 간의 상호작용을 통해서 대인관계에 대한 통찰력을 갖는다. 긍정적 대인관계의 경험은 성격발달에 중요하고 심리장애를 치료하는 데 모두 사용될 수 있다. 집단구성원은 대인관계학습(interpersonal relationship learning)을 통하여 새로운 대인관계 방식을 적용해 보거나 시험해 보는 경험을 제공하며 경험 속에서 구성원 간 피드백 및 역할극을 통해 학습된다.

(8) 집단응집력

집단응집력(group cohesion)은 개별구성원이 집단과 다른 구성원에 대해 갖는 끌어당기는 힘을 말한다. 집단구성원으로 하여금 집단에 머물도록 하는 요인이 된다. 이러한 집단응집력은 집단구성원에게 긍정적 변화를 일으키며 치료집단에서 치료경험에 도움을 주는 매우 중요한 요소이다. 집단 내에서 발달하는 소속감이나 친밀감은 집단구성원에게 위로와 용기를 제공한다. 따라서 집단응집력이 강할 때 집단구성원은 집단의 구조와 규범을 받아들이므로, 집단의 목적달성에 중요한 요소가 될 수 있다.

(9) 감정정화

집단 내의 지지적이고 안정된 분위기 속에서 억압되었던 감정, 특히 부정적 감정을 자유롭고 안전하게 표현할 수 있다면 그 자체만으로도 치료적 효과가 있다. 집단구성원은 감정정화(catharsis)를 통하여 자신에 문제에 대한 불안, 감정, 생각, 꿈 등을 공유하여 공통의 목적을 성취해 나가기 때문에 자신의 문제를 보다 객관적으로 해결할 수 있다.

(10) 실존의 요인

집단구성원은 집단과정에서 다른 구성원과의 경험공유를 통해 지지가 매우 도움이 될지라도 다른 구성원으로부터 받을 수 있는 지도와 지지가 한계가 있다는 것을 점차 알게 되면서 자기 삶에 대한 궁극적 책임이 자기자신에게 있다는 실존의 요인(existential factor)을 점차 인식한다. 따라서 집단구성원은 고독, 자유, 죽음 같은 한계에 직면하는 힘을 개별적 주체자로서 스스로 키우게 된다.

(11) 가족집단의 교정적 재현

집단은 가족과 유사한 공통점이 있다. 집단 내에서 부모의 역할을 하는 사람, 형제와 같은 동료, 높은 수준의 자기개방, 강한 정서적 유대 등을 들 수 있다. 따

〈표 12-5〉 집단발달의 단계적 특성에 따른 모델 비교

특징	사회목표모델	치료목표모델	상호작용모델
기관	인보관, 지역복지관	임상기관, 사회복지기관이나 시설	임상기관, 지역복지관
초점	대규모 사회환경에 속한 개인	개인적 역기능 변화	구성원 간의 자조, 상호 지지체계 개발
지도자 역할	역할모델, 조력자, 교사	변화, 대리인, 전문가, 조력자, 중개자	중개자, 조력자
대상	시민, 이웃, 지역사회 주민	역기능이나 문제해결을 위해 원조를 필요로 하는 자	공동관심사를 성취하기 위해 협력하는 구성원
집단 활동	토론, 참여, 합의, 집단과제의 개발 및 실행, 지역사회조직화, 구성원의 사회적 행동기술 습득과 사회변화에 필요한 프로그램	구성원의 행동유형을 변화시키기 위해 구조화된 운동을 하거나 직접 또는 간접적 영향력을 발휘	구성원의 관심사 토론, 상호 지지 형성, 상호 이익이 되는 결속된 사회체계 형성
집단 크기	3~30명 정도	7~10명 정도	유동적이지만 15명 이상을 넘지 않음
회합 기간	지도력 유형에 따라 유동적	정기적이며, 시간 사용계획을 사전에 설정	유동적, 지도자와 구성원이 합의
대표 학자	Ryland, Wilson, Coyle, Wiener	Vinter, Sarri, Glasser, Redl	Schwartz, Bion, Lewin

2) 집단사회복지실천의 원칙

집단사회복지실천의 원칙에는 개별화, 수용, 참가, 체험, 갈등해결, 규범, 지속적 평가 등의 원칙이 있다.[8)]

(1) 개별화의 원칙

집단관계에서 집단구성원의 개개인의 입장을 명확하게 하고 이들의 욕구에 대응해야 하며, 각 구성원의 개성에 대한 파악과 존중 및 집단구성원 간의 관계를 동시에 존중한다.

(2) 수용의 원칙

집단구성원을 있는 그대로 인정하고 받아들이며, 전체 속에서 개개인의 표현된 태도나 언어, 감정 등을 수용하고 개개 구성원을 전체 안에서 이해하고 수용한다.

(3) 참가의 원칙

집단구성원끼리 서로 참가동기를 부여하고 서로를 소중히 여기도록 상호 주체적 관계를 만들어 가는 과정으로 구성원 개개인의 가장 기본적인 참가동기 관련 요인 등을 파악한다.

(4) 체험의 원칙

집단구성원 성장의 기회인 집단과정을 통한 문제해결경험과 사회생활의 기본태도를 학습시킨다.

(5) 갈등해결의 원칙

집단구성원 간 갈등에 대한 직면과 해결과정을 통하여 이들의 문제해결능력을 습득시킨다.

(6) 규범의 원칙

집단구성원 규범을 통한 제한과 통제가 집단에 대한 집단구성원의 책임과 의미 및 역할수행을 다하게 하고, 이를 통해 사회적 기능습득이나 민주적 규범결정과정에 대한 체험을 하게 한다.

(7) 지속적 평가의 원칙

집단구성원 개개인의 성장과 집단의 성장을 가져오게 하기 위해 과정에 대한 지속적 분석과 평가로 구성원 각 개인과 집단의 성취도를 높인다.

5. 집단역동성

1) 집단역동성의 개념

집단구성원 간 또는 집단구성원과 집단지도자가 함께 만들어 내는 역동적 상호작용을 집단과정(group process)이라 하고 이러한 집단과정은 집단구성원과 집단에 미치는 독특한 힘을 만들어 내는데 집단과정에서 만들어진 힘을 집단역동성(group dynamics)이라고 한다. 또한 집단역동성은 집단구성원의 상호작용에 초점을 두며 집단역학은 주로 집단역동을 연구하는 학문분야에서 쓰기도 한다. 또한 집단역동성은 구성원의 의사소통, 집단의 목적과 규범, 구성원의 역할과 정서적 유대 등 다양한 요소에 의해서 영향을 받으며, 이러한 요소들을 적절히 활용하면 집단은 물론 구성원에게 긍정적 결과를 가져올 수 있다.

사회복지실천에서 집단을 활용하여 집단구성원을 돕는 것은 집단에서 발생하는 사회적 힘, 즉 집단역동성이 집단구성원을 변화하도록 작용하기 때문에 집단사회복지사는 집단이 발달함에 따라 나타나는 집단역동성을 잘 이해하고 활용해야 한다. 집단사회복지사가 집단역동을 집단과정에서 적절히 잘 활용하면 집단응집력이 생기고 이로 인해 구성원 상호 간 긍정적 관계로 발전할 수 있지만, 그렇지 못할 경우에는 성급한 개인공개 및 평가압력과 같은 부정적 영향이 생길 수도 있다. 집단역동성은 전체적 집단과 개별적 집단구성원에게 강한 영향력을 미쳐 집단의 치료적 효과가 있으므로, 집단사회복지사는 집단역동성을 집단개입에서 잘 활용하여야 하며, 집단구성원의 상호작용을 발전시켜 나가야 한다.[9)]

2) 집단역동성의 구성요소

집단역동성에 대한 개념과 마찬가지로 집단역동성에 영향을 미치는 요소도 다양하게 제시되고 있다.

Northern과 Kurland(2001)는 집단구조 및 집단문화, 집단 내 의사소통과 상호작용, 집단매력과 응집력, 집단의 사회적 통제, 집단지도력, 집단발달단계에 대한 지식, 집단행동양식, 집단 내 하위집단, 집단의 규범이나 가치, 기타 물리적 환경, 피드백, 대인관계, 긴장과 갈등을 집단역동성의 구성요소로 들고 있다.[10)]

3) 집단역동성을 위한 사회복지사의 역할

효과적 집단운영을 위해서 집단역동성을 이해하고 활용할 수 있는 사회복지사의 역할은 범위설정 역할, 집단유지 역할, 직무기능 역할 등이 있다. 범위설정 역할은 집단과 관련된 환경 간의 관계를 다룬다. 집단유지 역할은 구성원의 관계를 다루는데 신입집단구성원을 환영하고 유머를 통해 긴장감을 해소시키는 등의 방법이 있는데 이는 집단구성원에 관한 배려를 표현하는 것이다. 직무기능 역할은 목표달성을 촉진시키는 활동, 집단구성원의 개인 및 공동의 목표에 대한 정확한 설정, 우선순위 결정 및 목표지향활동 집중, 문제해결 및 역할극과 관련한 새로운 기법활용 등이 있다(〈표 12-6〉 참조).[11)]

〈표 12-6〉 집단역동성을 위한 사회복지사의 역할

범위설정 역할	집단유지 역할	직무기능 역할
• 집단과 관련 환경 간의 관계를 다룸 • 집단과 구성원, 집단 외부의 개인과 조직과의 관계 발전 및 유지활동을 하게 함 • 사회복지사의 융통성 발휘 • 책임성 있는 구성원이 되게 함	• 구성원의 관계를 다룸 • 신입회원을 환영하고 유머를 통한 긴장감 해소 등의 방법 • 배려 표현	• 목표달성을 촉진시키는 활동을 하게 함 • 집단구성원 개인 및 공동의 목표를 정확히 설정 • 우선순위를 결정하고 목표지향활동 집중 • 문제해결 및 역할극과 관련한 새로운 기법 활용

4) 집단구성원 상호작용

(1) 집단 내 의사소통 및 상호작용 유형

집단 내 의사소통 및 상호작용 유형은 집단구성원의 문제해결을 위한 상호 간의 체계로서 작용한다. 이러한 집단구성원의 의사소통 및 상호작용 유형에 대한 주된 내용은 다음과 같다.[12)]

㉠ 집단 내 의사소통 유형

의사소통은 사회적 상호작용에서 시작되는데, 집단구성원은 언어 또는 비언어적 상징을 통해 서로에게 반응을 보인다. 집단의 상호작용을 이해하고 개입하는 데 있어서 첫 단계는 의사소통이다. 집단이 시작되면 어떤 형태로든 의사소통이 시작된다. 집단구성원의 의사소통은 언어와 몸짓, 손짓 등 비언어의 상호작용으로 이루어지는데 의사소통은 주고받는 사람의 태도, 감정에 따라 달라진다. 따라서 의사소통을 통한 집단구성원의 상호작용은 집단 내 상호작용 유형을 결정하는 중요한 요인이다.

Middleman(1978)은 집단 내에서 의사소통 유형에 따라 집단역동성도 변화한다고 강조하였는데, 이러한 의사소통 유형은 기둥형, 순번형, 뜨거운 의자형, 자유부동형의 네 가지로 분류된다고 하였다(〈표 12-7〉 참조). 네 가지 유형 중 기둥형, 순번형, 뜨거운 의자형은 집단지도자 중심 유형이며, 자유부동형은 집단중심의 유형으로 볼 수 있다. 기둥형(maypol type)은 집단지도자가 중심적 지위를 차지하고 구성원과 집단지도자 양자 간에만 의사소통이 활발히 이루어지는 유형이다. 순번형(round robin type)은 집단구성원이 서로 돌아가면서 이야기하는 유형이다. 뜨거운 의자형(hot-seat type)은 다른 구성원이 지켜보는 가운데 지도자와 한 구성원만 의사소통을 하는 유형이다. 자유부동형(free floating type)은 집단에서 이야기되고 있는 것이든 아니든 간에 모든 구성원이 의사소통할 책임을 지고 자유롭게 이야기할 수 있는 유형이다(〈표 12-7〉 참조).

〈표 12-7〉 집단 내 의사소통의 네 가지 유형

유형	내용
기둥형 (maypole type)	집단지도자가 중심적 지위를 차지하고 구성원과 집단지도자 양자 간에만 의사소통이 활발히 이루어지는 유형
순번형 (round robin type)	집단구성원과 집단지도자 양자 간에만 의사소통이 활발히 이루어지는 유형
뜨거운 의자형 (hot-seat type)	집단구성원이 서로 돌아가면서 이야기하는 유형
자유부동형 (free floating type)	집단에서 이야기되고 있는 것이든 아니든 간에 모든 구성원이 의사소통할 책임을 지고 자유롭게 이야기할 수 있는 유형

② 집단 내 상호작용 유형

집단 내 상호작용에는 집단중심의 상호작용과 집단지도자 중심의 유형이 있다. 집단중심의 상호작용 유형에서는 구성원 간에 자유롭게 상호작용이 이루어지며, 구성원 간의 사회적 상호작용이 증가하고 집단사기가 높고 구성원의 목표성취를 위한 노력이 증진된다. 그러나 집단지도자 중심의 유형에서는 집단사회복지사에서 구성원으로, 구성원에서 사회복지사로 향하는 상호작용이 이루어지므로 구성원 간 의사소통 기회가 제한된다.

Toseland(1984)는 집단구성원 간 상호작용을 좀 더 잘하기 위해서는 집단과정에서 가장 많이 접하게 되는 이들의 신호나 강화물, 정서적 결속, 힘과 지위, 집단의 크기와 물리적 환경, 하위집단 등을 이해하고 이용할 줄 알아야 한다고 강조하고 있다.

집단구성원 간 상호작용에 영향을 주는 집단요인은 다음과 같다.

가. 신호와 강화물

유익한 상호작용을 촉진하고 상호작용 유형의 변화를 촉진하기 위하여 활용된다.

나. 정서적 결속

대인적 끌림과 같은 긍정적 결속은 구성원 간의 상호작용은 증진시키지만 부정적 결속은 구성원 간의 결속을 감소시키고 구성원 간의 상호작용을 줄어들게 한다.

다. 구성원의 힘과 지위

집단 초기단계에서는 지역사회나 기관 내에서의 자신의 힘과 지위·신체적 특성 등에 의해 결정되지만 집단과정이 진행됨에 따라서 구성원 자신이 집단 내에서 수행하는 기능 정도에 따라 더 많은 영향을 받는다.

라. 집단 크기

집단의 크기가 크면 구성원 간의 관계형성 가능성은 증가하지만 구성원끼리 의사소통할 기회와 시간이 줄어들어 관계유지가 어려워진다.

마. 지도자 중심

지도자를 통해서 구성원이 서로 의사소통하거나 아니면 지도자가 한 사람과 이야기하는 것을 다른 사람들이 지켜보는 것인데 이것은 구성원 간의 자유로운 상호작용을 방해한다는 점에서 바람직하지 못하다.

5) 집단매력 및 응집력

집단구성원들로 하여금 집단에 머물게 하는 집단매력 및 집단응집력 등을 살펴보면 다음과 같다.[13]

(1) 집단매력

집단매력이란 집단구성원이 집단에 남아 있도록 작용하는 힘의 결과이다. 집단구성원은 다양한 이유에서 집단에 끌리게 되고 매력을 느끼게 된다. 따라서 집단에서 얻는 것이 많을 때 집단에 더 매력을 느낀다. 집단구성원은 집단에 참여함으로써 불안이 해소될 수 있고 집단이 불안요소로부터 안전하게 기대가 충족될 때 안정감을 얻는다.

집단구성원이 느끼는 집단매력의 일곱 가지 요인은 다음과 같다.

- 다른 집단과 비교하여 우위를 느낀다.
- 집단구성원의 개인적 욕구를 충족한다.
- 의사결정과정에서 강한 영향력을 행사한다.
- 집단목적에 대하여 성공적인 성취감을 경험한다.
- 연합·인정 그리고 안정성에 대한 욕구를 성취한다.
- 집단구성원의 집단결과에 대한 주관적 기대감을 갖는다.
- 집단구성원의 권위·집단의 목적·프로그램 활동·운영방식 등 집단이 가지고 있는 자원과 연결한다.

(2) 집단응집력

집단응집력(group cohesion)은 개별구성원이 집단과 다른 구성원에 대해 갖는 끌어당기는 힘을 말한다. 집단구성원으로 하여금 집단에 머물도록 하는 데 영향을 미치는 요인이다. 집단응집력은 집단구성원이 집단 내에서 서로가 친밀감을 가지고 있고 서로가 서로를 위해 중요하다고 생각될 때 나타난다. 집단응집력은 각자의 개성을 표현할 수 있고 충분한 친밀감을 서로 허용하는 유대이다.

집단응집력의 특징을 살펴보면 다음과 같다.

첫째, 집단 내에서 구성원 각자의 개성을 표현할 수 있고, 구성원 간 유대관계를 통하여 친밀감을 형성한다.

둘째, 집단의 목표성취와 집단 내 변화를 가져오게 하는 사회적 영향력으로서 매우 중요한 기능을 한다.

셋째, 집단환경으로부터 형성된 적으로부터의 위협, 집단해체나 인지된 위협에 대한 집단반응의 결과물로 출현한다.

넷째, 집단구성원 간에 상호작용하며 서로를 위하는 느낌과 서로에 대한 동일시 및 경험 나누기를 통해 내적으로 형성된다.

다섯째, 집단구성원이 '우리·우리 것'이라는 말을 사용하게 될 때, 구성원 간 서로를 잘 알고 중요하다고 생각할 때, 집단공동체 의식이 생겨난다.

여섯째, 집단구성원의 서로에 대한 매력, 집단이 함께하는 행동이나 활동하는 목표에 대한 매력일 수 있으며, 함께하게 하는 외적 압력의 결과일 수도 있다.

고도의 응집력 있는 집단은 집단참석률이 높고 집단구성원의 참여가 활발하며 구성원 스스로 자신을 탐구하고 표현하는 상황이 집단 내에서나 외부상황에서도 일어나게 된다. 집단응집력이 높다는 것은 집단에 대한 만족도가 높고 사기가 충천하고 내적 갈등이 적으며 집단구성원이 중도탈락하여도 다른 집단에 비해 집단목표를 성취하는 것이 더욱 효과적이다.

집단응집력이 안정적으로 형성되면 집단구성원의 시간엄수와 집단출석이 규칙적이 되고 이러한 것들이 서로 자발적으로 이루어진다. 또한 집단에 대한 소속감이 강하게 되어 구성원이 '우리'라는 집단공동체 의식이 일어나면 이로 인해 구성원 간 친밀감이 높아진다.

강한 응집력을 가진 집단의 경우는 집단구성원 간에 함께 보내는 시간 등 공유시간이 많으며 집단의 크기는 소집단이고 구성원 간 집단목표 달성에 적극적이고 열성적일 때, 구성원 간 의사소통이 원활하고 상호 교류되고 정확할 때, 구성원이 집단에 대한 충성심과 단결력이 강할 때, 집단지도자인 사회복지사의 지시에 대하여 호의적인 경우 등이다. 그러나 지나친 집단응집력은 집단에 의존적이 되며 지역사회활동에 제한을 받기도 하며 자아정체감을 상실하게 될 수도 있으며 비효과적 의사소통을 유발할 수 있는 집단사고를 야기할 수 있다. 집단사고가 우세한 상황에서는 개인의 다양한 의견이 무시됨으로써 의사결정의 잘못이나 역기능적 의사소통을 야기한다.

결과적으로 집단응집력을 높이기 위한 방법은 간식시간 이용, 모델링, 자기노출, 강화, 출석률, 중요한 관심사 등과 관련이 있으므로, 이러한 것들을 적극적으로 잘 활용해야 한다. 그리고 집단응집력은 집단구성원에게 긍정적 변화를 일으키며, 치료집단에서 치료경험에 도움을 주는 매우 중요한 요소이므로 집단사회복지사는 집단응집력 형성을 촉진하는 데 신경을 써야 한다.

6) 하위집단과 정서적 유대

집단의 역동성에서 하위집단이 형성되는 것은 자연스러운 현상이지만, 하위집단은 집단에 대한 통제력으로 인하여 갈등을 유발할 수 있으므로 정서적 유대감이 갈등을 유발할 수도 있다. 하위집단과 정서적 유대를 자세히 살펴보면 다음과 같다.[14]

(1) 하위집단

하나의 집단이 몇 개의 보다 작은 집단으로 분할되어 있을 경우 이 작은 집단을 하위집단(sub-group)이라고 한다. 집단구성원 간에 공통된 관심사나 태도, 반응에 따라서 둘씩 혹은 서너 명으로 이루어진 하위집단을 형성한다. 하위집단은 거의 모든 집단에 있으며 집단을 이끌어 가는 데 효과적으로 활용할 수 있다.

하위집단을 통하여 집단구성원의 친밀감이 증가된다. 하위집단이 여러 개 존재할 경우 각각에게 역할과 지위를 부여하여 집단 내의 결속에 도움을 가져올 수 있다. 그러나 하위집단이 집단의 목표성취에 방해가 되는 배타적 성격을 가질 때는 집단에 문제를 발생시킬 수 있다.

하위집단의 형성은 자연발생적인 경우도 있고 의도적으로 이루어지는 경우도 있다. 집단의 목적달성과 유지를 위해서 하위집단을 긍정적으로 작용하게 해야 한다. 그리고 집단구성의 차이에 의해서 능력별 집단, 흥미별 집단, 과제별 집단, 지역별 집단, 성별 집단, 균질집단 등으로 구분되는데, 학급, 기타의 교육집단에 있어서는 집단사회복지사에 의해서 의도적으로 하위집단(분단, 반)이 만들어지는 일이 많다.

(2) 정서적 유대

집단구성원 간에 정서적 유대관계를 형성해 가는 과정은 중요한 부분이며 구성원 간에 서로의 매력과 반감이라는 감정은 정서적 유대를 형성시킨다. 정서적 유대에는 두 가지 종류가 있는데, 긍정적인 정서적 유대는 집단구성원 간 매력과 상호작용을 증가시키지만, 부정적인 정서적 유대는 집단구성원의 유대를 약화시킴으로써 구성원의 상호작용을 감소시킨다.

7) 집단의 크기

집단의 크기는 집단구성원의 수를 말한다. 집단의 목적, 집단유형과 더불어 집단구성원의 만족감, 상호작용, 개별구성원의 목표달성 등 집단 개입결과에 영향을 준다.

집단이 큰 경우, 구성원의 수가 많아서 자원, 아이디어, 기술 등을 상대적으로 더 많이 확보할 수 있으며 구성원 간에 서로 학습할 수 있는 기회가 많아지고 상호 지지 피드백 등의 기회가 많아지므로 과제의 성공적 수행에 도움을 줄 수 있지만 통제하기가 어려워지기도 하고 익명성이 보장되어 집단참여의 압박감이 적어질 수 있다. 따라서 구성원의 개인적 문제를 다루기가 어려워지고 집단구성원은 스트레스를 더 많이 받게 된다.

반대로 집단의 크기가 작으면 집단구성원에 대한 집단지도자의 개별적 접근이 쉬워지나 집단구성원에 대한 참여압박이 커지고 풍부한 상호작용을 기대하기 어렵다.

이상적 집단의 규모는 5~12인이 선호되지만 학자마다 의견이 다르므로, 집단구성원 간 효과적이고 만족스러운 상호작용이 일어날 수 있도록 집단의 크기를 정하는 것이 중요하다. 이러한 집단의 크기에 따른 장·단점은 〈표 12-8〉과 같다.[15)]

〈표 12-8〉 집단 크기에 따른 장 · 단점

	대집단	소집단
장점	• 하위집단 형성 • 인적 · 물적 자원 풍부	• 상호작용 활발 • 응집력 형성 용이
단점	• 응집력 감소 • 집단구조가 공식적이 됨 • 구성원의 개별적 관심 감소 • 구성원 간 의미 있는 상호작용 감소 • 익명성 보장으로 집단참여의 압박감 감소 • 집단진행과정 중 일부 구성원의 중도탈락 가능성	• 사적 집단 구조화 가능성 • 참여에 대한 요구나 압박 증가 • 친밀성에 대한 요구나 압박 증가 • 다양성, 활력, 동료와의 친교를 위한 충분한 자원제공 불가능 • 집단진행과정 중 구성원이 중도탈락할 경우 집단종결 가능성

8) 집단의 사회통제

집단의 사회통제란 전체로서의 집단이 기능하게 하기 위해 집단구성원을 순응 또는 복종하게 하는 과정을 말한다. 집단구성원은 각 집단에서 각기 다른 규범하에 있고, 서로 다른 위치에 놓여 있을 수 있기 때문에 집단에 따라 사정기준도 달라진다. 따라서 집단 내 집단구성원 간 상호작용하는 과정에서 만들어지는 규범·역할·지위, 지도력 등 다양한 요인은 집단통제의 수단으로서 각 구성원의 행동에 매우 큰 영향을 미친다.

집단에서의 사회통제가 지나치게 엄격하면 자유 및 융통성 등이 없어지고 판단력과 의지의 활용이 좁아지기 때문에 집단사회복지사는 집단이 공평한 집단규범 하에 지나치게 서열계층이 경직되지 않으면서 서로 원조하는 집단이 될 수 있도록 집단구조, 역동성, 집단구성원 역할 등을 지속적으로 사정해 가야 한다.[16)]

9) 집단문화 및 물리적 환경, 피드백

치매예방 노인모임, 신장장애인 자조모임, 정신장애인 부모모임 등 집단구성원의 모임 특성에 따라 집단문화는 달라진다. 또한 이들의 집단문화 특성에 따라 물리적 환경도 달라지고, 이에 대한 집단사회복지사의 피드백 내용도 달라진다. 다음은 집단문화, 물리적 환경, 피드백 등의 주요 내용이다.[17)]

(1) 집단문화

집단문화(group culture)는 집단구성원이 집단 내에서 공통적으로 가지고 있는 가치관, 규범, 신념, 관습, 전통, 활동 등으로 그 집단이 다른 집단과 구별되는 독특성을 말한다. 집단문화는 집단구성원의 규범에 일치하는 행동으로부터 형성되며 서로가 의사소통을 통해 이해하고 거기서 공통점을 찾아내어 형성된다.

집단문화는 집단구성원이 동질적으로 구성되어 있을 때 빠르게 나타나며 이질적인 다양한 구성원들로 구성되었을 때 느리게 나타난다. 집단 구성원의 공통된 생활경험과 가치체계 등을 공유하면서 집단문화에 대한 독특한 관점을 통합시키는 데 시간이 덜 소요된다. 그 집단만의 독특성은 단체복의 통일, 특정 언어사용, 특이한 행동양식 등을 통해 표현되기도 한다. 또한 집단문화는 응집력과 연계되며 응집력의 척도로도 사용된다. 또한 집단문화는 집단의 결과에 상당한 영향을 미친다.

일반적으로 집단문화는 서서히 발전하는 특성이 있지만 일단 수립되고 나면 바꾸기가 어렵다. 집단문화는 구성원의 가치관에도 영향을 미치므로 사회복지사는 개방적이고 공평하게 서로 다른 의견을 존중하고 자기결단 등의 건설적 가치관을 가진 집단문화를 만들어 가도록 지도해야 한다.

(2) 물리적 환경

물리적 환경은 집단역동성을 결정하는 매우 중요한 요인이므로 신중하게 고려하여 준비해야 한다. 집단모임이 이루어지는 물리적 환경은 집단구성원에게 비밀보장과 친밀감, 편안함 그리고 집중력 등 집단역동에 상당한 영향을 미친다. 집단의 모임장소는 공간의 크기와 밝기, 가구 및 집기의 배치, 자리배치 등에 세심한 주의와 배려를 하여야 한다. 집단의 모임장소는 외부의 방해가 없어야 하며 조용하고 필요한 활동을 충분히 할 수 있는 크기여야 한다. 자리배치도 가로나 세로로 앉는 것보다 둘러앉으면 의사소통이나 상호작용을 하기에 훨씬 용이하다.

(3) 피드백

피드백(feedback, 환류)이란 어떤 기제의 활동을 조절하기 위해서 이전 단계에서 획득한 것에 대한 정보를 서로 교환하는 것을 말하며 집단 내에서는 집단구성원이 그들의 역할수행이나 서로를 어떻게 보는지에 대해서 명확한 정보를 서로 주고받는 것이다. 집단구성원은 적합한 상황에서 적절한 피드백을 통해서 이득을 얻는다. 집단지도자는 구성원 상호 간에 피드백을 주도록 격려해야 한다. 집단 내의 피드백은 긍정적 피드백과 부정적 피드백 사이에 균형을 이루는 것이 중요하다.

집단에서의 효과적 피드백을 위한 지침은 다음과 같다.

첫째, 집단구성원의 요청이 있을 때 피드백을 제공하는 것이 가장 효과적이며 집단구성원이 사용할 수 있을 만큼 한 번에 한두 가지 정도의 피드백을 제공하는 것이 좋다.

둘째, 집단구성원의 성장을 위해서 집단구성원의 장점 및 강점에 초점을 두는 것이 좋다.

셋째, 특정 행동에 대한 구체적 피드백을 제공함으로써 제공된 피드백과 집단구성원 자신의 행동을 비교할 수 있는 기회를 제공한다.

넷째, 피드백을 제공하는 집단구성원과 피드백을 제공받는 집단구성원 간에 직접적으로 하는 것이 가장 좋은 피드백이다.

다섯째, 효과적 피드백을 위해서 피드백을 제공받는 집단구성원이 제대로 이해했는지 어떻게 받아들이는지를 확인하여야 한다.

10) 집단의 규범과 역할

(1) 집단규범

집단규범은 주어진 환경 내에서 어떻게 행동해야 하는지에 관련되어 구성원이 공유하는 명백한 기대상황과 신념 등을 가리킨다. 집단규범의 개념과 특징, 집단규범을 알 수 있는 질문, 기능적 및 역기능적 집단규범, 집단규범을 활용한 사회복지사의 역할 등의 주된 내용은 다음과 같다.[18)]

① 집단규범의 개념 및 특징

집단규범은 집단에 어떠한 결과를 가져오든 간에 집단구성원에게 기대되는 행동기준을 일반화시킨 것이다. 집단규범의 특징은 구성원 서로에게 기대할 수 있는 것에 관련된 정보를 제공함으로써 안정과 예측의 수단을 제공하는 규제적 메커니즘으로 구성원 전체에게 구속력을 가지게 하며, 비공식적일 수도 있다. 또한 집단규범은 적절하거나 허용 가능한 개인의 특정 행동을 규정하거나 그 집단 내에서 받아들여지는 행동의 범위를 규정하는 특징을 지니고 있다.

② 집단규범을 알 수 있는 질문

집단구성원이 한 집단에 함께 참여하여 가치공동체를 형성하고 행동규범을 결정하기 위해서 집단사회복지사는 집단규범을 알기 위한 질문을 해야 한다.

- 지도자에 대한 집단의 자세는 어떠한가?
- 피드백에 대한 집단의 자세는 어떠한가?
- 개별구성원의 기여를 어떻게 바라보는가?
- 집단에서 허용되는 정서적 표현은 무엇인가?
- 집단구성원에게 어떤 꼬리표와 역할을 부여하고 있는가?
- 집단에서 말해도 되는 것과 말하면 안 되는 주제는 무엇인가?
- 집단구성원의 성공적 집단경험이 지도자만의 책임이라 생각하는가?
- 문제해결 노력이나 지속적 활동에 관한 집단의 패턴은 어떤 것인가?

③ 기능적 및 역기능적 집단규범

집단규범은 집단치료목적을 지지할 수도 있고 그렇지 않을 수도 있는데 집단구성원의 행복감과 전반적 치료목적에 유익한가 또는 해로운가의 여부에 따라 판단한다. 기능적 집단규범과 역기능적 집단규범을 구별하면 다음과 같다.

가. 기능적 집단규범

집단구성원 자신의 개인적인 것들을 자발적으로 드러내고 집단사회복지사를 존경심으로 대하며 집단사회복지사의 투입을 진지하게 생각한다. 또한 기능적 집단규범은 개인의 문제에 초점을 둔다. 집단구성원에게 토론에 참여하게 하고 그 집단이 중심이 될 수 있는 동등한 기회를 부여해서 구성원은 어떤 주제라도 다른 구성원에게 직접적으로 말한다. 집단목표에 방해가 되는 것이 있으면 그 장애물에 대하여 말한다.

나. 역기능적 집단규범

집단구성원은 집단토론에서 피상적 주제로만 토론한다. 구성원은 자기의 위험을 회피하고 자기폐쇄적이다. 또한 기회가 있을 때마다 지도자를 괴롭히고 비난하고 지도자에 대해 불평한다. 따라서 구성원은 문제를 해결하는 데 필요한 에너지를 불평하는 데 쏟는다. 또한 공격적 구성원이 그 집단을 지배하게 내버려 둔다. 구성원은 감정적으로 긴장되거나 미묘한 주제에 대해 말하지 않고 장애물을 무시하고 집단문제에 대하여 이야기하는 것을 회피한다. 기능적 집단규범과 역기능적 집단규범의 비교는 〈표 12-9〉와 같다.

〈표 12-9〉 기능적 집단규범과 역기능적 집단규범의 비교

기능적 집단규범	역기능적 집단규범
• 자발적 자기표출 • 집단지도자 존중 • 장애물에 대한 논의 • 문제해결을 위한 노력 • 구성원과 직접적 의사소통 • 모든 집단구성원이 토론에 참여하고 집단의 초점이 되도록 공평한 기회 가짐	• 자기표현 회피 • 표면적 주제만 얘기 • 공격적 구성원이 집단 지배 • 감정적이고 장애무시, 문제회피 • 불평, 비난하면서 노력하지 않음 • 문제에 관해 불평만 하고, 해결노력은 안 함

④ 집단규범을 활용한 집단사회복지사의 역할

집단사회복지사는 집단규범이 발달하는 것을 확인하고 변화를 위한 긍정적 분위기를 만들어야 한다. 집단규범은 집단과정에 미묘하게 박혀 있으므로 집단행동을 통해서만 추론해 낼 수 있고 분간하기 어렵다. 집단사회복지사는 규범에 대해 설명하고 그들의 활동에 영향을 미치는 지도규칙을 확인하도록 요청한다.

(2) 집단역할

집단사회복지사는 집단구성원이 어떤 집단역할을 하는지 관심을 가지고 있어야 하며 집단구성원의 역할이 정형화되지 않고 특정한 역할에 고정되지 않도록 살펴야 한다. 지위와 역할 개념, 집단사회복지사의 역할과 과제, 집단구성원의 역할 및 개별 행동역할 목록 등을 살펴보면 다음과 같다.[19]

① 지위와 역할의 개념

가. 지위

지위란 주어진 집단 내의 위계질서에서 한 사람이 다른 사람에 비해 상대적으로 차지하고 있는 위치이며 사회적 집단에서 다양한 특성에 의해 결정되는 개인의 위치를 의미한다. 일반적으로 자신이 속한 집단에서 지위를 갖게 되는데 같은 집단 내에서도 시간이 변함에 따라 상이한 지위를 가질 수 있다.

나. 역할

역할이란 사회에서 특정 위치를 차지하고 있는 것이며, 자신 및 타인이 그 사람에게 기대하는 일련의 활동과의 관계이다. 사람은 다양한 사회적 역할에 따라 행동한다.

다. 지위와 역할

각각의 지위는 일련의 역할을 구성하는 조직화된 역할관계를 가지고 있고 동시에 서로 복잡하게 얽혀 있으며 상호 연관성을 가지고 있다. 집단 내에서 집단구성원의 지위는 자신에게 주어진 역할이나 성취한 역할에 의해 영향을 주고받는다.

집단에 참여하는 집단구성원(한부모가족의 자녀, 정신장애인, 학교중퇴자, 지도자 등)은 이미 일정한 지위를 가지고 집단에 들어오기도 한다. 집단이 달라짐에 따라 상이한 지위를 가지기도 하고 집단이 발달하면서 구성원 간에 상호작용을 함에 따라 특정 구성원은 집단의 목적과 구조에 관련된 공식적 지위를 획득하기도 한다. 집단이 조직화됨에 따라 특정 임원, 위원 등 구성원들은 집단의 목적과 구조에 관련된 공식적 지위를 획득하기도 한다.

② 집단사회복지사의 역할과 과제

집단사회복지사는 집단구성원이 어떤 역할을 하는지 관심을 가지고 있어야 하며 집단구성원의 역할이 정형화되지 않고 특정한 역할에 고정되지 않도록 살펴야 한다.

집단사회복지사의 역할과 과제는 다음과 같다.

- 집단사회복지사는 집단규범을 확인하고 변화를 위한 긍정적 분위기를 만들어야 한다.
- 집단사회복지사는 규범이 적용되면 곧바로 개별구성원은 집단 내에서 각기 다른 역할을 잘 수행하도록 원조해야 한다.
- 집단사회복지사는 집단규범이 집단과정에서 미묘하게 얽혀 있으므로 집단행동을 통해서 집단규범을 분석할 수 있어야 한다.
- 집단사회복지사는 질서 있는 안정된 집단을 유지하기 위해서는 집단구성원이 협력적으로 집단규약에 따르도록 집단통제를 해야 한다.
- 집단사회복지사는 집단구성원에게 집단규범에 대해서 설명하고 구성원의 활동에 영향을 미치는 지도규칙을 확인할 수 있도록 해 주어야 한다.
- 집단사회복지사는 집단구성원에게 일과 자신의 능력에 알맞은 역할을 주고, 집단구성원이 그 역할을 받아들여 일을 완성할 수 있도록 효과적으로 역할을 분담해야 한다.
- 집단이 만들어지면 이를 통제할 규범이 만들어지고 집단구성원의 역할이나 집단의 지위가 명확해진다. 집단규범은 구성원으로서 용인된 행위나 승인되지 않은 행위에 대해 정의하고 집단을 통제하는 데 있어 중요한 역할을 하므로 집단사회복지사는 집단규범을 구성원이 잘 지키도록 교육하고 안내해야 한다.

③ 집단구성원의 역할 및 개별 행동역할 목록

가. 집단구성원의 역할

집단구성원의 역할은 그 역할을 맡고 있는 개인이나 집단에게 긍정적일 수도 있지만 부정적 영향을 미치기도 한다. 또한 일단 역할이 형성된 후 그 역할이 개인에게 고정화되어 특정 행동이 기대되며 그 기대로부터 벗어나는 행동을 할 수 없게 된다. 집단사회복지사는 집단구성원이 집단 내에서 어떤 역할을 하는지 관심을 가져야 하며, 집단구성원의 역할이 정형화되지 않도록 신경을 써야 하며 동시에 규범을 통한 제한으로 집단구성원이 공통된 체험을 할 수 있도록 원조하는 역할을 한다.

가) 지도자 역할

집단구성원은 집단요구의 결과로 출현하는 공식적 또는 비공식적 지도자로서의 역할을 맡을 수 있다. 또한 서로 다른 기능을 발휘하거나 경쟁적 하위집단의 대표격인 지도자가 출현하기도 한다.

나) 과제중심 역할

집단구성원은 집단문제를 규정하고 문제해결의 전략을 이행하며 과업을 수행하는 역할로 특수목표 수립이 요구된다.

다) 집단유지 역할

집단구성원이 집단기능을 유지하고 강화하도록 지향하는 역할과 집단 생애의 사회적·정서적 측면을 강화하는 역할을 포함한다.

라) 자기만족추구 역할

집단구성원은 집단을 희생해서 자신의 욕구를 충족하는 역할로 이들은 집단이나 집단의 가치를 무너트리기 위해 저항하고 방해와 반대를 일삼거나 참여도 하지 않으면서 일방적으로 자기주장을 고집한다.

마) 희생양 역할

집단구성원은 집단문제에 대해 무거운 책임을 혼자 짊어진 것처럼 행동하지만 다른 구성원으로부터 끊임없는 부정적 반응을 얻곤 한다. 이들은 수줍음이 많고 집단의 다른 구성원으로부터 긍정적 반응을 이끌어 내려는 집단 내 시도에 계속 실패해 왔기 때문에 희생양 역할에 매력을 느끼기도 한다. 그리고 집단상호작용을 촉진하는 비언어적 실마리나 행동을 통제하려는 미묘한 움직임 등을 알아차리지 못하고 행동하기 때문에 희생양 역할을 하기도 한다. 집단 내 희생양은 모든 구성원의 무언의 협동을 요구하는 집단유지현상의 신호로 나타나며 집단의 적대감을 불러일으키는 역기능적 행동을 반복하게 된다.

바) 고립자 역할

집단구성원은 집단 내에 있지만 집단구성원에 의해 무시되는 구성원을 말한다. 그는 다른 구성원과 관계를 가져 보려 노력하지만 거절당한다. 그의 존재는 무시되고 그의 기여를 누구도 알아차리지 못하며 아무도 그의 견해에 귀 기울이지 않는다.

나. 집단구성원의 개별 행동역할 목록

집단구성원의 역할은 구성원의 개별적 욕구와 집단목적을 수행할 능력에 반응하는 집단능력에 많은 영향을 주기 때문에 이에 대한 사정작업은 매우 중요하다. 사정작업 시 도움을 줄 수 있는 집단구성원의 개별 행동역할 목록은 〈표 12-10〉과 같다.

〈표 12-10〉 집단구성원의 개별 행동역할 목록

구성원 개인의 기능적 행동역할 목록	구성원 개인의 역기능적 행동역할 목록
• 집단구성원을 보살피고 돌봄	• 다른 구성원을 방해, 비방
• 구성원 자신의 유머러스한 표현	• 집단과정을 따분해함
• 의사결정이나 타인의 의견 존중	• 다른 구성원의 의견 거부
• 집단에서 정한 규칙 내에서 활동	• 언어적 지배(혼자 독무대)
• 의사결정이나 구성원의 의견 존중	• 다른 구성원에게 미숙한 충고
• 구성원 자신을 분명하게 표현하기	• 다른 구성원의 반응에 무관심
• 구성원 자신의 장점과 성장을 인정	• 다른 구성원에게 별명 부르기
• 다른 구성원을 지원하고 협동하는 행동	• 다른 구성원에게 충동적인 충고
• 집단에서의 조직능력이나 지도력의 표현	• 회유나 은혜를 베푸는 듯한 태도
• 구성원 자신과 다른 구성원의 차이 존중	• 지성화나 다른 구성원에 대한 판단
• 구성원 자신의 행동에 대한 자기책임의식	• 다른 구성원에게 공격적 행동이나 비웃기
• 위기와 일에 처해 구성원 자신을 변화시킴	• 구성원 자신에 대한 시선 집중 피하기
• 개방적이고 일치된 구성원 자신의 감정표현	• 불안이나 지겨움을 비언어적으로 표현
• 집단이 초점을 유지하고 목적을 달성하도록 원조	• 집단과정에서의 주제와 빗나간 이야기
• 건설적 피드백에 대해 긍정적 · 개방적으로 반응	• 구성원 개인적 문제나 감정의 보류 · 억제
• 다른 구성원의 장점과 성장에 관해 긍정적 피드백 주기	• 집단 내에서 파괴적 하위집단 형성 · 동맹
• 집단에서 정한 규칙 내에서 활동, 행동에 대한 자기 책임의식	• 다변 · 고성 · 중얼거림, 철수 · 방관자 역할
• 집단과정 토론에 적극 참여하고 다른 구성원도 참여하도록 조장	• 안절부절, 시선이 고정되어 있지 않는 등 신체적 움직임
• 다른 구성원이 말하는(표현적 의미 이상의) 내용을 정확히 인식하고 전달	• 다른 구성원에 대해 비방 · 힐난, 논쟁 · 책망 · 공격

제13장

집단대상 사회복지실천과정기술

1. 집단발달단계의 이해

1) 집단발달의 개념과 특성

집단발달이란 시간의 흐름에 따라 집단에서 나타나는 변화와 성장의 과정을 말한다. 집단발달의 특성에 따라 집단의 내부구조, 집단구성원의 역할과 지위, 의사소통, 상호작용의 형태, 집단의 과제, 집단운영의 절차, 집단응집력, 사회적 통제, 집단문화 등이 형성되고 변화되어 간다.

(1) 집단발달의 개념

집단은 단순히 개인의 집합체로 보일 수 있지만 시간의 경과에 따라 집단 내부구조가 확립되고, 의사소통과 상호작용의 형태, 응집력 및 사회적 통제, 문화 등이 형성되며, 조직과 집단의 진행과정에 변화를 경험하게 된다. 이러한 집단의 변화를 집단발달이라고 한다. 집단은 목표를 설정하고 유대관계를 형성하는 단계에서 출발하여 목표를 달성하기 위해 자발적으로 방향을 정하고 행동을 취하는 성숙기를 거쳐 집단구성원이 집단의 활동과 자신의 공동경험을 평가해 보는 단계로 이동한다.[1)]

(2) 집단발달의 특성

모든 집단이 모두 동일한 발달단계를 거치는 것은 아니며, 반드시 순차적으로 진행되는 것도 아니다. 또한 일반적 발달단계를 따르지만, 이전 단계로 되돌아가거나 특정 단계를 뛰어넘기도 하며, 어느 한 단계에 정체할 수도 있다.

집단발달단계는 집단의 구성이나 기타 내적 요인과 집단에 압력을 가하는 외적 요인에 의해 영향을 받기도 한다. 집단발달단계에 대한 지식은 집단의 존속기간 예측, 각 단계에서 예상되는 구성원 및 집단의 행동지표 제공 등에 필요한 종합적 활동기반을 제공하며 사회복지사의 행동이 어떠해야 하는지를 간접적으로 알려 준다. 특히 폐쇄집단은 비교적 집단발달단계를 잘 구분하고 예측할 수 있지만 개방집단은 구성원들이 자주 교체되기 때문에 발달단계를 예측하는 것이 어렵다.[2)]

2) 학자별 집단발달단계

집단발달단계를 구분하고 각 단계의 성격을 규정하는 것은 학자에 따라서 조금씩 다르다. 그러나 발달이라는 특성에서 볼 때 각 단계가 지니는 공통점은 존재한다. 집단사회복지의 원조과정은 집단발달단계의 특성을 고려해야 한다. 집단발달단계를 구분 짓는 것은 복잡하고도 어려운 일이다. 왜냐하면 집단의 발달단계를 구분 지을 만한 어떤 기준이 있는 것도 아니고 집단의 특성에 따라 발달단계는 다르게 나타나기 때문이다.

집단발달단계를 몇 단계로 나누느냐의 문제와 각 단계의 특성이 무엇이냐에 대해 학자들은 서로 다른 견해를 갖고 있다. Tropp(1976)은 집단발달이론에서 각 단계를 사전단계, 초기단계, 중기단계, 말기단계로 나누고 각 단계별 집단구성원의 상호작용 양상과 욕구, 그리고 단계별로 적절한 지도자의 역할을 기술하고 있다.

특히 여러 집단에 공통적으로 적용 가능한 Garland와 Kolodny(1965)의 집단발달단계와 Yalom(1995)의 치료집단의 발달단계, Northern(1997)의 집단발달단계 등을 중심으로 설명하면 다음과 같다(〈표 13-1〉~〈13-6〉 참조).[3)]

(1) Garland와 Kolodny의 집단발달단계

Garland와 Kolodny(1965)는 집단발달을 5단계로 규정하는 발달모델을 개발하였다. 이 모델은 집단이 형성되기 시작하여 발달해 가는 과정에서 일반적으로 발생하는 여러 가지 문제를 기술하는 데 용이하다. 이 모델은 사회화 집단, 치료집단, 감수성훈련집단에 특히 잘 적용되도록 개념화했으며 동시에 자조집단, 문제해결집단, 의사결정집단, 교육 및 여가기술집단에서도 비교적 적용이 용이한 모델이다. 이 모델의 초점은 집단구성원이 정서적으로 서로 가까워질 수 있도록 원조하는 데 있다.

① 친밀 전 단계

친밀 전 단계(pre-affiliation)에서는 집단구성원이 집단참여에 대해 양가감정을 가지고 서로 시험하면서 조심스럽게 상호작용한다. 집단구성원은 이 단계에서 집단에 참여하면 좌절이나 고통이 따를 것이라 인식하면서도 다른 집단에서의 사회적 경험에 만족했거나 이전에 보상을 받은 경험을 가지고 있기 때문에 이 집단에서도 보상이 있을 것이라는 희망을 가지고 점차 집단에 매력을 느끼기 시작한다. 이 기간에 사회복지사는 집단구성원에게 허용적이고 지지적인 태도를 취하고 신뢰를 갖게 하고 물리적·심리적 환경에 대해 탐색하도록 허락함으로써 집단에 대한 매력을 증대시키도록 이끌어 가야 한다. 이 단계는 점차 구성원이 집단 내에서 어느 정도 안정감과 편안함을 느끼고 정서적 가치 등이 있다는 보상을 받을 때 성공적으로 끝을 맺게 된다.

〈표 13-1〉 친밀 전 단계의 특징 및 사회복지사의 역할

특징	사회복지사의 역할
• 구성원에게 접근과 회피행동이 나타난다. • 구성원은 집단에 참여하는 것에 대해 양가감정을 가진다. • 구성원이 집단에서 어느 정도의 안정감과 편안함을 느끼고 집단에 소속되어 활동함으로써 받게 되는 보상을 예견한다.	• 구성원에게 집단이 매력 있음을 보여 주기 위해 허용적이고 지지적이며 신뢰를 갖도록 한다. • 물리적 · 심리적 환경의 참석을 허용하는 활동을 제공하고 집단구조를 주도한다.

② 권력과 통제의 단계

권력과 통제의 단계(power and control)는 집단이 발달하기 시작하면서 집단의 특징이 나타나는 단계이다. 의사소통 유형, 동맹과 하위집단의 출현, 집단구성원의 특정 역할과 책임의 수행, 집단과제를 다루기 위한 규범과 방법을 개발하며 구성원은 질문을 하게 된다. 이 시기에는 구성원이 집단 내에서 그들의 위치를 확립하기 위하여 권력투쟁도 일어난다. 따라서 집단사회복지사는 투쟁기간 동안 구성원이 힘을 둘러싼 투쟁의 본질을 이해할 수 있도록 돕고, 모호하고 불편한 분위기에 대해 정서적으로 지지하며, 모호성을 해결하기 위한 규범을 집단이 수립할 수 있도록 도와야 한다. 집단지도자인 사회복지사와의 신뢰가 달성될 때 집단구성원은 집단사회복지사와 집단개입과정에 관여하게 된다.

〈표 13-2〉 권력과 통제의 단계 특징 및 사회복지사의 역할

특징	사회복지사의 역할
• 이 단계는 변화의 시간이다. • 집단의 특징이 나타나고 의사소통 유형, 동맹, 하위집단 등이 발달하고 구성원은 역할과 책임을 맡게 된다. • 집단규범이 수립되고 과업을 수행하기 위한 방법론이 만들어지며 구성원은 질문하기 시작한다. • 구성원을 통제하기 위한 권력투쟁도 일어난다. • 과도기로 집단이나 지도자의 일차적 통제가 있다. • 권력의 한계는 권력사용의 범위 등과 같은 기본문제가 해결되어야 한다. • 구성원이 반항하기도 하며 집단을 탈퇴하기도 한다.	• 구성원이 힘을 둘러싼 투쟁본질을 이해하도록 돕는다. • 구성원이 불확실성 때문에 갖게 되는 불안감에 대해 정서적으로 지지한다. • 혼란과 불안 등을 해결하기 위한 집단규범이 형성할 수 있도록 원조해야 한다. 이러한 원조과정에서 집단구성원은 사회복지사를 신뢰하게 되면서 구성원도 집단에 기여하게 된다.

③ 친밀 단계

친밀 단계(intimacy)는 친밀한 관계가 나타나는 단계로 집단구성원은 인간관계가 강화되어 점차 가족과 같아지고 구성원 사이에 형제자매 사이의 경쟁의식을 가진 가족과 비슷한 관계가 형성된다. 이때 사회복지사는 부모처럼 된다. 구성원은 좀 더 개방적인 감정을 표현하며 토론한다. 집단은 성장과 변화가 일어난다. 개인은 자신들의 태도, 생각, 문제를 바꾸려 노력하며 집단과업이 시작된다. 이때 집단 내의 응집력, 또는 일체감이 고조되며 투쟁은 개인적 삶의 변화와 탐색을 유도하는 쪽으로 활용된다.

〈표 13-3〉 친밀 단계의 특징 및 사회복지사의 역할

특징	사회복지사의 역할
• 친밀한 관계가 발전된다. • 집단에 대한 느낌이 좀 더 개방적으로 표현되고 토론된다. • 집단구성원은 인간관계가 강화되어 형제 간의 경쟁관계와 같은 성향이 나타나며 지도자는 부모에 비견되기도 한다. • 집단은 성장과 변화가 일어나는 곳으로 정의되며, 개별구성원은 개인적 태도, 관심, 문제를 변화시키기 위해 노력하고 이를 위해 자유로이 연습하게 된다. • 집단과제 또한 실행되어 일체감과 집단 내 응집력이 고조되며, 투쟁은 개인적 삶의 변화와 탐색을 유도하는 쪽으로 활용된다.	• 집단구성원 간 친밀한 관계가 발전되도록 원조한다. • 집단 안에서 집단구성원이 성장하고 변화할 수 있도록 각 개별구성원에게 관심과 애정을 가지며 그들 스스로 집단 내에서 구성원의 상호작용을 통해서 문제를 해결할 수 있도록 지지하고 조언해 준다. • 집단경험을 통해 각 구성원의 생활이 나아질 수 있도록 원조해 준다.

④ 개별화 단계

개별화 단계(differentiation)는 새롭고 대안적인 행동유형을 자유로이 탐색하는 단계다. 집단구성원 상호 간 개인적 차이를 수용하게 되고 집단사회복지사는 전문가로 인식된다. 거의 모든 구성원에게 지도력이 공평하게 분배되고 역할은 더욱 기능적이 된다. 집단구성원은 지도자의 역할을 함께 나누고 집단은 기능적이 되며 효과적으로 조직된다. 이 단계에서 사회복지사는 집단이 스스로 운영되도록

돕고 다른 집단 혹은 지역사회와 통합되도록 권유하고 집단활동 및 구성원의 감정과 행동에 대한 평가를 해야 한다.

〈표 13-4〉 개별화 단계의 특징 및 사회복지사의 역할

특징	사회복지사의 역할
• 개별화, 분화, 차별화가 이루어진다. • 구성원 간에 상호 의존성과 상호성이 증가한다. • 구성원은 집단이 독특한 경험을 제공한다는 것을 인식한다. • 집단중심의 기능이 이뤄지면, 개인과 집단의 욕구는 조화를 이룬다. • 지도자의 역할을 함께 나누고, 집단은 기능적이 되며 효과적으로 조직된다. • 구성원 간의 개인적 차이를 수용하게 되고 사회복지사를 전문가로 인식한다. • 구성원은 더욱 자유롭게 새로운 행동유형을 실험할 수 있고 개인의 권리와 요구를 인식하고 효과적으로 의사소통한다. • 구성원 간의 관계가 좀 더 대등해지고 서로 간에 지지적이며 좀 더 합리적이고 목적적인 방법으로 관계를 할 수 있게 된다.	• 집단구성원이 스스로 운영되도록 돕는다. • 집단구성원이 집단모임 종결 후 지역사회에 있는 다른 기관에서 수행하는 집단모임에 참여하도록 권유한다. • 집단의 활동과 구성원의 감정, 행동에 대한 평가를 수행한다.

⑤ 이별 단계

이별 단계(separation)에서는 집단목표가 성취되고 집단구성원은 집단에서 터득한 경험을 다른 사회환경에 적용할 수 있도록 새로운 행동유형을 배운다. 그러나 종결은 쉽게 이루어지는 과정은 아니다. 구성원은 종결을 꺼리고 안정감을 얻기 위하여 퇴행행동을 보일 수도 있고, 심리적으로 종결을 거부하기도 한다. 이별 과정을 원활히 하기 위해서 사회복지사는 구성원이 종결에 대한 양가감정을 표현하고 개선된 점을 인식하도록 도우며 지속적 지지와 원조의 자원을 안내함으로써 구성원이 종결을 수용하게 한다.

사회복지사가 지속적인 지지와 집단을 이끌어 내기 위한 사항은 다음과 같다.

- 집단구성원 간의 공유된 목적이 있어야 한다.
- 집단구성원의 역할은 협력적인 것으로 규정되어야 한다.

- 갈등을 인정하고 적절한 의사결정과정을 통해 이에 대처해야 한다.
- 집단규범과 가치는 적응적 행동을 위해 건전한 성장을 지원해야 한다.
- 집단발달단계를 잘 이해함으로써 단계별 개입기술과 전략을 적용해야 한다.
- 상호 간 의사소통표현의 자유 및 개방성 그리고 상호 원조에 기반을 둔 것이어야 한다.
- 집단구성원 간의 관계는 상호 의존성 및 긍정적 유대감을 우선적으로 고려한 것이어야 한다.
- 응집력 있는 집단은 변화를 위한 역동적 힘이 쉽게 적용될 수 있으며 결과적으로 그러한 집단에서 구성원이 긍정적 결과를 얻을 수 있다.

〈표 13-5〉 이별 단계의 특징 및 사회복지사의 역할

특징	사회복지사의 역할
• 헤어짐의 시간을 가진다. • 집단이 달성한 것을 평가하고 숙고하며 배운 것을 공고히 하는 시간이다. • 집단의 목표가 성취되고 구성원은 새로운 행동유형을 배우는 마지막 단계이다. • 해결하지 못한 과제를 해결해야 하고, 피드백을 주고받으며, 집단에서 획득한 관계를 음미할 수 있다. • 집단에서 배운 것을 다른 상황에서 어떻게 적용할 것인지, 집단을 재조직하거나 추후모임을 어떻게 할 것인지 이야기하게 된다. • 구성원은 이별할 시간을 알면서 종결을 꺼려 다양한 정서적 반응을 보인다. 즉 퇴행적 행동을 보이거나 분노 혹은 심리적 거부감을 표현하기도 한다.	• 개별적으로 계속적 지지와 원조의 자원을 안내함으로써 종결을 수용할 수 있도록 해 준다. • 이별을 촉진시키기 위해 구성원들로 하여금 종결에 대한 양가감정을 표현하고 개선된 점을 인식하고 정리할 수 있도록 돕는다.

(2) Yalom의 치료집단 발달단계

Yalom(1995)은 집단구성원 간 또는 집단구성원과 집단지도자 간 함께 만들어 내는 역동적 상호작용을 집단발달단계라고 하였다. 이러한 집단발달단계는 집단구성원과 집단에 미치는 독특한 힘을 만들어 내는 집단역동성을 통해 구성원의 인지적·정서적·행동적 개선과 변화를 주는 데 치료적 효과가 있다고 강조하였다.

① 오리엔테이션 단계

오리엔테이션 단계에서 집단사회복지사는 일차적 과제에 도달하는 방법을 결정하는 동시에 일차적 과제달성에 필요한 안정감을 제공해 주어야 한다. 즉 집단구성원이 처음 시작하는 이 단계에서부터 집단에 참여하는 것에 대한 즐거움 등을 얻을 수 있도록 집단의 활동범위를 정해 주고 집단이라는 사회적 관계에 집단구성원이 자발적으로 참여하도록 동기부여를 해야 한다.

처음 오리엔테이션 단계에서 집단구성원이 치료적 집단목표와 집단활동의 관계에 대해 혼돈할 수 있다. 그 이유는 집단구성원은 처음에 치료를 위해 치료집단에 참여하지만, 그들 또한 이 단계에서는 각 구성원 개개인은 자신의 에너지를 상호 간 수용, 존중, 배려 등에 투입하게 된다.

② 갈등·지배·저항 단계

갈등·지배·저항 단계에서는 집단구성원의 대인관계 영향력이나 지배문제를 다루게 된다. 구성원 간 또는 구성원과 집단지도자 사이의 갈등이 일어나며 집단발달 초기단계에서 일어나는 과정으로 치료자를 향한 적대감이나 비실제적이고 상반된 감정이 나타난다. 이 단계는 집단치료자 개인에게는 매우 불쾌하고 어려운 단계이나 집단 생존에 필수적임을 잊지 말아야 하며 치료자에 대한 집단의 반응은 집단 내 갈등의 근원이 개별심리역동과 집단역동관점에서 이해되어야 한다는 것을 잊어서는 안 된다.

③ 집단응집력 발달단계

집단응집력은 치료집단에서 치료경험에 도움을 주는 가장 중요한 발달단계이다. 응집력이 강한 집단은 전반적으로 높은 치료효과 및 결과를 보인다. 응집력 있는 집단구성원은 그렇지 않은 구성원과 비교해 보면 다음과 같다.

- 자기노출을 더 많이 한다.
- 집단모임에 준비성 있게 참여한다.
- 다른 집단구성원을 경청하고 수용한다.
- 집단종결 시 집단분열에 영향을 덜 받는다.
- 다른 집단구성원으로부터의 영향에 개방적이다.
- 집단 내에서 안정감을 느끼며 긴장하지 않는다.
- 다른 집단구성원에게 영향을 주기 위해 노력한다.
- 집단규범을 잘 지키고 규범에 어긋난 성원에 대한 압력을 감추지 않고 표현한다.

④ 친근과 소원의 단계

집단구성원 간의 차이가 집단응집력으로 인해 점차 조화를 이루게 되고, 구성원은 풍부한 감정표현에 관심을 가진다. 친근과 소원 단계에서의 주된 관심은 친근과 소원에 있다. 집단구성원 모두가 응집력이 높은 집단에서 건설적으로 서로에게 작용하고 자유로이 표현할 수 있을 때만 성숙한 집단으로 나아가게 된다.

⑤ 성숙 단계

친근과 소원의 단계가 지난 후 집단구성원은 성숙 단계를 맞이하게 된다. 이 단계에서 집단구성원은 높은 응집력과 높은 수준의 대인관계와 대인적 탐구능력 및 각 구성원과 집단의 일차적 과제에 대해 충분히 관여하게 된다.

⑥ 종결단계

종결단계는 치료과정 단계 중 통합적 부분으로, 끝남이라는 의미 이상의 의미를 지닌다. 제대로 이해되고 잘 운영된다면 집단구성원의 변화를 유발하는 데 중요한 영향력을 미친다.

(3) Northern의 집단발달단계

Northern(1997)은 다양한 집단발달단계를 종합평가하여 5단계로 구분하면서 집단사회복지실천과 연결시켜 집단발달단계와 집단사회복지실천을 체계적으로 정리하였다.

① 준비(계획)단계

준비단계는 각 개인이 집단의 구성원이 되어 실제적 상호작용을 하기 이전의 단계를 의미한다. 집단에 대한 계획과 접수과정이 있는 단계로 집단의 크기, 구성원의 특성과 배경, 집단의 환경적 위치 등을 고려해야 한다.

② 오리엔테이션 단계

오리엔테이션 단계에서는 집단구성원이 불안과 긴장을 가지고 새로운 상황에 접하게 된다. 주장이 강한 집단구성원이 집단의 리더역할을 담당하며, 접근단계, 형성단계, 시작단계, 친밀단계 등으로 표현되는 단계이다.

③ 탐색과 시험 단계

탐색과 시험 단계는 '관계형성 단계', '갈등과 긴장 단계', '권력과 통제 단계' 등으로 표현되기도 한다. 목표지향적 리더, 집단구성원 간에 상호작용 유형이 발달하고 하위집단이 형성되며, 통제기제가 발생한다. 관계의 상호작용, 가능성 탐색, 타협과 갈등, 목적이 분명해지고 목표지향적 활동이 두드러진다.

④ 문제해결 단계

문제해결 단계에서는 소속감, 상호 의존성 등과 같은 집단응집력이 고도로 높아진다. 목적에 대해 일치성이 높고 목표달성을 위해 집단구성원 간 협동능력이 극대화된다. 구성원이 상호 의존적이 되어서 집단응집력이 발생하고 문제해결을 위한 매개체로서 집단을 이용하는 단계이다.

⑤ 종료단계

집단의 종료는 여러 가지 이유로 일어난다. 목적이 달성되어 집단이 더 이상 존속해야 할 필요가 없어져서 끝을 맺는 경우, 처음부터 집단이 일정기간 동안 계획되어서 그 기한이 도래한 경우, 집단응집력이 약화되어 집단이 분절되는 경우, 집단이 외적·내적 환경의 압력에 효과적으로 반응치 못한 부적응의 결과로 끝을 맺는 경우이다.

(4) 기타 집단발달단계

집단발달단계를 구분하고 각 단계의 성격을 규정하는 것은 여러 학자에 따라서 약간씩 다르다. 단지 발달이라는 특성에서 볼 때 각 단계가 지니는 공통점은 있다. Northern, Trecker, Garland와 Kolodny, Toseland와 Rivas의 집단발달단계를 비교하면 〈표 13-6〉과 같다.

〈표 13-6〉 각 학자의 집단발달단계 비교

발달단계 / 학자	초기(시작)단계	중간단계	종결단계
Northen	• 계획 • 오리엔테이션	• 탐색과 시험 • 문제해결	• 종결
Trecker	• 시작 • 집단감정출현	• 유대감, 목적, 응집력 발달 • 강한 집단의식, 집단의식 감소	• 종결
Garland & Kolodny	• 친밀 전 • 권력과 통제	• 친밀감 • 차별화(분화)	• 이별
Toseland & Rivas	• 계획 • 초기 • 사정	• 작업 • 평가	• 종결

2. 집단사회복지실천의 개입과정단계

집단발달단계는 성장이나 발달과정에서 서로 구분되는 기간이나 정도를 말하며, 각 단계 간에 명확한 구분이 있는 것은 아니며 때로는 중복되는 경우도 있다.

집단사회복지사는 집단이 어느 발달단계에 있는지 파악해야 한다. 집단사회복지사는 사회복지실천과정에서의 집단발달단계를 알게 되면 개인과 집단의 기능을 평가하고 집단의 내용과 적절한 개입방법을 선택하는 데 도움이 되며, 집단발달의 각 단계에서 다루어야 할 독특한 행동을 예측할 수 있고 집단에서 발생하는 행동의 중요성을 인지할 수 있다. 집단사회복지사는 집단발달과 목적을 달성하도록 적합한 개입방법을 사용할 수 있고 개인이나 집단발달을 저해하는 장애물을 제거할 수 있고, 집단의 성장기간 동안 특정 시점에 필요한 지도자의 활동 수준을 고려하여 적합한 선택을 할 수 있다.

집단사회복지사는 집단사회복지실천 개입과정단계 계획지침서를 작성하여 집단의 개입단계에 적용하면 집단목적 성취에 더욱더 효과적일 것이다([부록] 참조).

1) 준비단계

집단의 준비단계는 계획단계라고도 부르는데, 이 단계는 집단이 형성되기 이전에 사회복지사가 집단에 대해 계획하고 구성하는 단계이며 집단구성원의 문제해결에 효과적으로 활용하기 위해 예비적 개입이 이루어진다. 또한 집단의 형성과 탐색이 이루어지는 단계이다.

이 단계에서의 과업으로는 집단의 목적과 목표설정하기, 잠재적 구성원 확인 및 정보수집, 집단구성원 모집, 집단구성, 오리엔테이션, 계약, 집단환경 준비하기, 집단계획서 등이 있는데, 그 주된 내용은 다음과 같다.[4)]

(1) 집단의 목적과 목표설정

집단의 목적과 목표는 집단구성원 개개인의 욕구를 고려해 집단지도자 또는 기관 직원에 의하여 결정한다. 집단의 목적은 집단과 집단구성원에게 방향과 지침을 제공하며 집단구성원이 비생산적 경험을 하거나 좌절을 느끼지 않도록 한다. 집단의 목적은 사회복지사와 집단구성원들의 토론을 통해 수정될 수 있다.

(2) 구성원 확인 및 정보수집

집단구성원을 모집하기 전에 집단의 목적과 목표에 적합한 잠재적 구성원을 확인하고 각 구성원의 정보를 수집한다.

(3) 집단구성원 모집

잠재적 집단구성원에 대한 정보를 수집하고 집단에 적합한 구성원을 결정한다. 결정된 구성원을 대상으로 모집계획을 세운다. 모집방법에는 구성원과의 직접적 접촉, 안내문 게시, 홍보, 인쇄물 배포 등이 있고 동시에 게시판이나 기관지에 광고를 내거나 지역사회 사람들이 많이 모이는 장소에 팸플릿 등을 만들어 배포하고 홍보하는 방법도 있다. 광고내용에는 집단의 목적과 구성원의 선택기준을 기술한다.

(4) 집단구성

집단구성은 집단을 어떻게 구성할 것인가에 대한 것이다. 모든 잠재적 구성원들이 특정 집단의 구성원이 되기에 적합한 것은 아니다. 집단의 구성이 잘못되면 그 집단은 오래가기 어렵고, 응집력이 떨어져 목적을 달성하기 어려워진다. 집단구성에서 선택해야 할 사항은 동질적 구성원과 이질적인 구성원, 구성원의 개방성 또는 폐쇄성, 집단의 크기 정도, 인구사회학적 특성과 다양성, 모임의 빈도와 존속기간 등이 있다.

① 동질성과 이질성

집단은 안정적으로 기능할 만큼 동질적이어야 하며 활발한 상호작용이 촉진될 수 있을 만큼 이질적이어야 한다. 집단구성원의 목적의 유사성 및 개인적 특성의 공통점을 공유하고 의사소통의 촉진, 구성원 간 관심과 문제 및 과업의 규명을 위해 구성원의 인성적 특성이나 목표의 유사성이 있어야 하고, 구성원의 대처기술, 인생경험, 전문성의 수준 등 다양성으로 인해 구성원의 선택과 대안에 대한 열린 시각을 구성원 서로를 통해 배울 수 있고, 너무 동질적이거나 너무 이질적인 것은 좋지 않으며, 균형을 이루어야 한다.

집단구성원의 동질성은 구성원 간의 관계증진과 집단의 결속력을 높이는 반면 너무 동질적인 경우 구성원이 서로를 잘 이해하고 있다고 생각하므로 서로를 자극하거나 서로에 대하여 반론을 제기하지 않아 침체되고 현실검증의 기회가 적을 수 있다. 너무 이질적인 집단에서 구성원은 그들의 문제를 표출하고 유대형성에 시간이 오래 걸리며, 초기에 많은 방어와 저항이 있을 수 있으며, 이로 인해 탈락이 발생할 수 있다.

② 개방집단과 폐쇄집단

개방집단은 집단이 진행되어 감에 따라 새로운 집단구성원의 유입이 가능한 집단으로서 항상 변화가 생길 수 있는 집단을 말한다. 그러나 개방집단에서는 새로운 구성원이 늘어날수록 집단의 발달단계로 진행되지 못하는 상황이 발생할 수 있다. 폐쇄집단은 집단을 구성할 때 선정된 구성원이 종결까지 구성원 자격을 가지기 때문에 구성원 간에 응집력이 높고 구성원 서로 간에 동일시하는 경향이 많다. 또한 집단에 형성되어 있는 친밀감이 일부 구성원에게는 부담스러울 수 있다(〈표 13-7〉 참조).

〈표 13-7〉 개방집단과 폐쇄집단 비교

개방집단	폐쇄집단
• 새로운 구성원을 언제든지 받아들이는 집단유형이다. 구성원의 가입과 탈퇴가 언제든지 가능한 집단이다. 집단구성원 수에 제한을 두고 집단구성원이 탈퇴하면 새로운 구성원을 받아들이는 집단이다. • 장점: 클라이언트가 원할 때 집단에 참여할 수 있어서 당장 도움이 필요한 사람에게 유용하다. 새로운 구성원의 아이디어나 자원을 활용할 수 있어서 집단은 시너지 효과가 있다. • 단점: 새로운 구성원의 추가로 응집력이 제한된다. 새로운 구성원의 참여는 집단의 과정을 되풀이하게 되는 경우도 있으므로 집단의 발달을 저해한다. 예) AA집단	• 집단이 시작될 때부터 끝날 때까지 같은 구성원들로 유지된다. • 장점: 제한적 구성원 자격과 집단의 연속성이 있으므로 신뢰가 있으며 쉽게 자기표출을 할 수 있고 구성원 간의 응집력이 강하다. • 단점: 구성원이 줄어들면 대체할 방법이 없으므로 계속적 운영이 불가능할 수 있다. 새로운 사고의 유입이 이루어지지 않아서 집단의 효율성이 떨어질 수 있다. 과정 중에 구성원의 숫자가 줄여들면 의미 있는 상호작용이 일어나기에 너무 적은 수가 될 수 있다. 새로운 사고, 관점, 기술 등의 유입이 없어서 집단운영에 위기가 올 수 있다. 예) 중간에 새로운 구성원을 받아들이지 않는 분노조절훈련집단

③ 집단의 크기

정해진 집단의 크기는 없다. 이상적 집단의 규모는 5~12인이 선호되지만 학자마다 의견이 다르다. 집단구성원이 적을수록 구성원의 참여 및 친밀성에 대한 요구는 더 많아진다. 치료집단의 규모는 5~7명 정도로 구성되는 것이 적절하다. 매우 작은 집단은 다양성, 활력, 동료와의 친교를 위한 자원을 충분히 제공할 수 없고, 참여와 친밀성에 대해 압박감을 줄 수 있다. 집단이 클수록 구성원은 개별적 관심을 더 적게 받으며, 구성원 간의 상호작용은 더 적어지고, 집단의 구조는 공식적이 되며, 공식적 지도유형에 대한 요구가 높아진다.

④ 인구사회학적 특성과 다양성

인구사회학적 특성이 집단의 성패를 예측하는 단독요인은 아니지만 집단구성 시에는 반드시 고려해야 하며 집단구성원을 선발할 때 일반적으로 나이, 성별, 사회문화적 요소 등을 고려하여야 한다.

⑤ 모임의 빈도와 존속기간

집단의 종결일시는 정해질 수도 있고 정해지지 않을 수도 있다. 집단의 존속기간은 집단의 유형이나 목적, 구성원에 따라 달라질 수 있고, 집단의 목적이 달성될 때까지 집단의 존속기간이 유지되어야 하지만 너무 길어지는 것도 바람직하지 않다. 일반적으로 사회복지실천에서는 주 1회 정도의 모임을 갖는 것이 좋다. 모임시간이 너무 길면 지루하고 집중력이 떨어지며, 너무 짧으면 의미 있는 상호작용이 이루어지기에 어려움이 있다. 따라서 집단회합의 빈도와 길이를 정할 때 구성원의 집중력을 고려해야 한다.

(5) 오리엔테이션

집단의 목적을 설명하고, 집단절차에 대해 적응하며, 적절한 집단구성원을 선별하기 위한 것이다. 오리엔테이션 방법으로는 이전 집단에 대한 내용을 비디오테이프 등으로 시청하는 것, 집단역학에 대한 강의, 효과적 의사소통방법 등 집단기술에 대한 연습 등이 있다.

(6) 계약

계약은 초기단계에서도 이루어지고 준비단계에서도 이루어진다. 일반적으로 계약은 초기단계에서 사회복지사와 집단구성원의 상호작용을 통해 이루어지지만 실제 집단이 시작하기 전인 준비단계에서 이루어진다. 준비단계에서 이루어지는 계약의 형태에는 목표에 대한 계약, 집단절차에 대한 계약, 개별구성원들이 기대하는 것에 대한 계약 등이 있으며, 계약방법은 서면이나 구두로 이루어진다. 집단절차에 대한 계약으로는 회합의 빈도와 기간, 비밀보장, 시간과 장소, 비용 등에 대한 계약이 있다.

(7) 집단환경 준비하기

집단환경은 구성원에게 비밀보장, 친밀성, 편안함, 집중도에 상당한 영향을 미치므로 집단사회복지사는 주어진 여건 내에서 최상의 조건을 만들어 내기 위하여 노력해야 한다.

2) 초기단계

초기단계에서는 집단구성원의 새로운 집단에 대한 탐색과 집단사회복지사에 대해 접근하면서 동시에 회피하려는 성향 등이 혼합되는 특징을 보이며 또한 구성원 간에 평가하고 서열화되며 투쟁도 나오고, 하위집단이 형성된다. 또한 이 단계는 집단구성원의 공통된 목표를 서로가 알게 되며 각 구성원의 개별적 목표도 수립하게 된다. 계약 시 집단목적, 행동주체, 성취평가 및 측정방법 등을 구체적으로 명시한다. 사회복지사는 집단구성원의 동기부여, 능력격려, 집단의 장애 또는 그 요인 등을 예측한다. 그리고 이 단계에서는 선정된 집단구성원들이 최초로 모임에 참여하여 구성원들끼리 대면함으로써 시작되는데, 집단구성원들은 다른 구성원에 대해 낯설고 새로운 환경에 직면하여 상당한 불안감과 불신감, 두려움 등을 나타내기도 한다. 이때 집단사회복지사는 집단구성원들의 불안감과 긴장감 등을 해소해 주고 신뢰관계를 형성하는 데 주력을 다해야 한다.

초기단계의 주요 과업으로는 구성원 소개, 프로그램 활동, 집단목적의 설명과 피드백받기, 비밀보장의 한계 정하기, 구성원의 집단소속감 촉진하기, 계약, 집단참여에 대한 동기부여와 능력 격려하기 장애물 예측하기 등이 있는데, 그 주된 내용은 다음과 같다.[5)]

(1) 구성원 소개

집단목적을 고려하여 어떤 정보가 공유되는 것이 좋은지를 결정하고 개별구성원 소개 시 그 정보를 밝히도록 하는 것이 좋다. 사회복지사는 소개과정을 통해 집단구성원이 그들의 생활경험, 어려움, 관심사, 감정 등에서 유사성이 있다는 점이 드러나도록 해야 한다. 구성원을 소개하는 방법은 순번대로 두 명씩 짝짓기와 짝을 집단에 소개하는 방법 등 다양하다.

(2) 프로그램 활동

특정 과제를 수행하는 과정에서 구성원 상호 간 중요한 정보를 교환하고 자기 개방이 고취되면서 집단응집력이 높아진다.

(3) 집단목적의 설명과 피드백받기

집단의 목적은 긍정적 측면을 강조하고, 분명하고 이해하기 쉬운 표현으로 구성한다. 또한 집단의 목적을 알고 집단구성원이 참여하긴 했지만, 집단 초기단계에서 집단의 목적을 명확히 하는 것이 좋다. 기관의 기능과 서비스의 한계도 명확히 하고, 목적과 목표에 대해 구성원이 자신의 의견이나 관심사를 표현하도록 촉구해서 그들의 의견을 반영해야 한다. 집단목적은 모호하게 설정되면 집단이 성공적으로 운영되기 어렵기 때문에 명확하게 설정되어야 하지만 집단목적을 설명한 후 집단구성원의 의견이나 피드백을 받고 반영하여 수정되기도 한다.

(4) 비밀보장의 한계 정하기

집단모임에서 비밀공개의 정도와 원칙에 대해 토론하여 집단구성원들이 원칙을 만들고 이를 지킬 수 있도록 원조한다.

(5) 구성원의 집단소속감 촉진하기

집단의 공통목표와 동시에 각 구성원의 욕구에 따라 개별적 목표를 수립한다. 목표는 명확하고 측정 가능하며 성취 가능한 것으로 설정해야 한다.

(6) 계약

계약을 통해 상호 간의 기대, 의무, 책임을 명백히 하는 것이 필요하고, 구성원과 사회복지사 간의 계약, 구성원 간의 계약이 이루어질 수 있다. 특정 목적이나 목표에 관해 계약할 때 누가, 무엇을, 어떤 상황에서 하며, 그 이해에 대해 어떻게 측정할 것인가에 대해 구체적으로 언급해야 한다.

(7) 집단참여에 대한 동기부여와 능력 격려하기

목적달성을 위해서는 클라이언트의 동기가 결정적이다. 동기는 집단과정에 대한 기대, 사회복지사의 역할에 대한 기대, 집단과정에 대한 기대, 집단을 통해 이루어질 수 있는가에 대한 기대에 의해 결정된다. 사회복지사는 집단구성원의 기대를 확인하기 위해 직접적 질문을 할 수 있다. 집단구성원의 양가감정, 변화에의 두려움, 걱정을 극복하도록 도와야 한다. 목적달성을 방해하거나 촉진시키는 심리적·사회적·환경적 요인이 무엇인지 열거하고 이에 대해 집단구성원이 토론하도록 한다.

(8) 장애물 예측하기

사회복지사는 집단구성원이 목표나 목적을 성취함에 따라 직면할 수 있는 장애물이나 장애요인에 대해 미리 예측해 보도록 하는 것이 좋다.

3) 사정단계

사정(assessment)은 원조과정에서 절차와 결과(산물)라는 두 가지 측면을 포함하며, 과정으로서의 사정은 정보를 수집하고 조직화하며 판단하는 것을 의미한다. 집단사회복지실천에서의 사정은 집단단계에 따라 사정의 초점이나 내용이 달라진다. 즉 초기의 사정단계에서만 이루어지는 것이 아니라 집단을 시작하면서 종결할 때까지 지속적인 사정을 해야 한다. 예를 들면 치료집단에서는 개별구성원이 경험하는 문제가 사정의 초점이 되며 과업집단에서는 집단의 생산성이 초점이 된다.

(1) 집단발달단계별 사정의 특징

Pincus와 Minahan(1973)은 집단과정단계에서 사정의 특징을 첫째, 적절한 정보를 빠르고 효율적으로 획득할 수 있도록 자료수집을 조직화해야 하며, 둘째, 몇 가지 원천으로부터 적절한 정보샘플을 획득해야 하며, 셋째, 편협적 자료는 피하며 정보제공자에게 지나친 요구를 하지 않아야 하며, 넷째, 가능한 곳이면 어디서나 한 가지 이상의 자료수집양식을 사용하며, 다섯째, 사정 시 정보의 원천과 문제, 관심, 과업 등을 구분해야 한다고 강조하였다.[6)]

이와 같이 집단의 사정은 각 발달단계마다 기대되는 집단과 구성원의 특성, 집단의 발달과정에 따라 달라진다. 초기단계에는 집단 및 구성원의 기능수행에 대한 체계적 사정이 이루어지고, 중기단계에는 초기 사정내용에 대한 타당성을 검토하여 그 성공여부를 기반으로 하여 개입계획을 수정한다. 종결단계에는 집단 및 구성원의 기능달성 정도를 사정, 추가적 개입이 필요한지에 대해서는 살펴볼 필요가 있다.

(2) 집단사정의 방법

집단사회복지사는 집단 초기단계뿐만 아니라 지속적으로 집단구성원에게 나타나는 양상에 대해 관찰하고 사정할 필요가 있다. 집단사정의 방법에는 구성원의 자기관찰과 집단사회복지사의 관찰, 외부전문가의 보고, 표준화된 사정도구 등이 있다.[7)]

① 집단구성원의 자기관찰

집단구성원의 자기관찰 사정도구에는 자기모니터, 도표, 기록지나 일지 등을 활용하여 사정한다. 특히 자기관찰을 통해 집단구성원이 집단사정을 할 수 있다.

② 집단사회복지사의 관찰

집단사회복지사는 자연스럽고 일상적인 상황관찰 및 역할극, 소시오드라마, 사이코드라마, 그리고 모의검증(simulation test) 등을 통해 집단사정을 한다. 특히 모의검증은 특수한 역할극을 수행하는 상황에서 구성원의 기능을 사정하는 방법으로, 구성원에게 실제 상황을 가상하여 실생활과 같은 역할을 하게 함으로써 그 구성원의 기능을 사정하는 방법이다.

③ 외부전문가의 보고

집단사정 방법에는 내부 집단사회복지사가 사정하는 방법도 있지만, 집단사정을 위해 집단 외부의 사람들에 의한 보고서나 정보 등을 활용하는 방법이 있다.

④ 표준화된 사정도구

집단사정를 할 경우, 표준화된 사정도구를 활용하는 것이 사정을 객관적으로 하는 데 도움이 된다. 예를 들면 우울증 진단 척도, 자존감 척도, 부모-자녀관계 측정 척도, 스트레스 척도, 소시오그램 등이 있는데, 이러한 사정도구는 표준화된 척도를 사용하여 집단구성원의 기능을 사정하는 데 유용하다.

(3) 집단사회복지실천의 사정영역

사회복지실천에서 사정은 집단구성원에 대해 정보를 수집하고, 수집한 자료를 조직화 또는 분석해서 구성원의 문제와 강점을 판단하는 것이다. 사정은 지속적인 과정으로 집단을 대상으로 한 목표와 개인의 목표를 충분히 달성하기 위해 이루어져야 한다. 집단사회복지실천의 사정영역에는 개별구성원 사정, 집단 사정, 집단환경 사정 등이 있다.[8)]

① 개별구성원 사정

집단사회복지사는 개별구성원이 자신의 행동패턴을 인식하고, 행동을 변화시키도록 도와야 한다. 또한 집단사회복지사는 각 집단회기에서 나타난 개별구성원의 행동과 인식상의 특성을 기록하여 개인별 프로파일을 만든다. 이를 통해 개인별 장점과 단점을 한눈에 파악할 수 있고, 얼마나 긍정적으로 변화 또는 성장하고 있는지 쉽게 확인할 수 있다.

② 집단 사정

집단사회복지사가 집단에 대해 사정하고자 할 때 집단역동(group dynamics)에 대한 지식과 실천기술을 활용하면 많은 도움을 얻을 수 있다. 대부분 집단사회복지사들이 집단역동에 대한 지식과 기술에 의존하여 자신의 개입 및 역할을 계획하는 경향이 있기 때문이다. 집단은 집단과정을 통해 개별구성원뿐 아니라 전체로서의 집단에 영향을 미치는 독특한 힘을 만들어 낸다. 집단과정에서 만들어진 이러한 힘을 집단역동이라 하며, 집단역동을 활용하는 것은 집단지도자인 사회복지사의 중요한 과업 중 하나이다.

③ 집단환경 사정

집단환경은 집단사회복지사가 소속된 기관이나 시설을 비롯하여 이들 시설 간 환경 및 지역사회환경이며 집단대상 사회복지실천이 주로 이루어지는 환경은 사회복지기관이다. 사회복지기관의 인적·물적 환경과 기관이 위치한 지역사회환경, 유사한 기관의 인접성 여부 등은 집단운영에 영향을 미친다. 집단환경에 대한 사정은 집단목표의 달성 가능성과 목표도달에 효율적인 방법의 탐색 그리고 필요한 자원의 유무 및 동원 가능성 등을 탐색하는 작업과 연계하여 이루어진다. 복지기관, 시설 및 지역사회환경에 대한 사정내용은 다음과 같다.

복지기관, 시설 및 지역사회환경에 대한 사정

- 복지기관 · 시설 내에 집단을 결성할 경우 집단목적이 복지기관, 시설, 지역사회환경의 목적에 부합되는가?
- 집단활동을 할 장소는 있는가?
- 복지기관, 시설, 지역사회의 시설이 집단에 필요한 자원을 제공할 수 있는가?
- 다른 직원들이 새로이 집단을 시작하는 것에 대해 협력적인가?
- 집단이 다루고자 하는 접근방법이 기관이나 시설, 지역사회의 방침에 적합한가?

(4) 집단기능에 대한 사정

집단기능에 대한 사정에는 의사소통과 상호작용 유형, 집단응집력, 사회통제와 집단문화의 사정 등이 있는데, 그 주된 내용은 다음과 같다.[9]

① 의사소통과 상호작용 유형

의사소통과 상호작용 유형은 주로 집단 초기단계의 사정에 속하는데, 집단사회복지사는 잠재적 문제를 예측하고 구성원 간 의사소통을 촉진시킨다. 그리고 사회복지사는 집단목표나 개별구성원의 목표성취를 도와주는 중요한 정보를 알게 된다.

② 집단응집력

집단 초기단계에서 구성원은 다양한 이유로 집단이나 구성원 상호 간에 매력이나 끌리는 감정을 느끼는데 이를 집단응집력이라 한다. 집단응집력이나 집단매력을 측정하는 도구로는 소시오그램(sociogram)이 있는데, 소시오그램을 활용하면 하위집단이 형성되어 있는지도 알 수 있다.

③ 사회통제와 집단문화

사회통제는 일반적으로 규범이나 역할, 지위, 위계 등과 관련되는데, 집단규범은 집단에서 수용되는 행동과 수용될 수 없는 행동을 규정하며, 집단구성원의 집단활동에 대한 만족도에 영향을 미친다. 집단사회복지사는 구성원의 역할이 적절한지 사정하여 집단의 기능과 구성원 개인의 기능을 향상시킬 수 있는 역할을 개발해야 한다.

개인의 지위와 권력은 집단 내에서 어느 정도의 사회통제를 행사할 수 있는지에 영향을 미치므로 지위에 대한 정확한 사정을 통해 집단사회복지사가 집단에 개입했을 때 나타날 수 있는 반응을 예측한다. 그리고 집단문화는 집단구성원이 공통적으로 가지고 있는 신념이나 가치 혹은 감정으로 이루어진다.

(5) 사회복지사의 개입기술

집단사회복지실천에서의 사회복지사 개입기술 중 주된 기술은 집단구성원에 대한 민감성, 말하는 기술, 집단응집력을 촉진하는 기술이 있다.[10)]

① 민감성

전체로서의 집단의 움직임을 민감하게 알아채는 기술로서, 집단에 대한 지식이 필요하다. 집단지식은 집단의 역할, 규범, 구성, 상호관계, 지도력, 동질성, 응집력, 발달단계, 집단 크기, 개방집단·폐쇄집단 등에 대한 지식이다.

② 집단구성원을 대상으로 한 말하는 기술

집단구성원을 대상으로 말하는 스캐닝(scanning) 기술은 집단사회복지사가 한 구성원이나 두 명의 구성원에게만 집중하여 이야기하는 것이 아니라 전 구성원을 대상으로 자연스럽게 눈과 눈을 마주 보면서 이야기하는 기술이다. 전 구성원을 차별하지 않고 관심을 가지며 주의를 기울이는 사람이라는 것을 강하게 느끼게 하는 이 기술은 구성원과의 신뢰관계를 구축하는 데 도움이 된다.

③ 집단응집력을 촉진하는 기술

집단사회복지사 자신이 사용할 언어에 대한 신중한 고려를 통해 응집력을 증진시킨다. 가능한 한 '나'라는 말 대신 '우리'라는 표현을 쓰는 등 관심 및 배려가 필요하다. 또한 집단구성원의 공통관심사를 가지고 한 주 동안에 서로 경험을 나누는 상호 원조의 중요성을 강조한다.

집단사회복지사는 집단구성원이 집단을 통해 이룩한 것, 발전한 것, 집단에 공헌한 것 등에 대해 아낌없이 칭찬해 주는 동시에 이들에게 집단규범을 제시한다. 집단이 순조롭게 목표를 달성하기 위해서는 집단과제뿐 아니라 집단의 사회적·정서적인 면을 좋은 상태로 유지해야 하며, 이를 위해 필요한 행동규범을 제시해야 한다. 이때 구성원은 집단사회복지사의 모델링을 통해 새로운 대화법을 선택하고 가능한 행동과 방법을 배울 수 있다.

집단응집력의 촉진을 위해 집단사회복지사는 프로그램을 활용한다. 프로그램이란 집단활동을 진행할 때 이용하는 소재인데, 집단초기에 구성원을 기쁘게 맞이하기 위해 조용한 배경음악을 튼다거나 각자 자기소개를 할 때 게임방식을 활용하는 등, 자연스럽게 프로그램을 활용하면 분위기도 좋아지고 구성원 사이에 말문을 트게 하는 데도 도움이 된다.

4) 중간단계

중간단계에서는 목표달성의 장애요소를 극복할 수 있도록 원조하고, 구성원의 노력을 지지하는 집단역동을 촉진하고 조직과 지역사회가 구성원의 노력에 부응할 수 있도록 원조한다.

(1) 중간단계의 특징

중간단계의 주요 특징은 구성원의 투쟁과 집단에 대한 저항의 존속, 집단의 신뢰감과 응집력의 강화, 집단과 개별문제의 관련, 상호 원조 등이 있는데, 그 주된 내용은 다음과 같다.[11)]

① 구성원의 투쟁과 집단에 대한 저항의 존속

초기단계가 끝날 무렵 볼 수 있는 구성원의 불신감, 사회복지사나 다른 구성원에 대한 저항이나 적대감 및 구성원 사이의 투쟁 등 부정적 감정은 구성원이 너무 친밀해질 것을 두려워하거나 자기노출에 대한 불안과 방어적 저항일 수 있다. 집단목적을 관념적으로는 이해하면서도, 집단을 자기 생각대로 통제하려고 다른 구성원과 투쟁할 수도 있다. 이때 구성원이 집단에 속한 동기가 낮을수록 저항은 강하게 나타난다.

② 집단의 신뢰감 및 응집력의 강화

집단의 신뢰감 및 응집력은 초기단계 말에 나타난 구성원끼리의 부정적 감정에 관해 집단 전체가 서로 신중히 생각하고 각 구성원의 문제 등에 대한 공통점을 찾아냄으로써 유대가 강화되고 신뢰감이 증대되며 집단목표를 향해 함께 전진할 용기를 갖게 한다.

③ 집단과 개별문제의 관련

집단구성원이 개별적 문제를 집단에서 말하게 되고, 다른 구성원에 대해서도 알고 싶어 하게 된다. 이것은 집단구성원이 집단사회복지사와 구성원을 신뢰하고 있다는 증거이기도 하다.

④ 상호 원조

집단의 각 구성원은 서로를 수용하게 되고 집단사회복지사의 도움 없이도 구성원끼리 서로 도움을 주고받을 수 있게 된다.

(2) 중간단계의 과업

중간단계의 과업으로는 집단모임(회합) 준비하기, 집단 구조화하기, 구성원의 참여유도와 능력고취, 구성원의 목표달성 원조, 저항하는 집단구성원 다루기, 집단진행과정의 점검과 평가(모니터링) 등이 있다.[12)]

① 집단모임(회합) 준비하기

- 집단모임의 매 회기 시간을 적절하게 배분한다.
- 집단모임의 회합을 위한 과제, 의제를 집단구성원이 준비한다.
- 집단모임의 다음 회합에 대한 일정을 제시하며 필요시 사전연습을 한다.
- 집단사회복지사는 집단모임을 위해 역할극 개발이나 프로그램 활동 등을 준비한다.

- 집단모임에서 집단구성원의 토론을 자극하고 흥미를 유발할 수 있는 여러 가지 재료를 준비한다.

② 집단 구조화하기

- 집단의 목적성취, 집단구성원 간의 토론과 지지 등을 촉진한다.
- 집단과정 회합에서 집단구성원에게 다룰 사항을 명확히 알도록 한다.
- 집단의 초점을 유지하는 활동, 지금까지의 일을 요약하는 등 활동을 한다.
- 모든 집단구성원이 참여할 수 있는 기회를 부여하도록 토론과정을 구조화한다.
- 집단에서의 각 회합이 정시에 시작하고 끝난다는 사실을 집단구성원이 알게 한다.
- 집단사회복지사가 계획적·체계적으로 개입할 수 있고 자원을 활용할 수 있도록 한다.

③ 구성원의 참여유도와 능력고취

- 집단구성원의 투입과 피드백을 진지하게 고려한다.
- 집단의 내용과 집단의 목적 방향이 집단구성원 스스로에게 달려 있다는 것을 알게 한다.
- 집단구성원은 집단과정에서 부딪힐 수 있는 장애물과 어려움이 있다는 것을 인식하도록 한다.
- 집단사회복지사는 집단구성원의 강점에 대한 믿음을 보여 줌으로써 집단에서의 목적을 달성하도록 한다.
- 집단의 활동에 완전히 참여하게 하고, 집단 내외에서 자신의 삶에 책임을 질 수 있도록 권한을 부여한다.

④ 구성원의 목표달성 원조

- 집단과정의 구체적 개입계획을 발전시킨다.
- 집단구성원이 집단과정에서 자신의 목적이 무엇인지 인식한다.
- 집단과정의 개입계획을 집단과정실천에 실행할 수 있도록 원조한다.
- 집단구성원의 직면 문제를 극복하고 구체적 계획을 개입과정 실행에 옮기려는 의지를 증진시킨다.

⑤ 저항하는 집단구성원 다루기

- 집단구성원 간에 건설적 직면을 하도록 해서 동기를 촉진시킨다.
- 집단구성원 변화에 영향을 주는 여러 자원체계와 외부환경을 이용한다.

⑥ 집단진행과정의 점검과 평가(모니터링)

- 집단진행과정을 점검하고 집단구성원과 사회복지사 간에 피드백을 받게 한다.
- 집단사회복지사는 서면, 구두보고의 방법으로 집단의 전 과정에 대해 점검하고 평가한다.
- 집단과정의 각 회합이 끝났을 때, 혹은 2~3회의 회합 후에 평가의 시간을 마련해서 평가서를 작성하거나 집단구성원이 그 회합에 대한 평가 및 피드백을 한다.

(3) 집단사회복지사의 역할 및 기술

집단사회복지사는 융통성 있는 자세를 취하며 집단구성원에게 책임지게 한다. 또한 집단계획이나 내용을 구성원과 함께 재검토하며 구성원이 감정을 표현할 수 있도록 장려한다. 사회복지실천에서의 집단사회복지사의 기술은 집단통제·관리 및 충고·조언·상담하는 기술 및 지지기술이 있다. 그리고 집단유지에 도움이 되는 프로그램 사용기술 등이 있다.[13)]

(4) 중간단계의 개입방법

중간단계의 개입방법에는 개인내적 수준, 대인관계 변화, 집단 전체에 개입하기 등의 방법이 있다.[14)]

① 개인내적 수준의 개입방법

- 사고와 신념의 비합리성 분석
- 사고와 감정과 행동 사이의 연관성 파악
- 집단구성원 개개인의 사고, 행동, 감정 등의 파악과 분석
- 사고, 신념, 감정상태의 변화인 인지적 재구조화, 인지적 자기지시, 사고중단, 재정의, 인지적 심상기법, 점진적 이완기법, 체계적 둔감화 등

② 대인관계 변화를 일으키게 하는 개입방법

- 역할극을 통한 연습
- 모델관찰을 통한 학습
- 대인관계 교육 및 훈련을 통한 집단구성원 자기인식 증진

③ 집단 전체에 개입하기

- 집단응집력 향상시키기: 흥미 있는 프로그램을 실시하고, 집단구성원이 인간적으로 만날 수 있는 기회 부여하기
- 의사소통과 상호작용에 개입하기: 집단구성원이 고르게 집단에 참여하게 하고 의사소통 내용이 초점에서 벗어나지 않도록 명료화하고 초점 잡아 주기
- 집단의 규범, 역할, 지위, 위계구조에 대한 사회적 통제: 너무 제한하여 억압당한다는 느낌을 받지 않도록 하고, 통제가 너무 약해서 집단이 혼란스럽지 않게 하기

④ 환경수준의 개입방법

- 효과 유지하기
- 물리적 환경 변화시키기
- 기관 간 연계망 형성하기
- 지역사회의 인식 증가하기
- 구성원의 사회적 관계망 확대하기
- 집단을 후원하는 기관의 지원 확대하기
- 집단구성원이 필요로 하는 특별한 자원 연결하기

5) 종결단계

(1) 종결단계의 특징

집단의 목적을 달성하고 끝을 맺는 단계이다. 그러나 집단구성원이 중도탈락하거나 집단이나 구성원의 목적을 달성하지 못한 채 종결하기도 한다. 집단의 목적에 따라 그 성과는 다르지만 문제에 대한 대처방식을 배우고 자신감을 얻고 시야를 넓히는 등의 목적을 성취한다.

집단이 성공하면 할수록 사회복지사와 집단구성원은 헤어지는 것에 대해 강렬한 감정을 갖는다. 집단사회복지사와 구성원 사이의 집단역동이 고조되기 때문에 종결단계에서의 집단지도자인 사회복지사의 역할은 매우 어렵다. 집단과정을 통해서 획득된 변화나 기술, 기법 등이 집단이 종결된 이후에도 유지될 수 있도록 계획을 수립한다.[15)]

(2) 종결의 유형

종결의 유형에는 집단구성원의 중도탈락에 의한 종결, 집단사회복지사 사정에 의한 종결, 다른 기관이나 전문가의 의뢰에 의한 종결 등이 있는데, 그 주된 내용은 다음과 같다.[16)]

① 집단구성원의 중도탈락에 의한 종결

집단이 계속되고 있는데, 집단구성원이 중도탈락하면 집단구성원의 입장에서 볼 때 종결이 이루어진다. 집단구성원의 중도탈락 요인에는 집단이 설정한 목표를 수행하지 못할 것이라는 생각, 집단구성원 본인이 집단을 잘 받아들이지 못할 것이라는 생각, 다른 집단구성원에 대한 불쾌감, 불일치 등 여러 가지가 있다.

집단구성원의 중도탈락에 대한 정보나 이유를 알지 못할 때 집단지도자는 종결 이유를 알기 위해 집단구성원과 만나야 한다. 다른 구성원과의 갈등 때문이라면 이 갈등이 풀리면 다시 돌아올 수 있을 것이며, 다른 이유에서라면 어떤 행동이 그 구성원을 돌아오게 할 수도 있기 때문이다.

치료집단, 감수성 훈련 집단, 교육집단 등에서 미해결된 개인적 관심이 있음에도 불구하고 집단구성원이 중도탈락할 경우는 다른 집단이나 전문가에게 의뢰하는 것이 바람직하다. 집단구성원이 중도탈락할 때마다 집단지도자는 그 구성원의 집단에 대한 긍정적 기여를 집단구성원에게 알려 줄 필요가 있다. 중도탈락은 개인적 실패로 비추어질 수 있기 때문에 긍정적 기여에 대한 감사는 개인적 실패감을 느끼지 않도록 도와준다.

② 집단사회복지사 사정에 의한 종결

집단사회복지사에 의한 종결은 사회복지사의 이직, 직무의 변화, 일신상의 이유, 가족과의 문제 등으로 발생할 수 있다. 이때의 종결은 집단사회복지사와 집단구성원 모두에게 어려운 과정이다. 종결을 둘러싸고 정서적 반응이 강렬해질 수 있고 이러한 반응을 통한 적당한 작업시기가 유용하게 활용되지 못할 수 있다.

집단사회복지사가 다른 곳으로 직장을 찾아 집단을 떠날 경우 집단구성원이 자연스럽게 새로운 집단사회복지사를 맞이할 수 있도록 도와주어야 한다. 인간의 삶은 항상 만남과 헤어짐의 연속이며, 이는 태어나서부터 계속되어 왔다는 것에 대해 이야기를 나누는 것도 도움이 된다. 집단구성원은 이러한 전환을 생의 건설적 전환으로 삼을 것인가, 파괴적 계기로 삼을 것인가에 대한 결정과 선택을 하게 될 것이다.

③ 다른 기관이나 전문가에 의뢰

집단사회복지사는 집단구성원을 다른 기관이나 전문가에게 의뢰해야 할 경우가 있다. 첫째, 집단구성원이 공감할 수 없다고 느끼는 경우, 둘째, 집단구성원은 지도자가 주장하는 대안만을 강조함으로써 이를 받아들이기가 극도로 어려운 경우, 셋째, 지도자가 치료적 도움을 제공할 수 없다고 느끼는 성격적 문제를 가진 경우, 넷째, 좋은 관계가 수립되기 어려운 경우, 다섯째, 집단구성원이 문제를 건설적으로 해결하는 것을 막는 집단 내 파괴적 힘을 가진 구성원의 경우가 해당된다.

(3) 계획된 종결

① 계획된 종결의 특징

계획된 종결은 집단의 목적을 달성하고 끝을 맺는 단계로, 계획에 따라 집단이 종결되는 경우이다.

계획된 종결은 마지막 모임 전 모임에서부터 시작하는 것이 필수이다. 최후 모임은 미리 구성원에게 알려져서 동의되고 토론되어야 하며, 집단을 끝마치기 위해 충분한 시간이 할당되어야 한다. 정해진 횟수와 기간이 지났음에도 불구하고 목표달성이 되지 않았거나 결과의 수준이 낮고 불만족스러운 경우에는 성공적이지 않은 종결이라고 할 수 있다.

계획된 종결은 목적에 따라 그 성과는 다르지만 문제에 대한 대처방식을 배우고 자신감을 얻고 시야를 넓히는 등의 목적을 성취하게 된다. 집단이 성공하면 할수록 집단사회복지사와 집단구성원은 헤어지는 것에 대해 강렬한 감정을 갖게 된다.

또한 집단사회복지사와 구성원 사이의 집단역동이 고조되기 때문에 종결단계에서의 집단지도자의 역할은 매우 어렵다. 계획된 종결은 집단과정을 통해서 획득된 변화나 기술, 기법 등이 집단이 종결된 이후에도 유지될 수 있도록 계획을 수립한다. 종결은 때로 슬픈 반면 집단구성원이 주고받은 것, 성장한 방식, 학습한 기술, 집단의 성취를 강조함으로써 부정적 감정이 전복될 수 있다.[17)]

② 성공적 종결과 성공적이지 않은 종결

계획된 종결의 유형은 크게 성공적 종결과 성공적이지 않는 종결로 나눌 수 있다. 성공적 종결인 경우, 집단과 구성원이 목표를 성취하는 동시에 성취감에 만족을 느끼며 자존심이 향상되기도 한다. 성공적이지 않은 종결은 집단과 집단구성원 목표의 대부분 또는 모두를 이루지 못한 경우거나 집단종결 결과에 대한 집단구성원의 분노, 좌절, 실망, 우울, 절망, 죄책감, 책임전가, 비난 등이 있는 경우이다(〈표 13-8〉 참조).[18)]

〈표 13-8〉 성공적 종결과 성공적이지 않은 종결 비교

성공적 종결	성공적이지 않은 종결
• 집단과 구성원의 목표성취임 • 성취에 만족감을 느끼며 자존감 향상 • 종결에 대한 정서적 반응을 다루어야 함 • 간족감은 있지만 이별에 대한 상실감도 겪음 • 남아 있는 문제에 대한 계획을 구성원이 수립하도록 원조함	• 집단과 집단구성원 목표의 대부분 또는 모두를 이루지 못한 경우 • 결과에 대한 분노, 좌절, 실망, 우울, 절망, 죄책감, 책임전가, 비난 등의 가능성 • 성공하지 못했다 하더라도 성공적 집단처럼 종결의 의식이나 형식을 잘 계획하고 목표를 달성하지 못한 이유나 목표달성의 대안 등을 토론하는 것이 좋음

(4) 사회복지실천기술

집단과정에서의 사회복지실천기술은 불만족스러운 종결의 사유에 대한 이해기술, 변화 노력의 유지 및 일반화에 대한 기술, 개별구성원의 독립적 기능 촉진과 집단에 대한 의존성 감소기술, 종결에 대한 감정처리기술, 미래에 대한 계획기술, 의뢰기술, 평가기술 등이 있는데, 이에 대한 주요 내용은 다음과 같다.[19)]

① 불만족스러운 종결의 사유에 대한 이해기술

계획되지 않은 종결에서 사회복지사는 원인을 확인하여 집단구성원의 탈락을 방지하고, 자신의 기술을 증진시키도록 하여야 한다. 집단구성원의 불만족, 집단 전체가 불만족스러운 경우의 종결은 집단이 적절한 기능을 할 수 있는 충분한 수준의 통합을 달성할 수 없기 때문이다. 탈락한 구성원을 새로운 구성원으로 대체하지 못하고, 사회복지사가 더 이상 지도를 못하는 사유발생, 후원기관의 자원제공 중단 등에 의해 종결된다. 집단의 내적 역기능 때문에 조기종결은 배타적 하위집단 형성, 희생양 만들기, 소수 구성원에 의한 집단지배, 심각한 갈등 등에 의해 이루어진다.

② 변화 노력의 유지 및 일반화에 대한 기술

집단구성원의 일상생활과 밀접한 관련이 있는 현실사례를 집단에서 다룬다. 구성원의 문제에만 초점을 두지 말고, 자신의 능력을 확인하고 자신감을 발전시키도록 한다. 또한 변화유지능력을 방해하는 어려운 상황에 대비할 수 있도록 다양한 상황과 환경을 활용하며 변화를 통해 일어나는 긍정적 결과에 초점을 맞춘다.

공식적 집단모임을 마치고 난 후 추후모임을 할 수 있는 기회를 제공하여 변화유지를 위한 자신의 노력을 재검토할 수 있게 하며, 구성원이 집단 외부에서 부딪힐 수 있는 비우호적 환경에 대해 어떻게 대응해야 할지 미리 준비시킨다. 집단종결 이후에도 계속해서 각 구성원의 노력이 필요하다는 것을 분명히 한다. 그리고 새로운 경험과 지지체계로 이행할 수 있도록 원조한다. 필요로 할 경우 집단사회복지사는 새로운 집단으로 원활히 이행할 수 있도록 원조해야 한다.

③ 개별구성원의 독립적 기능 촉진과 집단에 대한 의존성 감소기술

집단구성원이 집단 외부의 지지와 구성원 자신의 기술 및 자원을 활용하도록 원조하면서 종결 전부터 종결에 대해 논의한다. 또한 집단의 매력을 감소시키기 위해 구성원이 집단에서 성취한 것을 요약한다. 더 이상 집단이 필요하지 않음을 토론하게 한다. 회합의 간격은 길게, 회합시간은 짧게 구성한다. 구성원의 외부활동에의 참여를 격려한다.

④ 종결에 대한 감정처리기술

집단종결에 대한 개인적 반응이 목표성취와 타인을 도왔다는 만족감, 자부심, 유능감 등 긍정적 감정이든 연대관계가 깨지는 것에 대한 불안, 거부감, 상실에 따른 슬픔 등 부정적 감정이든 친숙한 관계를 종결할 때에는 서로 정직하게 개인이 가진 감정을 나누는 것이 중요하다.

서로 마음속에 있는 것들을 이야기함으로써 마음에 맺힌 것을 확실히 풀 수 있고 사회복지사와 구성원 서로가 집단에서 경험한 것을 소중히 여기며 집단을 끝낼 수 있게 된다. 대개의 개별구성원은 집단을 떠날 때 이 집단에서 무엇을 배웠는가? 앞으로 어떻게 할 것인가? 등의 의문을 갖게 된다. 집단사회복지사는 이때 구성원의 감정을 서로 이야기할 수 있도록 원조하고 개개인이 그 집단에서 무엇을 얻었는지를 생각하고 이야기할 수 있게 해야 한다. 종결에 따른 감정을 구성원과 공유하며, 구성원의 양가감정을 토론하도록 격려한다. 그리고 종결 이후의 사회복지사와 기관이 제공할 수 있는 역할에 대해 밝힌다.

⑤ 미래에 대한 계획기술

집단종결 후 자조집단을 형성하도록 도와준다. 자조집단을 원활하게 운영할 수 있도록 물질적 자원과 자문 등을 제공한다. 또한 구성원의 욕구가 충족되지 않거나 성취하고 싶은 다른 목적이 있는 경우 부가적 서비스를 제공한다. 그리고 재계약, 자조집단 등 다양한 형태의 부가서비스 제공이 가능하다.

⑥ 의뢰기술

추가적 서비스나 자원이 필요한 경우, 집단사회복지사는 그 기관의 다른 서비스 혹은 다른 기관에 집단구성원을 의뢰하는데, 구성원과 사회복지사가 동의한 경우 이루어진다. 또한 기관내부 혹은 외부로 의뢰될 수 있으며 의뢰되는 곳에 관한 기본정보를 공유하고, 직접적 동행의뢰, 의뢰 후 서비스에 대해 점검한다.

⑦ 평가기술

평가기술에는 목표달성 정도, 단일사례 설계, 과업성취 척도, 만족도 조사 등을 평가하는 과정평가, 결과평가, 총괄평가, 그리고 형성평가가 있는데, 집단과정 중 클라이언트의 원조과정 이해 정도를 평가한다.

가. 과정평가

집단진행에 대한 평가로서 집단구성원이 원조과정을 어떻게 인지했는가와 관련이 있다.

나. 결과평가

집단이 시작되기 전에 세웠던 목표가 성취된 정도를 평가하는 것으로, 목표달성을 측정하는 방법으로는 단일사례 설계, 과업성취 척도, 만족도 조사 등이 사용된다.

다. 총괄평가

일련의 목적지향의 활동이 종결되었을 때, 그 활동이나 그 활동의 결과로서 산출된 성과에 대한 종합적 가치판단을 말한다. 사회복지실천에서 개입(프로그램)이 종결되었을 때 그 효과를 분석하는 것이다.

라. 형성평가

목적지향의 활동을 진행하는 과정에서 부분적으로 수정, 개선, 보완하는 데 필요한 정보를 얻기 위하여 실시하는 평가활동, 원조과정 동안 실시되는 사정과 관련된다. 집단사회복지사가 과정을 검토하고 필요한 경우에 개입계획을 수정할 수 있도록 하는 것이다. 이러한 의미에서 형성평가는 실천과정의 점검이라고 할 수 있다.

(5) 종결단계의 과제

집단사회복지사는 종결단계의 과제를 잘 수행하여 집단구성원이 종결을 성공적으로 끝날 수 있도록 하는데, 종결단계의 주된 과제는 다음과 같다.[20)]

첫째, 집단구성원의 성취된 변화를 유지하고 일반화한다.

둘째, 개별구성원의 독립적 기능을 촉진하고 집단에 대한 의존성을 감소시킨다.

셋째, 추가적 서비스나 자원이 필요한 경우 집단사회복지사는 그 기관의 다른 서비스 혹은 다른 기관에 구성원을 의뢰한다.

넷째, 집단종결 이후 자조집단을 형성하도록 도와주며, 자조집단이 원활하게 운영될 수 있도록 물리적 자원과 자문 등을 제공하여 집단의 개별구성원의 미래에 대한 계획을 세워야 한다.

다섯째, 집단사회복지사는 집단과정진행에 대한 과정평가, 집단이 시작되기 전에 세웠던 목표가 성취된 정도에 대한 결과평가, 집단개입이 종결되었을 때 그 효과를 분석하는 총괄평가, 그리고 집단과정을 검토하고 필요한 경우에 개입계획을 수정할 수 있는 형성평가 등을 시행해야 한다.

여섯째, 종결에 대한 집단구성원의 감정을 다룬다. 즉 집단이 종결될 때 집단구성원과 집단사회복지사는 성취한 것에 대한 기쁨, 만족감, 상호 존중, 자존감 등 긍정적 감정도 경험하지만 분노와 슬픔, 거부, 적개심 등 양가감정을 가지게 되며 집단이 마지막 모임을 갖기 전에 종결과정을 가지면서 집단사회복지사와 구성원이 경험하는 갈등과 양가감정에 대해 토론하도록 격려해야 한다.

3. 집단사회복지실천의 개입과정기술

집단사회복지실천의 기술은 개입단계에서 적용되는 개입기술이다. 이러한 집단사회복지실천의 기술을 통하여 집단사회복지사와 집단구성원 간의 신뢰감을 조성하고 이들의 불안 및 저항 등을 줄여 줄 수 있다. 따라서 집단사회복지사의 기술 적용은 각 개입단계에서 집단과정을 촉진하고 자료수집 및 사정을 명료화하게 하며 집단사회복지사의 행동기술을 통해 전문적 역할을 수행 할 수 있도록 해 준다.

집단대상 사회복지실천의 개입기술은 집단과정촉진기술, 자료수집 및 사정기술, 그리고 행동기술의 세 가지로 나눌 수 있다(〈표 13-9〉 참조).

1) 집단과정촉진기술

집단과정촉진기술은 사회복지사가 집단과정에 영향을 미치려는 의도가 있을 때 사용한다. 집단과정촉진기술은 집단구성원 간의 이해를 증진하고 개방적 의사소통을 형성하며 신뢰감을 형성시키는 데 도움을 준다. 집단과정촉진기술의 주된 내용은 다음과 같다.[21]

(1) 집단구성원의 참여 촉진하기

집단 내에서 다른 구성원들과 어울리고, 집단구성원의 개별 및 집단문제에 관여하게 하는 기술로서 서로 돕고 집단 내 의사결정을 공유하므로 집단응집력을 위한 필수적인 기술이다. 따라서 사회복지사는 소외되거나 침묵하고 있는 집단구성원이 생기지 않도록 집단구성원의 참여를 촉진해야 한다. 집단과정이나 활동참여에 소극적인 구성원을 토론에 참여시켜 자신의 경험을 나누고 문제해결방법을 찾도록 도움을 준다.

(2) 집단구성원에게 집중하기

집단구성원이 말하는 것이나 행동하고 있는 것에 주의를 집중하는 것으로서 상대방의 말과 행동에 대한 느낌과 존중의 메시지를 전달하는 것이다. 사회복지사는 언어적·비언어적 의사소통을 적극적으로 관찰하고 주의 깊게 경청하며 의사소통의 흐름을 따라가면서 집단구성원에게 집중한다.

집단구성원이 말한 내용 이면에 숨어 있는 의미에 감정이입적으로 반응하는 것, 집단구성원과 눈 마주침을 하거나 고개를 끄덕임으로써 집단구성원에게 관심 있음을 표현하는 것 등이 이에 해당한다.

(3) 표현기술

집단구성원이 집단 내에서 문제나 과제, 논제 등에 대하여 생각이나 느낌을 자유롭고 편안하게 표현하도록 돕는 것이다. 사회복지사는 말하기를 꺼리거나 어려워하는 주제에 대하여 사회복지사가 먼저 자기개방을 하면 개방적 소통이 이루어질 수 있는 계기가 된다.

(4) 반응기술

특정한 집단과정에서 선별적으로 반응하여 다음에 이루어질 집단과정에 영향을 미치는 기술이다. 사회복지사가 집단구성원의 노력에 긍정적으로 반응하고 지지하면 집단구성원은 행동을 강화시킴으로써 그 행동을 계속하지만 집단구성원의 말이나 행동에 반응을 보이지 않거나 동의하지 않으면 그 행동을 하지 않게 된다.

(5) 집단 의사소통 초점 유지하기

집단과정의 특정 영역에 초점을 둠으로써 관련 없는 의사소통을 줄이고 중요한 문제에 대해 심도 있는 탐색을 할 수 있게 하는 기술이다. 구체적 기술로는 명확화, 특정 의사소통의 반복, 토론범위 제한 등이 있다. 사회복지사는 집단 내에서 이루어지는 의사소통이 집단의 목적에서 벗어나지 않도록 해야 한다.

(6) 집단과정 명확하게 하기

집단구성원이 어떻게 상호작용하고 있는가를 집단구성원이 인식할 수 있도록 도와주는 기술이다. 구성원이 자신의 감정, 사고 그리고 행동유형이나 상호작용에 대한 이해를 도모하기 위해 사용한다. 사회복지사는 현재 일어나고 있는 일이 무엇이며 이에 대해 어떻게 생각하고 느끼는지 특정한 상호작용 형태를 지적하거나 상호작용 형태가 만족스러운지 등을 물어 봄으로써 집단과정을 명확히 할 수 있다.

(7) 내용 명료화하기

집단구성원 상호작용의 내용을 명료화하는 기술이다. 사회복지사는 집단구성원의 의사소통을 원활히 하기 위해 집단구성원이 자신을 분명히 표현할 수 있도록 원조하고 특정한 메시지를 집단구성원이 잘 이해했는지 질문하거나 검토하기도 한다.

(8) 집단 상호작용지도

집단의 목적달성을 위해 특정 방향으로 집단을 이끌어 가는 기술이다. 구체적 기술로는 집단구성원의 대화를 이끌어 내거나 차단하는 기술, 다른 구성원이 말하도록 장려하는 기술, 집단구성원 간의 대화를 연결하는 기술 등을 활용할 수 있다. 그러므로 하위집단의 역기능작용을 수정하고 집단의 과업성취에 도움이 되는 상호작용을 촉진하며 의사소통의 방향을 재조정함으로써 개방적 의사소통을 장려하기 위해 사용한다. 사회복지사는 특정 구성원의 의사소통을 제한하거나 격려하며 구성원 간 의사소통을 연결하여 집단의 상호작용 형태를 이끌어간다.

2) 자료수집 및 사정기술

자료수집 및 사정기술은 의사소통 유형에 어떤 영향력을 행사할 것인가를 계획하고 집단의 목적성취를 위해 어떤 기술을 사용할 것인가를 결정하는 데 유용하다. 사회복지사는 집단구성원의 문제를 이해하고 계획을 세우기 위하여 질문하거나 정보를 요청하고 분석하는 기술을 다음과 같이 사용한다.[22]

(1) 확인 및 묘사하기

사회복지사가 집단구성원을 이해하고 문제에 대한 자료를 수집하기 위해서는 집단구성원이 특정 상황을 명확하게 파악하고 묘사할 수 있도록 해야 한다. 사회복지사는 집단구성원에게 문제의 성격을 정확하고 구체적으로 표현하도록 도와주며 문제와 관련된 현재뿐 아니라 과거의 특성도 확인하고 기술하게 하여 구성원의 문제를 정확히 이해할 수 있도록 돕는다. 사회복지사는 집단구성원이 여러 관점에서 상황을 바라보고 이해할 수 있도록 다양한 준거틀을 제시하거나 대안적 해석을 제시하기도 한다.

(2) 정보를 요구하고 질문하고 탐색하기

집단구성원에 대한 기본자료를 모으기 위한 기술로서 상황을 확인하고 설명하기 위해 유익한 정보를 수집하고 집단활동의 폭을 넓히고 집단구성원의 문제와 관심을 명확히 할 수 있다.

(3) 요약 및 세분화하기

요약은 집단지도자인 사회복지사가 논의된 내용을 간략하게 되짚어 주는 것으로 새로운 단계로 가거나 모임을 종료할 때 집단구성원에게 되돌아볼 기회를 갖게 한다. 또한 자신이 인식한 바를 서로 비교해 볼 수 있으며 문제해결에 필요한 후속 조치를 발견할 수 있다. 세분화하기는 복잡한 문제를 다루어야 할 때 작은 단위로 나누는 것으로 복잡한 문제나 어려운 문제를 세분화하면 해결하기가 쉽게 느껴지므로 문제해결의 동기를 높일 수 있다.

(4) 언어적·비언어적 의사소통 통합하기

집단구성원의 언어적 의사소통과 비언어적 의사소통을 통합하는 기술이다. 집단구성원의 말이나 행동의 의미를 연결하고 숨겨진 의제를 표면화하며 확실치 않은 생각이나 느낌을 분명히 하는 것이다.

(5) 정보분석하기

정보분석하기는 집단구성원의 개별 및 집단 문제를 사정하는 데 필요한 정보를 요청하여 명확히 분석하는 기술이다. 즉 집단구성원의 확보된 자료유형을 밝혀내고 자료의 차이를 발견하며 평가에 필요한 자료를 수집하는 방법 등을 설정하는 것이다.

3) 행동기술

집단의 목적과 과업수행을 돕기 위해 사용되는 행동기술은 지지하기, 재구성 및 재명명, 집단구성원 간 의사소통 연결하기, 지시하기, 조언, 제안, 교육, 직면, 모델링, 역할극, 실연, 코치, 자원제공하기, 갈등해결 등이 있는데, 그 주된 내용은 다음과 같다(〈표 13-9〉 참조).[23]

(1) 지지하기

지지하기는 집단구성원이 어려운 상황에 대처하려는 것을 도와주는 것을 목적으로 한다. 일상생활에서 겪는 스트레스에 대한 대처능력을 향상시키고 심리사회적 안녕도 향상시킨다. 지지적 관계 속에서 집단구성원은 안도감과 확신을 갖게 되며 안전하다는 느낌을 가지고 서로의 의견을 나누고 감정을 솔직하고 자유롭게 표현할 수 있도록 격려하는 것이다. 또 구성원의 요구에 반응을 보여 주고 현실적 기대를 설정하는 것 등이다.

(2) 재구성 및 재명명

집단구성원이 문제를 상황에 맞게 다른 관점에서 볼 수 있도록 도와주는 기술이다. 구성원이 새로운 관점에서 문제를 봄으로써 대안적 행동범위가 향상되기도 하고 문제해결방법을 찾게 된다.

(3) 집단구성원 간 의사소통 연결하기

집단구성원이 초기에는 사회복지사를 통해 이야기하는 경우가 많이 있는데 사회복지사가 구성원 간의 의사소통을 활발히 할 수 있도록 돕는 기술이다. 집단구성원이 말이나 행동에 대해 다른 구성원에게 의견이나 느낌을 표현하도록 격려하거나 집단구성원이 서로 이야기하고 도움을 청하도록 하는 것 등이다.

(4) 지시하기

집단구성원이 프로그램에 참가하도록 돕거나 토론을 이끌어 가고 정보를 공유할 때 집단구성원의 활동을 지시하는 기술이다.

(5) 조언, 제안, 교육

집단 내에서 새로운 행동이 요구되거나 문제를 이해할 때, 문제상황을 바꾸려 할 때 사용한다. 조언, 제언, 교육 등을 한 후 집단구성원의 피드백을 구하는 것이 사회복지사나 집단구성원에게 도움이 된다.

(6) 직면

직면은 집단구성원의 말과 행동, 사고, 감정 사이의 왜곡과 불일치를 극복할 수 있도록 도와주는 것으로 집단구성원의 행동과 진술내용이 일치하지 않거나 차이가 있을 때 직면기술을 사용한다.

(7) 모델링, 역할극, 실연, 코치

모델링은 집단 내에서 다른 집단구성원들이 무엇을 어떻게 해야 할 것인지를 관찰할 수 있도록 사회복지사나 구성원이 시범행동을 드러내 보여 주는 것이다. 역할극은 여러 역할을 모방하여 연기해 봄으로써 개인 또는 집단의 사회적 적응을 향상시키기 위한 치료 및 훈련방법으로 사용하는 기법이다.

실연은 역할연습에서 받은 피드백에 기초하여 새로운 행동이나 반응을 구성원들이 여러 차례에 걸쳐 실제로 해 보이는 것이다.

코치는 대인관계에서 반응하는 방법에 대해서 자세하게 알려 주고 시범을 보임으로써 교육하는 기법으로 과제집단이나 치료집단 모두에게 유용하게 사용되는 기술이다.

(8) 자원제공하기

집단구성원에게 자원을 제공한다는 것은 구성원의 개별 및 집단 문제를 해결하기 위해 요구되는 집단 내부 및 외부에 있는 비공식적·공식적·사회적 자원을 구성원에게 제공하고 연결하는 기술이다.

(9) 갈등해결

갈등해결이란 집단구성원 사이는 물론, 집단 밖 사회체계나 개인과의 갈등해결을 도와주는 가장 중요한 기술의 하나이다. 구성원들 사이에 갈등이 발생했을 때 사회복지사는 조정, 협상, 중재, 조절 등의 기술을 활용하여 불일치를 해소하도록 돕기도 한다. 먼저 조정기술은 갈등을 피하도록 특정 범위 내에서 모임을 갖게 하는 방법이며, 협상기술은 집단구성원의 견해가 처음 견해와 다를 때 이해와 동의에 도달할 수 있도록 돕는 데 필요한 방법이다. 그다음 중재기술은 두 사람 사이의 구성원이 갈등관계에 있을 때 사용되며, 조절기술은 서로 간의 논쟁을 해결하고 동의에 도달하게 하기 위해 필요하다.

따라서 구성원이 집단 내에서 언제든지 성원 간의 갈등이 발생할 수 있으므로 집단사회복지사는 집단의 규칙을 개발하고 구성원이 규칙을 지키도록 이끌어 주어야 한다.

〈표 13-9〉 집단사회복지사의 기술범주

집단과정촉진기술	자료수집 및 사정기술	행동기술
• 집단과정 명확하게 하기 • 집단구성원의 참여 촉진하기 • 집단구성원에게 주의집중하기 • 집단구성원 간 상호작용의 내용 명료화하기 • 집단 의사소통의 초점 유지하기 • 집단구성원의 생각, 느낌 등 자유롭게 표현하도록 원조하기 • 집단구성원의 노력 등 반응하여 집단구성원의 행동 강화하기 • 집단과업에 도움이 되는 상호작용 촉진 및 의사소통 방향 재조정지도 등 집단 상호작용 지도하기	• 감정, 행동에 대해 확인하고 묘사하기 • 정보를 요청하고 질문하고 탐색하기 • 언어적 · 비언어적 의사소통을 통합하고 상호 간 피드백 주기 • 필요한 자료를 수집하고 정보 분석하기 • 집단에서 논의된 내용핵심 등 요약하고 복잡한 이슈나 문제 세분화하기	• 자원제공하기 • 집단활동 지시하기 • 직면하도록 원조하기 • 집단구성원 지지하기 • 조언, 제안, 교육하기 • 재구성하고 재명명하기 • 모델링, 역할극, 실연, 코치하기 • 집단구성원의 의사소통 연결하기 • 갈등을 해결할 수 있는 기술을 개발하도록 원조하기

부록

집단사회복지실천 개입과정
단계별 계획지침서

Ⅰ. 준비단계

1. 집단 프로그램 종류
- 예방 프로그램
- 치료 프로그램
- 재활 프로그램

2. 집단의 유형
- 지지집단
- 교육집단
- 성장집단
- 치료집단
- 사회화 집단

3. 집단사회복지실천 모델 유형
- 사회목표모델
- 치료목표모델
- 상호작용모델

4. 집단구성원의 역할

(1) 집단과업역할 (초기·중간·종결 단계)	(2) 집단형성 및 유지역할 (초기·중간·종결 단계)	(3) 자기중심적 역할 (초기·중간·종결 단계)
• 기록자 • 명료자 • 발기자 • 조정자 • 진단자 • 평가자 • 방향지시자 • 여론탐구자 • 여론제공자 • 정보제공자 • 정보탐구자 • 진행보조자 • 활력제공자 • 기타 역할	• 인도자 • 조화자 • 지지자 • 타협자 • 추종자 • 감정표현자 • 기준설정자 • 긴장감소자 • 기타 역할	• 광대 • 고백자 • 공격자 • 지배자 • 무관심자 • 인정추구자 • 기타 역할

5. 집단사회복지사의 역할(초기·중간·종결 단계)
- 조성자
- 중개자
- 중재자
- 옹호자
- 교육자
- 기타 역할

6. 집단사회복지사의 기술

[집단과정촉진기술 유형]
- 반응기술
- 내용 명료화
- 집단과정 명료화
- 집단상호작용 지도
- 집단구성원 참여 촉진
- 주의집중 표현기술
- 집단의사소통 초점 유지
- 기타 기술

[행동기술 유형]
- 교육
- 제안
- 조언
- 지도
- 지시
- 지지
- 모델링
- 갈등해결
- 역할연습
- 예행연습
- 자원제공
- 직면기술
- 재구조화 및 재정의
- 집단구성원 간 의사소통 연계
- 기타 기술

Ⅰ. 준비단계

7. 지도자, 집단구성원, 실습생 · 자원봉사자 수

[지도자 수]

- 1명
- 2명
- 3명 이상

[집단구성원 수]

- 10명 이하
- 11명 이상~20명 이하
- 21명 이상

[실습생 · 자원봉사자 수]

- 10명 이하
- 11명 이상~20명 이하
- 21명 이상

8. 준비단계 계획

- 집단목적 계획(집단구성원 개개인의 욕구 근거)
- 집단의 구체적 목표 계획(집단목적 근거)
- 집단구성원 모집 및 절차 등 계획
- 집단지도자의 선정 계획
- 집단대상욕구 및 특성에 따른 대상선정 계획(욕구사정, 특성규명 근거)
- 집단장소 계획
- 기타 집단실천과정에 필요한 계획들
  - 집단모임 지속기간
  - 집단모임의 회합 정도
  - 성별구성의 남녀 비율
  - 물리적 환경의 배려내용
  - 구성원의 개방 및 폐쇄집단 정도
  - 집단모임 시간의 종류(시간제한집단, 지속집단, 기타 집단)
  - 집단에서 음식물 이용 정도, 집단에 대해 기관의 승인 정도
  - 집단구성원의 구성 유형(동질성, 이질성, 동질성과 이질성 혼합) 등

II. 초기단계

1. 집단 특성

- 구성원 간 접근과 회피 정도
- 구성원 간 평가 · 서열화 · 투쟁 정도
- 하위집단 유형 정도(2인군, 3인군, 파벌, 고립자, 희생양, 기타)

2. 집단구성원의 역할

- 지도자 역할
- 고립자 역할
- 과제중심 역할
- 희생양 역할
- 집단유지 역할
- 자기만족추구 역할

3. 집단사회복지사 역할

- 기관소개 등
- 자기소개 등 교육
- 집단목적의 설명 및 피드백
- 집단에서의 개별구성원 목적설정
- 집단구성원과 사회복지사 간 관계형성
- 집단과정참여에 대한 구성원 동기 및 능력고취
- 기타 집단과정에서의 역할

4. 집단사회복지사 사정

[집단구성원 사정]

- 집단구성원의 특성 사정
- 집단구성원의 환경 사정
- 대인관계와 집단구성원 간 상호작용 사정

[집단사정 요인]

- 집단구조
- 집단문화
- 집단행동양식
- 집단 내 하위집단
- 집단의 사회적 통제
- 집단의 규범이나 가치
- 집단발달단계에 대한 지식
- 집단에 대한 매력과 응집력
- 집단 내 의사소통과 상호작용 등

[집단구성원의 기능적 · 역기능적 행동 목록]

구성원 개인행동의 기능적 목록	구성원 개인행동의 역기능적 목록
• 집단과정 목적달성의 협조 정도	• 다른 구성원 방해 정도
• 구성원의 조직능력이나 지도력 정도	• 다른 구성원의 의견 거부 정도
• 다른 구성원을 보살피고 돌보는 정도	• 구성원의 회유하는 태도 정도
• 구성원 자신을 분명하게 표현하는 정도	• 다른 구성원에 대한 판단 정도
• 구성원 자신의 장점 및 성장에 대한 인정 정도	• 다른 구성원에게 공격적 행동 정도
• 다른 구성원에게 집단 참여 및 토론 권유 정도	• 다른 구성원에게 언어적 지배 정도
• 구성원 자신과 다른 구성원과의 차이 인정 정도	• 다른 구성원에게 별명 부르기 정도
• 다른 구성원의 의견을 받아들이고 존중하는 정도	• 다른 구성원에게 미숙한 충고 정도
• 다른 구성원 간 소통에 대한 피드백의 개방성 정도	• 다른 구성원 시선 집중 피하기 정도
• 집단과정에서 구성원 행동에 대한 자기책임의식 정도	• 구성원의 산만한 신체적 움직임 정도
• 다른 구성원의 말하기에 대한 정확한 인식 및 전달 정도	• 다른 구성원을 비방 · 논쟁 · 공격 정도
• 집단과정에서 다른 구성원의 잘한 행동에 대하여 칭찬하기 정도	• 구성원의 불안 등 비언어적 표현 정도
• 집단과정에서 다른 구성원의 바람직하지 않는 행동에 대하여 지적 및 조언 정도	• 구성원의 고성 · 중얼거림, 방관자 정도
	• 구성원의 집단주제와 빗나간 표현 정도
	• 구성원 개인문제나 감정 보류 · 억제 정도
	• 구성원의 파괴적 하위집단 형성 · 동맹 정도

II. 초기단계

5. 집단구성원 행동양식

- 구성원의 문제 직시 및 필요한 조정 정도
- 각 구성원 자신의 문제를 드러내는 데 긍정적인 반응 정도
- 다른 구성원의 욕구와 감정에 민감성 및 상호 지지적 정도
- 집단 내 의사결정에 대한 모든 구성원의 관점과 감정을 고려한 합의 정도
- 집단구성원의 상호작용을 독점하거나 집단목표를 달성하는 데 방해가 되는 구성원에 대해 책임성 있는 대응 정도

6. 집단 내부의 하위집단

- 하위집단의 전체 집단의 목적 방해 정도
- 하위집단의 집단 내 다른 구성원과 밀접한 관계 허용 정도
- 집단구성원의 하위집단으로부터 친밀감과 지지의 발전 정도

7. 집단규범

기능적 규범	역기능적 규범
• 집단사회복지사를 존경 • 자발적으로 자기를 표출 • 개인적 문제해결을 위해 노력하는 데 초점 • 모든 집단구성원이 토론에 참여하거나 집단의 초점이 되도록 공평한 기회를 가짐 등	• 표면적 주제에 국한해서 토론함 • 공격적 구성원이 집단을 지배하도록 함 • 문제에 관해 불평만 하고, 해결 노력은 안 함 • 기회가 있을 때마다 사회복지사에 대해 불평, 비난함

8. 집단환경

- 집단활동 장소 정도
- 복지기관 · 시설이 집단에 필요한 자원 제공 정도
- 다른 직원들이 새로이 집단을 시작하는 것에 대해 협력 정도
- 집단이 다루고자 하는 접근방법과 기관이나 시설의 방침 적합성 정도
- 복지기관 · 시설 내에 집단을 결성할 경우 집단목적의 복지기관 · 시설 목적에 대한 부합성

9. 집단사회복지사 개입기술

- 구성원의 대화에 대한 적절한 반응의 개입 정도
- 다른 구성원의 행동 등 움직임에 민감하게 반응하고 잘 대처 하는지에 대한 개입 정도
- 집단응집력을 촉진시키는 개입기술
  - 구성원의 공동체의식을 위한 언어사용의 신중성에 대한 개입 정도
  - 집단구성원의 공통 관심사에 대해 서로 경험을 나눌 수 있도록 기회부여의 개입 정도
  - 구성원 간 집단과정을 통해 상호 협조, 원만한 의사소통, 잘한 일 등에 대한 칭찬, 지지 등 제공 개입 정도
  - 구성원에게 정확한 집단규범을 제시하고 가르치는 교육의 개입 정도
  - 집단회기에 따라 집단과정에서의 적절한 프로그램 활용의 개입 정도

Ⅲ. 중간단계

1. 특징
- 구성원의 신뢰감과 응집력의 강화 정도
- 구성원의 개별문제에 대한 집단의 토의 정도
- 구성원 상호 간 협조 및 원조 정도
- 구성원의 투쟁과 집단에 대한 저항 지속성 정도
- 기타: 중간단계에서 구성원에게 나타난 기타 특징들

2. 회합 준비
- 집단주제에 맞는 적절한 시간배분 정도
- 집단에서의 회합을 위한 의제 준비 정도
- 집단목적에 맞는 프로그램 활동 준비 정도
- 구성원의 토론을 자극하고 흥미를 유발할 수 있는 재료 준비성 정도

3. 집단 구조화
- 회합에서 다룰 사항에 대한 명확성 정도
- 집단의 초점을 유지하는 활동 계속성 정도
- 지금까지의 일을 요약하는 활동 등 집단에서의 계속성 정도
- 모든 구성원이 참여할 수 있는 기회부여 및 토론과정 구조화 정도
- 각 회합이 정시에 시작하고 끝난다는 사실에 대한 구성원에의 통보 정도
- 기타: 집단 구조화에 관련된 집단활동 내용

4. 집단사회복지사 역할
- 융통성 있는 자세 역할
- 집단에서 구성원의 강점에 대한 신뢰성 역할 정도
- 집단에서 구성원 각자의 역할에 대한 책임성 역할 정도
- 집단계획이나 내용을 구성원과 함께 재검토하는 역할 정도
- 구성원에 의해 집단의 내용과 집단의 방향을 결정하는 역할 정도
- 집단에서 구성원이 감정을 표현할 수 있도록 장려 역할 정도
- 집단에서 구성원의 상호 원조에 대한 격려, 지지, 칭찬 등 역할 정도
- 각 회합이 끝났을 때, 구성원들이 그 회합에 대한 평가, 피드백 역할 정도
- 새로운 행동과 활동을 집단 내외에서 시도해 보도록 격려, 지지 등 역할 정도
- 집단에서 목적달성을 위한 장애물과 어려움을 극복하려는 구성원의 인식 노력 역할 정도
- 기타: 구성원에 대한 지지자, 안내자, 촉진자, 해석자 등 역할 정도

5. 구성원 목적 성취 원조
- 프로그램 계획을 발전하도록 노력하는 원조 정도
- 프로그램 계획을 실행에 옮길 수 있는 원조 정도
- 구성원이 자신의 목적을 인식하도록 하는 원조 정도
- 구성원이 집단에서의 직면문제를 극복하는 원조 정도
- 프로그램 계획을 실행에 옮기려는 의지를 갖도록 하는 원조 정도

6. 집단사회복지사 개입기술
- 구성원을 관리하는 개입기술 정도
- 구성원을 통제할 수 있는 개입기술 정도
- 구성원의 문제를 상담 및 치료하는 개입기술 정도
- 구성원에게 충고나 조언 등을 할 수 있는 기술
- 기타: 구성원 자신의 문제에 대한 통찰을 갖게 해 주는 해석, 지지, 격려 등 기술

Ⅳ. 종결단계

1. 집단종결 유형(아래 항목 중 선택)

- 중도탈락한 집단
- 성공적 종결 집단
- 미완결적 종결 집단
- 집단구성원을 다른 기관이나 전문가에 의뢰한 집단
- 사회복지사(집단지도자)의 이직에 의한 종결 집단

2. 집단 특징(아래 항목 중 선택)

- 구성원의 집단종결 부정
- 구성원의 집단종결에 대한 상실감 표현
- 구성원이 집단종결을 원하지 않음을 표현함
- 구성원이 집단 조기종결을 원한다고 표현함
- 구성원이 종결로 인해 구성원 간에 이별 사실의 수용성 정도

3. 집단사회복지사 역할

- 구성원의 잠재적 감정의 인정 역할 정도
- 구성원의 개인적 반응을 서로 공유하는 역할 정도
- 집단경험을 구성원과 평가하는 역할 정도
- 기타: 구성원의 분노, 거절 등을 잘 다루는 역할 정도

4. 집단사회복지사 개입기술

[변화 노력의 유지 및 일반화에 대한 기술]

- 구성원 변화의 긍정적 결과에 초점을 맞추는 기술 정도
- 새로운 경험과 지지체계를 이행할 수 있도록 원조하는 기술 정도
- 집단에서 학습한 주된 내용을 분명하고 명료화해 주는 기술 정도
- 변화유지능력 대비를 위한 다양한 상황과 환경을 활용하는 기술 정도
- 구성원 자신의 능력을 확인, 자신감을 발전시키도록 하는 기술 정도
- 구성원이 집단외부의 비우호적 환경에 대한 대응방법을 준비시키는 기술 정도
- 불만족스러운 종결의 사유에 대하여 원인 등을 파악하고 이해하는 기술 정도
- 종결 후 구성원의 변화유지를 위한 자신의 노력을 재검토할 수 있는 기술 정도
- 구성원의 일상생활과 밀접한 관련이 있는 현실사례를 집단에서 다루는 기술 정도
- 집단종결 이후에도 계속해서 각 구성원의 노력이 필요하다는 것을 인식시켜 주는 기술 정도
- 종결 후 구성원 스스로 자신의 문제를 해결할 수 있도록 배운 것을 요약하는 등 대처기술 활용방법의 기술 정도
- 구성원이 다른 집단을 계속 하기를 원할 경우, 새로운 집단으로 원활히 이행할 수 있도록 원조하는 기술 정도

[집단에 대한 의존성 감소기술]

- 구성원의 외부활동에의 참여를 격려하는 기술 정도
- 종결 전부터 종결에 대해 논의를 구성원과 함께 하는 공유기술 정도
- 회합의 간격은 길게 하면서 동시에 회합시간은 짧게 구성하는 기술 정도
- 구성원이 집단 외부의 지지와 구성원 자신의 기술 및 자원을 활용하도록 원조하는 기술 정도
- 종결 대비를 위하여 구성원이 집단에서 성취한 것을 요약하며 집단이 종결해야 하는 이유 등 토론하는 기술 정도

미주

제1장 사회복지실천의 전문적 기반

1) 옥필훈, 2020; 고명수, 2019; 도광조, 2018; 김민경, 2017; 김경우, 2016; 이영실 외, 2015.
2) Hepworth and Larsen, 2009; 한현지, 2020; 고명수, 2019; 전희수, 2018; 김혜영, 2017; 이영실 외, 2015.
3) 윤경원, 2020; 김우호·성시한 외 3명, 2019; 최세영, 2018; 박귀영, 2017; 이영실 외, 2015.
4) 이미선, 2020; 김정진, 2019; 황인옥, 2018; 서혜석·이혜숙 외, 2017; 이영실 외, 2015.
5) Barker, 1995; Morales & Sheafor, 1988; Johnson, 2001; 조미숙·유용식 외 2명, 2020; 김한덕, 2019; 도광조, 2018; 이기량, 2017; 이영실 외, 2015.
6) 한현지, 2020; 이광재, 2019; 전희수, 2018; 정신영, 2017; 김용환, 2016; 이영실 외, 2015.
7) 옥필훈, 2020; 이태희, 2019; 최세영, 2018; 황인옥, 2018; 장수미·최정숙 외, 2017; 이영실 외, 2015.
8) Federico, 1973; 윤경원, 2020; 최세영, 2018; 황인옥, 2018; 최정숙 외, 2017; 이영실 외, 2015.
9) 이미선, 2020; 고명수, 2019; 황인옥, 2018; 김민경, 2017; 김준환·김녹현 외, 2016; 이영실 외, 2015.
10) Friedlander, 1961; Lowenberg, 1988; 조미숙·유용식 외 2명, 2020; 도광조, 2018; 김혜영, 2017; 이영실 외, 2015.
11) 한현지, 2020; 이태희, 2019; 전희수, 2018; 박귀영, 2017; 박명금, 2016; 이영실 외, 2015.
12) 옥필훈, 2020; 김우호·성시한 외, 2019; 전희수, 2018; 서혜석·이혜숙 외, 2017; 이영실 외, 2015.
13) 윤경원, 2020; 김정진, 2019; 최세영, 2018; 이기량, 2017; 설진화, 2016; 이영실 외, 2015.
14) 이미선, 2020; 고명수, 2019; 황인옥, 2018; 정신영, 2017; 윤선호, 2016; 이영실 외, 2015.
15) 조미숙·유용식 외 2명, 2020; 김정진, 2019; 도광조, 2018; 정신영, 2017; 이재선·김성철 외, 2016; 이영실 외, 2015.
16) 이미선, 2020; 고명수, 2019; 황인옥, 2018; 정신영, 2017; 윤선호, 2016; 이영실 외, 2015.

제2장 정신역동 모델

1) Howard, 1980; Hjelle & Ziegler, 1992; 옥필훈, 2020; 황인옥, 2018; 김민경, 2017; 김준환·김녹현 외, 2016; 설진화, 2016; 이영실 외, 2015.
2) 조미숙·유용식 외, 2020; 조미숙·유용식 외, 2020; 한현지, 2020; 김한덕, 2019; 전희수, 2018; 김혜영, 2017; 장수미·최정숙 외, 2017; 설진화, 2016; 이영실 외, 2015.

3) Hjelle & Ziegler, 1992; 조미숙·유용식 외, 2020; 홍봉수, 2019; 서혜석·이혜숙 외, 2017; 윤선호, 2016; 이영실 외, 2015.
4) Brenner, 1975; 조미숙·유용식 외, 2020; 김한덕, 2019; 최세영, 2018; 장수미·최정숙 외, 2017; 김준환·김녹현 외, 2016; 이영실 외, 2015.
5) Brenner, 1975; 옥필훈, 2020; 홍봉수, 2019; 황인옥, 2018; 김민경, 2017; 박귀영, 2017; 김준환·김녹현 외, 2016; 이영실 외, 2015.
6) Hjelle & Ziegler, 1992; 한현지, 2020; 김우호·성시한 외, 2019; 황인옥, 2018; 장수미·최정숙 외, 2017; 이재선·김성철 외, 2016; 이영실 외, 2015.
7) Brenner, 1975; 조미숙·유용식 외, 2020; 홍봉수, 2019; 황인옥, 2018; 서혜석·이혜숙 외, 2017; 윤선호, 2016; 이영실 외, 2015;, 이영실 외, 2015.
8) Brenner, 1975; 한현지, 2020; 홍봉수, 2019; 전희수, 2018; 최세영, 2018; 황인옥, 2018; 장수미·최정숙 외, 2017; 김준환·김녹현 외, 2016; 이영실 외, 2015.
9) Howard, 1980; Hjelle & Ziegler, 1992; 옥필훈, 2020; 김우호·성시한 외, 2019; 전희수, 2018; 박귀영, 2017; 설진화, 2016; 이영실 외, 2015.

제3장 인지행동 모델

1) 옥필훈, 2020; 고명수, 2019; 도광조, 2018; 정신영, 2017; 윤선호, 2016; 이영실 외, 2015.
2) 조미숙·유용식 외 2명, 2020; 이광재, 2019; 전희수, 2018; 최세영, 2018; 김민경, 2017; 박귀영, 2017; 김경우, 2016; 이영실 외, 2015.
3) 이미선, 2020; 김우호·성시한 외, 2019; 홍봉수, 2019; 최세영, 2018; 이기량, 2017; 김경우, 2016; 이영실 외, 2015.
4) 윤경원, 2020; 김우호·성시한 외, 2019; 전희수, 2018; 김혜영, 2017; 장수미·최정숙 외, 2017; 윤선호, 2016; 이영실 외, 2015.
5) 옥필훈, 2020; 김우호·성시한 외, 2019; 도광조, 2018; 박귀영, 2017; 김준환·김녹현 외, 2016; 이영실 외, 2015.
6) 윤경원, 2020; 김우호·성시한 외, 2019; 이태희, 2019; 홍봉수, 2019; 최세영, 2018; 황인옥, 2018; 김민경, 2017; 김혜영, 2017; 박귀영, 2017; 김준환·김녹현 외, 2016; 이영실 외, 2015.

제4장 심리사회 모델

1) 조미숙·유용식 외, 2020; 고명수, 2019;, 도광조, 2018; 김용환, 2016; 김준환·김녹현 외, 2016; 이영실 외, 2015.
2) 윤경원, 2020; 김정진, 2019; 최세영, 2018; 이기량, 2017; 김용환, 2016; 이영실 외, 2015.
3) 조미숙·유용식 외, 2020; 홍봉수, 2019; 박귀영, 2017; 김준환·김녹현 외, 2016; 이영실 외,

2015.
4) 이미선, 2020; 김정진, 2019; 황인옥, 2018; 김민경, 2017; 김용환, 2016; 설진화, 2016; 이영실 외, 2015.
5) 윤경원, 2020; 고명수, 2019; 홍봉수, 2019; 황인옥, 2018; 이기량, 2017; 김용환, 2016; 이영실 외, 2015.
6) 조미숙·유용식 외, 2020; 고명수, 2019; 도광조, 2018; 김용환, 2016; 김준환·김녹현 외, 2016; 이영실 외, 2015.
7) 윤경원, 2020; 김정진, 2019; 최세영, 2018; 이기량, 2017; 김용환, 2016; 이영실 외, 2015.
8) 이미선, 2020; 김정진, 2019; 황인옥, 2018; 김민경, 2017; 김용환, 2016; 설진화, 2016; 이영실 외, 2015.
9) Goldenberg & Goldenberg, 2000; 윤경원, 2020; 고명수, 2019; 홍봉수, 2019; 황인옥, 2018; 이기량, 2017; 김용환, 2016; 이영실 외, 2015.
10) Hollis, 1972; 조미숙·유용식 외, 2020; 홍봉수, 2019; 박귀영, 2017; 김준환·김녹현 외, 2016; 이영실 외, 2015.
11) Corey, 1991; Cormier & Cormier, 1991; Granvold, 1994; Hepworth et al., 1997; 조미숙·유용식 외, 2020; 고명수, 2019; 도광조, 2018; 김용환, 2016; 김준환·김녹현 외, 2016; 이영실 외, 2015.

제5장 과업중심 모델

1) Hollis, 1972; Reid, 1978; 윤경원, 2020; 김우호·성시한 외, 2019; 이태희, 2019; 홍봉수, 2019; 최세영, 2018; 황인옥, 2018; 김민경, 2017; 김혜영, 2017; 박귀영, 2017; 김준환·김녹현 외, 2016; 이영실 외, 2015.
2) Reid & Shyne, 1969; Hollis, 1972; Reid, 1978; 옥필훈, 2020; 김우호·성시한 외, 2019; 도광조, 2018; 박귀영, 2017; 김준환·김녹현 외, 2016; 이영실 외, 2015.
3) Reid & Shyne, 1969; Hollis, 1972; 윤경원, 2020; 김우호·성시한 외, 2019; 전희수, 2018; 김혜영, 2017; 장수미·최정숙 외, 2017; 윤선호, 2016; 이영실 외, 2015.
4) Epstein & Brown, 2002; 이미선, 2020; 김우호·성시한 외, 2019; 홍봉수, 2019; 최세영, 2018; 이기량, 2017; 김경우, 2016; 이영실 외, 2015.
5) Hollis, 1972; Reid, 1978; 조미숙·유용식 외 2명, 2020; 이광재, 2019; 전희수, 2018; 최세영, 2018; 김민경, 2017; 박귀영, 2017; 김경우, 2016; 이영실 외, 2015.
6) Epstein & Brown, 2002; 옥필훈, 2020; 고명수, 2019; 도광조, 2018; 정신영, 2017; 윤선호, 2016; 이영실 외, 2015.
7) Reid & Epstein, 1992; Epstein, 1992; 윤경원, 2020; 김우호·성시한 외, 2019; 이태희, 2019; 홍봉수, 2019; 최세영, 2018; 황인옥, 2018; 김민경, 2017; 김혜영, 2017; 박귀영, 2017;

김준환·김녹현 외, 2016; 이영실 외, 2015.

8) Epstein, 1992; Reid & Epstein, 1992; Epstein & Brown, 2002; 옥필훈, 2020; 김우호·성시한 외, 2019; 도광조, 2018; 박귀영, 2017; 김준환·김녹현 외, 2016; 이영실 외, 2015.

9) Epstein & Brown, 2002; 윤경원, 2020; 김우호·성시한 외, 2019; 전희수, 2018; 김혜영, 2017; 장수미·최정숙 외, 2017; 윤선호, 2016; 이영실 외, 2015.

10) Reid & Shyne, 1969; Hollis, 1972; 이미선, 2020; 김우호·성시한 외, 2019; 홍봉수, 2019; 최세영, 2018; 이기량, 2017; 김경우, 2016; 이영실 외, 2015.

제6장 역량강화 모델

1) Browne, 1995; Germain & Gitterman, 1980; 옥필훈, 2020; 고명수, 2019; 최세영, 2018; 김민경, 2017; 이영실 외, 2015.

2) Solomon, 1976; Sheafor, Horejsi & Horejsi, 1997; 고명수, 2019; 생각의 마을, 2019; 황인옥, 2018; 이영실 외, 2015.

3) Germain & Gitterman, 1980; Germain, 1983; 옥필훈, 2020; 김한덕, 2019; 황인옥, 2018; 김민경, 2017; 이영실 외, 2015.

4) Gummer, 1983; Saleebey, 1992; 김한덕, 2019; 황인옥, 2018; 김민경, 2017; 이영실 외, 2015.

5) Germain & Gitterman, 1980; Germain, 1983; 옥필훈, 2020; 김한덕, 2019; 최세영, 2018; 김민경, 2017; 이영실 외, 2015.

6) Miley, O'Melia & DuBois, 1995; 옥필훈, 2020; 고명수, 2019; 최세영, 2018; 김민경, 2017; 이영실 외, 2015.

7) Webster's Ninth New Collegiate Dictionary, 1991; 고명수, 2019; 생각의 마을, 2019; 황인옥, 2018; 이영실 외, 2015.

8) Browne, 1995; Miley, O'Melia & DuBois, 1995; 옥필훈, 2020; 김한덕, 2019; 황인옥, 2018; 김민경, 2017; 이영실 외, 2015.

9) Cox & Parsons, 1988; Solomon, 1976; 옥필훈, 2020; 고명수, 2019; 최세영, 2018; 김민경, 2017; 이영실 외, 2015.

10) Gummer, 1983; Gutierrez, 1990; 고명수, 2019; 생각의 마을, 2019; 황인옥, 2018; 이영실 외, 2015.

11) Saleebey, 1992; Miley & Dubois, 1999; 옥필훈, 2020; 김한덕, 2019; 황인옥, 2018; 김민경, 2017; 이영실 외, 2015.

12) Gentre, 1996; Browne, 1995; 김한덕, 2019; 황인옥, 2018; 김민경, 2017; 이영실 외, 2015.

13) Saleebey, 1992; Germain, 1983; 옥필훈, 2020; 김한덕, 2019; 최세영, 2018; 김민경, 2017; 이영실 외, 2015.

14) Miley, O'Melia & DuBois, 1995; 옥필훈, 2020; 고명수, 2019; 최세영, 2018; 김민경, 2017;

이영실 외, 2015.

15) Browne, 1995; Germain & Gitterman, 1980; 고명수, 2019; 생각의 마을, 2019; 황인옥, 2018; 이영실 외, 2015.

16) Solomon, 1976; Sheafor, Horejsi & Horejsi, 1997; 옥필훈, 2020; 김한덕, 2019; 황인옥, 2018; 김민경, 2017; 이영실 외, 2015.

17) Germain & Gitterman, 1980; Germain, 1983; 옥필훈, 2020; 고명수, 2019; 최세영, 2018; 김민경, 2017; 이영실 외, 2015.

18) Gummer, 1983; Saleebey, 1992; 고명수, 2019; 생각의 마을, 2019; 황인옥, 2018; 이영실 외, 2015, 2020; 김한덕, 2019; 황인옥, 2018; 김민경, 2017; 이영실 외, 2015.

19) Miley, O'Melia & DuBois, 1995; 옥필훈, 2020; 고명수, 2019; 생각의 마을, 2019; 황인옥, 2018; 이영실 외, 2015.

제7장 해결중심 모델

1) Shazer, 1988; Steve De Shazer 외, 2011; 조미숙·유용식 외, 2020; 우호·성시한 외 3명, 2019; 설진화, 2016; 이영실 외, 2010.

2) 한현지, 2020; 김정진, 2019; 정문자 외 2명, 2018; 김영애 역, 2017; 이재선·김성철 외 4명, 2016; 이영실 외, 2010.

3) 유옥, 2020; 이태희, 2019; 도광조, 2018; 김준환·김녹현 외 2명, 2016; 김혜숙, 2016;, 이영실 외, 2010.

4) Shazer, 1988; 한현지, 2020; 김우호·성시한 외 3명, 2019; 이희세, 2017; 전희수, 2018; 김영희 외 역, 2015; 제석봉 외, 2014.

5) Shazer, 1988; 한현지, 2020; 김우호·성시한 외 3명, 2019; 김영애 역, 2015; 김지영, 2017; 정혜정 역, 2016; 김용태, 2019.

6) Shazer, 1988; 김유숙, 2014; 곽라은, 2017; 오규영, 2018.

7) Shazer, 1988; 이영실 외, 2010; 김유숙, 2014; 정혜정 역, 2016; 김용태, 2019.

8) 한현지, 2020; 김정진, 2019; 정문자 외 2명, 2018; 김영애 역, 2017; 이재선·김성철 외 4명, 2016; 이영실 외, 2010.

9) Shazer, 1988; 한현지, 2020; 김우호·성시한 외 3명, 2019; 이희세, 2017; 전희수, 2018; 김영희 외 역, 2015; 제석봉 외, 2014.

10) Shazer, 1988; 김유숙, 2014; 곽라은, 2017; 오규영, 2018.

제8장 위기개입 모델

1) 옥필훈, 2020; 고명수, 2019; 도광조, 2018; 이기량, 2017; 김용환, 2016; 이영실 외, 2015.

2) 윤경원, 2020; 김정진, 2019; 전희수, 2018; 장수미·최정숙 외 6명, 2017; 김준환·김녹현 외 2명, 2016; 이영실 외, 2015.
3) 이미선, 2020; 김한덕, 2019; 황인옥, 2018; 이기량, 2017; 박명금, 2016; 이영실 외, 2015.
4) 조미숙·유용식 외 2명, 2020; 생각의 마을, 2019; 전희수, 2018; 김민경, 2017; 설진화, 2016; 이영실 외, 2015.
5) 옥필훈, 2020; 고명수, 2019; 황인옥, 2018; 장수미·최정숙 외 6명, 2017; 윤선호, 2016; 이영실 외, 2015.
6) 윤경원, 2020; 김정진, 2019; 도광조, 2018; 이기량, 2017; 이재선·김성철 외 4명, 2016; 이영실 외, 2015.
7) 이미선, 2020; 김한덕, 2019; 전희수, 2018; 김민경, 2017; 김용환, 2016; 이영실 외, 2015.
8) 조미숙·유용식 외 2명, 2020; 생각의 마을, 2019; 황인옥, 2018; 이기량, 2017; 김준환·김녹현 외, 2016; 이영실 외, 2015.
9) 옥필훈, 2020; 이태희, 2019; 전희수, 2018; 전희수, 2018; 김민경, 2017; 박명금, 2016; 이영실 외, 2015.
10) 윤경원, 2020; 홍봉수, 2019; 도광조, 2018; 전희수, 2018; 김민경, 2017; 설진화, 2016; 이영실 외, 2015.
11) 이미선, 2020; 이태희, 2019; 황인옥, 2018; 김민경, 2017; 윤선호, 2016; 이영실 외, 2015.
12) 옥필훈, 2020; 이태희, 2019; 전희수, 2018; 전희수, 2018; 김민경, 2017; 박명금, 2016; 이영실 외, 2015.
13) 윤경원, 2020; 홍봉수, 2019; 도광조, 2018; 전희수, 2018; 김민경, 2017; 설진화, 2016; 이영실 외, 2015.

제9장 개인대상 사회복지실천기술

1) Hepworth & Larsen, 2009; 옥필훈, 2020; 고명수, 2019; 도광조, 2018; 장수미·최정숙 외, 2017; 이재선·김성철 외, 2016; 이영실 외, 2015.
2) Kirst-Ashman & Hull, 2009; 윤경원, 2020; 고명수, 2019; 전희수, 2018; 이기량, 2017; 김준환·김녹현 외, 2016; 이영실 외, 2015.
3) Zastro, 1995; 이미선, 2020; 김정진, 2019; 황인옥, 2018; 정신영, 2017; 김용환, 2016; 이영실 외, 2015.
4) Johnson & Yanca, 2007; 조미숙·유용식 외, 2020; 김우호·성시한 외, 2019; 전희수, 2018; 이기량, 2017, 김용환, 2016; 이영실 외, 2015.
5) Hepworth & Larsen, 2009; 한현지, 2020; 이광재, 2019; 황인옥, 2018; 김혜영, 2017; 김준환·김녹현 외, 2016; 이영실 외, 2015.
6) Zastrow, 1995; 옥필훈, 2020; 김우호·성시한 외, 2019; 김민경, 2017; 박귀영, 2017; 김경우,

2016; 이영실 외, 2015.

7) Kirst-Ashman & Hull, 2009; 윤경원, 2020; 김우호·성시한 외, 2019; 황인옥, 2018; 박귀영, 2017; 윤선호, 2016; 이영실 외, 2015.

8) Hepworth & Larsen, 2009; 옥필훈, 2020; 고명수, 2019; 도광조, 2018; 장수미·최정숙 외, 2017; 이재선·김성철 외, 2016; 이영실 외, 2015.

9) Jonson, 1989; 윤경원, 2020; 고명수, 2019; 전희수, 2018; 이기량, 2017; 김준환·김녹현 외, 2016; 이영실 외, 2015.

10) Zastrow, 1995; 이미선, 2020; 김정진, 2019; 황인옥, 2018; 정신영, 2017; 김용환, 2016; 이영실 외, 2015.

11) Hepworth & Larsen, 2009; 조미숙·유용식 외, 2020; 김우호·성시한 외, 2019; 전희수, 2018; 이기량, 2017, 김용환, 2016; 이영실 외, 2015.

12) Johnson & Yunca, 2007; 한현지, 2020; 이광재, 2019; 황인옥, 2018; 김혜영, 2017; 김준환·김녹현 외, 2016; 이영실 외, 2015.

13) Shulman, 1984; 옥필훈, 2020; 김우호·성시한 외, 2019; 김민경, 2017; 박귀영, 2017; 김경우, 2016; 이영실 외, 2015.

14) Sheafor & Horejsi, 2006; 윤경원, 2020; 김우호·성시한 외, 2019; 황인옥, 2018; 박귀영, 2017; 윤선호, 2016; 이영실 외, 2015.

15) Kirst-Ashman & Hull, 1993; 옥필훈, 2020; 고명수, 2019; 도광조, 2018; 장수미·최정숙 외, 2017; 이재선·김성철 외, 2016; 이영실 외, 2015.

16) Johnson, 1989; 윤경원, 2020; 고명수, 2019; 전희수, 2018; 이기량, 2017; 김준환·김녹현 외, 2016;이영실 외, 2015.

17) Kirst-Ashman & Hull, 1993; 이미선, 2020; 김정진, 2019; 황인옥, 2018; 정신영, 2017; 김용환, 2016; 이영실 외, 2015.

18) Hepworth & Larsen, 2009; 한현지, 2020; 이광재, 2019; 황인옥, 2018; 김혜영, 2017; 김준환·김녹현 외, 2016; 이영실 외, 2015.

19) Zastrow, 1995; 옥필훈, 2020; 김우호·성시한 외, 2019; 김민경, 2017; 박귀영, 2017; 김경우, 2016; 이영실 외, 2015.

제10장 가족사회복지실천의 이해

1) Pavlino & McCrady, 1978; 윤경원, 2020; 김우호·성시한 외, 2019; 이태희, 2019; 홍봉수, 2019; 최세영, 2018; 황인옥, 2018; 김민경, 2017; 김혜영, 2017; 박귀영, 2017; 김준환·김녹현 외, 2016; ; 이영실 외, 2010, 2013, 2015.

2) Shazer, 1985; Berge, 1992; 옥필훈, 2020; 김우호·성시한 외, 2019; 도광조, 2018; 박귀영, 2017; 김준환·김녹현 외, 2016; 이영실 외, 2010, 2013, 2015.

3) Pavlino & McCrady, 1978; 윤경원, 2020; 김우호·성시한 외, 2019; 전희수, 2018; 김혜영, 2017; 장수미·최정숙 외, 2017; 윤선호, 2016; 이영실 외, 2010, 2013, 2015.
4) Shazer, 1985; Berge, 1992; 이미선, 2020; 김우호·성시한 외, 2019; 홍봉수, 2019; 최세영, 2018; 이기량, 2017; 김경우, 2016; 이영실 외, 2010, 2013, 2015.
5) Pavlino & McCrady, 1978; 조미숙·유용식 외 2명, 2020; 이광재, 2019; 전희수, 2018; 최세영, 2018; 김민경, 2017; 박귀영, 2017; 김경우, 2016; 이영실 외, 2010, 2013, 2015.
6) Shazer, 1985; Berge, 1992; 옥필훈, 2020; 고명수, 2019; 도광조, 2018; 이영실 외, 정신영, 2017; 윤선호, 2016; 이영실 외, 2010, 2013, 2015.
7) Pavlino & McCrady, 1978; 옥필훈, 2020; 고명수, 2019; 도광조, 2018; 정신영, 2017; 윤선호, 2016; 이영실 외, 2010, 2013, 2015.
8) Shazer, 1985; Berge, 1992; 조미숙·유용식 외 2명, 2020; 이광재, 2019; 전희수, 2018; 최세영, 2018; 김민경, 2017; 박귀영, 2017; 김경우, 2016; 이영실 외, 2010, 2013, 2015.
9) Pavlino & McCrady, 1978; 이미선, 2020; 김우호·성시한 외, 2019; 홍봉수, 2019; 최세영, 2018; 이기량, 2017; 김경우, 2016; 이영실 외, 2010, 2013, 2015.
10) Shazer, 1985;Berge, 1992; 윤경원, 2020; 김우호·성시한 외, 2019; 전희수, 2018; 김혜영, 2017; 장수미·최정숙 외, 2017; 윤선호, 2016; 이영실 외, 2010, 2013, 2015.
11) Pavlino & McCrady, 1978; 옥필훈, 2020; 김우호·성시한 외, 2019; 도광조, 2018; 박귀영, 2017; 김준환·김녹현 외, 2016; 이영실 외, 2010, 2013, 2015.
12) Shazer, 1985;Berge, 1992; 윤경원, 2020; 김우호·성시한 외, 2019; 이태희, 2019; 홍봉수, 2019; 최세영, 2018; 황인옥, 2018; 김민경, 2017; 김혜영, 2017; 박귀영, 2017; 김준환·김녹현 외, 2016; 이영실 외, 2010, 2013, 2015.
13) Pavlino & McCrady, 1978; 윤경원, 2020; 김우호·성시한 외, 2019; 이태희, 2019; 홍봉수, 2019; 최세영, 2018; 황인옥, 2018; 김민경, 2017; 김혜영, 2017; 박귀영, 2017; 김준환·김녹현 외, 2016; 이영실 외, 2010, 2013, 2015.
14) Shazer, 1985; Berge, 1992; 옥필훈, 2020; 김우호·성시한 외, 2019; 도광조, 2018; 박귀영, 2017; 김준환·김녹현 외, 2016; 이영실 외, 2010, 2013, 2015.
15) Pavlino & McCrady, 1978; 윤경원, 2020; 김우호·성시한 외, 2019; 전희수, 2018; 김혜영, 2017; 장수미·최정숙 외, 2017; 윤선호, 2016; 이영실 외, 2015.
16) Shazer, 1985; Berge, 1992; 이미선, 2020; 김우호·성시한 외, 2019; 홍봉수, 2019; 최세영, 2018; 이기량, 2017; 김경우, 2016; 이영실 외, 2010, 2013, 2015.
17) Pavlino & McCrady, 1978; 조미숙·유용식 외 2명, 2020; 이광재, 2019; 전희수, 2018; 최세영, 2018; 김민경, 2017; 박귀영, 2017; 김경우, 2016; 이영실 외, 2010, 2013, 2015.
18) Shazer, 1985; Berge, 1992; 옥필훈, 2020; 고명수, 2019; 도광조, 2018; 정신영, 2017; 윤선호, 2016; 이영실 외, 2010, 2013, 2015.
19) Pavlino & McCrady, 1978; 옥필훈, 2020; 고명수, 2019; 도광조, 2018; 정신영, 2017; 윤선호, 2016; 이영실 외, 2010, 2013, 2015.

20) Shazer, 1985; Berge, 1992; 조미숙·유용식 외 2명, 2020; 이광재, 2019; 전희수, 2018; 최세영, 2018; 김민경, 2017; 박귀영, 2017; 김경우, 2016; 이영실 외, 2010, 2013, 2015.
21) Pavlino & McCrady, 1978; 이미선, 2020; 김우호·성시한 외, 2019; 홍봉수, 2019; 최세영, 2018; 이기량, 2017; 김경우, 2016; 이영실 외, 2010, 2013, 2015.
22) Shazer, 1985; Berge, 1992; 윤경원, 2020; 김우호·성시한 외, 2019; 전희수, 2018; 김혜영, 2017; 장수미·최정숙 외, 2017; 윤선호, 2016; 이영실 외, 2010, 2013, 2015.
23) Pavlino & McCrady, 1978; 옥필훈, 2020; 김우호·성시한 외, 2019; 도광조, 2018; 박귀영, 2017; 김준환·김녹현 외, 2016; 이영실 외, 2010, 2013, 2015.
24) Shazer, 1985; Berge, 1992; 윤경원, 2020; 김우호·성시한 외, 2019; 이태희, 2019; 홍봉수, 2019; 최세영, 2018; 황인옥, 2018; 김민경, 2017; 김혜영, 2017; 박귀영, 2017; 김준환·김녹현 외, 2016; 이영실 외, 2010, 2013, 2015.

제11장 가족대상 사회복지실천과정기술

1) Franktline & Prosky, 1973; Kempier, 1974; 윤경원, 2020; 김우호·성시한 외, 2019; 이영실 외, 2010, 2013, 2015.
2) Framo, 1965; Kempler, 1973; Hare-Mustin, 1978; 옥필훈, 2020; 이영실 외, 2010, 2013, 2015.
3) Goldenberg & Goldenberg, 1985, 2000; Goldner, 1991; Layton, 1994; Norsworthy, 2000; 이영실 외, 2010, 2013, 2015.
4) Framo, 1965; Patterson, 1986; 이미선, 2020; 김우호·성시한 외, 2019; 이영실 외, 2010, 2013, 2015.
5) Freud, 1911; Ackerman, 1966, 1970b; Goldenberg & Goldenberg, 2000; 옥필훈, 2020; 고명수, 2019; 이영실 외, 2010, 2013, 2015.
6) Bowen, 1978; Goldenberg & Goldenberg, 1985, 2000; 옥필훈, 2020; 고명수, 2019; 이영실 외, 2010, 2013, 2015.
7) Minuchin, 1974; Minuchin & Fishman, 1981; Nichols & Schwartz, 2001; 조미숙·유용식 외 2명, 2020; 이광재, 2019; 이영실 외, 2010, 2013, 2015.
8) Satir, 1972, 1983; Satir & Baldwin, 1983; 이미선, 2020; 김우호·성시한 외, 2019; 이영실 외, 2010, 2013, 2015.
9) Liberman, 1972; Beck, 1976; 윤경원, 2020; 조미숙·유용식 외, 2020; 김우호·성시한 외, 2019; 이영실 외, 2010, 2013, 2015.
10) 윤경원, 2020; 김우호·성시한 외, 2019; 이영실 외, 2010, 2013, 2015.
11) 이미선, 2020; 홍봉수, 2019; 이영실 외, 2010, 2013, 2015.

제12장 집단사회복지실천의 이해

1) Johnson & Johnson, 1975; 윤경원, 2020; 김우호·성시한 외, 2019; 이태희, 2019; 홍봉수, 2019; 최세영, 2018; 황인옥, 2018; 김민경, 2017; 김혜영, 2017; 박귀영, 2017; 김준환·김녹현 외, 2016; 이영실 외, 2015.
2) Pfeiffer & Jones, 1976; 옥필훈, 2020; 김우호·성시한 외, 2019; 도광조, 2018; 박귀영, 2017; 김준환·김녹현 외, 2016; 이영실 외, 2015.
3) Nixon, 1979; 윤경원, 2020; 김우호·성시한 외, 2019; 전희수, 2018; 김혜영, 2017; 장수미·최정숙 외, 2017; 윤선호, 2016; 이영실 외, 2015.
4) Toseland & Rivas, 1995; 이미선, 2020; 김우호·성시한 외, 2019; 홍봉수, 2019; 최세영, 2018; 이기량, 2017; 김경우, 2016; 이영실 외, 2015.
5) Vroom & Yetton, 1973; 조미숙·유용식 외 2명, 2020; 이광재, 2019; 전희수, 2018; 최세영, 2018; 김민경, 2017; 박귀영, 2017; 김경우, 2016; 이영실 외, 2015.
6) Rivas, 1995; 옥필훈, 2020; 고명수, 2019; 도광조, 2018; 정신영, 2017; 윤선호, 2016; 이영실 외, 2015.
7) Johnson & Johnson, 1975; 조미숙·유용식 외 2명, 2020; 이광재, 2019; 전희수, 2018; 최세영, 2018; 김민경, 2017; 박귀영, 2017; 김경우, 2016; 이영실 외, 2015.
8) Pfeiffer & Jones, 1976; 옥필훈, 2020; 고명수, 2019; 도광조, 2018; 정신영, 2017; 윤선호, 2016; 이영실 외, 2015.
9) Nixon, 1979; 이미선, 2020; 김우호·성시한 외, 2019; 홍봉수, 2019; 최세영, 2018; 이기량, 2017; 김경우, 2016; 이영실 외, 2015.
10) Toseland & Rivas, 1995; 윤경원, 2020; 김우호·성시한 외, 2019; 전희수, 2018; 김혜영, 2017; 장수미·최정숙 외, 2017; 윤선호, 2016; 이영실 외, 2015.
11) Vroom & Yetton, 1973; 옥필훈, 2020; 김우호·성시한 외, 2019; 도광조, 2018; 박귀영, 2017; 김준환·김녹현 외, 2016; 이영실 외, 2015.
12) Rivas, 1995; 윤경원, 2020; 김우호·성시한 외, 2019; 이태희, 2019; 홍봉수, 2019; 최세영, 2018; 황인옥, 2018; 김민경, 2017; 김혜영, 2017; 박귀영, 2017; 김준환·김녹현 외, 2016; 이영실 외, 2015.
13) Johnson & Johnson, 1975; 윤경원, 2020; 김우호·성시한 외, 2019; 이태희, 2019; 홍봉수, 2019; 최세영, 2018; 황인옥, 2018; 김민경, 2017; 김혜영, 2017; 박귀영, 2017; 김준환·김녹현 외, 2016; 이영실 외, 2015.
14) Pfeiffer & Jones, 1976; 옥필훈, 2020; 김우호·성시한 외, 2019; 도광조, 2018; 박귀영, 2017; 김준환·김녹현 외, 2016; 이영실 외, 2015.
15) Nixon, 1979; 이미선, 2020; 김우호·성시한 외, 2019; 홍봉수, 2019; 최세영, 2018; 이기량, 2017; 김경우, 2016; 이영실 외, 2015.
16) Toseland & Rivas, 1995; 옥필훈, 2020; 고명수, 2019; 도광조, 2018; 정신영, 2017; 윤선호,

2016; 이영실 외, 2015.

17) Vroom & Yetton, 1973; 윤경원, 2020; 김우호·성시한 외, 2019; 전희수, 2018; 김혜영, 2017; 장수미·최정숙 외, 2017; 윤선호, 2016; 이영실 외, 2015.
18) Rivas, 1995; 이미선, 2020; 김우호·성시한 외, 2019; 홍봉수, 2019; 최세영, 2018; 이기량, 2017; 김경우, 2016; 이영실 외, 2015.
19) Johnson & Johnson, 1975; 윤경원, 2020; 김우호·성시한 외, 2019; 이태희, 2019; 홍봉수, 2019; 최세영, 2018; 황인옥, 2018; 김민경, 2017; 김혜영, 2017; 박귀영, 2017; 김준환·김녹현 외, 2016; 이영실 외, 2015.

제13장 집단대상 사회복지실천과정기술

1) Yalom, 1995; 옥필훈, 2020; 고명수, 2019; 도광조, 2018; 정신영, 2017; 윤선호, 2016; 이영실 외, 2015.
2) Zastrow, 1995; 이미선, 2020; 김우호·성시한 외, 2019; 홍봉수, 2019; 최세영, 2018; 이기량, 2017; 김경우, 2016; 이영실 외, 2015.
3) Toseland & Rivas, 1995; 옥필훈, 2020; 김우호·성시한 외, 2019; 도광조, 2018; 박귀영, 2017; 김준환·김녹현 외, 2016; 이영실 외, 2015.
4) Corey & Corey, 1092; 조미숙·유용식 외 2명, 2020; 이광재, 2019; 전희수, 2018; 최세영, 2018; 김민경, 2017; 박귀영, 2017; 김경우, 2016; 이영실 외, 2015.
5) Pincus & Minahan, 1973; 조미숙·유용식 외 2명, 2020; 이광재, 2019; 전희수, 2018; 최세영, 2018; 김민경, 2017; 박귀영, 2017; 김경우, 2016; 이영실 외, 2015.
6) Reid, 1997; 윤경원, 2020; 김우호·성시한 외, 2019; 이태희, 2019; 홍봉수, 2019; 최세영, 2018; 황인옥, 2018; 김민경, 2017; 김혜영, 2017; 박귀영, 2017; 김준환·김녹현 외, 2016; 이영실 외, 2015.
7) Yalom, 1995; 윤경원, 2020; 김우호·성시한 외, 2019; 전희수, 2018; 김혜영, 2017; 장수미·최정숙 외, 2017; 윤선호, 2016; 이영실 외, 2015.
8) Zastrow, 1995; 옥필훈, 2020; 고명수, 2019; 도광조, 2018; 정신영, 2017; 윤선호, 2016; 이영실 외, 2015.
9) Toseland & Rivas, 1995; 이미선, 2020; 김우호·성시한 외, 2019; 홍봉수, 2019; 최세영, 2018; 이기량, 2017; 김경우, 2016; 이영실 외, 2015.
10) Corey & Corey, 1092; 윤경원, 2020; 김우호·성시한 외, 2019; 전희수, 2018; 김혜영, 2017; 장수미·최정숙 외, 2017; 윤선호, 2016; 이영실 외, 2015.
11) Zastrow, 1995; 옥필훈, 2020; 김우호·성시한 외, 2019; 도광조, 2018; 박귀영, 2017; 김준환·김녹현 외, 2016; 이영실 외, 2015.
12) Yalom, 1995; 윤경원, 2020; 김우호·성시한 외, 2019; 이태희, 2019; 홍봉수, 2019; 최세영,

2018; 황인옥, 2018; 김민경, 2017; 김혜영, 2017; 박귀영, 2017; 김준환·김녹현 외, 2016; 이영실 외, 2015.

13) Johnson & Johnson, 1975; 윤경원, 2020; 김우호·성시한 외, 2019; 이태희, 2019; 홍봉수, 2019; 최세영, 2018; 황인옥, 2018; 김민경, 2017; 김혜영, 2017; 박귀영, 2017; 김준환·김녹현 외, 2016; 이영실 외, 2015.

14) Pfeiffer & Jones, 1976; 옥필훈, 2020; 김우호·성시한 외, 2019; 도광조, 2018; 박귀영, 2017; 김준환·김녹현 외, 2016; 이영실 외, 2015.

15) Nixon, 1979; 이미선, 2020; 김우호·성시한 외, 2019; 홍봉수, 2019; 최세영, 2018; 이기량, 2017; 김경우, 2016; 이영실 외, 2015.

16) Toseland & Rivas, 1995; 옥필훈, 2020; 고명수, 2019; 도광조, 2018; 정신영, 2017; 윤선호, 2016; 이영실 외, 2015.

17) Vroom & Yetton, 1973; 윤경원, 2020; 김우호·성시한 외, 2019; 전희수, 2018; 김혜영, 2017; 장수미·최정숙 외, 2017; 윤선호, 2016; 이영실 외, 2015.

18) Rivas, 1995; 이미선, 2020; 김우호·성시한 외, 2019; 홍봉수, 2019; 최세영, 2018; 이기량, 2017; 김경우, 2016; 이영실 외, 2015.

19) Johnson & Johnson, 1975; 윤경원, 2020; 김우호·성시한 외, 2019; 이태희, 2019; 홍봉수, 2019; 최세영, 2018; 황인옥, 2018; 김민경, 2017; 김혜영, 2017; 박귀영, 2017; 김준환·김녹현 외, 2016; 이영실 외, 2015.

20) Pfeiffer & Jones, 1976; 조미숙·유용식 외 2명, 2020; 이광재, 2019; 전희수, 2018; 최세영, 2018; 김민경, 2017; 박귀영, 2017; 김경우, 2016; 이영실 외, 2015.

21) Zastrow, 1995; 옥필훈, 2020; 고명수, 2019; 도광조, 2018; 정신영, 2017; 윤선호, 2016; 이영실 외, 2015.

22) Johnson & Johnson, 1975; 이미선, 2020; 김우호·성시한 외, 2019; 홍봉수, 2019; 최세영, 2018; 이기량, 2017; 김경우, 2016; 이영실 외, 2015.

23) Pfeiffer & Jones, 1976; 옥필훈, 2020; 김우호·성시한 외, 2019; 도광조, 2018; 박귀영, 2017; 김준환·김녹현 외, 2016; 이영실 외, 2015.

참고 문헌

고명수(2019). 사회복지실천기술론. 정민사.
곽라은(2017). 가족상담 및 가족치료. 양성원
김경우(2016). 사회복지실천기술론. MJ미디어.
김난실(2020). 사회복지실천기술론. 인문과교양.
김민경(2017). 사회복지실천기술론. 양서원.
김영애 역(2017). 가족치료(개념과 방법). Michael P. Nichols, Sean D. Davis. 시그마프레스.
김영애 역(2015). Michael P. Nichols 저. 가족치료 이론과 실제. 시그마프레스.
김영희 외 역(2015). 가족치료. 사무엘 T. 글래딩 저. CLC.
김우호·성시한 외(2019). 사회복지실천기술론. 동문사.
김유숙(2014). 가족치료(이론과 실제). 학지사.
김용환(2016). 사회복지실천기술론. 동문사.
김용태(2019). 가족치료이론(개념과 방법들). 학지사.
김정진(2019). 사회복지실천기술론(사례와 함께하는 사회복지실천기술 연습)(2판). 학지사.
김준환·김녹현 외(2016). 사회복지실천기술론. 창지사.
김지영(2017). 가족상담 및 가족치료. 양성원.
김한덕(2019). 스마트 사회복지실천기술론. 에듀파인더.
김혜숙(2016). 가족치료 이론과 기법. 학지사.
김혜영(2017). 사회복지실천기술론. 공동체.
도광조(2018). 사회복지실천기술론. 양서원.
박귀영(2017). 사회복지실천기술론. 양성원.
박명금(2016). 사회복지실천기술론. 정민사.
서혜석·이혜숙 외(2017). 사회복지실천기술론. 양성원.
설진화(2016). 사회복지실천기술론. 양성원.
생각의 마을(2019). 사회복지 실천기술론. 공동체.
오규영(2018). 가족치료 이론과 실제. 국학자료원
옥필훈(2020). 사회복지실천기술론. 어우리.
유옥(2020). 가족상담 및 가족치료(개정판). 동문사.
윤경원(2020). 사회복지실천기술론(개정판). 동문사.
윤선호(2016). 사회복지실천기술론. 양성원.
이기량(2017). 사회복지실천기술론. 공동체.
이미선 외(2020). 사회복지실천기술론-위기개입. 신정.
이광재(2019). 사회복지실천기술론. 동문사.
이영실 외(2010). 가족치료. 양서원.

이영실 외(2020). 정신건강론. 창지사.
이영실 외(2013). 가족복지론. 양서원.
이영실 외(2013). 인간행동과 사회환경. 창지사.
이영실 외(2014). 사회복지실천론. 양서원.
이영실 외(2015). 사회복지실천기술론. 양서원.
이재선·김성철 외(2016). 사회복지실천기술론(현장실천 중심). 양서원.
이태희(2019). 사회복지실천기술론. 지식공동체.
이희세(2017). 가족치료 및 상담. 공동체.
장수미·최정숙 외(2017). 사회복지실천기술론. 학지사.
전희수(2018). 사회복지 실천기술론. 양성원.
정신영(2017). 사회복지실천기술론(사례로 배우는). 학지사.
정문자 외(2018). 가족치료의 이해. 학지사
정혜정 역(2016). 가족치료 사례개념화. Michael. D. Relter 저. 학지사.
제석봉 외(2014). 가족치료. 정민사.
조미숙·유용식 외(2020). 사회복지실천기술론. 동문사.
최세영(2018). 사회복지 실천기술론. 어가.
최정숙 외(2017). 사회복지실천기술론. 학지사.
한현지(2020). 사회복지실천기술론-정신분석, 인지, 해결중심. 동문사.
황인옥(2018). 사회복지실천기술론. 공동체.
홍봉수(2019). 사회복지실천기술론. 공동체.

Ackerman, N. W.(1966). Treating the Troubled Family. New York: Basic Books.
Ackerman, N. W.(1970). Family Therapy in Transition. Boston: Little, Brown.
Anderson, H. D. & Gollishian, H. A.(1988). Human Systems as Linguistic Systems: Preliminary and Evolving Ideas about the Implications for Clinical Theory. Family Process, 27.
Avis, J. M.(1986). Feminist Issues in Family Therapy. In F. P. Piercy, D. H. Sprenkle. & Associates(Eds.), Family Therapy Sourcebook. New York: The Guilford Press.
Bandura, A.(1977). Social-Learning Theory. NJ: Prentice-Hall.
Barker, R. L.(1995). The Social Work Dictionary. Washington, DC: NASW Press.
Beck, A. T.(1976). Cognitive Therapy and the Emotional Disorders. New York: International Universities Press.
Berge, I. & Miller, S.(1992). Working with the Problem Drinker. New York: W. W. Norton.
Berlin, S. B.(1982). Cognitive-behavioral intervention for social work practice. Social Work.
Bowen, M.(1978). Family Therapy in Clinical Practice. New York: Jason Aronson.
Brenner, C.(1975). An Elementary Textbook of Psychoanalysis. NY: Doubleday Anchor Books.

Carter, E. A. & McGoldrick, M.(1980). The Family Life Cycle : A Framework for Family Therapy. New York : Gardner Press.

Corey, G.(1981). Theory and Practice of Group Counseling. Belmont, CA : Wadsworth.

Corey, G.(1991). Theory and Practice of Counseling and Psychotherapy. Pacific Grove, CA : Brooks/Cole.

Corey, M. S. & Corey, G.(1992). Group Process and Practice. Pacific Grove, CA : Brooks/Cole.

Cormier, W. H. & Cormier, L. S.(1991). Interviewing Strategies for Helpers : Fundamental Skills and Cognitive Behavioral Intervention. Pacific Grove, CA : Brooks/Cole.

De Shazer, S.(1985). Keys to Solution-focused Brief Therapy. New York : Norton.

Dobson, K. S.(Ed.)(1988). Handbook of Cognitive-Behavioral Therapies. New York : Guilford.

Duvall, E. & Miller, B.(1985). Marriage and Family Development. New York : Harper & Row.

Duvall, E. M.(1971). Family Development. Philadelphia : J. B. Loppincott.

Ellis, A.(1962). Reason and Emotion in Psychotherapy. New York : Stuart.

Ellis, A.(1982). Rational-Emotive Theory and Cognitive Behavior Therapy. NY : Springer.

Epstein, L.(1992). Brief Treatment and a New Look at the Task-Centered Approach(4th ed.). New York : Macmillan.

Epstein, L. & Brown, L. B.(2002). Brief Treatment and a New Look at the Task-Centered Approach. Boston : Allyn and Bacon.

Federico, R.(1973). The Social Welfare Institution, Lexington. Mass. : D. C. Health.

Flexner, A.(1915). Is Social Work a Profession? In Proceedings of the National Conference of Charities and Correction, 42nd Annual Meeting, Baltimore.

Framo, J. L.(1965). Personal Reflections of a Family Therapist. Journal of Marriage and Family.

Freud, S.(1911). Psycho-analytical Notes on an Autobiographical Case of Paranoia. Standard edition.

Friedlander, W. P.(1961). Introduction to Social Welfare. Englewood Cliffs, N.J. : Prentice-Hall.

Gilbert, N. & Specht, H.(1974). Dimension of Social Welfare Policy. Englewood Cliffs, NJ : Prentice-Hall.

Gilliland, E. B. & James, K. R.(1997). Crisis Intervention Strategies. CA : Brooks/Cole.

Goldenberg, I. & Goldenberg, H.(1985). Family Therapy : An Overview. CA : Brooks/Cole.

Goldenberg, I. & Goldenberg, H.(2000). Family Therapy : An On overview. CA : Brooks/Cole.

Goldner, V.(1991). Sex, Power, and Family Therapy : What's Wrong with This Picture? Journal of Feminist Family Therapy, 3(1/2).

Gordon, T.(1976). P.E.T. in Action. Toronto : Bantam Books.

Greewood, E.(1957). Attributes of a profession. Social Work, 2(3), 45-55.

Haley, J.(1976). Problem-Solving Therapy. San Francisco: Jcssey-Bass.

Haley, J.(1963). Strategies of Psychotherapy. New York: Grune & Stratton.

Hall, R. H.(1968). Professionalization and Bureaucratization. American Sociological Review, 33, 92-104.

Hare-Mustin, R, T.(1978). A Feminist Approach to Family Therapy. Family Process.

Hartman, A.(1978). Diagrammatic Assessment of Family Relationships. Social Casework, 59, 465-476.

Hartman, A. & Laird, J.(1983). Family-centered Social Work. New York: Free press.

Hepworth, D. H. & Larsen, J. A.(1993). Direct Social Work Practice: Theory and skills(4th ed.). Pacific grove, CA: Brooks/Cole.

Hepworth, D. H. Rooney, R. H. & Larsen, J. A.(1997). Direct Social Work Practice-Theory and Skills. Wadsworth Publishing, a division of thomson learning, Inc.

Hepworth, D. H. Rooney, R. H. Rooney, G. D. Strom-Gottfried, K. S. & Larsen J. A.(2009). Direct Social Work Practice: Theory and Skills(8th eds.). Thomson Brooks/Cole.

Hollis, F.(1970). The Psychosocial Approach to The Practice of Casework. In Robert, R. & Nec, R.(Eds.), Theories of Social Casework. Chicago: University Press, 40-49.

Hollis, F.(1972). Casework a Psycho-Social Therapy. N.Y.: Random House.

Howard, H. S.(1980). The Psychotherapy Handbook, edited by Richie Herink. The New American Library, Inc.

Johnson, L. C.(1989). Social Work Practice(3th ed.). Massachusetts: Allyn and Bacon.

Johnson, L. C.(2001). Social Work Practice-a General Approach. Boston: Allyn & Bacon.

Johnson, I. C. & Yanca, S. J.(2007). Social Work Practice: A Generalist Approach(9th eds.). Pearson Education, Inc.

Jongsma, A. E. & Dattilio, F.(2000). The Family Therapy Treatment Planner. New York: John Wiley.

Kagle, J. D.(1991). Social Work Records. Prespect Height: Waveland Press.

Kantor, D. & Lehr, W.(1975. Inside the Family. San francisco: Jossey-Bass.

Kaplan, L. & Girard, J.(1994). Strengthening High Risk Families. New York: Lexington Books, an imprint of MacMillan, Inc.

Kirst-Ashman & Hull, G.(1993). Understanding Generalist Practice. Chicago: Nelson-Hull Publishers.

Kirst-Ashman, K. K. & Hull, G. H. Jr.(2009). Understanding Generalist Practice(5th eds.). Brooks/Cole, Cengage Learning.

Lantz, J.(1996). Cognitive Theory and Social Work Practice. In F. Turner(Ed.), Social Work Treatment. NY: The Free Press.

Layton, M.(1994). Tipping the Therapeutic Balance. The Family Therapy Networker, 8.

Lazarus, A. A.(1976). Multimodal Behavior Therapy. New York: Springer.

Levy-Strauss, C.(1969). The Elementary Structures of Kinship. Boston: Beacon Press.

Lewin, K. Lippit, R. & White, R. K.(1939). Patterns of Aggressive Behavior in

Experimentally Created Social Climates. Journal of Social Psychology.
Liberman, R. P.(1972). Behavioral Approaches to Family and Couple Therapy. In C. J. Sager & H. S. Kaplan(Eds.), Progress in Group and Family Therapy. New York: Brunner/Mazel.
Loewenberg, M. & Dolgoff, R.(1971). Ethical Decision for Social Work Practice(5th ed.). Itasca, IL: F. E. Peacock.
McGoldrick, M. & Gerson, R.(1985). Genograms in Family Assessment. New York: Norton & Company.
Minuchin, S.(1974). Families and Family Therapy. Cambridge, MA: Havard Univ. Press.
Minuchin, S.(1974). Structural Family Therapy. New York: Basic Books.
Morals, A. & Sheafor, B. W.(1988). Social Work: A Profession of Many Faces. Boston: Allyn & Bacon INC.
Murdock, G. P.(1949). Social Structure. New York: Macmillan.
NASW.(1958). Working Definition of Social Work Practice. reprinted in donald Brieland, Historical overview. Social Work, Sep.
NASW.(1981). NASW Standards for the Classification of Social Work Practice. Silver Spring, MD: Auther.
Nichols, M. P. & Schwartz, R. C.(2001). Family Therapy: Concepts and Methods(4th ed.). Boston and London: Allyn & Bacon.
Norsworthy, K. L.(2000). Feminist Family Therapy. In A. M. Horne(Eds.), Family Counseling and Therapy. Itasca, Illinois: F. E. Peacock Publishers.
Perlman, H. H.(1986). The Problem-Solving Model. In F. Turner(Ed.), Social Work Treatment: Interlocking Theoretical Approach(3rd ed.). New York: The Free Press.
Pincus, A. & Minahan, A.(1973). Social Work Practice: Model and method. Itasca, IL: Peacock Publishers.
Reamer, F. G.(1989). Socialwork Values & Ethics. Columbia university press.
Reid, W. J.(1996. Task-Centered Social Work. In F. Turner(Ed.), Social Work Treatment. NY: The Free Press.
Reid, W. J.(1997). Social Work Practice with Groups: A Clinical Perspective. CA: Brooks/Cole.
Reid, W. J. & Epstein, L.(1992). Task-Centered Practice. NY: Columbia Univ. Press.
Richmond, M. E.(1917). What is Social Casework? New York: Russell sage Foundation.
Rothman, J.(1974). Three models of Community Organization Practice. In Cox, F. et al., Strategies of Community Organization. IL: Peacock.
Rubin, H. J. & Rubin, I. S.(2001). Community Organization and Development. Boston: Allyn & Bacon.
Satir, V.(1972). Conjoint Family Therapy: A Guide to Theory and Technique. Palo Alto, California: Science and Behavior Books, Inc.
Satir, V.(1983). Conjoint Family Therapy. Palo Alto, CA: Science and Behavior Books.
Shazer, S.(1988). Clues: Investigating Solutions in Brief Therapy. New York: Norton.

Sheafor, B. & Horejsi, C. R.(2008). Technique and Guidelines for Social Work Practice(8th eds.). Boston: Allyn & Bacon.

Sheafor, B., Horejsi, C., & Horejsi, H.(1997). Techniques and Guidelines for Social Work Practice. Boston: Allyn & Bacon.

Shulman, I.(1984). The Skills of Helping Individuals, Families, Groups, and Communities(5th ed). Thomson Brooks/Cole.

Shulman, L.(1984). The Skills of Helping Individuals and Groups. Itasca, IL: Peacock.

Smally, R.(1967). Theory for Social Work Practice. NY: Columbia Univeristy.

STEVE DE SHAZER, YVONNE DOLAN 외 4명.(2011). 해결중심 가족치료의 오늘(기적 그 이상의 것). 학지사.

Strachey, J.(1973). Sigmund Freud. London: The Hogarth press.

Strong, B. & DeVault, C.(1992). The Marriage and Family Experiences. MN: West Publishing Company.

Studt, E.(1968). Social Work Theory and Implications for the Practice of Methods. Social Work Education Review.

Sturt, S. & Berlin, B.(1982). Cognitive-Behavioral Intervention for Social Work Practice. Social Work.

Thyer, B. A. & Myers, L.(1997). Behavior and Cognitive Theories. In Brandell, J. R.(Ed.), Theory and Practice in Clinical Social Work. NY: Free.

Toseland, R. W. & Rivas, R. W.(1995). An Introduction to Group Work Practice. NY: Macmillan.

Tracy, E. M. & Whittaker, J. K.(1990). The Social Network Map: Assessing social support in clinical social work practice. Families in Society, 71(8), 461-470.

Turner, F. J.(1996). Social Work Treatement: Interlocking Theoretical Approaches. NY: The Free Press.

Walsh, F. & Crosser, C.(2000). Advances in Family Terapy: Theory and Practice. In P. Allen- Meares & C. Garvin(Eds.).

Warren, R. L.(1978). The Community in America. Chicago: Rand Mcnally.

Wilson, J.(1976). Recording: Guidelines for Social Works. New York: The Free Press.

Wolpe, J.(1969). The Practice of Behavior Therapy. NY: Pergamon Press.

Yalom, I. D.(1995). The Theory and Practice of Group Psychotherapy(4th ed.). New York: Basic Books.

Zastrow, C.(1995). The Practice of Social Work. California: Brooks/Cole Publishing Company.

찾아보기

[인명]

A

B

C

D

E

F

G

H

J

K

L

M

N

[용어]

ㅈ

저/ 자/ 소/ 개/

이영실

– (현)
- 성결대학교 사회복지학과 명예교수
- 한국기독교사회복지실천학회 이사 외 다수

– [주요경력]
- 성결대학교 사회복지학부 교수, 성결대학교 사회복지대학원장, 성결대학교 (인준) 정신건강연구소장, 성결대학교 (인준) 복지발전연구소장 외 다수
- 안양시수리장애인종합복지관장, 안양시비산사회종합복지관장
- 미국 California Bethany Bible College and Theological Seminary 객원교수
- 미국 USC School of Social Work 객원교수
- 한국정신보건사회사업학회 대외협력위원장, 학술위원장, 이사
- 연세대학교 의과대학(세브란스병원) 정신보건사회복지사, 노동두신경정신과 정신보건사회복지사 외 다수

오동록

– (현)
- 서울한영대학교 산학협력단장, 재활복지학과 교수
- 사회적협동조합 한국복지연대 이사장 외 다수

– [주요경력]
- 한국장애인재활상담사협회 이사
- 장애인평생교육학회 및 직업재활학회 이사 외 다수

김 병

– (현)
- 진주보건대학교 사회복지계열 교수 외 다수

– [주요경력]
- 진주시 사회복지협의회 이사
- 진주시 사회복지사협회 부회장 외 다수

송운용

– (현)

• 전북과학대학교 사회복지계열 교수 외 다수

– [주요경력]

• Save the children 전북지부장 역임
• 한국아동학대예방협회 전북지부장 외 다수

고은주

– (현)

• 고은재가장기요양기관장, 고은복지센터장, 고은노인복지시설장
• 한국기독교사회복지실천학회 이사 외 다수

– [주요경력]

• 성결대학교 사회복지학부 객원교수
• 성결대학교 (인준) 정신건강연구소 수석 연구원 외 다수

조명희

– (현)

• 성결다문화복지센터 대표
• 하늘터복지센터 대표 외 다수

– [주요경력]

• 성결대학교 사회복지학부 시간강사
• 성결대학교 (인준) 정신건강연구소 수석 연구원 외 다수

이찬영

– (현)

• 성결대학교 사회복지학과 객원교수
• 안양시사회복지사협회 고문
• 중원대학교 사회복지학과 시간강사 외 다수

– [주요경력]

• 나사렛대학, 대림대학 시간강사
• 안양시성결재가노인지원서비스센터 사무국장, 안양시장기요양기관연합회 사무국장, 안양시사회복지사협회 사무국장 외 다수

사회복지실천기술론

초판 1쇄 발행 2020년 8월 31일
초판 2쇄 발행 2022년 8월 23일

지 은 이 | 이영실·오동록·김 병·송운용·고은주·조명희·이찬영
펴 낸 이 | 김기섭
편 집 인 | 이윤희
펴 낸 곳 | 창지사 www.changjisa.com
08589 서울시 금천구 가산디지털1로 83 파트너스타워1차 9층
전화 (02)719-2211~3
팩스 (02)701-9386
등　　록 | 1977년 4월 28일·제1-421호

ISBN 978-89-426-1361-8 (93330)

값 25,000원